中华学术·有道

秦汉魏晋史探微（重订本）

田余庆——著

中华书局

图书在版编目（CIP）数据

秦汉魏晋史探微:重订本/田余庆著. —北京:中华书局,
2023.6（2025.2重印）
（中华学术·有道）
ISBN 978-7-101-16022-2

Ⅰ.秦… Ⅱ.田… Ⅲ.①中国历史-研究-秦汉时代②中国
历史-研究-魏晋南北朝时代 Ⅳ.K230.7

中国版本图书馆 CIP 数据核字（2022）第 231657 号

书　　名	秦汉魏晋史探微（重订本）
著　　者	田余庆
丛 书 名	中华学术·有道
责任编辑	王传龙
责任印制	管　斌
出版发行	中华书局
	（北京市丰台区太平桥西里 38 号　100073）
	http://www.zhbc.com.cn
	E-mail:zhbc@zhbc.com.cn
印　　刷	北京盛通印刷股份有限公司
版　　次	2023 年 6 月第 1 版
	2025 年 2 月第 5 次印刷
规　　格	开本/920×1250 毫米　1/32
	印张 13¾　插页 2　字数 320 千字
印　　数	18001-23000 册
国际书号	ISBN 978-7-101-16022-2
定　　价	68.00 元

目 录

前　言

　　《秦汉魏晋史探微》一书,辑存的是书名断代范围之内的近年读史之作。文章一般写在 1979—1989 的十年之间,少数文章定稿稍晚一点,但内容都是在这十年之中酝酿的。有两篇写得较早,这两篇与《探微》其他文章在观点上有承袭或照应之处,所以经删节后也选收进来了。

　　以《探微》名书,无新鲜感,不惬人意。我原想把十年时限这一因素放到书名中去。这十年与过去大有不同,读书写作的外部条件有了改善,是非常难得的。有一位文学家以《十年蹒跚》为文章标题,吸引了我。我很想找一个类似的书名。但是琢磨许久,终于放弃了这个打算。因为,历史学毕竟不同于文学,古史又不同于近史。古史内容缺乏现实感,本来就枯燥;而我的文章又比较浓缩,读起来难得有轻松之感。这样的书,要赋予它一个富有哲理、文采而又活泼、简练的书名,反而不伦不类,不如虽平淡却实在一点为好。我的兴趣在钩沉发隐,以《探微》名书,倒也符合实际。

　　收入《探微》的文章都经过修改,有的改动很大,甚至重写一过。所改动之处,或换题目,或增设文内标题,或补充订正资料,或调整充实论点。但是各文主旨概依旧说,以存其真。有几篇文

1

章新加了简短的跋语,其内容一般是资料和论断有所增益而在修改原作时未能包含者,也有的是对原作的一些说明。由于《探微》所收某些文章原来已有了"附语"、"后记"之类,所以在编次《探微》时附加的这类文字,一律冠以"作者跋语",以示与原有附加文字相区别。

十年来每有所思所作,总不免晚学之憾。但是自知之明和学有所守的体会却日渐增长。一位博学多才的文学家在自己的一种著作付印后被问及此后写同类作品的设想,他回答说,要想写作而没有可能,那只会有遗憾;有条件写作而写出来的不是东西,那就要后悔了,而后悔味道不好受。所以他强调说:"我宁恨毋悔。"对这几句话,我曾久久凝思。我知道,学科有不同,学识有高下,不能一概而言,强比前人。不过"宁恨毋悔"的论学之语有如当代《世说》,读来浓郁沁心,极堪回味,我愿以为圭臬。

作　者

1991 年溽暑于北京大学

说张楚

——关于"亡秦必楚"问题的探讨

一 汉初重张楚

《史记·陈涉世家》记陈胜义兵入陈事说:陈胜称大楚,"入据陈,数日,号令召三老、豪杰与皆来会计事。三老、豪杰皆曰:'将军身被坚执锐,伐无道,诛暴秦,复立楚国之社稷,功宜为王。'陈涉乃立为王,号为张楚",云云。

张楚词义,古今学者为之诠释,颇不乏人。《史》、《汉》注家用训诂成法释张楚,从张字生解,谓张楚犹言张大楚国。王先谦据《广雅·释诂》"张,大也",直谓张楚就是大楚。按照这个说法,陈胜入陈建张楚之号,实际上就是篝火狐鸣时以及用尉首祭坛时所称大楚的正式宣告。张晏认为张是弛的反义词,谓楚为秦灭,是已弛;陈胜立楚,遂以张,故号张楚。这个解释虽嫌迂拗,但涵盖了秦楚关系,包含了张楚目的,有它的长处。的确,由于楚有可张之势,张楚旗号非常有利于反秦活动,陈胜张楚才具有不平常的意义。《史记·项羽本纪》楚南公之言曰:"楚虽三户,亡秦必楚"，论者谓其识废兴之数。张楚名号，可与"亡秦必楚"之说照应。

70年代出土的长沙马王堆三号汉墓帛书，其《五星占》中的五星行度和另一种古佚书的干支表，具列秦及汉初纪年，其间有张楚而无秦二世年号。这一发现受到史学界的广泛注意，引起帛书张楚究竟是王号、是国号还是年号的讨论，也引起帛书置张楚于干支系列中究竟有什么政治意义的评议。① 我想，当时制度，国君纪元以数计，称某国某王某年，所以笼统地说，张楚既是国号、王号，又用以纪年，是合乎情理的。再细，就说不清楚了。马王堆三号汉墓年代不晚于汉文帝时，该墓帛书以张楚纪年，证明此时人们在观念上尊重张楚法统。其所以形成这种观念，当是由于张楚有首事之功，如果没有张楚，就不会出现灭秦的战争，也就不会有汉。

汉武帝时司马迁编纂《史记》，法统观念仍然尊楚。《史记》立月表记秦末事，不名曰"秦汉之际月表"，而名曰"秦楚之际月表"，说明司马迁明确地意识到楚在秦末历史中具有独特地位。但是《史记》与马王堆帛书在这方面又微有不同。《史记》中的月表系年未用张楚而用楚义帝，是以义帝代表楚；《史记》中的本纪不立陈胜而立项羽，是以项羽代表楚。与帛书比较，《史记》尊楚虽旧，但张楚陈胜的地位却被义帝、项羽取代了。《史记》以陈胜入世家，比帛书书法降了一等。历代史家对《史记》立《陈涉世家》事，议论甚多，但都难于说透其中的道理。因为，若是如司马迁所说尊重亡秦首事，则张楚之功不在项羽之下，虽立《陈王本

①各种意见分见《文物》1975年第5期，以及《文史哲》1979年第5期和第6期所载刘乃和、鲍善淳、张政烺诸文。

纪》亦无不可;若从陈胜不继世而亡言之,比诸侯立为世家也不合适,入列传就可以了,又何必立世家呢?

在我看来,对于秦末扰攘时期究竟该由谁来代表"秦楚之际"的楚这一问题,司马迁的思想是相当混乱的,所以他采取了折衷的办法,把陈胜安排在世家之中。这种处理不但不够妥帖,而且也违背司马迁作世家的一般宗旨,自乱《史记》义例。司马迁思想的混乱还表现为既以义帝纪元,却不立义帝本纪。清人吴非以此改《秦楚之际月表》为《楚汉帝月表》,并撮取义帝事略而作《楚义帝本纪》。这一改作意在以《春秋》笔法改正《史记》书法,本身并没有什么史学价值,只不过说明《史记》书法于此确有缺陷,不惬人意而已。

但是,司马迁修纂《史记》,在混乱中也有不乱的地方,这就是,历史由秦至汉,其间必有楚的法统地位存在,不容抹杀,因而《史记》才有《秦楚之际月表》之作。后代文献如《太平御览》皇王部历代帝序,于秦汉之间特立楚怀王一目。其他典籍亦有列入楚义帝者。这些不能不说是接受了《史记》书法的影响。吴非《楚汉帝月表·序》承认司马迁月表之作"意重楚也",是不错的。

也有《史记》的研究者持另外的意见,认为月表之作重汉而不重楚,如清人汪越的《读史记十表》卷四谓《秦楚之际月表》以汉为主。按汉是司马迁的本朝,《史记》归根结柢以汉为主是合乎情理的事,当然没有什么问题。但是重汉并不一定排斥重楚,而重楚也还是为了重汉。楚和汉,其统系在《月表》中本不见有偏正、主次之分。这一点,汪越并没有看清楚。汪越又言:"《六国表》末已书天下属汉,明正统也。"这个说法是似是而非的。考《六国表》于二世三年著录自赵高反,二世自杀,以迄子婴降,项羽杀子婴,"寻诛羽,天下属汉"诸事,用的是史终言之的写法,其所说诛项羽以后"天下属汉",即表明了项羽不灭,汉尚不得为正统的意思。因此,这并不能证明汪越之见正确。汪越又举"太史公月表进汉元年于入秦之初。夫入秦之月,犹未有汉",认为这也是月表以汉为正统之证。其实,续汪越之作而撰《读秦楚之际月表补》的徐克范就说:"汉至五年即帝位,不更起元,固以初破秦为元年,表亦录其实耳,非故进之也。"与汪越相比,徐克范所说不失为平实通达之议。①

帛书与《史记》都尊楚,反映自汉初至武帝时人们思想比较自由,历史观比较符合实际,正名尊君思想还没有发展到特别偏执的程度。不过,帛书所尊者张楚,是平民;《史记》所尊者义帝、项羽,是旧族。两相比较,司马迁的史学思想毕竟有所不同,反映独尊儒术以后人们对上述这一段历史的认识正在起着变化。我们知道,《汉书》是以陈胜、项籍合为一卷,入列传中的,这是东汉时期人们对这些历史人物的定位。《汉书》给予这些人物的地位,大大低于《史记》,是一目了然的。《汉书·异姓诸侯王表》冠以汉元年,不书楚怀王或楚义帝,而依次列汉王以外其他诸侯王。这与《史记·秦楚之际月表》于同年冠以楚义帝元年,下书诸侯王,而以汉王厕列其中相比,正统观念的变化是很明显的。司马迁序《秦楚之际月表》,强调的是"号令三嬗",即秦—楚—汉的递变;班固序《异姓诸侯王表》,强调的却只是汉"五载而成帝业"。这除了反映通贯之书与一朝之史着眼点有所不同以外,也反映正名尊君观念的变迁。取对楚的态度为例进行考察,我们可以看到司马迁的历史观念正好处在西汉初年帛书作者和东汉史家班固之

---

① 上引诸家清人论述,分见吴非《楚汉帝月表》及汪越撰、徐克范补《读史记十表》,引文均据《二十五史补编》。

间的状态。这是值得研究司马迁史学思想和中国史学史的学者留意的一个问题。

清人周中孚对于《史记》处理秦—楚—汉问题的立意也曾有所关注。他在《郑堂札记》卷一中说："汉兴，太中大夫陆贾记录时功，作《楚汉春秋》。史迁以项羽为本纪，秦楚之际为月表，实本于陆贾也。然在《史记》则可，若断代为史，便为失体。所以《汉书》不循其辙，而后人修史，亦无此种纪、表"云云。周氏关注之点，只在修史体例，而未究及历史内容；他关注的楚，不及张楚陈胜。正是在这些地方，本文与周氏之议并不相同。

二　张楚反秦的历史背景

汉初重张楚，是尊重张楚反秦的成功。那么，为什么以楚反秦，天下就能景从响应，六国旧人就能接受树置，否则就没有这种效果呢？要回答这个问题，必须追溯战国晚年的历史，特别是其时楚秦斗争的历史。秦楚毗邻，历史关系复杂。战国晚年，楚国军事力量虽已就衰，但在关东六国中还是比较强大的。前260年秦赵长平战役之后，六国中与秦同大而足以难秦的，只有楚。秦灭楚，经过了较久的艰苦战争。楚被灭后，潜力还在。所以陈胜一呼而楚境震动，关东沸腾，张楚所具有的号召力量，其他关东五国都无法比拟。

据《史记·楚世家》，前299年，楚怀王被秦国挟持不返，三年后客死咸阳，"楚人皆怜之"。今天还能见到的《诅楚文》，正反映了这个时期非常紧张的秦楚关系。前278年，秦将白起拔楚国郢都江陵，置南郡。楚虽蹙地，犹得徙都于陈，称郢陈，即今河南淮阳。楚在郢陈收兵自保，并相机收复了一部分失地，可见郢陈的楚国还拥有相当实力。《战国策·楚策》虞卿谓魏王曰："夫楚，亦强大矣，天下无敌……。"此事时间在前248年或稍后，晚于秦赵长平之战。"天下无敌"之说虽属夸张，但仍可从中看到，长平战后，楚国实力确居东方各国之冠，为诸侯所重视。所以前241年，楚、魏、赵、韩、卫五国之师合纵攻秦，居纵长地位者是楚国而不是其他国家。五国之师败绩，秦兵反攻迫近郢陈，楚王始东走过淮，以寿春为郢都，郢陈当于此时或稍后入秦之手。虽然如此，郢陈楚人势力并未被秦消灭。从此以后，历秦灭楚之战以至于陈胜入陈而称张楚，楚人反秦的重要事件几乎都与郢陈之地、郢陈之人有关。总之，楚国没有由于国都再徙而一蹶不振，仍是秦国兼并的主要障碍。

楚国徙都寿春后，秦楚接触仍以郢陈附近为多。郢陈迤西与韩国地境相连，而韩秦关系也颇复杂。所以这个地区一旦出现纠葛，往往牵动秦、楚、韩三个国家，对局势造成重大影响。

韩国长期受秦蚕食，在关东六国中最弱最小，所余国土只有相当于颍川一郡以及南阳郡一部分地方。秦灭六国之战，最先选择这个最弱最小的韩国下手。秦王政十四年（前233），韩王表示愿意纳地效玺，为秦藩臣。两年之后，韩国正式献南阳地于秦。此韩国的南阳，不是前263年秦武安君所取韩国在河内野王的南阳之地。《通鉴》秦王政十六年："韩献南阳地。九月，发卒受地于韩。"胡注曰："此汉南阳郡之地，时秦、楚、韩分有之。"秦既得兼并南阳郡内的韩地，则此处秦楚力量的均势，甚至毗邻地区包括郢陈一带秦楚力量的均势，都将受到影响，对秦有利而对楚不利。

在秦发卒受韩南阳地的第二年，即秦王政十七年，秦内史腾（按《史记·六国年表》误为内史胜）受命为南阳假守。就是这个内史腾，据《史记》，于此年率领秦军灭韩，掳韩王安；据云梦秦简《编年记》，最晚至秦王政二十年，他又成为秦国的南郡守，统治昔日楚国本土之地。就腾的经历说来，可以认定他本是秦国处理其东南地境所接的韩、楚两国事务的重臣，而不是秦国重要的武将。他虽曾率秦军灭韩有功，但人们都知道灭韩无需大军，也绝不会有恶战，与王翦、蒙武等人出军征战的作用不同。以腾的才能和权责言，他能灭弱韩，能出守南郡，却不能胜灭楚之任。当然此刻灭楚还不是秦国之所急，秦国眼下所急，主要是处理新获韩地的善后事宜，防止韩地和毗邻的郢陈一带出现事端，并为灭楚之战清扫障碍。这些事，可信腾是主要的参与者。①

内史腾灭韩后不久，在秦、韩、楚接壤区域，果然发生过一些事故。腾攻韩，掳韩王安，秦以韩地置颍川郡，在秦王政十七年。《秦始皇本纪》《韩世家》以及两处《正义》，均如是说。是年《通鉴》记"内史腾灭韩"，胡注："韩至是而亡。"这本是记载明晰，没有疑问的事。可是《六国年表》却记秦灭韩事于十八年。看来如果不是《年表》误记，秦王政十八年秦韩之间可能发生过比秦得韩地、掳韩王更为重大，更足以作为秦灭韩标志的事件，只是内容无从知晓。再过两三年，韩秦关系中的事端就通过以下材料而明朗

---

① 高敏《云梦秦简初探》解释《史记·秦始皇本纪》"十六年发卒受地韩南阳假守腾"的文字时，认为腾本是韩南阳假守，于此年降秦，为秦效力（河南人民出版社，1981年，增订本，第35页）。这一解释于情理不合，难以成立。因为，如果腾真是韩南阳假守之降秦者，那么秦国以新纳的这一名降将出任秦王辇下的内史，旋又以腾率秦军灭其本国，掳其旧君，这显然是难以置信的。此时的秦国并不缺乏优良的军事人才，完全没有如此重用降人的必要。梁玉绳《史记志疑》卷五于此句之后有"附案：此句疑有讹脱。方氏《补正》曰：'发卒受韩南阳地，而使内史腾为假守也。'"此说比较合理可信。

化了。

《睡虎地秦简·编年记》:"韩王居□山。"(二十年)

《史记·秦始皇本纪》:"新郑反。昌平君徙于郢。"(二十一年)

《睡虎地秦简·编年记》:"韩王死。昌平君居其处。有死□属。"(二十一年)

按昌平君,楚公子之仕秦者;新郑,韩国旧都;郢,楚国旧都郢陈;□山,郢陈之山。这几条材料,叙事都以秦为主体,所涉及的人和地非楚即韩。可以断定,它们所反映的是与楚国旧地有关、与楚国势力有牵连的韩秦矛盾,而且当与上举《六国年表》所反映的秦王政十八年韩秦间可能出现过的事端属于同类性质。

根据这些材料,参考诸家研究秦简有关问题的论著,可以窥测到秦灭韩后,秦、韩、楚三国接壤地区新郑、郢陈出现了不宁,规模不小,牵动颇广。先是韩王安作为秦国俘虏,被强制离开韩国旧土颍川,迁居郢陈□山。韩国旧都新郑发生叛乱,当是旧韩官民激于国破王迁而发难反秦,而且可能是韩王安致死的原因。秦国对于韩王安的处置办法,值得注意。韩亡后,秦国应当有所警惕,以求防范韩地发生反秦事端。照理,秦当徙韩王安远离旧土旧民,但是实际上却是就近于楚国旧都郢陈安置。而且昌平君接踵而至,追随韩王安于郢陈;韩王安死,昌平君即居于韩王之处。这些相连的事使人感到,秦王政似乎是有意把亡国之君韩王安交给事秦的楚公子昌平君看管。这是不符合常情的事。我怀疑是秦国考虑到三国接壤地带的特殊环境而采取的一种权宜措施,目的是向这一带韩人、楚人表示宽容态度。韩是六国中头一个被秦王政攻灭的国家,秦对韩王的宽大,可以缓解它国的忧心,有利于秦国各个击破。

韩国残余势力的异动,看来不久就平息了。在平息韩乱中,楚公子昌平君起了相当重要的作用。此年稍早,有秦将王贲击楚之事。以王贲击楚和事秦的楚公子昌平君居郢陈二事合起来考虑,似乎新郑韩人之叛与毗邻地带楚人反秦活动有呼应之势。而昌平君居守郢陈既是为了看管亡国的韩王,又是为了绥抚难安易动的楚人。昌平君能起这种双重作用,主要是由于他所具有的特殊身份,同时也由于秦王相信他的忠诚。

已故的马雍先生认为新郑之反和韩王徙死,"是韩国灭亡以后的一次余波",[1]是很正确的判断。我想加以补充的是,新郑所见秦灭韩的余波,影响及于楚旧都郢陈之地,郢陈楚人也处在这次余波的激荡之中;而楚人的激荡比起新郑韩人之叛,其后果可能更为严重。据此估计,具有特殊身份的昌平君在郢陈一带的事态发展中,还将继续发挥特殊作用,对此后的秦楚关系将继续产生影响。

新郑叛平后,韩人反抗转入低潮,但还有反秦暗流存在。据《史记·留侯世家》及《索隐》,我们知道张良的先人五世相韩,张良本人出于颍川之父城,曾学《礼》于淮阳(郢陈)。韩亡时张良已年逾二十。张良本人和他的家人,在韩亡后具有参加新郑韩人反叛的天然条件。这与张良以家财求刺客为韩复仇事,日后又求力士狙击秦始皇于博浪沙事,以及秦末说项梁立韩公子成为韩王事,合而观之,他反秦的政治态度是前后一致的。而且,张良的活动至于郢陈地境,所交颇有楚国旧人。据《项羽本纪》,项羽季父项伯素善张良,张良曾说:项伯"秦时与臣游,项伯杀人,臣活之",云云。颍川郡的新郑、父城与陈郡的郢陈、项相距不远,韩楚之民

①《读云梦秦简〈编年记〉书后》,见《云梦秦简研究》,中华书局,1981年。

在频繁交往中扇扬反秦，是很方便的事。所以发生在这一带的政治事件，往往是此呼彼应，与韩楚之民都有关系。

陈胜、吴广均楚人，陈胜、吴广所率戍卒，至少有一部分是这一带的楚民。这与陈胜举义后立即趋据郢陈，建号张楚，自然有直接关系。南阳、颍川、陈郡这一战国末年的多事地带，到秦末又成为反秦基地，并不是偶然的。由于具有独特的地理、历史条件，这一地带酝酿出一场反秦斗争是完全可以理解的事。

三　昌平君反秦之役

当秦灭韩的余波在新郑、郢陈一带激荡的时候，秦楚之间新的一轮冲突也在酝酿之中。这两件事交织发展，彼此影响，正是秦、韩、楚三国关系错综复杂的反映。

《编年记》秦王政十九年："南郡备敬（警）。"二十年，南郡守腾（按即前见内史腾、南阳假守腾）发布《语书》，告诫南郡吏民守法律，去淫僻，除恶俗等等。二十一年，秦军伐楚。《本纪》中追述伐楚的原因说："荆王献青阳（在今长沙境）以西，已而畔约，击我南郡，故发兵诛"，云云。此次战事，《六国年表》记载非常简单，只是说，秦："王贲击楚"；楚："秦人破我，取十城"。《楚世家》说："秦使将军伐楚，大败楚军，亡十余城。"《本纪》二十一年记："王贲攻蓟"，蓟字无疑是荆字之讹。上举十九年至二十一年连续三年中发生的事，有相关的背景，即：旧楚之地南郡发生了异常事态，引起秦国官方关注，构成早在酝酿之中的秦军伐楚口实，因而有王贲攻楚的战事发生。不过我估计，秦军攻楚战争不会爆发于南郡，那里留下的楚国残余力量不值得王贲一击。可能发生战争的地区还是南阳、陈郡一带,这一带楚人潜在势力很大,随时有发生事端的可能。而且楚王负刍都城寿春,也正在陈郡的东南方向,离郢陈并不太远。

据《本纪》,新郑反、昌平君徙于郢诸事,都发生在王贲攻楚同年稍后。按情理说,事情的顺序应当是:秦借南郡有事的口实,命王贲攻楚,引发了韩国遗民反秦斗争,于是而有昌平君被派驻郢陈以为善后的事。这是兼用秦国的军事力量与昌平君的政治影响,双管齐下,既压楚,又压韩,以求底定颍川、陈郡一带,为灭楚之战作准备。王贲,秦名将王翦之子。他此年击楚虽有所获,毕竟只是秦楚之间这一轮战事的初试锋芒,带有试探性质。试探的结果,使秦王政得出灭楚不难的结论,因而急于对楚进行最后的攻击。而持重的宿将王翦,也就在这个时候受到秦王的责备,不得不谢病归老。只是由于接着发生的新郑反叛,才多少稽延了秦国对楚国的最后攻势。

《史记·王翦列传》载王翦谢病事实如下。秦王政向年轻将领李信询问取楚兵数所宜,李信以二十万兵为答;问王翦,王翦答非六十万不可。秦王以王翦怯,罢归家居。二十二年李信、蒙恬(当作蒙武)遂将兵二十万南伐楚,分攻平舆、寝,大破楚军。平舆及寝均在郢陈以南。度此役兵锋所指,当是越过郢陈而向楚都寿春。然而就在这时,意外的事出现了,秦兵不得不作大规模的调动,以对付这一突然出现的事端。于是,李信回军北上,攻打鄢郢,据《通鉴》胡注,此鄢郢就是郢陈。正是这个郢陈,一年以前秦国用昌平君驻守以绥抚楚、韩之民,李信秦军还刚刚经此抵达平舆及寝的前线之地。这一秦军手中的重镇,此刻却忽然落入了与秦国为敌的一种势力之手,以至于李信不得不以全部南征之师反攻夺取。

《王翦列传》说：李信攻破鄢郢以后，"于是引兵而西，与蒙恬（当作蒙武）会城父。荆人因随之，三日三夜不顿舍，大破李信军，入两壁，杀七都尉，秦军走"。据《正义》，此城父当是父城之讹误，在秦颍川郡。这里应当思考的问题是：究竟郢陈出了什么事，使李信必得撤回南达平舆及寝的全部秦军？为什么李信回师攻破郢陈后，还要西进至于颍川之父城？为什么秦军西向父城之时楚人要紧紧追随，以至于三日三夜不顿舍？这些紧追不舍，终于大破秦军的楚人，究竟是一支什么武力？

以上这些问题，没有现成史料可以直接回答，只能参照上文提出的秦楚关系发展线索，并考虑以后秦楚之间的大事，提出一些推测。我认为，郢陈出现不测，关键在昌平君。当李信之师南伐，越郢陈而至平舆及寝，并击破由寿春前来迎战的楚军后，楚国情况岌岌可危，存亡只是旦夕间事。在这紧急关头，为秦国镇静郢陈的楚公子昌平君，也许是出于故国之念，也许是出于其他利害关系的考虑，忽然转变立场，由附秦变为抗秦，郢陈遂由秦军的后方城市变为楚人抗秦的主要据点。封邑在郢陈附近项地的楚将项燕，此时当在楚军抗秦前线，他无疑是以其实力促成昌平君转变立场的主要人物。据《水经·颍水注》，项是楚国迁都郢陈以后的"别都"，可见其地位对于郢陈是十分重要的。昌平君易帜以后，郢陈及附近郡县楚人群起响应；本来就不宁静的韩人闻风而起，也在颍川发难反秦。正在郢陈以南作战的李信、蒙武大军发现后方出现骤变，不得不回师进击昌平君于郢陈。郢陈虽被秦军夺回，颍川父城一带又复告急。于是李信、蒙武相约，会师父城，以平韩人之叛，这就是他们下郢陈后又匆匆西去的原因。尾随秦军西行的楚人，只能是昌平君在郢陈所聚之师，他们在李信回师时虽然未能守住郢陈，但也不曾败散。此时他们紧追秦军不舍，斗志旺盛,与父城一带的反秦武力汇合,共破李信军,二十万秦军的伐楚行动就彻底失败了。

年轻气盛的秦将李信没有估计到,上一年王贲击楚,并未能消灭郢陈及附近郡县楚人反秦力量;更没有估计到长年事秦的昌平君会在关键时刻反秦为楚,并能聚集相当强大的武力,主动出击,追迫秦军。李信把伐楚的战略进攻指向寿春,估计寿春的楚王负刍所遣楚军力量单薄,容易攻取。他没有考虑到寿春以外的郢陈地区,楚人还有相当可观的反抗力量,而且还可以与项燕之军联合。李信的这一错误使秦军在后路火起时无法收拾,终于一败涂地。

昌平君长期在秦,不见与楚王负刍有任何关系,所以他兴起的反秦之师并不向寿春靠拢,而是继续在中原作战。秦王对王翦说:"荆兵日进而西",可见昌平君军对秦军的态势不是防守而是进攻。秦国必须投入比王贲、李信两次击楚要大得多的兵力,才能对付这场比预想要艰难得多的战争。这就是秦王政在罢黜老将王翦一年之后,又不得不匆匆起用他伐楚这一故事的历史背景。

云梦睡虎地四号秦墓出土木牍,编号分别为 $M_4:11$ 和 $M_4:6$,写有安陆(即今云梦)戍卒名为黑夫和惊二人的两封家书。前一封,有"黑夫等直佐淮阳,攻反城久,伤未可智(知)也"之语;后一封,有"以惊居反城中故"之语。前一封写于二月辛巳,黄盛璋先生据汪曰桢《历代长术辑要》和日本国新城新藏《战国秦汉长历图》,定二月辛巳为秦王政二十四年二月十九日。[①] 黄先生以"秦

---

① 两封书信的释文见《湖北云梦睡虎地十一座秦墓发掘报告》,《文物》1976
年第 9 期。考证见黄盛璋《云梦秦墓两封家信中有关历史地理的问题》,
《文物》1980 年第 8 期。黄文考证中的某些见解,本文下节另有商榷。

攻淮阳反城,不见记载"之故,遂改《本纪》二十三年项燕、昌平君"反秦于淮南"句中之"淮南"为"淮阳"以当之。我认为淮阳之反就是昌平君郢陈之反,与《本纪》中"淮南"二字无关,没有必要改《本纪》之文以合木牍书简。昌平君始反在二十二年,李信回军,郢陈暂时又入秦军之手,这就是李信攻破鄢郢之事。但当李信、蒙武军溃于颍川父城后,郢陈必然又入昌平君或其他楚军之手。第二年,即二十三年,秦军兴王翦伐楚之师,郢陈是必争之地,战事有所迁延,持续至二十四年春。我疑黑夫、惊二人此时适在争夺郢陈(淮阳)的王翦军中。第一信谓"攻反城久",当是头一年即二十三年秦军就已开始攻郢陈,至翌年二月犹未攻下。第二封信说"惊居反城中",这意味着郢陈(淮阳)已入秦军之手,时间据黄先生估计,当在二十四年三月以后。这两通木牍家书所透露的秦军夺取淮阳之战,与本文前面所判定的昌平君郢陈之反,基本上是相符合的。① 木牍家书有"闻新地城多空不实者"等语,可知这次战事相当激烈,户口流散是比较严重的。

王翦秦军击楚,据《楚世家》及《王翦列传》,曾至蕲南,地在淮北;又据《本纪》,二十三年昌平君反秦于淮南,二十四年王翦、蒙武击破之。这就是说,昌平君在秦军压力之下,可能自郢陈退据淮北,再退淮南,淮北和淮南都曾是秦楚战场。不过,《本纪》此条的《集解》引徐广曰:"淮一作江。"据此可知,六朝人所见《史

①这里有个疑问。木牍家书说秦军"攻反城久",而《王翦传》却说秦军久守不攻,直至楚军东退,因而追之,大破楚军,至于蕲南云云。两处所叙战争状况,一说攻,一说守,显然不一致。这是不是说,王翦野战,坚壁待机以拼实力,是主战场的行动;而木牍家书所说攻反城淮阳,只是配合主战场的行动呢?王翦此次出征,的确还有其他战事为本传所未载者,如《本纪》:"取陈以南至平舆。"本传所载,似乎只是王翦主力一次战斗的特写而已。

记》的不同写本，叙此事原有淮南、江南二说，应当都是可据的。秦楚确有江南之战。梁玉绳《史记志疑》卷五也赞同江南之说，认为项燕死后，昌平君继续反秦于江南之地。二十四年，王翦、蒙武之军在江南继续与昌平君的楚军作战，直到昌平君死。二十五年王翦始定楚国江南地，此年《史记·六国年表》书"秦灭楚"。

秦楚江南之战的具体内容，《史记》所载很少。北宋陈舜俞《庐山记》谓庐山有康王谷、康王观，相传楚康王为秦将王翦所迫，匿于谷中，后世有碑刻记其事。陈氏此书出自考证采访，号称精核，康王传说亦当同此，不会完全是无稽之谈。庐山康王观，首建于萧梁大同二年。《太平御览》卷五四引《寻阳记》、《太平寰宇记》卷一一一、《舆地纪胜》卷二五、《读史方舆纪要》卷八三、《古今图书集成》第一二九册，以及正德《南康府志》、同治《星子县志》等几种地志，都有康王谷（或称楚王谷）事，只是详略不同，细节微有差别而已。其中一些资料说到此楚康王为楚怀王之子，但未列出根据何在。① 《庐山记》的作者则认为，楚在春秋时自有康王，此康王谷的康王，或是彼"康王之子孙，未可知也"。所以，这一段楚人抗秦故事的真实性究竟如何，这个楚康王究竟是何许

---

① 曾见有人引用《南康军图经·纪游集》佚文，著录此事，亦谓楚康王即是楚怀王之子。按《南康军图经》已不存，《中国地方志联合目录》不著录，张国淦《中国古方志考》所考南康军诸经诸志无有带《纪游集》篇名者，皆与上举《图经》不类。所以上举《图经》佚文不知自何处引来。据《舆地纪胜》卷二五，星子于太平兴国一年置县；《元丰九域志》卷六江南东路条有"南康军，太平兴国七年以江州星子县置军，治星子县"；《新定九域志》古迹卷六南康军条有《图经》之名，应当就是《南康军图经》。因此知上举之《南康军图经》定非伪出，当是祥符时诸图经中的一种，但莫能详。近读《文史》第二十七辑陆振岳《图经述略》一文，也还未获得解答上举问题所需的资料。

人,也都难于得到确切的解答。我们现在只能琢磨已知的零星资料,参考历代注家及研究者提供的各种意见,缘情据理,作出推测,以求得到一些近似的答案。

《史记》记秦灭楚以前一二年内诸大事,歧异之处不少,特别是《始皇本纪》二十三、二十四年内事,与《六国年表》、《楚世家》、《王翦列传》、《项羽本纪》等均有顺序颠倒之处。历代史家注意及此,多有人加以辨析,力求理出眉目。梁玉绳《史记志疑》卷五认为,《史记》中上述问题多半是由《始皇本纪》内的错简和羡文、误字引起。所以他细加董理,把《本纪》该两年内的文字订正如下:"二十三年,秦王复召王翦,强起之,使将击荆,取陈以南至平舆,杀项燕。秦王游至郢陈,荆将立昌平君为荆王,反秦于江南。二十四年,王翦、蒙武攻荆,破荆军,虏荆王,昌平君遂自杀。"梁氏订正《本纪》文字,未必处处皆得其实,但他研究《史记》功力深厚,其可信程度是比较大的。梁氏没有看出李信攻楚时昌平君反秦于郢陈的隐情,因而否定《史记》中说得很明白的项燕与昌平君联合反秦的事实,这是他的疏忽之处。他认为昌平君称楚王事在楚王负刍被王翦俘掳以前,亦未必合于情理。他根据徐广所见《史记》旧本,改昌平君"反秦于淮南"句为昌平君"反秦于江南",使我怀疑王翦追逐"楚康王"于庐山的传说,可能与《史记》中王翦、蒙武之军追逐昌平君于江南之事有某种联系。昌平君也许就是楚怀王遗留于秦国的后裔,或是以它故留秦的楚公子,此时假托怀王之子,以广号召。和以后项梁立以为楚后者被说成是楚怀王孙心一样,其所求者只是反秦效果,血缘真伪和行辈亲疏反而没有多少实际意义。至于"康王"这一谥号,如果不是袭用春秋时楚康王名号的话,当是秦灭楚后楚国遗民感谢昌平君(或者是昌平君本人,或者是另外一个有关的楚人)抗秦不屈而奉献给他的私谥。不过这许多意见都只是推测而已，目前无从核实。

秦灭六国战争，史籍记载极为简略，人们的印象是有征无战，如风扫落叶。但是从本文所考昌平君反秦事迹以及江南的秦楚战争看来，情况并不完全如此，至少秦灭楚之战是相当艰难的。这反证前举楚南公"亡秦必楚"之言事出有因；而陈胜反秦举义立刻趋据楚旧都郢陈而称张楚，也是势所必然。

四　关于昌平君的异说种种

昌平君事迹，最早见于《秦始皇本纪》九年记载。是年，秦王政"令相国昌平君、昌文君发卒攻〔嫪〕毐，战咸阳"。《索隐》："昌平君，楚之公子，立以为相，后徙于郢，项燕立为荆王，史失其名。昌文君，名亦不知也。"①

本文前引《本纪》二十一年"昌平君徙于郢"、二十三年"荆将项燕立昌平君为荆王"事，当是《索隐》"后徙于郢，项燕立为荆王"所本，近年部分地得到云梦所出秦简《编年记》如下记载的印证。《编年记》曰：二十一年"韩王死。昌平君居其处。有死□属"；二十三年"四月，昌文君死"。

《索隐》说昌平君是楚公子，可以由尔后昌平君被项燕立为荆

---

①《史记·春申君列传》熊悍立为楚王（楚幽王，时即秦王政之九年），《索隐》曰："按楚悍有母弟犹，犹有庶兄负刍及昌平君。"据此，知昌平君与楚幽王及楚王负刍均为兄弟行辈，后来项燕立昌平君为楚王以抗秦，正是以他继承亡于寿春的楚王负刍。有了此条资料，昌平君事迹就更便于叙述和理解。此条资料本文原来失检，是我的疏失，现补注于此。本文内涉及昌平君的文字，仍存其旧，不一一斟酌改动，请读者留意。

王一事得到证明。至于《索隐》秦王"立以为相"之说,看来是司马贞根据《本纪》九年"令相国昌平君……"的文字而作出的解释,《索隐》的"相",当即九年正文所称的相国。于时吕不韦为秦相国,所以史家对于昌平君与吕不韦同时为相国之事,颇多怀疑和推测。

翻检《史记及注释综合引得》,发现该书把平嫪毐的昌平君与立为荆王的昌平君分为二人立目,足见编者对于昌平君其人不甚了了,因而采取谨慎的态度。郭沫若先生著《十批判书》,在其《吕不韦与秦王政批判》中,认为平嫪毐的昌平君可能是吕不韦的别称,甚至认为昌平君三字就是吕不韦三字的误写。据他说,金文吕不韦三字极易被错误地隶定为昌平君。但是,昌平君之名在《史记》中曾多次出现,不可能每次都出现同样的误写;而且秦灭楚时昌平君仍在活动,但此时吕不韦却早已死去。所以仅从文献考察,就可断定郭说不能成立,何况秦简中出现了昌平君,更足以否定郭说。

马非百先生著《秦集史》,于《丞相表》中认为:秦制有左、右丞相,右在左前,丞相尊者称相国;秦王政九年时已知吕不韦为相国,同时又有昌平君为相,则吕不韦当为右丞相,昌平君自然就是左丞相。马先生此说,似亦失之武断,因为秦虽曾有过左、右丞相,但不能证明秦设丞相必有左右之分,必有二丞相并置。既然史不著吕不韦为右丞相,就更没有强以昌平君为左丞相之理。

《文物》1986年第3期和1988年第3期发表有讨论昌平君问题的两篇文章。前一文作者田凤岭、陈雍,题曰《新发现的"十七年丞相启状"戈》,根据一件秦戈铭文,认为其中的十七年指秦王政十七年,并认为九年昌平君为相而未见罢相记载,则此十七年的丞相就只能是昌平君。根据此说,不但《索隐》所谓"立以为相"之话可以证实,而且连"史失其名"的昌平君的名字,似乎也有着落了。但是事实并非如此。两年以后发表的另一文,作者胡正明,题曰《"丞相启"即昌平君说商榷》,不但指明丞相启即昌平君之说无据,而且认为《本纪》九年"令相国昌平君、昌文君……"之文的传统句读有误,应当读作:"令相国、昌平君、昌文君……。"我认为此说合理可信。看来,相国即是吕不韦,昌平君未尝为相国。《索隐》"立以为相"之说是司马贞误读《史记》,望文生义,不足为凭。昌平君、昌文君二人同为楚国公子之留秦者,身份权势较高;同在秦王政时不同年代两度出现,参预政治活动;同用封号为称而不称名,亦不署其他官职;同在楚国灭亡前夕易帜反秦,先后身死。像昌平君、昌文君那样称封号而不称名,在战国秦汉时期是常见的事。嫪毐是吕不韦所进,与吕不韦有关,但是秦王政按验嫪毐之初本不及吕不韦,所以嫪毐叛乱时吕不韦得与昌平君、昌文君同奉秦王之命发卒平乱。及至嫪毐问题情实具得,"事连相国吕不韦",吕不韦始成为被查究的人物。也许由于吕不韦与嫪毐本有关系之故,历代史家都未曾怀疑发卒攻嫪毐的"相国"就是吕不韦,而把楚公子昌平君当作是秦的相国,疑惑后人达两千年之久。

昌平君长期事秦,助平嫪毐,证明了对秦王的忠诚。他与楚国没有联系,又没有足以自恃的实力,未曾引起秦王的疑忌。所以无论从哪方面说来,他都较易赢得秦王的信任。他的楚公子身份,具有被秦用来对付楚人的价值。他徙驻楚旧都郢陈后,得到与众多楚民接触的机会,也得与楚将项燕发生联系,这是他得以聚众反秦的重要条件。二十二年李信兵过郢陈,指向寿春,使楚国社稷濒临危亡边缘,这是促成昌平君与项燕举兵反秦的合理时机。《本纪》系"荆将项燕立昌平君为荆王,反秦于淮南"事于二十三年，比前一节推测昌平君易帜反秦之事略晚一些。这是因为《本纪》所指不是昌平君初反秦于郢陈之年，而是他反秦后正式称楚王，且已转移至淮南之年的缘故。昌平君初反秦时，楚王负刍还在，当有所待，因而并没有马上称楚王。

《编年记》曰：二十三年"兴，攻荆。□□守阳□死。四月，昌文君死"。兴，指秦国兵卒征发。这就是王翦复起，秦大征发，以甲士六十万委王翦东征之事。□□当是郡名，阳是郡守之名，但不知此郡是属秦还是属楚。昌文君当是随昌平君反秦，死于抵抗王翦之役，地点当在父城东至郢陈一带。此年《本纪》记王翦击楚，"取陈以南至平舆"，当指越郢陈后步步进击之事，军锋所指，与当年李信之军一致。后来王翦军折至蕲南，当是昌平君楚军已转移至于此地之故。《本纪》记"秦王游至郢陈"，当是由于郢陈是楚旧都，又是昌平君反秦所据之地，有反秦的传统和潜力，因而必须镇之以权威。而且，王翦率空国之师出征，也必须有以节制，因而秦王有郢陈之"游"，这与王翦出师时请美田宅园池以释秦王之疑，固秦王之信，可以互相印证。所以，史文虽然以"游"为说，实际上却是秦王及时对郢陈实行强力控制的一次重要巡视。秦戍卒家书所记攻反城淮阳，当即此前后的事。郢陈此时确有淮阳之称，见《史记·留侯世家》。

如前所述，《史记》记秦王政二十三、二十四年事颇有错简，疑窦不少，史家于此不得不改字求解。但是改字解史同改字解经一样，本来是学者所忌，只有不得已而为之。史料改字必须不悖公认的校勘原则，充分尊重注家成果和前人研究意见，反复斟酌，切忌武断。必改而又缺乏版本依据时尤其要慎重从事。即令这些都做到了，改字解史除了一些明显易见的讹误以外，往往仍不免见仁见智，难于定谳。所以本文辨昌平君之役所作的推断，引前人改字所作的解释,都不敢自信必得其实。前举黄盛璋先生《云梦秦墓两封家信中有关历史地理的问题》一文,对抵牾资料作了新的判断,改动史文较多;黄文中与昌平君有关的一些意见,亦有来自改字生解者。其中颇有可商榷之处,特举出以求正于黄先生。

黄文认为,《编年记》秦王政之二十一年"韩王死,昌平君居其处,有死□属"之文,说明昌平君已死于此年。"有死□属"之句,缺字不好揣度,辞意难求。黄文大概是训有为又,以为"有死□属"的死者就是昌平君。这当然是很难置信的。黄文据此,进一步认定稍后项燕立之为荆王以反秦的人,不是如《史记》所确指的昌平君,而是昌文君。此说如果能够成立,那么《史记》须要改动之文就不止一处了。黄先生对此是否作过周密的考虑?《编年记》二十三年"□□守阳□死。四月,昌文君死"。对此,黄文又猜测前一死者就是项燕,由此认定项燕与昌文君同死此年,以此反证项燕所拥立者确为昌文君而非昌平君。这也给人以穿凿之感。黄文用《编年记》以正《史记》中的抵牾讹误时,作为证据使用的不尽是《编年记》中确凿可辨的文字,而兼有以意补之的或者强为之解的文字,任意性大,缺乏说服力。用这样的方法寻找证据,并据以擅改《史记》文字以成己说,看来是不适宜的。

《楚世家》、《王翦传》都说王翦破楚军于蕲,杀项燕,蕲地在淮北;而《本纪》二十三年又说昌平君反秦于淮南。黄文认为这些材料说的是一件事,但地点不同。他说,《本纪》淮南之说不对,《索隐》引徐广"淮一作江"之说也不对,正确的应是淮北或淮阳。因为,作淮北,与蕲地合;作淮阳,与云梦秦墓木牍家书合。但是这也近于武断。因为秦楚之战既及于淮北之蕲,后来又扩展到了江南,按路线说淮南正好是王翦追逐楚军的必经之地,为什么昌平君反秦就不能在淮南停留呢？前引《史记》不同材料,明说在不同地点,为什么只能是一件事呢？考虑到楚国最后一个都城在淮南寿春,淮南当有一些有利于昌平君停驻的条件,因此否定昌平君反秦于淮南之说就更难认为有理由了。相比之下,如果还是觉得必须改字求解的话,值得考虑的只能是徐广之说,因为徐广毕竟是根据亲眼所见的一种古本《史记》说话的,有版本根据,比黄文的凿空之见,理由要充分得多。当然这也只是根据版本学常识来判断,并非认为徐广之说绝对正确。

黄文对《王翦传》中"李信攻平舆,蒙恬攻寝,大破荆军。信又攻鄢郢,破之。于是引兵而西,与蒙恬会城父"句改字为解,也不妥当。黄文认为由平舆、寝至城父,是由西向东,不是由东向西,于是擅改"而西"为"而东"。但是这一字之解既无助益,还造成了新的麻烦。第一,这段史料疑难的关键之处是,为什么李信要回攻自己的后方城市郢陈。改"西进"为"东进",并无助于解决这个问题。第二,如果李信率军东进,应当是面朝楚军,为何楚人不是迎头抵挡,而是如《王翦传》所说在秦军后面紧追不舍？第三,如果李信军败真是在郢陈以东或平舆、寝以东之地,战场距秦地日远,秦王为什么会突然感到事态紧迫,以至于惶恐以谢王翦,说出"将军虽病,独忍弃寡人乎"的话来？显然,合理的解释只能是,郢陈出现了不测,引发了颍川郡内旧韩遗民的抗秦斗争,而颍川的斗争又正是仅仅一年以前发生的"新郑反"事件的重演。"新郑反"作为秦灭韩的余波,影响及于郢陈;郢陈楚人反秦的不测事件,又反转过来波及韩人聚集的颍川。既然如此,李信自郢陈"引兵而西"的史料,指西向颍川,意思很明确,无须改字求解了。

这样解释《王翦传》的有关史文,只有一处有待斟酌,即城父的方位问题,而这个问题张守节《正义》本已替我们作了较为完满的解答。《正义》认为城父当作父城,在唐汝州郏城县东,于秦属颍川郡。城父于郢陈为东,但父城于郢陈为西。父城、城父二名,旧籍多有误写。《正义》引服虔曰"城父,楚北境",即误父城为城父。《元和郡县图志》卷六汝州郏城县条:"本春秋时郑地,后属楚(按此即服虔所谓'楚北境'),又入于晋,七国时又属韩。至汉以为县,属颍川郡……。父城故城在县东南四十里。"父城战国既为韩地,秦时自多韩国遗民。韩国旧族张良即出于父城。张良自少及长,交游于郢陈一带,并屡有反秦活动。可见这一带韩国遗民响应郢陈昌平君的号召,再起反秦,是完全有基础、有条件的。李信率军自郢陈西趋父城,目的就是镇压韩人反抗。李信父城之败,败于韩楚联军。

五 张楚反秦的两重作用

秦王政力战十年,完成统一。六国遗民慑于秦的威力,暂时放弃了暴力反抗,但仍时有非暴力反抗活动。其中著者,有齐鲁儒生博士讥刺始皇封禅事,孔鲋受陈余挑动藏书事,博士淳于越请复古分封事,以及"始皇帝死而地分"的东郡刻石事,等等。从事非暴力反秦的人物,各国遗民皆有,而以齐国为多。齐国是文化之邦,知识人才众多,反秦舆论易于传播,对秦威胁很大。

但是,武力反秦之事也并非全不足忧,秦始皇所忧主要在楚。秦楚之战激烈而持久,多有反复,在楚国遗民中留下的印象十分深刻。"亡秦必楚"之说,反映了楚人强烈的复仇愿望。《史记·高祖本纪》谓秦始皇常说:"东南有天子气",因东游以厌之。东南者楚地,可知秦始皇十分关注楚地动静,随时提防楚地发生反秦暴乱。刘邦居楚地,恐为秦所注视,据说曾以此疑不自安。史籍所见江东的金陵、丹徒、曲阿、由拳等地都有秦始皇东游时掘地厌天子气的记载,而这一带地方都在当年王翦秦军灭楚时扫荡江南的范围之中。这种种事实,决定了秦末武力反秦的发动者和主力军,非楚莫属。以后楚地櫌锄白梃发难反秦之事,证明秦始皇当年的东南之忧是确有根据的。

齐文楚武。秦始皇对齐楚采取了一系列防范措施,徙民是其中重要措施之一。秦徙天下豪富十二万家于咸阳,所徙以齐楚居多。《史记·刘敬列传》记刘敬言,秦楚之际,"诸侯初起时,非齐诸田、楚昭屈景莫能兴"。所以汉高祖九年徙民,[①]《汉书·高祖纪》谓:"徙齐楚大姓昭氏、屈氏、景氏、怀氏、田氏五姓关中",而不言及三晋和燕。

陈胜首事,张楚成为关东武力反秦的重心所在,齐鲁儒生也纷纷来归陈王,齐文楚武合流了。儒生的鼓荡,对于六国反秦浪潮的推动,很起作用。陈胜张楚的六个月中,楚、赵、燕、齐、魏均已自王。旧韩有张良聚众而韩国名号却未出现,我想是由于颍川密迩陈地,陈胜不允许另立韩王以分楚势之故。

当东方反秦形势蓬勃发展之时,陈胜所遣以楚为旗号的直接攻秦诸将,却一无所成。陈胜初起时,吴广曾建议:"王引兵西击,则野无交兵。"[②]陈胜把西击任务交给身居假王地位的吴广,而吴

---

① 汉高祖九年徙民,十年就有被徙者亡走之事。张家山汉墓竹简《奏谳书》,记高祖十年七月京兆湖县令状等奏劾齐国族田氏徙处长安,田氏女子袭用他人文书阑出函谷关,欲还临淄,被获,以"亡之诸侯论",送者齐人以"从诸侯来诱论"。此资料甚可贵。见《张家山汉墓竹简〔二四七号墓〕》,文物出版社,2001年。《奏谳书》释文见此书第214页。
② 见《文选》卷二四注引《楚汉春秋》。

广之军却被秦军阻于三川。曾在项燕军中视日的陈人周文受命击秦，收兵数十万，入函谷后也被章邯击败自杀。吴广死于部将田臧之手，章邯又击杀田臧。陈胜遣入武关的楚人宋留也滞留南阳，未得入关，后来降秦被杀。西击秦者皆张楚之兵，为陈胜实力所在，但其战斗力之弱却大大出乎意外，死伤损失者占很大的比重。看来此时张楚攻秦并非上策，而树置诸侯以为秦敌却能立刻收到瓦解强秦的实效。

陈胜反秦，必趋据旧楚都城郢陈而称张楚，这是历史条件和时代意识交相作用于陈胜的结果，而不是任意的选择。它有积极的意义，也有消极的意义。张楚既立，反秦浪潮迅猛广阔地从楚地兴起，天下景从响应以击暴秦。没有其他王国能够代替张楚旗号。这是张楚成功的一面，也是主要的一面。但是从另一方面看来，立张楚意味着以楚反秦，这就不可避免地导致各诸侯王在反秦旗帜下效尤竞立，以至于动摇刚刚树立的统一的政治理念。张楚西击一无所成，而东方诸侯声势却如此浩大，因此只有组织诸侯联合反秦，才有出路。诸侯联合反秦必须有盟主，张楚自然居于盟主地位。这种情况，实质上就是战国末年楚为纵长合纵攻秦的重演。所以，张楚之立，对于统一政治局势的继续维持，又有消极影响，孕育严重后果。

《盐铁论·结和》记载文学论秦末事说："一夫倡而天下和，兵破陈涉，地夺诸侯。"此话比较准确地概括了张楚反秦的两重作用。《史记·天官书》所谓"张楚诸侯并起"，同样是这个意思。司马迁评价陈胜亡秦之功时，也重在陈胜首倡而诸侯并起。《太史公自序》曰："秦失其政而陈涉发迹，诸侯作难，风起云蒸，卒亡秦族。"《陈涉世家》曰："陈涉虽已死，其所置遣侯王将相竟亡秦，由涉首事也。"为了亡秦而重演合纵，看来是形势发展的必然一步。陈胜未必是心甘情愿地接受这种局面。他想独立地西击秦，又想阻止六国王室后人（如魏咎）为王，但毕竟都失败了。

陈胜张楚之立，可以说是诸侯旧地皆王的开端，是"兴灭国"；项梁立楚怀王，可以说是诸侯王室后人皆可兴复的标志，是"继绝世"。①"兴灭国，继绝世"，旧典所载，影响至深。陈胜走一步，项氏再走一步，这两步连在一起，使一场农民反秦暴政的战争无可避免地转化为诸侯合纵攻秦。看来在这个关键时刻，历史前进并没有直路可走，非出现"之"字不可。

在关东形势出现如此变化的时候，关中的秦国出现了同步变化的动向，也值得我们留意。

项羽率合纵之师破秦军主力于钜鹿，而刘邦又衔楚怀王之命进入武关。此时，秦国君臣都认识到，保全一统的帝业已绝无可能，去帝称王还不失为自存之计。秦二世曾向赵高求为一郡之王；据说赵高曾与楚约，由他本人灭秦宗室而王关中。《秦始皇本纪》说，二世死，赵高宣告："秦，故王国；始皇君天下，故称帝。今六国复自立，秦地益小，乃以空名为帝，不可。宜为王如故。"这样，战国七王就一个不差地恢复了。秦去帝称王，贾谊在《过秦论》中是赞许的。但是时势毕竟已变化了；关东诸王虽然可以承认关中王业，但不等于承认秦的故王，赢秦宗室或旧人欲求保全王位，已经不可能了。子婴为秦王没有多久，就不得不封皇帝信物出降于楚将刘邦。秦降于楚，"亡秦必楚"的话终于应验了。但

---

①陈胜是反对继绝世的。《孔丛子·答问》孔鲋建议陈胜"兴亡继绝，以为政首"，陈胜没有拒绝"兴亡"，却拒绝"继绝"。他说："六国之后君，吾不能封也。"

是另一个同时出现的结果，却是帝业回归于王业。要想再造帝业，必须经过一场严重的斗争，这就是刘邦、项羽之战，这场战争，在一定程度上又似当年的秦灭六国。

国内史家往往把秦末战争区分为性质不同的两个阶段，即秦楚之战和楚汉之战，前一阶段的农民战争转化为后一阶段的争夺统治权力的战争。我现在认为，不论如何区分阶段，也不论以何者为转化标志，都须得承认如下的事实，即秦楚战争和楚汉战争一脉相承，其性质既能转化，必有足以形成转化的内在条件。这种内在条件，我认为就包含在陈胜张楚反秦的称号之中。张楚足以反秦，张楚也足以引发诸侯竞起。竞起的诸侯中，始终以楚的声势最大。由此演化为项羽、刘邦之争，而实际上项羽、刘邦皆楚，这个楚，又是继承陈胜张楚而来。

《义门读书记》卷一三引冯钝吟曰："楚兵初起，忧在亡秦，须立六国以树党。六国立，则秦已失天下，独有关中耳。秦已灭，则患在诸侯。尽徙故王王恶地，羽之谋也。此亦有不得已者，但不知桓、文处此当何如耳！"①项羽面对亡秦以后的一盘残局，确有难于下手的隐衷，被冯班觉察到了。项羽不会自安于称楚王而长久地与诸侯王并立，不会眼看着业已空出的帝位而毫不动心。所以他除了在分封诸侯王中隐伏心机以外，还有其他一些动作。第一

---

① 冯钝吟即冯班，有《钝吟杂录》十卷，《四库全书总目》入子部杂家类，班侄冯武辑，何焯评。此处何焯引入《义门读书记》（中华书局，1987 年）之语，不见于《丛书集成》本中的《钝吟杂录》。何焯谓冯班"著书无定所"，"没后多散佚"，所以冯武所辑不全。冯班生于万历季年，死时近七十。何焯生卒年为 1661—1722，晚于冯班不数十年。何焯此处所引，大概是后出的冯班佚文为何焯所知者。《四库全书总目》集部别集类存目八有《冯定远集》11 卷。

步,他把楚怀王升格为楚义帝,以楚帝代替秦帝的法统地位,并就此承认帝业的合法性。他自己则暂居西楚霸王,继续作诸侯的盟主。第二步,他徙义帝于郴而又杀之,这样就使楚帝名号暂时空悬起来,使自己有静观待变、斟酌处理的余地。第三步,他合乎逻辑的措置是,作好各种善后以后,自己名正言顺地登上楚帝的宝座。但是项羽没有迈开这最后一步,形势就急遽变化,自己立刻由主动变为被动,作楚帝的机会也永远消失了。

代项羽完成帝业的刘邦,此时虽然用的是汉王名义,但是如前所述,他渊源于楚,是楚的一部分。项羽称帝不成,并不意味着楚不能帝。不过要夺取帝业,只有楚的名分还不够,还必须据有当年秦灭六国的形势。我们看到,当渊源于楚的汉王刘邦东向与诸侯盟主楚王项羽交锋之时,他确实是不期而然地居于当年秦始皇灭六国的地位。客观形势要求居关中的刘邦之楚消灭居关东的项羽之楚,步秦始皇的后尘,再造帝业。这又出现了反秦而又不得不承秦的问题,出现了以后的汉承秦制,首先而又最根本的是承秦帝制。以帝制为标志,张楚以来历史所呈现的"之"字路走到头了。只是张楚犹有余波,表现为汉初关东诸侯王问题迭起,扰攘达数十年之久,在数十年扰攘中,楚的名号总是反复出现。

《史记·六国年表·序》曰:"夫作事者必于东南,收功实者常于西北。故禹兴于西羌,汤起于亳,周之王也以丰镐伐殷,秦之帝用雍州兴,汉之兴自蜀汉。"太史公造作三代兴灭之词,意在烘托秦汉。汉胎于楚,作事在东南;而收功实于秦,地在西北。我疑太史公是据秦时政治风谣敷衍成说,而"东南有天子气"就是其时极为敏感的一则风谣。西北之秦警惕东南之楚,盖源于秦楚的历史关系。东西畛域之别甚至影响千年之久,何止于汉!

回顾战国末年秦灭六国之际，韩、楚犄角而立，新郑、郢陈不宁，李信、王翦攻楚，项燕、昌平君反秦等一系列事件，决定了秦灭六国后"亡秦必楚"之说的流行和秦始皇的东南之忧。不久，戍卒作难，张楚自号，郢陈建旗，项氏北归，怀王继统，刘邦灭秦，这一系列决定时局进程的大事，又无一不是过去秦楚关系的自然发展。特别是张楚自号于陈，与十余年前昌平君易帜反秦于陈之事，甚多相似之处。陈胜召与计事的陈地三老、豪杰，无疑多是当年昌平君郢陈反秦之役的见证人，甚至可能是参加者。张楚之立，重新开始了秦楚之争；刘邦灭秦，完成了张楚之军西击强秦所未曾完成的任务。秦楚之争，最后的胜利者是楚。胜利的楚以刘邦为代表，转化为汉的皇权，这同时又是秦始皇已开其端的统一的回归，帝业的胜利。

　　《史记·秦楚之际月表》曰："初作难，发于陈涉；虐戾灭秦，自项氏；拨乱诛暴，平定海内，卒践帝祚，成于汉家。五年之间，①号令三嬗。自生民以来，未始有受命若斯之亟也。"三嬗，谓张楚、项氏（含楚怀王）、汉家。其实，三嬗皆楚。三嬗而获成功，谓汉承秦而成帝业。号令三嬗，意味着历史上的秦楚之争从秦末张楚以来，尽管一再变更形式，但终于以楚的胜利宣告结束，虽然胜利了的新朝并不称楚，而称为汉。

　　秦楚之际风云诡谲，事态纷纭，它昭示于后人的历史结论，一是非张楚不能灭秦，二是非承秦不能立汉。灭秦和承秦，相反而

---

①《史记·太史公自序》作八年，较胜。八年，起陈胜张楚，止刘邦称帝。五年之说若非错简，则可能有二解。一，指陈胜张楚至汉王之立（或义帝被杀），首尾五年；二，如汪越《读史记十表》卷四所云，指汉王始封至称帝，亦五年。不过此二解释都不能涵盖"号令三嬗"的全过程。

又相成,其间都有楚作为中介。这就是本文主旨所在。①

〔后记〕 从汉墓张楚帛书论及汉初重张楚问题,不可忽略汉高祖刘邦对张楚的态度。《史记·高祖本纪》十二年十二月高祖曰:"秦始皇帝、楚隐王陈涉、魏安釐王、齐湣王、赵悼襄王皆绝无后,予守冢各十家,秦皇帝二十家,魏公子无忌五家。"陈胜守冢之数,《汉书·高帝纪》亦作十家。而《史记·陈涉世家》记载详明,谓"高祖时为陈涉置守冢三十家砀,至今血食",《汉书·陈胜传》又缀以"王莽败,乃绝"之语,足见确凿可信。陈胜守冢之数优于秦始皇及其他六国君长,表明汉高祖对张楚的特殊态度。对于楚义帝,汉五年以义帝无后,曾立韩信为楚王以存恤楚众,但旋即降韩信为侯而别以刘交王楚,为同姓王。对于项羽,只是承认他受自义帝的鲁公封号,以礼发丧,并以项氏有功者四人为汉列侯而已。相比之下,汉高祖重张楚而不重义帝法统,更清楚可见。《容斋随笔》卷九"楚怀王"条曰:"高祖尝下诏,以秦皇帝、楚隐王亡后,为置守冢,并及魏、齐、赵三王,而义帝乃高祖故君,独缺不问,岂简策脱佚乎?"在我看来,洪迈此处所疑简策脱佚,并无根据。高祖为陈胜而不为义帝置守冢,而且户数多,优于其他帝王,正是由于汉初特重张楚法统的缘故。

——原刊《历史研究》1989 年第 2 期

---

① 李开元《汉帝国的建立和刘邦集团——军功受益阶层研究》(三联书店,2000 年)一书,拓展了本文的论点,对于秦—楚—汉历史的错综关系有进一步的研究论证,请参读。

论轮台诏

一 轮台诏颁布的时机

《汉书·西域传》班固赞曰:汉武帝制匈奴,通西域,"师旅之费不可胜计。至于用度不足,乃榷酒酤,管盐铁,铸白金,造皮币,算至车船,租及六畜。民力屈,财用竭,因之以凶年,寇盗并起,道路不通。直指之使始出,衣绣杖斧,断斩于郡国,然后胜之。是以末年遂弃轮台之地,而下哀痛之诏,岂非仁圣之所悔哉"!

汉武帝在反击匈奴的长期过程中,开边兴利,继往开来,对中华民族的历史有很大的贡献。但是他竭天下民力资财以奉其政,数十载无宁日,加之以重刑罚,穷奢丽,弄鬼神,终使民怨沸腾,社会后果极其严重。文武之道,一张一弛。汉武帝要保存所取得的积极成果,必须及时地在政策上实现转折,使社会安定下来,使人民得以休养生息。

政策的转折出现于征和四年(前89),①也就是汉武帝死前二年。这一年,汉武帝所颁布的轮台"哀痛之诏",是中国古代帝王罪己以收民心的一次比较成功的尝试,它澄清了纷乱局面,稳定了统治秩序,导致了所谓"昭宣中兴",使西汉统治得以再延续近百年之久。

　　轮台之诏的颁布,不能说是及时的。在征和以前的若干年,出现过需要转折也有可能实现转折的时机,但汉武帝丧失了这种时机,延误了转折,从而加深了人民的苦难和政局的动乱。

　　汉武帝的统治,前后历五十四年之久。在他统治的最早一个时期,约当建元元年至元光二年(前140—前133),西汉社会在经济和政治方面,都还是升平治世的景象。《史记·平准书》曰:"至今上(武帝)即位数岁,汉兴七十余年之间,国家无事,非遇水旱之灾,民则人给家足,都鄙廪庾皆满,而府库余货财……。"《盐铁论·国疾》载大夫之言曰:"文景之际,建元之始,民朴而归本,吏廉而自重,殷殷屯屯,人衍而家富。"又载贤良之言曰:"建元之始,崇文修德,天下又安。"其时虽有闽越用兵之事,但规模不大,对社会无甚影响。

　　元光二年,汉武帝开始了大规模的用兵。《汉书·五行志》中之下:"自是(按指元光二年)始征伐四夷,师出三十余年,天下户

---

① 轮台诏文见《汉书·西域传·渠犁》,为征和四年之事,在征和三年李广利降匈奴以后。上引班固赞语说武帝"末年"下轮台诏,也可证明系年是无可疑的。《后汉书·樊准传》安帝永初间郡国被水旱灾,御史中丞樊准上疏:"可依征和元年故事,遣使持节慰安……。"李贤引征和四年轮台诏文为注。这样就出现了下轮台诏究竟是征和四年,还是征和元年的问题。《通鉴》永初二年胡注谓"此(按指李贤注)乃征和四年诏也,征和元年当有遣使慰安故事"。胡注是一个通达的解释。王先谦《后汉书集解》引用胡注之文而未另出断语,当是同意。

口减半。"《汉书·萧望之传》载张敞曰:"昔先帝征四夷,兵行三十余年,百姓犹不加赋而军用给。"所谓三十余年,具体说是三十二年。《汉书·西域传·渠犁》:"是时军旅连出,师行三十二年,海内虚耗。"徐松《汉书·西域传·补注》曰:"自元光二年谋马邑,诱单于,绝和亲,为用兵之始。其后连年用兵,至太初三年西域贡献,凡三十二年。"按元光二年至太初三年(前133—前102),是西汉历史的重要年代,汉武帝的全部事业,几乎都是在这三十二年中完成的,其中除四出征伐外,还有罢黜百家、独尊儒术这样的意识形态的改革,还有如收相权、行察举、削王国、改兵制、设刺史等项政治、军事制度的改革,还有如统一货币、管盐铁、立平准均输制等项经济制度的改革,等等。河决瓠子夺淮入海,为害武帝一朝达二十余年之久,也是在这个时间之内修复的。

但是,如果细细考察汉武帝在这三十二年中完成的每一项事业的具体时间,我们就会发现,绝大多数事项都是元狩(前122—前117)、元鼎(前116—前111)年间做成的;有少数完成于元封年间(前110—前105);只有伐大宛一件事在元封以后,而伐大宛虽然事出有因,但并不是必要的。如果不计伐大宛这件并非必要之事,那么汉武帝在元封年间已经完成了历史赋予他的使命,从此着手实行政策的转折,应当说正是时候。

元封是一个具有特定意义的年号,它是以举行封禅典礼而得名的。封禅典礼盛大隆重,时人非常重视。《史记·太史公自序》谓司马谈不得参预大典,"发愤且卒"。封禅的意义,据《汉书·武帝纪》注引孟康所说,是"王者功成治定,告成功于天"。汉武帝认为自己该办的事都已经或都即将办完,可以说已经到了"功成治定"的时候,才于元封元年举行封禅大典,并使用元封年号。这就是说,在元封年间实行政策的转变,应当是汉武帝考虑过的。

还应看到,元封年间已经出现了较大的社会险象。《汉书·石奋传》附《石庆传》:"元封四年(前107),关东流民二百万口,无名数者四十万。公卿议欲请徙流民于边以适(谪)之。"武帝反对谪徙,案问御史大夫以下议为请者,又诏报丞相石庆曰:"今流民愈多,计文不改。① 君不绳责长吏,而请以兴徙四十万口,②摇荡百姓……。"流民问题并不始于此年。在此之前,由于连年兴发和重赋,已有不少农民弃业流亡。加之以"吏多私,征求无已,去者便,居者扰",使流民问题更加严重。汉武帝制定了流民法"以禁重赋",结果仍然是"官旷民愁,盗贼公行",以至出现流民二百万口的严重局面。这是农民对汉武帝政策的严重抗议。如果官府处置不慎,势必进一步"摇荡百姓",其后果武帝是知道的。所以他才案问御史以下议请谪徙者,并重责丞相石庆,以图平息事端。从这里看来,武帝在元封年间改变政策以安百姓,也完全是形势所必需的。

　　《资治通鉴·汉纪》征和二年,有一长段叙述巫蛊之狱始末的文字,内容非常重要,但不见于《史》、《汉》及今存北宋以前其他有关史籍。其中有几句追述汉武帝对大将军卫青所说的话:"汉家庶事草创,加四夷侵陵中国,朕不变更制度,③后世无法;不出师征伐,天下不安。为此者不得不劳民。若后世又如朕所为,是袭

---

①"计文不改",谓上计文书的户口、垦地数目不改。
②"请以兴",王先谦《汉书补注》引刘奉世曰"兴读如军兴"。"兴徙四十万口",当即以军兴谪徙流民之无名数者。
③汉武帝所说"变更制度",以解释成改正朔、易服色的太初改制为顺,但与这里所引的话在时间上不相符,因为这里所引的话不能晚于元封五年(见下)。疑所谓"变更制度",系泛指政治、经济等诸项改革而言,并非特有所指。

亡秦之迹也。"

汉武帝以历史为鉴,对于自己所行诸事进行反省,认为这些事情虽属必要但毕竟是劳民之举,文词是恳切的。他料到后世如不改变轨辙,继续劳民,就会出现秦朝那样的速亡局面。这种推测符合情理,也符合当时的历史实际。他以劳民为念而思所以改弦更张,更是难能可贵。他在局面还没有发展到像征和年间那样接近于失去控制之时,就认识到这一点。卫青死于元封五年(前106),汉武帝说此话的时间下限不能晚于此年,上限当在元封中或更早一些。这是我们能够见到的汉武帝表示有必要改变政策的最早记载,它出于汉武帝的郑重思考,而不是敷衍之辞。

转变政策既然早已有必要又有可能,汉武帝对此也有所认识,为什么他要迟到征和末年自己临死前,才在轮台诏中确认这种转变呢?关于这一问题,我们从史籍中找不到现成的答案,只能从事态发展中探寻迹象,进行分析。我认为,造成这种情况的一个原因是,汉武帝对开边之事心里无数,不知道该在什么地方适可而止;另一个原因是,汉武帝与卫太子的矛盾制约着转变政策这件事情的整个过程。可以说,汉武帝在完成积极事业的过程中,该止步的时候没有止步。他师心自用,侥幸求逞,使自己走向相反方向,因而延误了政策转变的时间。只是到了最后时刻,他才下决心颁布轮台"哀痛之诏",力图挽回将颓的局势。失之东隅,收之桑榆,汉武帝的目的应当说基本达到了。班固所做"仁圣之所悔"的评论,对汉武帝来说大体上是合适的。

下面,我们拟围绕卫太子问题和开边事态这两个方面试作剖析,以探索征和四年轮台之诏的具体背景,并论证其他相关问题。

二　汉武帝与戾太子的潜在矛盾

上引《资治通鉴》汉武帝对卫青所说的话,是《通鉴》一段长文的一部分。这段长文在上引文之前说:"初,上年二十九,乃有戾太子(按卫太子谥戾),甚爱之。及长,性仁恕温谨。上嫌其材能少,不类己,而所幸王夫人生子闳,李姬生子旦、胥,李夫人生子髆。皇后、太子宠浸衰,常有不自安之意。上觉之,谓大将军青曰……",云云。

皇后卫子夫是卫青之姊,卫太子刘据是卫青之甥。卫子夫以生子刘据而得立为皇后,刘据之贵宠可知。刘据生于元朔元年(前128),元狩元年(前122)立为太子时年七岁。其时武帝开边、兴利、改制、用法,事业蓬勃发展。他留心观察太子的才能志向,希望同自己一样具有雄才大略,能够继承自己的事业。当他清楚太子"仁恕温谨"的秉赋之后,"嫌其材能少,不类己",[①]才逐渐产生了不满。加上其余皇子陆续出生,继嗣有了选择的余地,因此,皇后、太子也就渐渐由宠盛变为宠衰了。这里面,卫皇后宠衰与卫太子宠衰关系密切,卫太子宠衰主要是由于他的才能志向不能称武帝开边兴利之意。可以看出,宫廷里这一变化在相当大的程度上带有政治性,而不只是其他原因如色衰之类。

《通鉴》在提到"亡秦之迹"的话以后接着说:"太子敦重好

---

①《汉书·外戚传·钩弋赵倢伃传》叙昭帝之立说:"钩弋子年五、六岁,壮大多知。上常言类我,……心欲立焉。"可知武帝选择继嗣,总把与己相类当成一项重要标准。按昭帝生于太始三年(前94),五、六岁时当征和三、四年。

静,必能安天下,不使朕忧,欲求守文之主,安有贤于太子者乎!闻皇后与太子有不安之意,岂有之耶?可以意晓之。"这些话无疑是为了安皇后,安太子,也无疑是为了安卫青,安卫氏家族。但事情并不止此。这个时候,武帝确也需要太子这样的继嗣来"安天下"。所以他并没有由于元封五年卫青之死而废黜宠衰的皇后和太子。自此到征和二年,其间有十六年,皇后和太子的地位都无变化。看来由于情况的复杂性,在对待皇后、太子的问题上,汉武帝有一段相当长的犹豫过程。

《通鉴》继续写道:"太子每谏征伐四夷,上笑曰:'吾当其劳,以逸遗汝,不亦可乎!'上每行幸,常以后事付太子,宫内付皇后,有所平决,还白其最,上亦无异,有时不省也。上用法严,多任深刻吏;太子宽厚,多所平反。虽得百姓心,而用法大臣皆不悦。皇后恐久获罪,每戒太子宜留取上意,不应擅有所纵舍。上闻之,是太子而非皇后。群臣宽厚长者皆附太子,而深酷用法者皆毁之。邪臣多党羽,故太子誉少而毁多。"

武帝既不满意卫太子"仁恕温谨",又怕"亡秦之迹"再现;而要避免重蹈"亡秦之迹",又正需要像卫太子那样堪为"守文"的人作为继嗣。这显然是矛盾的根源。其实在当时,武帝仍然深信自己的统治是稳固的,并不认为真会出现"亡秦"的结局。他认为,"朕不变更制度,后世无法;不出师征伐,天下不安"。显然,他还没有打定主意在自己统治的时间内转变政策方向。他担心的是"后世",也就是自己身后太子即位之时。他把转变政策之事付托给太子。所谓"吾当其劳,以逸遗汝",以及告诫后世不要"如朕所为",就是这个意思。至于他自己,那还是要继续"出兵征伐",还是要继续"变更制度"。太初年间追匈奴,伐大宛,改正朔,易服色等,就是武帝这种思想的表现。这个时期,武帝主观上并没有意识到上述矛盾在将来有可能导致不幸的后果。

但是，从另一方面看来，矛盾确实在起着作用。卫太子与汉武帝比较，有不同的思想品格，有不同的统治政策。在武帝和太子并存的长时间里，朝廷中自然存在着两类官僚。一类是追随武帝的开边、兴利、改制、用法之臣，他们是多数；一类是拥护"守文"的太子的所谓"宽厚长者"，他们是少数。① 武帝和太子既然各有一班为自己效力的臣僚，他们的关系就超越了宫廷生活中的父子关系和个人权势关系，而具有朝廷中两种相矛盾的政治势力的性质。这两种政治势力的矛盾，在形势变化的时候，有可能激化起来，表现为武帝与太子的不可两立的抗争。

上引《通鉴》记事写清楚了武帝与太子冲突的两种政见的性质，②但是理当作为原始资料看待的《汉书》却把这一冲突全部写成争宠、泄忿。《汉书·戾太子传》说："武帝末，卫皇后宠衰，江充用事，充与太子及卫氏有隙"，遂有巫蛊之狱导致卫皇后和卫太子之死云云。两相比较，《通鉴》比较深刻，在史识上胜过《汉书》一筹。《通鉴》又认为元封以后武帝与太子疏远，仅仅是由于卫青死，卫太子失去了可以凭依的强有力的外家，因而臣下竞构太子的缘故。考虑到巫蛊之狱卫氏族灭的后果，此说不为无因；但仅仅如此而不究及武帝、太子政见的不同，似乎又离开了《通鉴》本来的观点，离开了历史的深度。

---

① 阎步克有《汉武帝时"宽厚长者皆附太子"考》，《北京大学学报》1993 年第 3 期，请参看。
②《通鉴》此条资料来源和可信性问题，请参看本文"余论"。

三 巫蛊之狱的政治意义

汉武帝与卫太子的公开冲突,爆发于征和二年,这就是巫蛊之狱。

汉武帝时,巫蛊作为一种迷信活动,在宫廷内外都很流行。武帝元光五年(前130)废陈皇后,张汤"治陈皇后巫蛊狱,深竟党与",[1]"相连及诛者三百余人"。[2] 其时巫蛊之术一般是埋木偶于土中,咒诅祀祷,认为咒诅必定应在仇家。巫蛊之事易于被判定咒诅皇帝,大逆不道,所以在纠纷杂出的汉武帝时期屡次成为兴动大狱的罪名。《汉书·西域传》:"匈奴使巫埋羊牛所出诸道及水上以诅〔汉〕军。"参以《匈奴传》、《戾太子传》、《江充传》等胡巫参与巫蛊的资料,中外学人疑巫蛊之术或与匈奴习俗有关,不无道理。

大规模的巫蛊之狱发生在征和年间。其时公孙贺为丞相,贺子敬声为太仆,父子被告使巫祀诅武帝,并于武帝经行驰道埋偶人。征和二年(前91)正月,贺、敬声俱死狱中。这时武帝卧病甘泉宫,水衡都尉江充建言巫蛊为祟,欲乘机陷害太子及皇后。武帝使江充为绣衣使者治巫蛊狱,江充率胡巫掘地求偶人,扬言得之于太子宫。太子使客诈为武帝诏捕斩江充,并发兵凡数万众以拒官军。武帝命丞相刘屈氂与太子战,并收卫皇后玺绶,卫皇后

---

①《汉书·张汤传》。
②《汉书·外戚传·陈皇后传》。

自杀。① 太子败走湖县（在今河南灵宝境），旋以被围自经。太子死后，屡有人言江充之奸。征和三年，高庙寝郎田千秋"上急变讼太子冤"。② 武帝经受激烈震动后，有所感悟，谓曰："父子之间，人所难言也。公独明其不然，此高庙神灵使公教我。"因此立拜田千秋为大鸿胪，数月，以之代刘屈氂为丞相，并族灭江充之家。武帝还作思子宫，为归来望思之台于湖，并对卫太子问题一步一步地进行昭雪。

据《汉书·江充传》，江充曾为绣衣使者，"督三辅盗贼，禁察逾侈"。卫太子家使乘车马行驰道中，江充以之属吏，遂与太子有隙，恐太子得立对自己不利，乃引祸以陷太子。《传》文说江充"奸讹"③，"由疏陷亲"，可能都是事实。但是规模这样大的直接针对皇室至亲的巫蛊之狱，除了出于江充个人恩怨之外，是否还有其他更重要的原因呢？

洪迈《容斋续笔》卷二《巫蛊之祸》条曰："汉世巫蛊之祸，虽起于江充，然事会之来，盖有不可晓者。……木将腐，蠹实生之；物将坏，虫实生之。是时帝春秋已高，忍而好杀，李陵所谓法令无常，大臣无罪夷灭者数十家。……祸之所被，以妻则卫皇后，以子则戾园（按即卫太子），以兄子则屈氂，以女则诸邑、阳石公主，以

---

① 褚补《史记·外戚世家·钩弋夫人》谓："诸为武帝生子者，无男女，其母无不谴死。"可见卫皇后之死为必然，只是时间迟早而已。汉武故实，北魏复行之。《魏书·皇后列传》史臣曰："钩弋年稚子幼，汉武所以行权，魏世遂为常制，子贵母死。矫枉之义，不亦过哉！高祖（孝文帝）终革其失，良有以也。"
② 《汉书·车千秋传》。
③ "奸讹"即奸伪。《日知录》卷三二"讹"："讹字古作譌，伪字古亦音讹。《诗·小雅》民之讹言，《笺》云：伪也，小人好诈伪……。《尔雅注》：世以妖言为讹。"

妇则史良娣，以孙则史皇孙。骨肉之酷如此，岂复顾他人哉！且两公主实卫后所生，太子未败数月前皆已下狱诛死，则其母与兄岂有全理？固不待于江充之谮也。"洪迈的意思是说有武帝之朽，才有江充之谮，并一一举出被杀之人，以说明武帝对"骨肉之酷"。洪迈这些话都是事实。但是我们从这里看到另一问题，即被杀者中除刘屈氂以外，①全部是卫氏家族人物，卫皇后及其子、女、媳、孙。卫皇后二女诸邑、阳石公主，征和二年四月死在公孙贺一案中，而公孙贺一案即是卫太子巫蛊之狱的前奏。卫皇后的血亲被杀而洪迈未录者，还有姊卫君孺和弟子卫伉，②以及外孙曹宗。③卫皇后其他戚串，死者更多。据《汉书·外戚传》说：巫蛊狱兴，"卫氏悉灭"。可以说，公孙贺之狱与卫太子之狱，都是针对卫氏而发的，其目的是为了更换后宫和更换继嗣，而更换继嗣是更为主要的目的。前面说过，江充兴狱，意在太子。江充掘偶之时，太子少傅石德谓太子曰："上疾在甘泉，皇后及家吏请问皆不报，上存亡未可知，而奸臣如此。太子将不念秦扶苏事耶！"④江充和刘屈氂所行，客观上都是在实现汉武帝改换继嗣这一政治目的。石

---

①刘屈氂，武帝庶兄中山靖王之子。关于他的死，下文另论。
②卫君孺即公孙贺之妻。公孙贺本来由于妻为皇后姊而有宠于武帝。
③据《史记·曹相国世家》及同书《高祖功臣侯年表》，曹参玄孙曹襄尚卫长公主，生子宗，"宗代侯，征和二年中，宗坐太子死，国除"。《汉书·曹参传》则隐去死因，只谓曹襄"子宗嗣，有罪，完为城旦"；《汉书·高惠高后文功臣表》谓平阳侯宗，"征和二年坐与中人奸，阑入宫掖门，入财赎，完为城旦"。又，据《史记·外戚世家》及《索隐》，卫皇后生三女，诸邑、阳石以外，尚有卫长公主，即卫太子姊，当即曹襄所尚，曹宗之母。据《汉书·郊祀志》，曹襄死（在元鼎元年，前116）后，武帝以长公主妻栾大，更名当利公主。
④《汉书·戾太子传》。

德点破"秦扶苏事",是洞悉当时政局底蕴之谈。

洪迈所论汉武帝"骨肉之酷",并非特指卫皇后和卫太子,所以把汉家宗室的刘屈氂也列在皇后、太子一起。其实,刘屈氂被杀属于另一矛盾。刘屈氂与李广利是儿女亲家,李广利女嫁刘屈氂子。李广利妹即汉武帝李夫人。李夫人生子昌邑王髆。刘屈氂与卫太子死战,意在除卫太子而以昌邑王髆代为太子。王夫之《读通鉴论》卷三谓刘屈氂对卫太子"必出于死战,此其心欲为昌邑王地耳!太子诛,而王以次受天下,路人知之矣。其要结李广利,徇姻娅而树庶孽,屈氂之慝,非一日之积矣"。卫太子既死,刘屈氂、李广利相约早立昌邑王髆。但是此时汉武帝并未属意诸庶子。由于这个原因,同时出于巨变之后的复杂感情,汉武帝以巫蛊咒诅罪名腰斩了刘屈氂,并收系李广利妻。其时李广利已出征匈奴,闻讯后向匈奴投降。

事端突起、头绪纷繁的巫蛊之狱导致改换继嗣的后果,而改换继嗣又同卫太子"仁恕温谨"和"守文"的秉赋颇有关系。关于这一点,可以从巫蛊之狱中卫太子的对手江充那里看到旁证。

《盐铁论·国疾》贤良曰:"建元之始,崇文修德,天下乂安。其后邪臣各以伎艺,亏乱至治,外障山海,内兴诸利。杨可告缗,江充禁服,张大夫(汤)革令,杜周治狱,罚赎科谪(谪),微细并行,不可胜载。……圣主觉焉,乃刑戮充等。"江充禁服,指的就是江充为使者禁察车服逾制之事,在贤良看来,这事远远不是一种权宜督察的细小事故,而是与兴利用法诸大事相当;而江充其人也不只是一个奸伪小人,而是与兴利用法的张汤、杜周、杨可并列的重要政治人物。至于说"圣主刑戮充等",似不准确。我们知道,张汤系自杀而死,杜周病死,杨可不知所终,而江充则是被卫太子杀死的。

《盐铁论·轻重》文学曰："大夫君（按指桑弘羊）以心计策国用，构诸侯，参以酒榷，〔东郭〕咸阳、孔仅增以盐铁，江充、杨可之（按即杨可）等各以锋锐，言利末之事析秋毫。"江充"言利末"，看来是指他允准逾侈的贵戚子弟入钱赎罪，因而有"各以秩次输钱北军，凡数十万"之事。输钱数目甚小，与杨可告缗所得财物数量无法相比，与东郭咸阳、孔仅、桑弘羊等理财之入也不相类。但江充毕竟被列入这些人的行列，说明他也是一个以"言利末"而具有政治影响的人物，至少当时人是这样看的。

《盐铁论》中所见江充的地位如此，这使我们得以推知江充治巫蛊事带有政争的性质，并由此想到刘知几提到的一个问题。《史通·品藻》谓"江充、息夫躬谗诌惑上，使祸延储后，毒及忠良。论其奸凶，过于石显远矣。而〔班〕固叙之，不列佞幸"，认为这是史书品藻不当之例。在我看来，江充等人都有所谓"奸凶"事例属实，但江充与蒯通、伍被、息夫躬同传而皆未入《佞幸传》，主要由于他们，特别是蒯、伍、江，都深深卷入了当时的政争，与一代政治大事关系密切。这与《佞幸传》中诸人进不由道，仅凭婉媚贵幸者，是有显著区别的。班书立传，于此处仍可说是以品汇相从，并无不类。班书《陈胜项籍传》首载颜师古以此为例说：班书列传"虽次时之先后，亦以事类相从，如江充、息夫躬与蒯通同传……"之类是也。

前引《通鉴》之文说到"群臣宽厚长者皆附太子，而深酷用法者皆毁之。邪臣多党与，故太子誉少而毁多"。江充充当了深酷用法臣僚的代表，秉承武帝意旨，凭借党与优势，用非常手段摧毁以卫太子为代表的"守文"的政治势力，这也许就是巫蛊之狱的实质。当然，这毕竟是两千余年前的事，今天研究起来，一来宫闱事秘，情节难详；二来已知情节中兼有偶然，区分不易；三来汉武帝晚年多疑,其行事也不可全以常情判断。所以要作出确凿无疑的解释,看来还有一些困难。

汉武帝时代网禁严密,法律被用来大量杀人,而皇权又高于法律,皇帝杀人无需法律根据。廷尉杜周之言曰:"三尺(按指法律)安出哉?前主所是著为律,后主所是疏为令,当时为是,何古之法乎?"①汉武帝甚至对大臣也任意宰割,丞相能免于屠戮者甚少。因此,公孙贺"引拜为丞相,不受印绶,顿首涕泣",认为自己"从是殆矣"。他受拜后没有多久,果然在巫蛊之狱中族灭。② 朝廷纷争,几乎都与屠杀相伴,巫蛊之狱就是一场大屠杀。征和四年轮台之诏颁行后,屠杀又被用来作为一种既是为卫太子昭雪,也是为转变统治政策扫清道路的重要手段。请看以下诸例。

据《汉书·武帝纪》以及刘屈氂、金日磾等传,侍中仆射马何罗(按即莽何罗)与江充善,巫蛊事件中马何罗之弟马通(按即莽通)以击卫太子力战功,封重合侯。后元元年,即颁布轮台诏的翌年,马通兄弟谋逆被擒。据《汉书·景武昭宣元成功臣表》(下简称《功臣表》),马通于后元二年腰斩。

据《刘屈氂传》及《百官公卿表》,大鸿胪商丘成以击卫太子力战功,封秺侯。据《功臣表》,后元二年商丘成坐于孝文庙醉歌,大不敬,自杀。

据《刘屈氂传》,长安男子景建从马通力战,获太子少傅石德,以功封德侯。据《功臣表》,景建于后元二年坐共马通谋反腰斩。

据《戾太子传》,太子被围困,闭户自经,山阳卒张富昌开户,与李寿共得太子,以功封题侯。据《功臣表》,张富昌后元二年为

---

①《史记·杜周传》。
②《汉书·公孙贺传》。

人贼杀。①

据《戾太子传》，太子自经，新安令史李寿以得太子功封邘侯。据《功臣表》，李寿征和三年坐送李广利征匈奴出长安界诛。②

以上说到的马通、商丘成、景建、张富昌、李寿，是巫蛊事件中以迫害卫太子得功封侯的全部五人，他们在汉武帝统治的最后三两年内，又全部被杀或被逼自杀。其中李寿于征和三年伏诛，其余的人都死于后元二年（据《功臣表》王先谦补注，商丘成、马通、景建的死年均当在后元元年）。他们之死，史籍上记有不同的罪名，但集中起来看一看，就知道都是出于为卫太子昭雪，为转变政策扫清道路的需要。

还有一个动向也是值得注意的，那就是昌邑王髆之死。昌邑王髆是武帝李夫人所生，巫蛊之狱后，李广利、刘屈氂曾欲拥立他为太子而为武帝所拒。他恰好也死在后元元年，史籍不著死因。他的儿子昌邑王贺，就是昭帝死后一度被迎立为皇帝而旋被废弃的人。昌邑王贺被废弃后继立的汉宣帝，恰恰又是卫太子之孙。这种种情节，估计不会是偶然的巧合，而是前述自元封以来事态发展的又一曲折。是否如此，由于材料不足，姑且存以待证。

政治上的大转折有时不免反复。武帝兴利之臣的代表人物桑弘羊预武帝顾命，预示着转变政策还可能出现麻烦。关于这个

①②《汉书·戾太子传》：太子自经，"山阳男子张富昌为卒，足蹋开户，新安令史李寿趋抱解太子。……上既伤太子，乃下诏曰：'盖行疑赏，所以申信也。其封李寿为邘侯，张富昌为题侯。'"颜师古注："为其解救太子也。"《通鉴》意同师古。王先谦《补注》异于古，认为二人皆欲生得太子而非欲解救太子。其时武帝虽有所感悟，伤太子之死，然无明诏赦之，不得不赏获者之功，故有"疑赏所以申信"之语，否则上下文义皆不可通。按，王先谦说是，颜注及《通鉴》皆误。

问题,将在本文第五部分再作研究。

四 轮台诏前西域开边的背景

元封五年,大将军卫青死。《汉书·武帝纪》是年谓"名臣文武欲尽,诏曰:'盖有非常之功,必待非常之人。故马或奔踶而致千里,士或有负俗之累而立功名。夫泛驾之马,跅弛之士,亦在御之而已。其令州郡察吏民有茂才异等可为将相及使绝国者'",云云。师古释绝国为"绝远之国,谓声教之外"。在当时,声教之外的绝远之国,主要是指西域诸国大宛之属。汉武帝既然意在西域以图非常之功,所以放弃了改弦易辙的时机,继续筹划对西域的战争。两年以后的太初元年,李广利就师出大宛了。

大宛远在葱岭以西,与汉境迥不相接,为什么汉武帝要执意征伐大宛呢?

汉武帝伐大宛的战争,《史》、《汉》仅以求汗血马来解释,自然是不够周全的。近人有一些新的见解,如余嘉锡先生提出改良马政说,[1]张维华先生提出求天马以升天说,[2]国外汉学家也颇有论述。近几年,史学界又陆续提出一些其他见解。所有这些,都从不同方面丰富了思考。对于伐大宛原因的问题,本文别无新解。只是认为汉向大宛一带(而不是特指大宛一地)进军之事,从汉武帝向西开边的阶段和步骤考察,是多年以来汉朝军事战略上

[1]《汉武帝伐大宛为改良马政考》,见《余嘉锡论学杂著》上册,中华书局,1963 年。
[2]《汉武帝伐大宛与方士思想》,见张维华《汉史论集》,齐鲁书社,1981 年。

步步行动的必然结果,而不只是汉武帝一时的物欲所致。

《汉书·武帝纪》元封元年封禅大典前夕,武帝诏曰:"南越、东瓯咸服其辜,西蛮、北夷颇未辑睦。"事实上,汉与北夷即匈奴的战争虽然经常发生,但是决定性的战役早已结束,汉处于绝对优势地位。剩下的主要问题是与"西蛮"即西域诸国还没有进行过足以决定雌雄的较量。打西域是箭在弦上,是必然的,问题只是在时机和地点的选择而已。

张骞第一次通西域,到达大宛等地,但没有也不可能导致汉对大宛的军事行动,因为那时连河西走廊都还不在汉朝手里,汉军开赴西域,并非易事。以后经过几次对匈奴的大战役,汉得匈奴浑邪王、休屠王故地,陆续列置郡县;又逼迫匈奴北徙,使漠南不再有匈奴王庭。元狩二年(前121)或稍后,汉"筑令居以西",①即从令居(今甘肃永登境)向西修筑亭障。据《汉书·张骞传》注引臣瓒曰,令居亭障西迄酒泉为止。得河西,列亭障至酒泉,才使汉朝在军事上开通西域成为可能。

接着,张骞向汉武帝陈述经营西域方略,进一步提出招乌孙东归敦煌、祁连故地,并主张与乌孙结和亲以"断匈奴右臂"。《汉书·张骞传》张骞谓:"'既连乌孙,自其西大夏之属,皆可招来而为外臣。'天子以为然。"这就是说,汉朝必须在西域取得乌孙这样的立足点,才能招徕更西的"大夏之属",包括大宛在内。于是而有元狩四年(前119)张骞第二次西域之行。

张骞第二次出使,到达乌孙,副使到达大宛等国。由于其时西域境内不存在足以对抗匈奴的汉朝军事力量,乌孙不愿在匈奴和汉朝这两大势力之间偏向汉朝,所以张骞于元鼎二年(前115)

---

①《史记·大宛列传》。

无功而返。这种情况使汉朝明了,要使乌孙接受和亲,还需要在河西走廊之西,即西域的东部,有一个足以支持西域诸国抗拒匈奴的据点。于是而有元封三年(前108)的楼兰之役。

楼兰之役,是汉朝为保护西行使者而发动的一次战役。其时使者相望于道,每年多至十余辈。当道的楼兰、姑师(车师)苦于供应,攻击汉使,又屡为匈奴耳目。元封三年,赵破奴破楼兰,汉使者王恢助破姑师。《汉书·西域传·楼兰》曰:汉破楼兰、姑师以后,"因暴兵威以动乌孙、大宛之属。……于是汉列亭障至玉门矣"。据《史记·大宛列传》及《汉书·张骞传》,玉门亭障始自酒泉,元封四年所筑。前述元狩二年筑令居以西亭障,其终点即在酒泉,至是又自酒泉西延至玉门。玉门指玉门都尉治所,在敦煌郡治之西。[1] 令居至酒泉再至玉门的亭障连以长城,这就是古称的西塞。长城西延,汉兵威西渐,乌孙乃于元封六年接受和亲。这是汉对西域用兵的第一阶段。

汉朝至此并未止步,接着就有大宛之役。

乌孙和亲后,汉朝没有达到招徕"大夏之属"以为外臣的目的。《张骞传》谓"大宛以西皆自恃远,尚骄恣,未可诎以礼,羁縻而使也"。因此,军事上出现了向西再进一步的要求,大宛也就被选定为进攻的目标了。前引《汉书·武帝纪》元封五年诏求"跅弛之士"能"使绝国者",所谓"绝国",当包括乌孙、大宛、大夏之属。

太初元年(前104)李广利伐大宛,是汉在西域用兵第二阶段之始。太初三年,李广利逼降大宛。由于汉军已西移至大宛,汉

---

[1]关于玉门关与敦煌郡治相对位置及其变迁的问题,久有异说。此处从向达、马雍先生之说。马雍作《西汉时期的玉门关和敦煌郡的西境》一文(载《中国史研究》1981年第1期),谓其时盐泽以东均为敦煌郡境,颇有理据。法显《佛国记》"修敦煌旧塞",即当包括敦煌以西直到盐泽地界障塞而言。

的军事亭障也因此得以自敦煌、玉门继续向西延伸。《汉书·西域传·序》说："自敦煌西至盐泽，往往起亭，而轮台、渠犁皆有田卒数百人，置使者校尉领护，以给使外国者。"《史记·大宛列传》叙此于汉降大宛"岁余"之后，当是天汉元年（前100）的事。汉得河西走廊以后，约二十年中，亭障自令居西行，经酒泉、敦煌、玉门，至是又到达盐泽，即今罗布泊地区。

这里所说的盐泽，或作盐水。《史记·大宛列传》："敦煌、酒泉置都尉，西至盐水，往往有亭。"陈梦家先生《汉武边塞考略》，①据此认为盐水专指盐泽以西流入盐泽之水，约当今营盘以下的库鲁克河及营盘以上的孔雀河，而孔雀河的上段到达渠犁境，近于轮台。这说明敦煌以西的亭障沿盐泽以北继续西行，止于渠犁、轮台区域。② 斯坦因当年在盐泽以西以至今库车一带发现延绵的烽台，同今甘肃境内汉代亭燧结构相同，但不像敦煌以东那样有长城相连。这应当就是敦煌"西至盐水"的亭障。由于亭障到达渠犁、轮台地区，渠犁、轮台地区置田卒才有可能。

《汉书·西域传·大宛》：天汉以后，汉"发〔使〕十余辈抵宛西诸国，求奇物，因风谕以伐宛之威"。汉使所至，不限于宛西诸国，太始年间有至莎车者。《流沙坠简》廪给类："出粟一斗二升以食使莎车续相如上书良家子二人，八月癸卯（下缺）。"简发现于罗布泊以东地。这是西域道中供给汉使廪食的纪录。《汉书·景武昭宣元成功臣表》："承父侯续相如，以使西域，发外王子弟诛斩扶乐王首，虏二千五百人，侯。……太始三年（前94）五月封。"汉简续相如不冠侯号，则其遣人上书当在太始三年五月受封之前。像

①见陈梦家《汉简缀述》（中华书局，1980年）第212—215页。
②此处亭障所止的具体地点当在渠犁附近的连城，说详下。

续相如那样深入西域南道西端的莎车,当是汉使乘太初年间"伐宛之威"以及天汉年间亭障沿盐水西延之便,扩大了交通范围的结果。

唐人司马贞于《史记·大宛列传·索隐·述赞》中说:"旷哉绝域,往往亭障。"在西汉势力向西域推进的过程中,我们可以看到在绝域中列置亭障具有多么重要的意义。亭障相连,构成防御线,构成交通线,也构成供应线。亭障还为汉向更西的地方传播政治、经济、文化影响提供保障。可以说,没有亭障,也就没有汉在西域的经营。

综上所述,汉朝向西域推进,大体的程序是,先是军队向西占领据点,然后是:一,在据点的后方修筑亭障;二,在据点的前方向更西的区域扩大声威。① 元封三年征服楼兰、姑师后,即遵循上述程序进行活动:一,元封四年自酒泉"列亭障至玉门";二,"因暴兵威以动乌孙、大宛之属"。太初三年降大宛后的活动,也是遵循这一程序:一,天汉元年"西至盐水往往有亭";二,"风谕〔宛西诸国〕以伐宛之威"。汉朝势力向西发展经历了两个阶段,即元封和太初;两个步骤,即楼兰之役和大宛之役。这是战略形势使然。第一步骤指向楼兰、姑师,决定于地理条件。至于第二步骤,可以指向大宛,也可以指向大夏,还可以指向近旁他国。汉武帝终于选定大宛为目标,其决定性的原因究竟是什么,如前所申述,本文存而不论。

征和四年轮台诏前,桑弘羊等人上奏,除了请求于渠犁、轮台设置屯田以外,还请求把盐水亭障再向西方的乌孙延伸。按照上

①汉朝经营河西,也是按此程序:先是得匈奴浑邪王、休屠王故地,然后是:一,在后方筑长城自令居至酒泉;二,派使者向前方出两关周旋西域。

述汉军西进程序,这意味着将要在更西的某个地方实现第三阶段、第三步骤的战争。这就是轮台诏颁布以前西域军事形势的背景。正是针对这种形势,汉武帝下轮台诏,才消除了这场战争发生的可能性。

五　汉武帝完成向守文的转变

前已论及,作为元狩、元鼎以来开边、兴利、改制、用法和擅赋的结果,元封四年(前107)在关东出现了二百万流民,引起了政局的动荡。在此以后,"〔太初〕元年(前104),贰师将军征大宛,天下奉其役连年",①导致"海内虚耗",②"天下骚动"。③ 作为后果,出现了天汉二年(前99)的农民大暴动。这次暴动遍及关东地区,大群数千人,攻城邑,杀二千石;小群数百人,掠卤乡里。关中"豪杰"受到影响,也多远交关东。《史记·酷吏列传》记载天汉暴动较详,认为主要原因是酷吏专断,"吏民益轻犯法,盗贼滋起"。《汉书·王䜣传》则认为连年征伐是天汉暴动的直接原因。大抵天汉暴动是元封流民骤现形势的重演,不过规模更大,来势更猛。地方官府不能禁止,汉武帝乃采取非常措施,由皇帝直接派员控制局势。这些人衣绣衣,杖斧,持节及虎符,称绣衣直指使者,发兵分部捕逐,斩首或至万余级,颇得渠帅,而散卒复聚阻山川。汉武帝于是作"沉命法",督责二千石以下捕盗不满品者,太

①《汉书·五行志》中之下。
②《汉书·西域传·渠犁》。
③《汉书·李广利传》。

守、刺史伏诛者多。其结果又出现上下相匿不报,暴动更夥。这无疑是西汉建立以来最大的一次来自下层的大震动。据《汉书·李陵传》,"关东群盗妻子徙边者随军为卒妻妇,大匿军中"。她们自然会扩大农民暴动的影响。《酷吏传》谓农民暴动延续数年犹未平息,《萧望之传》谓天汉四年之后犹是"奸邪横暴,群盗并起"。这是对汉武帝的一次比元封四年更严重的警告,逼迫他思考所以改弦易辙之道。

汉武帝利用专制权威,孤注一掷,大发直指使者以镇压农民暴动,居然获得成功。农民暴动既被压平,转变政策的问题也被搁置,几年以后,还发生了导致改变继嗣的巫蛊之狱。但是,酿成农民暴动的根本原因并未消除,农民暴动随时有再起的可能,汉武帝不会不明白这个道理。刘屈氂、李广利一案所见改变继嗣引起的统治者内部纠纷,亦足以使汉武帝有所警觉。所以在田千秋"上急变讼太子冤"后,形势又围绕着为太子昭雪事而急转直下,导致轮台诏的颁行。

《通鉴》征和四年(前89)三月叙武帝之言曰:"朕即位以来,所为狂悖,使天下愁苦,不可追悔。自今事有伤害百姓、縻费天下者,悉罢之!"这是汉武帝"罪己"的开端。是年六月就有轮台之诏,见于《汉书·西域传·渠犁》。诏中说到"深陈既往之悔",徐松《汉书·西域传·补注》以上引《通鉴》"不可追悔"之文注此,其意盖指其为一事的重申。轮台之诏上承卫太子昭雪事,其直接起因,则是征和三年不利的军事形势。

征和三年,汉军三路进攻匈奴。出军五原的李广利由于曾与刘屈氂谋立昌邑王髆事发,惧降匈奴。这是巫蛊之狱的余波。其时卫太子既已昭雪,站在卫太子反面的人物,包括刘屈氂和李广利,就成为余波冲击的对象。另一路汉军由马通(按即莽通)率领,出酒泉,至天山,在西域活动。汉恐车师遮马通军,乃以匈奴降者开陵侯成娩率楼兰等六国兵共破车师。马通军东归,道死者数千人,武帝乃发酒泉驴、橐驼负食出玉门迎军。另一路汉军商丘成出西河,也无功而还。汉军的不利,使调整防务成为必要,因而有征和四年搜粟都尉桑弘羊与丞相田千秋、御史大夫商丘成之奏。他们请求于轮台以东屯田,置校尉,由张掖、酒泉遣斥候属校尉,有事因骑置以闻;并且列亭障以威西国,遣使者以安之,使他们不致于因汉军不利而有所摇动。

汉军失利虽于大局影响无多,汉武帝却决心利用时机,改弦更张。他否定桑弘羊等的请求,并下诏曰:"今请远田轮台,欲起亭燧,是扰劳天下,非所以优民也。今朕不忍闻!……当今务在禁苛暴,止擅赋,力本农,修马复令以补缺,毋乏武备而已。"武帝由是不复出军,并于征和四年六月封丞相田千秋为富民侯,[1]以明休息,思富养民。这些就是轮台诏的主要内容。自从汉武帝对卫青说到以"亡秦之迹"为鉴以来,时间已过了大约二十年,矛盾积累更多,"亡秦之迹"的朕兆也更为显著。过去汉武帝把转向"守文"的历史任务寄托给卫太子,现在却不得不由自己来实现了。

关于轮台诏,有如下两类问题值得推敲。一类是军事方面的屯田、筑亭障等问题。轮台诏似乎以否定屯田轮台之请为主要内容,史家叙及该诏者,往往首举罢屯田事。但是实际上屯田既非重大扰劳,也非始置。轮台屯田,除了其地点适宜农垦的原因以外,还由于它处于抗拒匈奴的关键位置。从汉初到汉宣帝时,匈奴在西域的统治机构僮仆都尉一直设立在这一带的焉耆、尉犁、危须之间。所以汉朝势力一旦深入西域,就必须在这一带置卒屯

---

①月份据《汉书·外戚恩泽侯表》。

田，以求久驻固守。《史记·大宛列传》："仑头（按即轮台）有田卒数百人"，这当是太初、天汉间事，因为《史记》记事，不可能晚于天汉。《汉书·西域传》亦谓"轮台、渠犁皆有田卒数百人"。《汉书·郑吉传》李广利伐大宛后，"初置校尉屯田渠黎（犁）"。看来，轮台屯田很可能是武帝天汉已置田卒而未及屯垦，或虽屯垦而未久即止，其人数不过数百，规模是不大的。征和四年汉武帝否定桑弘羊等屯田之请以后不久，昭帝时霍光复"用桑弘羊前议，以扜弥太子赖丹为校尉，将军田轮台，轮台与渠犁地皆相连也"。① 置卒屯田，是经营西域势所必需，而罢屯田事于西汉所省不大，从"思富养民"的意义上说来并不如罢筑亭障重要。

如前所述，西域亭障已沿盐水修筑，至于渠犁、轮台之间。《汉书·西域传》载桑弘羊等奏，于设屯田事后有"稍筑列亭连城而西，以威西国、辅乌孙为便"。连城，地名，在轮台以东，渠犁附近。《水经·河水注》："敦薨之水自海西（按海，指今新疆博斯腾湖）径尉犁国，国治尉犁城。……又西出沙山铁关谷，又西南流，径连城别注，裂以为田。桑弘羊曰：'臣愚以为连城以西可遣屯田，②以威西国'，即此处也。"桑弘羊等议列亭障而西，起自连城，系取乌孙方向。以情理度之，连城当即敦煌"西至盐水，往往有亭"的亭障终点。回顾汉武帝时期向西建筑亭障，元狩二年（前121）筑令居以西至酒泉为第一次，元封四年（前107）筑酒泉至玉门为第二次，天汉元年（前100）筑敦煌、玉门至盐水上游的连城为第三次。继这些以后，桑弘羊等于征和四年（前89）请筑连城以

①《汉书·西域传·渠犁》。
②此段引文据杨守敬《水经注疏》（江苏古籍出版社，1989 年）校正，相关解释亦参《疏》文。又《汉书·西域传》说的是"稍筑列亭连城而西"，于屯田无涉，非谓"连城以西可遣屯田"。

西,是关于第四次西筑亭障的建议,但是没有实现。①

　　修筑亭障,包括筑成以后置卒戍守,虽然比置卒数百屯田更为烦费,但这两者在汉武帝的西进方略中是相关的事,所以轮台诏中相并言之。后人只以罢屯田为轮台诏的主要内容,而忽略了罢筑亭障具有更大的意义,是不尽符合实际情况的。

　　轮台诏的另一类值得推敲的问题是政治方面的。戍轮台、修亭障之请被否定,奏请者桑弘羊、田千秋、商丘成等同受"扰劳天下,非所以优民"的指责,但他们的结局却各不相同。商丘成本以击卫太子功封侯,迁御史大夫,在上奏的第二年即坐罪自杀死,已见前节。田千秋以讼太子冤之功原已得到晋升,累迁大鸿胪、丞相。武帝轮台诏在责其"扰劳"的同时申富民侯之封,似于褒奖中微寓讽刺。② 至于桑弘羊,他在武帝死前以搜粟都尉迁御史大夫,③偕丞相田千秋,与同受遗诏辅政的霍光、金日磾、上官桀等并

①张维华《中国长城建置考》上编(中华书局,1979 年),《汉边塞》,谓桑弘羊等所请筑者为盐泽至渠犁一带的亭障,这段亭障由于轮台诏下而未筑,后来筑成于昭、宣之时。此说似有未谛。盐泽至渠犁一段亭障并非桑弘羊所请筑者,而且已成于武帝天汉间。至于桑等所请筑亭障,明言"连城而西",其事被汉武帝否定,后来再未修筑。张先生似乎忽略了盐水和连城(地名)的地理位置,所以有上述判断。

②田千秋无才能术学,非事功之臣,他居然列名轮台屯戍之请,后人不解,多有评论。兹引一则,以备参考。宋李翌《猗觉寮杂记》卷下引《汉书·西域传·渠犁》轮台诏文,论曰:"宏羊,不足道也。田千秋身为相,岂不知美意(按美意指武帝优民之意)而奉承之,乃更以田轮台为请。盖千秋以一妄男子,上书旬日取宰相,恐主意急,故以用兵劝之,为固位计耳。前后为相者皆诛,独千秋免,岂武帝悔杀相之多,如悔用兵耶? 不然,[千秋]欲扰天下之罪,比诸公大矣。"

③《汉书·百官公卿表》大司农条:"騪(搜)粟都尉,武帝军官,不常置。"桑弘羊于太始元年自大司农贬为搜粟都尉,至是又得升擢。

拜卧内。桑弘羊是汉武帝兴利之臣的代表,他在汉朝转变政策的时候有愆无功,到这时反而得到升迁,可能由于如下两个原因:第一,他与卫太子死事无直接关系;第二,他从十三岁为侍中(时在武帝即位之初)起,长期在武帝身边,元封元年为治粟都尉,治绩显著,使"民不益赋而天下用饶",①所以霍光还需要他理财办事。

这样一来,在改弦易辙的昭帝一朝,在执政者中包括霍光、桑弘羊这样两类很不相同的臣僚,自然又孕育着以霍光为一方,以桑弘羊为另一方的新的矛盾。始元六年(前81),举行了包括盐铁问题在内的扩及全部国是问题的大辩论,②其内容备见桓宽《盐铁论》一书。辩论中,受霍光支持而与桑弘羊对立的贤良文学处于优势;但是居外廷首脑地位、"当轴处中"的丞相田千秋却"括囊不言,容身而去",③实际是支持桑弘羊而反对霍光。霍光没有取得肯定的胜利,矛盾仍然存在,而且还在继续发展。盐铁之议的第二年,元凤元年(前80),出现了燕王旦、上官桀与盖长公主等阴谋反叛事件,桑弘羊牵连被杀,罪名是"伐其功,欲为子弟得官,怨望霍光"。④ "怨望霍光"当是桑弘羊致死的真正原因,从盐铁会议的辩论内容看来,可以肯定,这不仅是由于私怨,而且也是出于政见。此案以后,朝廷的矛盾得到解决,所谓昭宣中兴的局面由此展开。至于田千秋,本来"无它材能术学,又无伐阅功劳",还曾附合桑弘羊轮台屯田、西修亭障之请,所以他并不足以当政治上改弦易辙的重任,不是武、昭政局中的关键人物。田、桑关系甚多。桑弘羊死,其故吏侯史吴以匿桑弘羊子桑迁获咎,田千秋婿

①《史记·平准书》。
②参看张烈《评盐铁会议》,《历史研究》1977年第6期。
③《盐铁论·杂论》。
④《汉书·车千秋传》。

少府徐仁议赦，田千秋亦屡为侯史吴言。霍光卒诛徐仁，但未究及田千秋。

也许我们还可以这样估计：屯田和筑亭障都不算大问题，而只是汉武帝用以引出"哀痛之诏"的由头而已。元封年间就该出现的变革不能再延宕了。没有桑弘羊、田千秋、商丘成等人奏请之事，汉武帝也要借其他由头来实现变革。所以与屯田、筑亭障问题相比，轮台诏所涉及的历史人物事迹可能更值得我们推敲。

论轮台诏的前因后果，涉及的历史人物颇多，他们在纷纭政局中起着各自的作用，表现了历史的复杂性。但是真正左右局势的并不是他们，而是汉武帝自己。历史动向向我们昭示，汉武帝作为早期的专制皇帝，实际上是在探索统治经验，既要尽可能地发展秦始皇创建的专制主义中央集权的统一国家，又要力图不蹈亡秦覆辙。在西汉国家大发展之后继之以轮台罪己之诏，表明汉武帝的探索获得了相当的成功。汉武帝罪己之诏虽然不能像所谓"禹汤罪己，其兴也勃焉"那样，臻汉室于鼎盛，毕竟挽回了将颓之局。不过，轮台诏能够奏效，是由于它颁行于局势有可挽回之际，而且有可挽回之方。崇祯罪己，词旨可谓酷切，但是既非其时，又无其方，不足阻闯王的锋锐。所以汉武帝虽然提供了专制帝王收拾局面的先例，而直到有清之末为止的王朝历史中，真能成功地效法汉武帝以"罪己"诏取得成效的皇帝，却不多见。

六 余 论

论轮台之诏既竟，觉得古代史籍叙述汉武帝改弦易辙原委，比较翔实严谨的要算《资治通鉴》，因而再对这个问题从史料学和史学史的角度略作申述,作为本题的余论。

司马迁没有见到汉武帝统治的全过程,《史记》记事不及轮台之诏。司马迁除对武帝间有如借汲黯之口斥其"内多欲而外施仁义"①一类议论外,在政治上没有总的评价。卫宏《汉旧仪》谓司马迁作《景帝本纪》,极言其短及武帝过,武帝怒而削去,以至无传。所以《史记》中关于汉武帝改弦易辙的问题,没有保存太多的资料。《史记·太史公自序》曰:"汉兴五世,隆在建元,外攘夷狄,内修法度,封禅,改正朔,易服色。作《今上本纪》。"《今上本纪》原貌虽不可知,可能止于改正朔、易服色而不及此后的大事,但司马迁对太初以前汉武帝的评论,从这几句话大体可以窥见。

班固《汉书》忽视了汉武帝改弦易辙这一重大历史问题,只是在戾太子、江充、刘屈氂等传中散记巫蛊之狱,在《西域传》中记轮台之诏,而不著其联系,如是而已。而且这些事件,都没有叙之于《武帝本纪》中。班固论汉武帝曰:"孝武初立,卓然罢黜百家,表章六经,遂畴咨海内,举其俊茂,与之立功,……号令文章,焕焉可述。……如武帝之雄材大略,不改文、景之恭俭,以济斯民,虽《诗》《书》所称,何有加焉。"师古谓班固之论,"美其雄材大略而非其不恭俭也"。班固生活在所谓汉室"中兴"之世,又受儒家思想影响,所以对汉武帝颂扬甚力,而指责则含糊其辞。

唐代的司马贞为褚补《史记·武帝本纪》作《索隐·述赞》曰:"孝武纂极,四海承平,志尚奢丽,尤敬神明。……疲耗中土,事彼边兵,日不暇给,人无聊生。俯观嬴政,几欲齐衡。"针砭汉武帝之短而不及其功业,说汉武帝齐衡嬴政而不说其终免亡秦之覆,是司马贞所论的片面处。与班固之论相比,这是又一极端。

---

① 《史记·汲黯列传》。

《通鉴·汉纪》出刘攽之手,刘攽叙巫蛊问题,取材和编排最具匠心。刘攽用大段文字,以"史终言之"的笔法,集中写了卫太子始末、武帝与卫太子关系以及武帝告诫后世等内容。他的目的,显然是突出"亡秦之迹"可鉴,突出改变统治政策的必要,并把它与卫太子的升降生死结合在一起。卫太子与汉武帝既有血属关系,又有政治关系,情况错综复杂,其发展高潮是卫太子迫蹙致死。但高潮之后还有高潮,这就是紧接而来的为卫太子昭雪,并且由卫太子曾经谏阻过的征伐四夷问题导致轮台诏的颁布,而卫太子问题也终于同转变统治政策的问题一起解决。刘攽于叙事中把握历史脉络,把许多看起来是孤立无关的问题排比在一起,探索它们的关系,从中揭示出重大的历史意义。我们甚至还可以说,此后霍光之辅佐昭帝,霍光与桑弘羊的矛盾在盐铁会议中之揭开,桑弘羊牵连而死于谋反大狱等事,以至昌邑王之旋立旋废,卫太子之孙终于得以继统为宣帝等等,也都可以联系起来观察,都可以视为卫太子问题的余波。刘攽在这个问题上所取史料大大超过了《史》、《汉》范围,这些史料由于刘攽的引用和司马光的认可,才得以流传至今。

《通鉴》这段汉武帝惩"亡秦之迹"的文字去古已远,现在查不清更原始的出处,因此出现了是否可信的问题。在我看来,《通鉴》资料取舍原则是无征不信,有异则考明之,严谨而不苟且,这是古今史界所公认的。所以我相信这段文字必有可靠根据。年代去司马光不远的朱熹是相信《通鉴》这段话的。《朱子语类》卷一三五论汉武帝"天资高,志向大,足以有为";并谓其"末年海内虚耗,去秦始皇无几。……轮台之悔,亦是天资高,方如此。尝因人言'太子仁柔不能用武',答以'正欲其守成。若朕所为,是袭亡秦之迹'。可见他当时已自知其罪"。这显然是朱熹引用《通鉴》

此段文字,或是引用与《通鉴》此段文字同源的文字,用以与门人谈论历史。朱熹深谙司马光的学识,也了解北宋时古籍存佚情况。他对于此段史料的鉴别,其权威性自然要大大超过今人。①

刘攽在政治上是反对开边、兴利诸端的。其《咏史》诗曰:"自古边功缘底事? 多因嬖幸欲封侯。不如直与黄金印,惜取沙场万髑髅。"周密《齐东野语》卷一"诗用史论"条,谓刘攽此诗,"其意盖指当时王韶、李宪辈耳。而其说则出于温公论李广利"云云。可见刘攽之诗正是以汉武故实为底衬,以古讽今;而其对汉武故实的看法,则来源于司马光的思想。刘攽还有一首《寄王荆公》诗,曰:"青苗助役两妨农,天下嗷嗷怨相公。惟有蝗虫偏感德,又随车骑过江东。"诗句偏激尖刻,在北宋党争条件下是无甚可取的。但是他以这样的观点来观察汉代元封以后的政局和汉武帝的活动,突出他所说"亡秦之迹"的鉴诫,却是切中汉代时弊,因而是有卓识的。

司马光编《通鉴》,在这个问题的关键之处,理解刘攽的思想。司马光说:"孝武穷奢极欲,繁刑重敛,内侈宫室,外事四夷,信惑神怪,巡游无度,使百姓疲敝,起为盗贼。其所以异于秦始皇者,无几矣。然秦以之亡,汉以之兴者,孝武能尊先王之道,知所统

---

① 朱熹读史,主张正史为先,不偏废《通鉴》。《朱子语类》(中华书局,1986年)卷一一"读书法(下)"说:"看《通鉴》固好,然须看正史一部,却看《通鉴》。"关于轮台诏事,他应是熟读《史》、《汉》记载,然后特取《通鉴》之文加以论证。可见他对《通鉴》之文未因其不见正史而起疑心。司马光(1019—1086)与朱熹(1130—1200)年岁相距不甚远,《通鉴》对朱熹说来是近人之作,如果《通鉴》此文可疑,他是不会特别加以引用的。1985年《论轮台诏》甫刊出,曾有人质疑所引《通鉴》之文,所以我在《论轮台诏》一文收入《探微》时,在正文的"余论"中加进一段考辨文字,现在又增此注以补充说明。

守,受忠直之言,恶人欺蔽,好贤不倦,诛赏严明,晚而改过,顾托得人,此其所以有亡秦之失而免亡秦之祸乎!"①司马光处在积贫积弱的宋代,又长期与王安石相抗衡,所以对汉武帝多谴责其奢侈、繁刑、重敛、穷兵诸端而不赞其功业。他非常欣赏汉武帝"晚而改过,顾托得人",因而免蹈亡秦覆辙,而这一点正是刘攽所着意强调的。

《通鉴》学的重要学者胡三省,注《通鉴》多发微之笔,但于此一案却似乎缺乏特别见识。另一《通鉴》学的重要学者王夫之,在其《读通鉴论》卷三中引叙汉武帝以亡秦为鉴之言曰:"武帝之能及此也,故昭帝、霍光承之,可以布宽大之政而无改道之嫌。宋神宗唯不知此,而司马君实被三年改政之讥……。"三年改政,说的是神宗死,哲宗立,司马光入为门下侍郎,欲去王安石新政,而议者则以"三年无改于父之道"讥司马光。② 王夫之意在说明,如果宋神宗晚年自己开始"改政",颁布一道像汉武帝那样的"哀痛之诏",司马光就不会受到"三年改政"之讥了。我们知道,汉武帝轮台诏后昭帝、霍光的"改道",同神宗死后司马光等的"改政",性质不一定相同,这里不拟深究。但是诚如王夫之所说,有了汉武帝的轮台之诏,昭帝建立"守文"之局确实顺利得多,虽有障碍亦不难克服。这就可见轮台诏对西汉政局转折确具关键作用。

司马光论汉武帝,着眼于汉武帝个人的思想认识;朱熹直谓汉武帝轮台之悔是由于他"天资高"。他们分析历史问题,深度只

①《资治通鉴》卷二二,武帝后元二年。
②《论语·学而》:"三年无改于父之道,可谓孝矣。""司马君实被三年改政之讥",意思是说司马光辅哲宗改神宗之政,即子改父政,因而获讥。但司马光却以太皇太后(神宗母)之名加以解释,说这是"以母改子,非子改父"。事见《宋史·司马光传》。

能至此为止。今天看来,汉武帝以"亡秦之迹"为诫,终于在最后一两年中实现转变,还有其客观原因,有其历史条件。朱熹论史,懂得"大凡事前未有样者,不易做"的道理。① 样,有正面的样,也有反面的样。有了样,事情就好做多了。这就是今人所说的历史经验,历史借鉴。秦始皇"事前未有样",所以"不易做"。汉初有亡秦的历史可以借鉴,有了样,就好做得多。所以有文景轻徭薄赋,与民休息的政策,直到武帝初年还是这样。后来当社会出现险象的时候,汉武帝自然而然地想到"亡秦之迹"。

　　意识形态的变化,同样是汉武帝终于实现转变的一个重要原因,这种变化也是借鉴亡秦而出现的。秦代统治思想是单纯的没有韧性的法家思想,反映在政治上则是有张无弛,不允许有任何转折出现。汉初黄老思想流行,马王堆汉墓帛书《经法·四度》说:"武刃而以文随其后,则有成功矣。"刃,注家释为满。这句话的意思是,武功满后,要有文治,才能说是成功的。《陆贾传》所谓"马上得之,宁可以马上治乎",也正是这个意思。汉初人物的政论文章,充斥着以秦为鉴的议论。武帝时期出现的以董仲舒为代表的新的儒家思想,主张以刑辅德,并且包含"更化"的内容,与法家思想相比,有很大的因时宜而变易的余地。这种思想的出现,当然也有亡秦之鉴的历史背景。所以,"内多欲而外施仁义"的汉武帝终于在现实面前转向"守文",也是可以从思想上加以解释的。我们知道昭帝时的重臣除霍光以外要算张安世和杜延年,而他们分别是张汤、杜周之子。《汉书·杜周传·赞》曰:"张汤、杜周并起文墨小吏,致位三公,列于酷吏,而俱有良子,德器自过……。"张安世、杜延年以酷吏子而皆成为重要的"守文"之臣,

_____

① 《朱子语类》卷一三四。

也应当有时代的原因和思想的原因。

还须要说明一下，这并不是说汉武帝的转变在意识形态上是由法入儒。汉宣帝兼用儒法，所谓"汉家自有制度，本以霸王道杂之"，①这种制度，正是武帝时形成的。王道霸道之说，在汉人观念中主要指用法的宽严，施政的缓急，赋敛的轻重而言，而不是先秦学说中严格意义的王道和霸道。《朱子语类》卷一三五说："宣帝不识王伯（霸），只是把宽慈底便唤作王，严酷底便唤作伯（霸）。"《汉书》入于《循吏传》的黄霸，字次公，汉武帝末年入仕，宣帝时为相，其人少学律令，喜为吏，而又用法宽和，力行教化。这就是宣帝所谓"霸王道杂之"的典型官僚。《梦溪笔谈》卷一〇载殿臣对宋仁宗之问，曰："臣尝读《前汉书》，黄霸字次公，盖以霸次王也。"汉武帝末年随着轮台之悔而出现的意识形态的变化，反映在吏治上就是以霸次王，霸王相杂。这个问题已离开了本文主旨，所以就不多论说了。

后记：本文第三部分附注中关于戾太子自经后张富昌足踢开户、李寿趋抱解太子一事，用王先谦说，以为张、李二人意在生得太子而非为解救太子，因而在诏封张、李分别为题侯、邗侯时有"疑赏所以申信"之语。兹检荀悦《汉纪》卷一五，题侯作蹵侯（《四部丛刊》本作蹹蹵侯，蹹字衍），邗侯作抱侯。王念孙《读书杂志》卷三据《汉纪》，谓蹵通蹹，隶书抱与邔（邗）形近，以此判定《汉书》表、传讹蹵为题，讹抱为邗，并谓蹵与抱皆以解救太子得名。夏燮《校汉书八表》卷五以王念孙说为得。按，王念孙谓《汉书》表、传字讹，甚有理据；但是作蹵作抱，仍可释为欲生得太子，

---

①《汉书·元帝纪》。

非必释为解救,至少武帝当时未能肯定踶、抱动机究竟是为了解救太子,还是为了生得太子以求功,否则疑赏申信之语就无从理解。武帝终于置张、李于迫蹙太子者诸人之列,故张、李未得免死。权衡各家解释,仍觉王先谦之说于理为得,证据较强。文已排定,故赘后记如此。

——原刊《历史研究》1984 年第 2 期

〔作者跋语〕 《论轮台诏》刊出后,读到甘肃省人民出版社《汉简研究文集》,其中《玉门花海汉代烽燧遗址出土的简牍》一文,首次发表 1977 年发现的棱形觚(编号 77·J·H·S∶1)的释文和考证。该件文字,首谓"制诏皇太子:脒(朕)体不安,今将绝矣";下嘱嗣主"善禺(遇)百姓,赋敛以理,存贤近圣,必聚谞士"等等;接着说"胡佢(亥)自圮(圮),灭名绝纪,审察脒(朕)言,众身毋久"(经与甘肃人民出版社 1991 年版《敦煌汉简释文》之图版及释文参校)。再下又是告诫之语,语气消沉。这是一个戍卒手抄之件,抄写不全,内容无疑是皇帝临终遗诏。据该文考证,与觚同出木简,有"元平元年(前 74)七月庚子"记事,觚上遗诏,当是元平元年前后所抄。按元平元年四月,昭帝死;六月,昌邑王即位,旋废;七月,宣帝立。这些发生在长安的政治事件,边陲戍所恐难及时获悉,所以觚上遗诏的作者不一定是昭帝。事实上昭帝无子,也不可能有诫嗣主的遗诏。史籍所载汉帝临终遗诏,昭帝以后无闻,昭帝以前只有武帝一人。武帝于后元二年(前 87)二月乙丑立皇太子,即后来的昭帝,丙寅霍光等受遗诏辅少主,丁卯帝崩。其事距木简所示的元平元年计有十三年余。按理,此觚所抄残缺遗诏,当为武帝命霍光等人辅少主时诫少主之文,其文字直到十余年后尚为边塞戍卒摹写。上述考证，如果所据释文与情节无大误差，当属可信。在我看来，遗诏反映的历史背景，与《论轮台诏》文中勾勒的武帝晚年诸种情况是契合的。尤其是遗诏所说"胡亥自圮，灭名绝纪"，就是惩"亡秦之迹"，这与《通鉴》所录武帝对卫青之言一致，也与武帝轮台之悔的思想一致。读此遗诏，自觉《论轮台诏》文又多了一点印证。

秦汉魏晋南北朝人身依附关系的发展

一　中国封建社会人身依附关系的一般状况

　　农民对地主的人身依附，是封建制度的必要条件。在封建制度下，地主的土地往往是分散给使用自己的工具、有自己的家庭经济的众多农民耕种。要把这样的农民束缚在小块土地上，使他们向地主提供地租和劳役，没有适当的人身依附关系是不可能的。人身依附关系反映在封建社会的方方面面，其典型的形态存在于生产领域，存在于地主及其役使的农民之间。不过人身依附关系的始初形态也可能出现于更为古老的社会中，所以还不能把人身依附关系完全等同于封建关系。

　　封建社会中存在人身依附关系，中国和外国是一样的；但是这种关系的表现形式、依附程度和发展道路，中国和外国又有很多不一样的地方。在中国，人身依附关系初见于战国，在秦和西汉时期趋于定型，东汉以后以豪强地主役使部曲、佃客的形式出现，持续了很长的时间。与欧洲中世纪依附农民的情况粗略比较，中国的部曲、佃客也是半自由的、终身的、世袭的，但所提供给主人的往往是实物地租而非劳役地租；他们一般说来不随土地转让而可以随主人迁徙；在很长的时间里，他们的身份和地位并没有法律规定。

在中国，人身依附关系的发展是缓慢的、长期的，而且不断受到国家的干预。战国时期，在古老的土地租佃关系中出现的人身依附关系，是松弛的、不典型的。依附者的直接目的是逃避国家赋役。那时，人们对于这种关系还没有明确的认识，甚至还没有赋予它一个合适的名称。秦汉国家为了抑制这一自发生长的人身依附关系，使用了多种政治手段。依附关系往往是在战乱中和国家力量衰弱的时候，才得以大规模地快速扩展。魏晋以后，衰弱的国家政权几乎失去对自耕农的控制力量，不得不利用这种现成的关系来为自己谋利，因而出现了相当数量的国家依附农民。这自然又反过来影响民间人身依附关系的进一步扩展。

人身依附关系在国家法令中在某种程度上获得承认，开始于魏晋；但是这种承认同时包含着限制的目的。法律上普遍地予以承认，只有在《唐律》中才能找到，这距离依附关系开始出现的战国时期，已有一千年之久了。

秦汉魏晋，人身依附关系发展的趋势，是依附性逐渐加强，南北朝时期还在继续加强。这可说是中国史学界的共识。但是一般说来，甚至在魏晋南北朝，依附关系也没有达到像欧洲中世纪领主—农奴典型形态那样的紧密程度。依附程度越来越紧密，这并不是依附关系发展的普遍规律。过于紧密的依附关系并不利于劳动生产率的提高，从而也不利于地主的剥削。极而言之，达到极限的人身依附关系就是主奴关系，而主奴关系正是由于其劳动生产率的低下而不得不逐步被取代。所以对依附程度的某种直接或间接的限制，就成为社会的必需。中国封建社会中依附关系并不特别紧密,与专制国家的存在和一定水平的商品货币关系的存在密切相关。专制国家维持着较稳定的政治社会秩序,而一定程度的商品货币关系则制约着自然经济的发展。这两种因素的存在,构成限制依附关系的机制。中国封建社会中依附关系有时紧一些,有时松一些,其所以如此,也与上述两个因素的变化有密切关系。

二 有土斯有民和有民斯有土

战国至西汉初年,典型的人身依附关系的资料并不多见,但不甚典型的资料却有一些。我们从这些不甚典型的资料中探寻其共性,并与稍后依附关系发展联系起来考察,大体上还能把依附关系开始发生的状况辨认出来。

《韩非子·诡使》谓:"士卒之逃事状匿,[①]附托有威之门以避徭赋而上不得者万数。"这是研究最早的依附关系的常用资料之一。《诡使》篇是韩非晚年之作,当反映战国末期的情况。逃亡附托的人是士卒。《商君书·境内》:"军爵,自一级已下至小夫,命曰校徒操士;[②]公爵,自二级已上至不更,命曰卒。"《商君书》与《韩非子》说到的士、卒是一回事,大抵指爵级低或无爵的人。秦制,无爵者通称士伍。较早出现的依附关系,似与军伍有关。士卒逃亡以避徭赋,必然对所附托的"有威之门"负有一定义务,这

---

① "状匿",俞樾认为即"藏匿",王先谦认为即"伏匿",参王先慎《韩非子集解》(中华书局,2001年)。
② "士"原作"出",俞樾校改。据蒋礼鸿《商君书锥指》(中华书局,1986年)。

是不言而喻的，虽然其详不得而知。

睡虎地秦简《封诊式》黥妾爰书，①谓某里五大夫的家吏公士某，奉五大夫之命缚其妾诣官，告以妾悍，请求黥妾。按公士，一级，低爵；五大夫，九级，高爵。疑公士之为五大夫家吏者，就是士卒"附托有威之门"一类的实例。家吏的职掌从爰书中大体可见，士卒之附托者应当也差不多。秦简及《史》、《汉》均有"舍人"，②《汉书·高帝纪》秦二世三年注师古曰："舍人，亲近左右之通称也，后遂以为私属官号。"舍人之于主人具有公私两方面的关系，与家吏之于五大夫，当大体相似。不过根据现知资料，以上这类关系在那时还没有被发现于生产过程中，还不能证明是典型的封建依附形态。

《汉书·食货志》董仲舒谓秦民"或耕豪民之田，见税什伍"。这是常用的认为秦代农业中已有人身依附关系的重要资料。"见税什伍"是一种对分制的租佃制，不论有没有依附关系，它都可能存在。但是"豪民"的出现却具有时代意义。秦以前史籍似不见这种豪民。秦简《法律答问》："可（何）谓'衡（率）敖'？'衡（率）敖'当里典谓殹（也）。"《睡虎地秦墓竹简》注释谓衡（率）通帅，敖读为豪，衡（率）敖即帅豪，而帅、豪同义。③ 里典以帅豪为之。秦始皇讳正，此简称里典不称里正，知为秦始皇时物。《公羊传》宣公十五年注："其有辩护伉健者为里正。"何休此注，反映的不仅是东汉情况。《魏书·食货志》：邻长、里长、党长"取乡人强谨者"。

①秦简释文，均据《睡虎地秦墓竹简》（文物出版社，1978 年）。下引秦简同此，不另注出处。

②《周礼·地官》"舍人，掌平宫中之政"；注："政，谓用谷之政也"；疏："谓平其给米之多少，不得特多特少也。"这是古制，与战国秦汉之舍人不同。

③《史记·韩长孺列传·集解》引张晏曰："豪，犹帅也。"

这些材料告诉我们,秦汉以降,乡党之长例以强健豪民为之。豪民以力雄张乡里,他们与按对分制耕种其土地的人之间,自然不可能纯粹是自由租佃关系而无其他强制和束缚。所以从"或耕豪民之田"的记载中可以推断秦代农业中存在人身依附关系。上引《公羊传》注文系于"初税亩"之下,并谓里正受倍田,可见称豪民者、居里正者,事实上都与土地、与农业生产有关。"附托有威之门"的附托者以及家吏、舍人等的出现,大概也都是生产中人身依附现象在非生产领域的反映,而生产的与非生产的依附者都主要从低爵或无爵的自耕农转化而来。还可以推断,尽管最早出现的拥有依附者的人原是战国时各国有高爵的贵族,但稍后的地主应当主要出自这些豪民。旧贵族要继续获得生命力,也必须成为豪民。

战国以至汉初,人身依附关系是社会中新出现的事物,数量不多,还处在走向定型的过程中。所以它一直不为社会所重视,以至于在《秦律》中见不到直接反映。只是下列几处关于匿户、匿田的秦简资料,似乎与依附关系的发展有些关系。

> 匿敖童,及占癃(癃)不审,典、老赎耐。百姓不当老,至老时不用请,敢为酢(诈)伪者,赀二甲;典、老弗告,赀各一甲;伍人,户一盾,皆罨(迁)之。傅律。(《秦律杂抄》)

按此数事主要指里典、伍老办理傅籍不如法,登记废疾不实,以及其他作伪者,当受罚。

> 可(何)谓"匿户"及"敖童弗傅"?匿户弗徭(徭)、使,弗令出户赋之谓殹(也)。(《法律答问》)

按此二事主要指里典、伍老作弊匿人及当傅而不傅，以避徭役、户赋。

> 部佐匿者（诸）民田，者（诸）民弗智（知），当论不当？部佐为匿田，且可（何）为？已租者（诸）民，弗言，为匿田；未租，不论○○为匿田。（《法律答问》）

按此谓部佐匿民田而民不知者，与民无涉。至于部佐责任，其已租者当属部佐干没，以匿田论；其未租者当指已匿而未至租期，不以匿田论。租指田租。匿田指干没田租。

傅籍不实，匿户匿田，往往牵涉徭使、户赋、田租。这类现象，后代多属豪强占夺；《秦律》所见，亦不能排除豪强作弊的可能性。但从责罚主要不在民而在典、老、部佐看来，官府认为问题在于乡官作弊。这表明豪强直接占夺在那时还没有成为重大问题，只要加强对乡官的监督就行了。不过，乡官大体都是豪强。

与出现人身依附关系大体同时，秦国施行了民数（户籍）制度。《史记·秦始皇本纪》献公十年（前375）"为户籍相伍"。《商君书·境内》："四境之内，丈夫女子皆有名于上，生者著，死者削。"《史记·商君列传》孝公六年（前356）"令民为什伍，而相牧司连坐"。其时户籍制度著民生卒，重在什伍相连，目的是为了"告奸"而不是其他。秦始皇时户籍制度趋于完备。始皇十六年（前231）"初令男子书年"，三十一年"使黔首自实田"（分见《秦始皇本纪》及《集解》）。户籍记载了年纪、土地等内容，其作用就远远超过"告奸"，而成为官府控制人民的一项根本制度。据睡虎地秦简，户口迁徙要诣吏"更籍"；庶民与官府交涉，须具"名（姓名）、事（职事，爵级）、邑里（籍贯）"。这些项目应当都见于户籍。

傅籍是户籍制度的一部分。最晚到秦王政元年（前246），在男子书年之制施行以前，就有了傅籍制度。《汉书·高帝纪》注师古释"傅"，谓"著名籍，给公家徭役也"。《秦律》中有《傅律》，记有关傅籍事，《傅律》以外，还有一些秦简记傅籍资料。男子傅籍之年，据秦简《编年纪》是十五岁。①《汉书·景帝纪》"男子年二十始傅"。提高傅籍年龄，就是推迟服役，是文景之治的一项惠政。②《汉仪注》"民年二十三为正"，为正即傅籍为正卒。《汉书·高帝纪》注引如淳曰："律，年二十三傅之畴官。"律，当为武帝时制定之律，知二十三始傅之制创于武帝时。或当时未及施行，所以有《盐铁论·未通》御史之言曰："今陛下（按指昭帝）哀怜百姓，宽力役之政，二十三始傅，③五十六而免，所以辅耆壮而息老艾也。"秦代傅籍不只是行之于良民，隶臣妾也在傅籍之列。睡虎地秦简《仓律》谓及龄的"小隶臣妾以八月傅为大隶臣妾"，不过所傅的不是良民之籍。涉及户籍变更的事大概都在每年八月办理，所以东汉史籍所见算人也在八月。

户籍制度是国家控制户口人丁为编户齐民，并据以征发租赋兵徭的主要手段；也是国家阻止户口人丁流入私门，从而抑制依附关系发展的主要手段。

国家力图阻止户口人丁流入私门，从当时的赋税制度中也可

———————

① 十五傅籍，系用高敏之说，见《云梦秦简初探》（增订本），河南人民出版社，1981年版，第18页。

② 据张家山汉简吕后二年律中的傅律，知傅籍年龄按本人及其父爵高低而有不同，大抵低爵及无爵者傅籍早，反之则晚，由20岁至24岁不等。已傅者，亦以其爵之高低而有不同待遇。例如"免老"（年高免徭役）一项，大夫（五级爵）以上须年58岁，公士（一级爵）65岁，公卒（无爵）66岁。见《张家山汉墓竹简〔二四七号墓〕》，文物出版社，2001年。

③ 傅，原作赋，误。

得到消息。秦代赋税,有田租,有口赋(户赋),前者收谷,后者收钱。征收数额,以汉制度之,后者比前者要重得多。征收方法,田租当如汉制"以顷亩出税"(《盐铁论·未通》),口赋(户赋)则是按人头核实征收。《史记·陈馀列传》:秦"头会箕敛,以供军费"。"头会"是由官吏清点人口,随口计税。"箕敛",《史》、《汉》注均谓以箕敛谷,敛谷之说是不对的。《淮南子·氾论训》作"头会箕赋";高诱注但谓"随民口数责其税",不言税谷还是税钱,虽不武断,但失之笼统。实际上,随口而敛者皆敛钱。"头会箕敛"是指随人数敛钱的口赋(户赋)。《淮南子·人间训》也说:秦时"大夫箕会于衢";高诱注:"箕会,以箕于衢会敛。"睡虎地秦简《金布律》:"官府受钱者,千钱一畚,以丞、令印印。不盈千者,亦封印之。"箕敛就是"以畚受钱"。[1] 值得注意的是,此时的头会箕敛似是人皆不免,还看不到有流入私门而侥幸求免的依附者的痕迹,可见人丁还是可以由国家有效控制的。

《通典·食货典》论及秦代赋税制度"舍地而税人"。其实,地未尝舍,只是重人而不重地,把控制人丁放在检核顷亩之上,以期阻止人丁流入私门,抑制依附关系的发展,所以《通典》谓之税人。

我们知道,古老的封君地位的取得,是以占有土地为前提的。《汉书·地理志》:"古有分土,亡分民",就是这个意思。《仪礼·丧服》:"君,至尊也。"郑注:"天子、诸侯及卿大夫有地者皆曰君。"贾疏:"以其有地则有臣故也。"这里的地指封地,包括耕地而不只是耕地。古老的观念如此,但后来出现了变化。作为封地,

---

①参吴树平《云梦秦简所反映的秦代社会阶级状况》,载《云梦秦简研究》,中华书局,1981年。

司马迁在《秦楚之际月表》序中根据变化了的情况,已经提出"安在无土不王"的疑问,这就是说,无封土亦可自王。①《文献通考》卷二六五:"古分土而无分民,自汉始分民。"王侯分民以家计,有其民则有其封土。但具有政治意义的封土不是本文的着眼点。作为本文着眼点的耕地,从秦汉魏晋人身依附关系发展看来,可以是有土斯有民,也可以是有民斯有土,而后者比前者要显著,魏晋南北朝更是如此。依附农民并不是绝对地附着于某一块土地上,他们可以脱离某一块土地而跟随主人迁徙,在另外一个地方重新获得土地。东汉魏晋时这种例子很多。这个时期,不论是国家还是私人,其封建权力的大小与其说决定于控制土地的多少,不如说决定于掌握人丁的数量。从这个意义说来,上举《仪礼》贾疏"有地则有臣",实际上又成为"有臣则有地"了。

综上所论中国古史上的人身依附关系,归纳认识如下:

第一,早期人身依附关系似与军伍直接有关;

第二,早期依附者是从无爵或低爵的自耕农转化而来;

第三,豪民是生产领域中的地主,是凭借政权出现的;乡官大抵都是豪民;

第四,早期的户籍制度只是为了"告奸",后来演化为官府控制人丁的最基本的凭借,是抑制依附关系发展的重要手段;

第五,古老的封君制度是以封土为前提,有分土,无分民,有地者皆曰君。秦汉以来,"有土斯有民"的观念逐渐与"有民斯有土"的现象同时存在,后者有时比前者更为显著,主要原因就在于

---

① 《癸巳存稿》(商务印书馆,1957 年)卷七"无土不王"条驳《史记·秦楚之际月表·序·集解》引《白虎通》"圣人无土不王"之说曰:"迁云'安在',盖指《始皇本纪》云'置诸侯不便,天下初定,又复立国,是树兵也'。"按,"安在无土不王"是反问之词,俞正燮说是。

人身依附关系的不断发展。

三　豪杰役使:宗族和宾客

汉武帝以后至东汉之末,是人身依附关系显著发展阶段。西
汉时期依附关系发展的主要形式,按当时习用的术语,是"豪杰役
使"。《史记·酷吏列传》:宁成"贳贷买陂田千余顷,假贫民,役
使数千家"。《汉书·黄霸传》:黄霸,"淮阳阳夏人也,以豪杰役
使徙云阳";师古曰:"身为豪杰而役使乡里人也。"《汉书·陈汤
传》:"关东富人益众,多规良田,役使贫民。"《汉书·鲍宣传》,民
有七亡,"……豪强大姓蚕食无厌,四亡也"。《汉书·王莽传》
(上):"豪民侵陵,分田劫假。"

豪杰、豪民,过去只是偶见于历史,汉武帝以后成长为新的一
代地主,即豪强地主。他们以土地假民耕种,使之成为自己的依
附农民。他们以暴力强制农民,因而有"劫假"之称。他们一般都
是宗族强大,武断乡曲。为了抑制豪强地主,汉朝政府采取了许
多政治手段,主要是用酷吏,设刺史,徙豪强大族。

酷吏起于景、武之际。据《史》、《汉》酷吏诸传:郅都为济南
守,灭豪猾之家瞷氏首恶;中尉宁成效法郅都,"宗室豪杰皆人人
惴恐";张汤为御史大夫,"锄豪强并兼之家"。此外还有义纵族灭
河内之豪穰氏之属;王温舒捕杀河内豪猾;赵广汉杀京兆、颍川豪
杰大姓,等等。不过有的酷吏本身就是豪强,如宁成。所以用酷
吏打击豪强,只能收到有限的效果。

刺史始设于武帝元封五年(前106),以六条问事,其中第一条
是督察郡国"强宗豪右田宅逾制,以强陵弱,以众暴寡"(《汉书·

百官公卿表》注引《汉官典职仪》）。刺史的作用，一般也只是限于一地一时。

西汉打击豪强地主较为有效的办法，是以实陵邑的名义迁徙豪强，称为徙陵。徙陵之制，秦始皇徙三万家丽邑（以骊山墓所在地置邑）一事已开其端。汉高祖徙齐楚大族昭、屈、景、怀、田五姓于关中以实长陵，与利田宅，徙者十余万口。《续汉书·五行志》（三）注引杜林疏，谓此次迁徙之后，关东"邑里无营利之家，野泽无兼并之民，万里之统，海内赖安"，徙陵居然起了这样大的作用。迁徙关东六国旧族成功，为控制新成长的豪强地主提供了一个有效的办法。《汉书·地理志》（下）谓"后世世徙吏二千石、高赀富人及豪杰并兼之家于诸陵，盖亦以强干弱枝，非独为奉山园也"。《后汉书·班固传》载《西都赋》曰："三选七迁，充奉陵邑，盖以强干弱枝，隆上都而观万国。"所谓三选，谓上引《地理志》三种应徙之民；所谓七迁，谓自高祖至宣帝凡徙民七次。豪杰并兼之家往往都是大族。《后汉书·郑弘传》注引谢承《后汉书》：汉武帝"徙强宗大姓不得族居"。这也是打击豪杰并兼之家。徙陵制度继续了一百多年，起了强干弱枝作用，同时也抑制了依附关系的发展。

汉元帝时，陈汤请求继续徙陵。他说："天下民不徙诸陵三十余岁矣，关东富人益众，多规良田，役使贫民。可徙初陵，以强京师，衰弱诸侯，又使中家以下得均贫富。"元帝曾用陈汤之议徙陵。《汉书·五行志》（上）：元帝"起昌陵，作者数万人，徙郡国吏民五千余户以奉陵邑。作治五年不成，乃罢昌陵，还徙家。"《元帝纪》永光四年（前40）诏曰：徙陵之事"令百姓远弃先祖坟墓，破业失产，亲戚别离，人怀思慕之心，家有不安之意。是以东垂被虚耗之害，关中有无聊之民，非久长之策也。……今所为初陵者，勿置县邑，使天下咸安土乐业，亡有动摇之心"。《成帝纪》亦谓："罢昌陵及故陵勿徙吏民，令天下毋有动摇之心。"为了使强大的豪杰并兼之家不致对西汉产生"动摇之心"而罢徙陵，说明国家威力已不足以迁徙他们。从此，国家对依附关系的发展，失去了一种比较有效的控制手段，依附关系的发展也就显著地加快了。

依附关系的主要形式除了役使宗族以外，还有招纳流亡，即《盐铁论·未通》所说的"逋流"。这两种依附者，在东汉分别称为"宗族"、"宾客"，而在西汉时还没有普遍使用这两个名称。依附农民是一种中间性身份，依附关系轻者与自耕农差别不大，重者则近于奴僮。汉代法律中只有庶民（良民）、奴婢之分，而没有居于两者之间的依附民的概念。所以奴婢放免者即为庶民。《汉书·霍光传》有"免奴"一词，免者居然佩绶居官。师古注："免奴谓免放为良人者。"像东晋时期那种"免奴为客"之事，在汉史中还难找到。《汉书·王莽传》（中）说："汉氏减轻田租，三十而税一，常有更赋，罢癃咸出。而豪民侵陵，分田劫假，厥名三十税一，实什税五也。"这里把三十税一和分田（什税五）并提，是说国家取于民者是三十税一（按，还有口赋、更赋等），而由于豪民居间剥削，农民所纳实际上是十分之五。显然，国家并没有在观念上把后者即依附农民和前者即自耕农严格区分开来。分田劫假的依附农民还被等同于编户齐民，至少从名义上说他们还有缴纳田租、口赋和更赋的义务。

武帝以来，自发发展的依附关系开始渗进国家与农民之间。太仆、水衡、少府、大农诸官纷纷以公田出假，官收假税。《盐铁论·园池》文学议及此事曰："今县官（犹言天子、官府）之多张苑囿，公田池泽，公家有鄣假之名而利归权家。……公田转假，桑榆菜果不殖，地力不尽，愚以为非。先帝之开苑囿池簏，可赋归之于民，县官租税而已。假税殊名，其实一也。"假，这里指公田出租。

官府假田之入不多,从"公家有鄣假之名"一语可以看出。国家机关实际上不可能把大片国有土地分割成小块以假细民,可能不得不招人转假。转假者向国家交纳少量的假税,而向真正的假田农民坐取什伍之利,这就是"利归权家"。至于文学所说的假和税,前者是"公田转假"之假,后者是"县官租税"之税,两者名目不同,性质不同,所以说"假税殊名";而同量的土地,国家鄣假之入和租税之入,数量却差别不大,所以又说"其实一也"。因此文学认为不如把出假的公田一律赋予细民,官收租税,这样对上对下都有好处。

假民公田往往是以惠政的形式出现,官家不可能收取较高的假税以为地租;出假的公田不一定是已垦的熟地,只有轻税才能招徕农民。因此,假田者如果没有转假者居间的话,也还不能说是属于国家的典型的依附农民。而转假者与假田者之间,由于土地属于国有,也难于形成典型的依附关系。所以这还只是依附关系的一种渗透而已。不过依附关系既然已经影响到了官家,那就免不了要对官家继续发生作用,国家依附农民总有一天会出现。

假税的税率究竟是多少,不见正式记载。成书于西汉以至东汉和帝时的《九章算术》,其卷六《均输》有题曰:"今有假田,初假之岁三亩一钱,明年四亩一钱,后年五亩一钱,凡三岁,得〔钱〕一百,问田几何?答曰:一顷二十七亩四十七分亩之三十。"算术命题中涉及的社会经济材料,应当是大体反映而不一定完全符合当时的实际。题中一顷二十余亩的田数,与小农一户所耕之数看来出入不大。假税甚低也当是事实,但是低到如此程度而且还逐年递减,却很费解。

西汉边塞屯田,自然会在其中产生依附关系。屯田起文帝时而盛于武、昭、宣之世。居延汉简有"右第二长官二处田六十五亩,租廿六石"(303·7,《居延汉简甲乙编》甲 1585 号)以及其他取租简文,但都未表明依附关系的具体状况。以理度之,屯田卒定期更代,徙民之屯田者亦受边境军事形势影响,要形成稳定的依附关系是颇为困难的。

西汉时期依附关系究竟发展到了什么程度,还没有足够的确凿材料把它说清楚。我们知道汉武帝时流民问题非常严重,元封四年(前 107)达二百万口,无名数者四十万。公卿议欲谪徙四十万无名数者于边,武帝反对,认为这样势必导致"摇荡百姓"的结果。① 流民大规模出现,说明小自耕农经济面临困境,难于维持;而"豪杰役使"这种生产体系,由于种种原因,还没有足够成熟,暂时还不能以同样的速度和规模吸收面临困境的农民,因此没有沦为依附者的那些破产农民就只有流亡异乡。官府采取赋民公田、假民公田、减免租税等手段,可以招引一部分农民归农,更多的则是沿着一条古老的途径沦为奴婢。所以西汉末年奴婢问题与土地问题就成为突出的社会问题,因而有师丹关于限田限奴婢的建议与孔光、何武的具体方案,有王莽关于"王田"、"私属"的空想改革措施。光武帝建立东汉以后,也连续发布释放奴婢和禁杀伤、灸灼奴婢的法令。

奴婢问题朝野瞩目,喧腾一时,但毕竟只能看作暂时的逆转。它遮掩了依附关系这一社会现象的实际状况,可是真正影响社会历史进程的却正是这一现象而不是其他。而且也正是在两汉之际,依附关系向深度和广度发展,具有前所未有的速度和规模。至于土地问题,这本来是封建社会中经常存在的社会问题。西汉末年,它主要表现为自耕农被迫离开自己贫瘠的小块土地,这固

---

①《汉书·石奋传》附《石庆传》。

然是由于西汉统治腐败所直接、间接引起的，也是由于依附关系发展诱使无计农民去寻求这一出路。对于这个问题，只靠赋田、假田无法解决。贫民甘于游食，"虽赐之田，犹贱卖以贾"，[1]贾贩不成，最后只得遁入豪强之门。经过两汉动乱之际依附关系进一步发展以后，流民问题反而缓和下来，土地问题不再具有西汉末年那种突出的性质，至少东汉前期情况如此。这正是流民在相当程度上被安顿在依附关系这种社会秩序之中的缘故。

四 度田事件所见的人身依附关系

东汉建武年间发生的度田事件，是国家干预依附关系的一件大事。东汉田庄发达，是度田事件以后国家与豪强妥协的标志。田庄佃客、部曲，是此时依附关系存在的一般形态。

《后汉书·光武纪》（下）建武十五年（39）"六月……诏下州郡检核垦田顷亩及户口年纪，又考实二千石长吏阿枉不平者。冬十一月甲戌，大司徒欧阳歙下狱死"。同书同纪建武十六年"秋九月，河南尹张伋及诸郡守十余人，坐度田不实，皆下狱死"。注引《东观记》曰："刺史太守多为诈巧，不务实核。苟以度田为名，聚人田中，并度庐屋里落，聚人遮道啼呼。"同书《刘隆传》："是时，天下垦田多不以实，又户口年纪互有增减。十五年，诏下州郡检核其事，而刺史太守多不平均，或优饶豪右，侵刻羸弱，百姓嗟怨，遮道号呼……。"这就是东汉初年的所谓度田事件。

度田事件是直接由于垦田不实所引起的。据《刘隆传》，陈留

---

[1]《汉书·贡禹传》。

吏牍有书,说到"颍川、弘农可问,河南、南阳不可问"。据说,这是由于"河南帝城多近臣,南阳帝乡多近亲,田宅逾制,不可为准",所以陈留计吏笔之于牍,留心打听颍川、弘农垦田情况而避免与河南、南阳相比。以垦田不实获咎的、颇有其人。《后汉书·儒林·牟长传》:长为河内太守,"坐垦田不实免",事在建武初年。同书《儒林·欧阳歙传》,歙由汝南太守征"为大司徒,坐在汝南赃罪千余万,发觉下狱",死。欧阳歙由汝南应诏入洛,在建武十五年正月,而度田之诏在是年六月,所以他在汝南不预度田之事,但定罪则在推动度田之时。① 歙家族八世传欧阳《尚书》,为世名儒,歙下狱后诸生诣阙求哀者千余人,甚至有远道自系请代歙死者。欧阳歙竟不得免死于尊崇儒学的光武之世,足见光武不惜兴动大狱以推动度田。光武帝之重视度田,于此可见。

由于度田获咎的刘隆、张伋二人,恰好一为出自帝乡的宗室功臣,一为出守帝都的河南尹,这证明陈留吏牍所书不诬。《刘隆传》隆为南郡太守,建武十六年"坐征下狱,其畴辈十余人皆死。帝以隆功臣,特免为庶人"。所云"畴辈",当包括张伋等人。刘隆与张伋下狱同案,但隆传只说"坐征下狱",除坐在南郡度田不实外,是否还有在乡"田宅逾制"一类罪名,今已无考。

据《光武帝纪》及《刘隆传》,度田之诏除要求检核垦田顷亩以外,还要检核户口年纪。所以度田之时聚人田中,聚者遮道啼呼,以至于酿成强烈反抗。可以认为,度田的首要任务并不在于丈量土地,而在于检核人丁,这在正常情况下称为"案比"。度田

---

① 《通鉴》建武十五年十一月谓欧阳歙坐前为汝南太守度田不实下狱,是不准确的。《后汉书·光武帝纪》录此事时,上连度田诏及考实二千石,下有翌年张伋等坐度田不实死,《通鉴》大概由此致误,断定歙之死亦由于度田不实。

和案比,是密切相关的两件事。案比实际上就是秦代的"头会",隋唐的"貌阅"。丈量土地不易,检核人丁更难。在依附关系迅速发展,而国家力量非常衰弱之时强力推行案比,遇到激烈反抗是必然的。

前已论及,西汉自宣帝以后已不可能采取有效措施以控制依附关系的发展。王莽曾经迁徙过个别强宗。《抱朴子·自叙》谓葛氏先人与翟义一同起兵反莽,莽以葛氏"宗强,虑终有变",乃徙之于琅邪,东汉初年葛氏自徙丹阳。徙葛氏是王莽对降将的败后处置,是个别案例,与西汉徙陵不可同观。

两汉之际,以依附农民为主体的大族私兵兴起。刘秀徇河北,大族多领私兵相随;①京兆、南阳,亦有大族聚私兵以待刘秀。② 对于不附刘秀的豪强地主武装,刘秀则以兵威相临。建武初年,桓谭鉴于光武帝处置豪强武装未尽权谋,上疏说:"伏观陛下用兵,诸所降下,既无重赏以相恩诱,或至虏掠夺其财物。是以兵长渠率各生狐疑,党辈连结,岁月不解。"他请求光武帝"轻爵重赏",以相要结,光武帝没有采用。③《续汉书·五行志》(三)载杜林于建武八年上疏,认为各地豪强武装都是"草创兵长,卒无德能,直以扰乱乘时,擅权作威。……小民负县官不过身死,负兵家灭门殄世"。④ 这就是说,乘时兴起的豪强武装,在各自的范围内

---

① 参《后汉书》刘植、耿纯等传。

② 参《后汉书》樊宏、第五伦、冯鲂等传。

③《后汉书·桓谭传》。谭上此疏在宋弘为大司空时,当在建武六年或稍前。

④ 可参考比较《汉书·酷吏·严延年传》汉宣帝时涿郡大姓猖獗,"自郡吏以下皆畏避之,莫敢与牾,咸曰:'宁负二千石,无负豪大家'"。东汉小民,"负县官(这往往指皇帝)不过身死,负兵家灭门殄世"之语,显示东汉"兵家"比之西汉"豪大家",势力之大,统治之酷,大有过之。

其权威甚至高过天子。光武帝后来以度田之名检核丁口，引起暴乱，其历史背景就是如此。东观史臣谓刺史太守"多为诈巧，不务实核"；范书谓其"优饶豪右，侵刻羸弱"，始有聚民田中之事，应当都是真情。不过挑动暴乱、反对度田的，主要还是豪右自身。关于这一点，史籍却未曾点破。

《光武帝纪》(下)载建武十六年九月于张伋等下狱死之后紧接着说："郡国大姓及兵长、群盗处处并起，攻劫在所，害杀长吏。郡县追讨，到则解散，去复屯结，青、徐、幽、冀四州尤甚。"这就是豪右以武力反抗度田之证。《纪》又曰："冬十月，遣使者下郡国，听群盗自相纠擿，五人共斩一人者，除其罪。吏虽逗留回避故纵者，皆勿问，听以禽讨为效。其牧守令长坐界内盗贼而不收捕者，又以畏懦捐城委守者，皆不以为负，但取获贼多少为殿最，唯蔽匿者乃罪之。于是更相追捕，贼并解散。徙其魁帅于它郡，赋田受廪，使安生业。自是牛马放牧，邑门不闭。"

从上述记事可以看到，暴乱来势猛烈，区域广大；魁帅是大姓兵长，他们各据乡土，闻风聚散，而不是大规模地汇集在一起；东汉官吏则望而生畏，逗留回避故纵，甚至捐城委守，不愿与之交锋。光武帝对待办法，不是大军进剿，而是原赦守令并分化暴乱者；最后的处置也不是只靠屠杀，而是徙其魁帅，赋田授廪，力求安抚。这一系列不同寻常的情况，说明暴乱具有特点，不同一般。它是战乱年代郡国大姓以依附农民为基础所形成的豪强武装与封建国家的一次重大较量。我们知道，如《汉书·高帝纪》所说，在秦汉之际的战乱中，一般地主曾经"相聚保山泽"，汉高祖只须用"复故爵田宅"的诏令，就可以使他们"各归其县"；即令是六国贵族和以后新起的豪杰并兼之家，也曾顺从地接受大规模迁徙的处置。与建武年间经过一场如此激烈的斗争政府才能与兵长渠帅求得妥协的情况相比,依附关系的发展,豪强势力的强大,已经进入了一个新阶段,不是很清楚吗!

《廿二史札记》"两帝捕盗法不同"条,谓汉武平"盗贼",以诛戮为威而"盗贼"不止;光武平"盗贼",则徙其魁帅,赋田受廪,得安生业。赵翼从历史经验立论,认为法愈严而盗愈多,法稍疏而盗易散,"此亦前事之师也"。按光武初击关中之时,命冯异取诸大姓豪强营垒,亦以平定安集而勿多事屠戮为言,同于度田平乱而异于武帝捕盗之法。不过赵翼所未详者,武帝时"盗贼"主要是乌合的流民,没有固定的屯集之所,渠帅出于其间,野火难戢;光武时"盗贼"类多郡国大姓为首,在所屯集而少流动,兵众依附大姓兵长而构成较固定的内部组织。所以制其魁帅就能抚其部众。不过,这种制和抚都不能消灭其作为一种社会力量的存在,而且是以承认其存在为前提,求得暂时妥协而已。

《汉书·刑法志》班固论西汉刑狱而及于东汉之初,曰:"自建武永平,民亦新免兵革之祸,人有乐生之虑(王先谦补注谓虑字为意字之讹),与高惠之间同。而政在抑强扶弱,朝无威福之臣,邑无豪杰之侠。以口率计,断狱少于成哀之间十八,可谓清矣。"班固所言,正是度田引起的这场动乱平息以后的社会情况。这是他自己亲历的时代,所说当然可信。不过所谓"政在抑强扶弱",只不过是暂时抑制了豪强力量过猛的发展。与高惠时代相比,历史毕竟已推进了二百多年,昔日能以招引奏效者,而今必待武力较量后始能求其妥协。这是封建的人身依附关系在广度上和深度上发展所引起的社会政治反应。

妥协的结果,国家与豪强之间重新出现了相对的平衡。案比户口作为一项统一的制度,形式上是沿袭下来了,实际上难于持续施行。豪强地主仍然保持着自己的依附农民,保持着自己的私家武装,当时分别称之为佃客和部曲。不过部曲在那时不再以公开的形式而是以隐蔽的形式存在,与度田以前毕竟不完全一样。

案比,就是案户比民。案比的资料,东汉常见。《吕氏春秋·仲秋纪》高注:"今之八月比户,赐高年鸠杖粉粢是也。"《续汉书·礼仪志》(中):"仲秋之月,县道皆案户比民。年始七十者,授之以王杖,馆之糜粥。"①《周礼·小司徒》贾疏:"汉时八月案比而造籍书。"《后汉书·安帝纪》元初四年注:"《东观记》曰:'方今八月案比之时。'谓案验户口,次比之也。"《后汉书·皇后纪·序》:"汉法常因八月算人。"八月案比之制或渊源于秦法八月傅籍。案比时聚民点验,对一般民户可以实行。《后汉书·江革传》:建武末年革在乡里,"每至岁时,县当案比,革以母老,不欲摇动,自在辕中挽车,不用牛马,由是乡里称之曰江巨孝"。李贤于此处解释案比曰:"案验以比之,犹今貌阅也。"案比之制延至三国,远在交州,犹有遗存。《三国志·吴书·薛综传》谓交州"八月引户,人民集会",男女于时自相婚配。这当是利用案比作为聚会时机,相沿成习。不过大姓豪族及其部曲、佃客,则不会接受案比,因为接受案比,意味着接受按人丁承担官府徭赋的义务,而避徭赋正是农民寻求庇护、豪强遂并其并兼的主要原因和目的。

每一户沦为佃客的农民,一般说来,当如崔寔《政论》②所说,有一个父子妻孥"奴事富人","历代为虏",终于丧失自由的较长过程。一旦成为佃客,就有义务随主人奔逐东西,如马援役属宾

①《张家山汉墓竹简〔二四七号墓〕》吕后二年傅律,按爵之高下廪给鬻米月一石,大夫(五级爵)以上年 90 给米,以下递增年岁,至无爵者 95 始给。又按爵之高下受鸠杖,大夫以上年 70 受,以下递增年岁,至无爵者 75 始受。

②《通典》卷一引。

客,先在金城郡的苑川,后在长安上林苑;①汝南范滂之父"将人客于九江,田种畜牧"。② 耕种所得,一般是如《水经·河水注》所说,主人"与田户(佃客)中分",如马援在苑川屯田之比。大族地主田庄广阔,世代经营。田庄有"兵弩器械",③兰锜内设。④ 宅院就是堡垒,筑有各种防御设施。部曲数量很大。袁宏《后汉纪》灵帝光和元年会稽朱儁曾简募家兵赴交州作战,数达二千。崔寔《四民月令》有田庄私兵活动的记载:每年二月"顺阳习射,以备不虞";三月"缮修门户,警设守备,以御春饥草窃之寇";八月"上角弓弩,缮治檠正(按檠为正弓器械),缚徽弦,遂以习射";九月"缮五兵,习战射,以备寒冻穷厄之寇"。⑤ 据此可知,田庄二月、八月习射,三月、九月设警,目的是防备本地农民在青黄不接和寒冻将临之时生事抢粮。田庄依附农民有事为部曲,无事为佃客,实际上是亦兵亦农。这是东汉一朝依附关系的主要形式。田庄武装是隐蔽的,并带有季节性,而不像度田以前的私兵那样公开割据,岁月不解;他们主要被用于绥靖地方,在一般情况下与官府相安无事,而不像度田以前的私兵那样被用来与官府对抗。不过,在特定条件下,豪强部曲也可以转化为政治上的割据势力,东汉末年就是如此。

部曲、佃客与其主人的人身依附关系,一般说来其程度虽不甚紧密,但却相当稳固。这主要是由于多数部曲、佃客与其主人还有宗族纽带相连。《四民月令》记载,田庄主人在不同的季节,

①《后汉书·马援传》,《水经·河水注》。
②《风俗通》卷五。
③《水经·比水注》引《续汉书》。
④参杨泓:《武库和兰锜》,《文物》1982年第2期。
⑤《四民月令》文字及标点,依石声汉《四民月令校注》,中华书局,1965年。

按不同的亲疏关系"振赡穷乏","存问九族","讲好和礼"。据《后汉书·樊宏传》，樊重在田庄里也是"振赡宗族，恩加乡闾"。宗族纽带加强了主人对部曲、佃客的束缚力，所以主人对之十分重视。东汉以来族葬之制盛行，据考古资料，河北无极甄氏族墓上起两汉之际，下迄北魏，延绵五百年；陕西潼关的弘农杨氏族墓，自杨震以下历数代之久；安徽亳县曹氏族墓，埋葬曹操先辈多人。宗族势力的发展，使厚葬习俗盛行，墓室瘗藏丰厚，装饰讲究。士大夫重视民间氏族源流的考察和记录。王符《潜夫论》有《志氏姓》篇；应劭《风俗通》有《姓氏》篇，内容与先秦的《帝系姓》、《世本》等专记帝王诸侯大夫谱系者有所不同，多有两汉时形成壮大起来的宗族。由此可见，东汉时期依附关系正是依托宗族势力而迅速发展的。当然，田庄中也有非本族的部曲、佃客，当时习称宾客，多是流亡农民被招纳者，其数量比宗族要少。

五　封建依附关系的法律反映之一
——三国赋役制度的变化

　　三国时期，依附关系愈趋成熟，而且迅速向南方扩展。与依附关系发展相适应，赋税制度出现了重大变化。屯田、赐客现象与这一变化有重要关系。汉魏之际动乱不已，形势瞬息变化。拥有宗族、宾客的大族地主受到冲击，不安其居。曹丕《典论·自叙》说：当时"名豪大侠，富室强宗，飘扬云会，万里相赴"；又说拥兵的人"大者连郡国，中者婴城邑，小者聚阡陌"。他们之中，有许多就是率领宗族、宾客离开本乡的大族地主。大族地主中也有人没有部曲家兵，在武力竞逐方面无能为力，不得不避难他方，其中有的甚至变易姓名，①通财合族，②以求自存。据《三国志·魏书·管宁传》注引《傅子》，管宁著《氏姓论》，就是为了"原本世系"，以正"妄变氏族"的时弊。实力和际遇的不同，使大族地主出现起伏升降，大族的田庄也在转换主人。《水经·淯水注》：新野有樊氏陂，"陂东西十里，南北五里，俗谓之凡亭陂，陂东有樊氏故宅。樊氏既灭，庾氏取其陂。故谚曰：'陂汪汪，下田良，樊子失业庾公昌。'"按樊氏为光武外家，新野庾氏之兴，樊氏之衰，就在汉魏之际。

　　大族地主虽随实力和际遇而有升沉，但是依附关系却日趋成熟，弃业流亡的百姓，更多地被迫成为佃客、部曲。"田无常主，民无常居"，既反映了世事的动乱，也反映了小自耕农弃业流亡而沦为依附农民的情景。国家无法掌握日益减少的顷亩和丁口，无力像东汉那样试一试度田，因而租赋兵徭取给无所。这种情况，迫使国家改变租赋制度。新的租赋制度既要适应依附关系发展的既成事实，又要有助于维持自耕农民的数量使之不致进一步减少。这样就出现了《三国志·魏书·太祖纪》建安九年（204）注引《魏书》所载以曹操令颁布的租调制。租调制规定："收田租亩四升，户出绢二匹、绵二斤而已，它不得擅兴发。"这是中国古代赋税制度史上的重大改革，是封建国家向依附关系让步在赋税制度上的重要步骤。

　　汉代田租三十税一是按顷亩出税，不是按实际产量计其三十分之一而取之，这在前面已经说到了。即令是在名籍所载地亩人丁比较准确的西汉时代，官府征收田租也无法核实每亩产量。所

---

①《三国志·魏书》曹休传、邢颙传。
②《三国志·魏书·赵俨传》。

以三十税一的田租,在实际征收时需要以一个定额为准。《九章算术·衰分》有题曰:"今有田一亩,收粟六升太半升。今有田一顷二十六亩一百五十九步,问收粟几何?答曰:八斛四斗四升一十二分升之五。"此题内容,当即一亩收粟六又三分之二升以为田租,按田租三十税一计算,则每亩产量恰为二斛,与汉代亩产数量大体相符。① 这又可以反证田租三十税一确实是定额征收。至于每亩定额多少,在西汉时恐怕是因地而异,难于有全国一致的规定。

汉代田租分成征收,系沿袭上古所谓贡、助、彻的什一税而来。汉高祖轻田租,十五税一,以示惠民。景帝时令民半租,三十税一,遂成定制。建安时,仲长统建议恢复什一之税,他估计:"今通肥硗之率,计稼穑之入,令亩收三斛,斛取一斗,未为甚多。"②他所说的什一分成,实际上也是定额,即每亩三斗。曹操则参照两汉田租征收的实际数量,废除名义上的三十税一的分成比例,径以每亩四升作为全国一致的定额征收。由于乱世生产破坏和秩序紊乱,国家对自耕农民户口地亩更难核实,所以定额只得偏低,否则更无法征收到手。每亩四升,与上引《九章算术》亩收六升又太半升的田租率比较接近。

田租之制,两晋续有变化。西晋户调式中的课田,其性质相当于田租。课田之数不论实际上田之有无、多少,一律按一夫五十亩计税,共收田租四斛,每亩合田租八升,高出曹魏时一倍。课田的办法,是计丁夫而不度田,有丁夫就得负担田租;而且丁夫多少也难于核实,只好每户按一丁纳租。从《初学记》卷二七所引

①裴锡圭亦有此说,见《汉简零拾》,《文史》第十二辑。
②《后汉书·仲长统传》。

《晋故事》中所见情况,就是如此。这是过去税制中所未见的。东晋制度又有变化。《晋书·食货志》东晋成帝咸和五年(330)"始度百姓田,取十分之一,率亩税米三升"。这是否定西晋课田收租办法,恢复汉朝度田分成而又折衷于一个定额的制度,不过改三十税一为十税一,改纳粟为纳米。所以《晋书·成帝纪》记此事,直书"初税田,亩三升",而不提及十分之一这一没有实际意义的租率。至于成帝度田,即核实土地数量,究竟能做到什么程度,那就很难说了。《食货志》又说:"孝武太元二年(377)除度田收租之制,王公以下口税三斛,唯蠲在役之身。"这样基本上又回到西晋课田之制,计丁夫而不度田,只是不再使用课田的名称。

田租制度曹魏计亩,西晋计丁,东晋咸和计亩,太元计丁,其中有时夹杂着使用课田的名称和什一的租率,实际上是汉制、晋制交错,变来变去,莫衷一是。这反映官府既无法核实地亩,更无法核实人丁,只是穷则思变,随国力之所及,能征收多少就征收多少。这个时期其所以不能产生一种稳定可行的田租制度,根本原因还是豪强占夺力量太大,使国家总是处在困难境地,找不到一种能够稳定持久的办法。

曹魏户调制度更有特殊之处,是依附关系发展的直接产物。户调从口赋(户赋)演变而来。秦代"头会箕敛"虽有实效,但很暴戾,要有强大的国家力量才能使之持续实行。西汉后期国力衰微,口赋、田租、更赋,再加上赋外之役,特别是远戍远役,使自耕农很难生存。他们宁愿依附豪强,用什五之税和自己的一部分人身自由去换取避役的好处。东汉时期,此种情况甚于西汉。建安年间,曹魏要想从根本上挽回局面,继续实行以逐个清点人头为根据的口赋制度,是毫无可能的,因此才不得不改行不论人头多少,但以户数为准的户调制度,并把户调绵绢数量维持在不算很高的水平。这样,国家可能较易掌握人户,并从中得到一些好处。但从法理上说,这无异宣告不追究已被隐匿的丁口,只求控制现有人户,使之不致继续流入私门。

曹操立法的初衷,并不是为了替豪强谋利。租调之令,是直接针对袁绍父子统治下"豪强擅恣,亲戚兼并,下民贫弱,代出租赋"的现象而发的。令文规定租调之外"它不得擅兴发,……无令强民有所隐藏而弱民兼赋"。所以《三国志·魏书·武帝纪》又载"重豪强兼并之法,百姓喜悦"。租调制施行前,长社令杨沛捶杀曹操从弟曹洪宾客在界而征调不如法者,曹操以沛为能。租调制施行后,菅长司马芝发郡主簿刘节宾客为兵而节藏之,芝乃以刘节代宾客服役。这些事例,说明事实上存在的依附关系,到此时还不是法律上的存在。如果长吏敢于执法,还是可以征发豪强名下的依附农民。不过,事实终归比法律更有权威,司马芝、杨沛的故事,只是作为特例存留在史籍中,并不能据此说明官府对私家的宗族、宾客真正拥有并能实现控制的权力。

有时,历史上会出现帝王们向经济条件发号施令的事情,而且还可以在一定时期内和一定程度上奏效。但是从长远看来,其结果往往是适得其反,帝王们不得不向经济条件投降。曹操所行屯田制和士家制,恰好能说明这种情况。

曹魏屯田,形式上袭汉代之旧,但与汉代屯田和假田相比,内容已制度化、典型化了。屯田客是典型的国家佃客,所纳地租,用官牛的于对分制以外另加牛租一成。[①] 有一种屯田民,不计地亩

---

①《汉书·昭帝纪》元凤三年诏"……三年以前所振贷,非丞相御史所请,边郡受牛者勿收责"。注引应劭曰:"武帝始开三边,徙民屯田,皆与犁牛。后丞相御史复间有所请。今敕自上所赐与,勿收责,丞相所请,乃令其顾税耳。"这是规定边郡屯田给牛何者收责、何者不收责的诏令。（转下页注）

的产量，向官家"计牛输谷"，或者说"儿牛输谷"。这是一种屯田纳租的辅助形式，是以其时人丁不足和耕牛稀少而得以存在的。以这种形式纳租的屯田客，一直到魏末，他们还以"租牛客户"的名称存在于社会中。士家即兵家，身份同于屯田客，是国家的部曲。屯田制和士家制，就是官府用豪强征敛方式剥削佃客、用私人部曲方式组织国家军队的制度。它们的出现以民间依附关系高度发展为前提。民间的依附关系既然影响而且被大规模地移植到官府，官府再要阻滞这种关系就更为困难了。《晋书·外戚·王恂传》："魏氏给公卿以下租牛客户数各有差，自后小人惮役，多乐为之，贵势之门动有百数。"连入塞的匈奴人，也有许多成为私家佃客。西晋初年也有赐客。魏晋朝廷给客（赐客）予私家，以诏令为之，这是私家依附农民得到诏令承认之始，只不过这种诏令还不是普遍承认私家依附农民的合法地位。诏令以外的，就是法律以外的。至于法律是否追究，那是另一问题。

　　江左地区，情况基本相同。江左在官豪族"统家部曲"，①宅院中"兰锜内设"，②这在当时是公开的而非隐蔽的。吴国有赐客之制，与魏末赐租牛客户性质相近。吴国赐客复免国家徭赋，又称复客。个别功臣的部曲、佃客，包括赐客和非赐客，一律复除。

（接上页注）但给牛收责是否即地租的一部分，并不清楚。又，居延大湾所出汉简有"牛籍"簿，还有大量有关田卒及耕牛简和有名的屯田取租简，知大湾是屯田机构所在地，其耕牛即为屯田所用，参看沈元：《居延汉简牛籍校释》，《考古》1962 年第 8 期。居延屯田用公牛当有代价，而这些资料却没有显示耕牛在地租中占什么地位。但是大体说来，《昭帝纪》及汉简所载，可以视为曹魏时牛租的渊源。

①《三国志·吴书·顾雍传》注引《文士传》所录殷巨事迹。

②《文选》卷五左思：《吴都赋》。

如《三国志·吴书·周瑜传》，瑜死，孙权"著令曰：'故将军周瑜、程普，其有人客皆不得问。'"周、程两个家族的依附农民，不论多少，又不论何种形式，国家都无条件地全部予以承认。这种法令在吴国也只此一见，虽然一般说来，官府对于私家人客事实上早就过问不了。孙吴世袭领兵之制，既是世领其兵以事征战，更是世领其兵以服私役。所以将门子弟幼弱不堪征战者亦得继统父兄之兵。《吕蒙传》记载成当等三将死，吕蒙认为三将子弟虽小，不可废兵，可见兵之于将，有私属性质。《世说新语·政事》，会稽贺劭作吴郡，"至诸屯邸，①检校诸顾、陆役使官兵及藏逃亡，悉以事言上，罪者甚众。陆抗时为江陵都督，故下，请孙晧，然后得释"。贺劭检校而顾、陆得罪，这是法律的权威；陆抗下请而罪者得释，这是习惯的力量。习惯的力量来源于官兵执私役的事实，法律无从禁止。

在蜀国，南中战后官府以所获民之强者补兵，弱者为"家部曲"，②这同魏、吴赐客性质一样。

综括言之，魏国的租调制是依附关系向深度和广度发展在税制方面的表现。官府保有相当数量的依附农民以备役使，说明存在于民间的人身依附关系已被国家接受，纳入国家秩序之中。官府既可赐客，对民间的依附关系就更没有长久地视之为非法的理由。法令和法律既然开始屈服于实际，那就势必继续向实际屈服下去，不过其速度仍将是缓慢的。

---

①江左的屯邸是一种经济组织，孙吴时已是如此。参看唐长孺《南朝的屯、邸、别墅及山泽占领》，见《山居存稿》，中华书局，1989 年。
②《华阳国志·南中志》。

六 封建依附关系的法律反映之二
——两晋南北朝依附户的法律地位

两晋南北朝时期,人身依附关系继续发展,许多方面的人际关系,都带有人身依附的性质,依附户数量大增。依附户,包括民间的和国家的依附户,依其服役种类或服役条件的不同而名目繁多,不胜枚举。近人研究此问题者较多,成果显著,无庸赘述。这里只就最一般形态的民间依附户与国家的关系略加分析,以见依附户的法律地位。

西晋建国,本来是"诏禁募客"的。① 但是给客风气既开,私募遂无从禁止。中山王司马睦于咸宁三年(277)遣使"募徙国内八县受逋逃、私占及变易姓名、诈冒复除者",达七百余户之多。朝廷贬睦为县侯,不久又复爵为高阳王。私募禁止不了,太康元年(280)班行户调式时就不能不考虑允许募客的问题。所以户调式规定官吏得按品级荫亲属,"多者及九族,少者三世",虽宗室亦如之;荫衣食客多者三人,少者一人;荫佃客多者十五户,②少者一户。这是中国古代第一次具有全国意义的承认私家依附农民的法令,其法律意义比三国时特诏赐客前进了一大步。可是,承认的另一面仍然是限制。承认官吏占客而不及于一般地主占客,是一重限制。官吏荫亲属数量宽,荫佃客数量严,被荫的亲属又不

---

① 《晋书·高阳王睦传》。
② 《晋书·食货志》原作五十户,以西晋荫客数各个官品的差次以及西晋荫客数与东晋给客数各个相应官品的差次比较,作十五户近实。

一定完全等同于佃客,也是一重限制。承认佃客而不及于部曲,①又是一重限制。至于被荫者是否还在名义上保留对国家的某些义务,是否有名籍可稽,也没有明文规定。

东晋品官占客之制直接承袭西晋而来而有增益。据《隋书·食货志》,都下人为王公贵人佃客者,皆无课役,乃定第一、二品佃客四十户,降至九品五户,数量较西晋放宽,但数量规定本身就寓有保持限制之意。《南齐书·州郡志》南兖州条:"时百姓遭难,流移此境,流民多庇大姓以为客。元帝太兴四年(321),诏以流民失籍,使条名上有司,为给客制度,而江北荒残,不可检实。"由此可知给客之令班于太兴四年,限于流民失籍为佃客者而不及其他,地域只限都下及扬州的江南诸郡。但是明确规定所给佃客对国家皆无课役,而对主人则"量分"佃谷,这是西晋令文所没有的。量分即两分,亦即对分。又规定客注家籍,即附籍于主人,表示他们既不同于担负课役的编户齐民,也不同于无籍可稽的隐丁漏口,这也是西晋令文所无。给客制度既然起于流民失籍者条其名上有司,则立法用意即在于使之有名可稽。这又是既反映国家对依附关系承认程度的进一步放宽,也反映国家对这种关系保留一定限制权力的潜在意愿。至于此制的执行情况如何,制度以外的佃客的地位如何,似难考实。

与给客同年,《晋书·元帝纪》诏"免中州良人遭难为扬州诸郡僮客者,以备征役"。这是以诏令放免私家僮客而征发之。发

---

①西晋不见允许保有部曲家兵的事例。《晋书·李雄载记》李雄称帝,"加范长生为天地太师,封西山侯,复其部曲不预军征,租税一入其家"。按李雄称帝之前,已宣布"除晋法",所以"复部曲"不是晋制。范长生所在的地方于晋为边裔,其人其事又有宗教背景,更不同于一般情况。

僮,当即《晋书·王敦传》永昌元年(322)王敦请诛刘隗疏中所谓"免良人奴,自为惠泽"之事。良人奴不是指良人之奴,而是指良人为奴者;发以为兵,当即"兵家"之兵,其身份同于客。发客,亦当发以为"兵家",例同《刁协传》"取将吏客使转运"及《司马元显传》发"免奴为客者"为兵。晋元帝在同一年发僮客为兵与施行给客制度,当是相关连的二事,即,国家以给客为名,检核僮客,条名上有司,然后于给客数额之外悉发为兵。如果是这样,那末给客制度就是晋元帝抑制士族的一种手段,而这种手段也是对人身依附关系发展进程的一种干预。上举王敦疏中责备刘隗"复依旧名,普取出客,从来久远,经涉年载,或死亡灭绝,或自赎得免,或见放遣,或父兄时事身所不及,有所不得,辄罪本主"。据此可知,给客以前,佃客并非全部失籍;其未失籍即仍有"旧名"(指名数、户籍)者,不论年代远近,变化如何,在给客时统统予以核实,因此有王敦所说"百姓哀愤,怨声盈路"。给客制度只行之于都下及扬州江南诸郡,所以王敦疏中又说:"臣前求迎诸将妻息,圣恩听许,而隗绝之,使三军之士莫不怨愤。"王敦居于上游,不在扬州,看来他此举目的之一,就在于规避扬州都下给客制度的检核;而所谓百姓哀愤,主要还是反映王氏及诸士族的不满。从这里看来,王敦之叛的导火线,还有经济方面的因素在内。刘隗、刁协之败,使给客制度没有产生抑制士族的实际效果。此后东晋屡次实行土断,作用也颇有限。

南朝制度更为混乱,大族地主的佃客、部曲没有定限。《梁书·张孝秀传》载张孝秀驱使部曲数百人,为他耕种土地数十顷。可见这时,连部曲和佃客的区别也不复存在了。

在北方,十六国时期,如《晋书·慕容德载记》所说:"百姓因秦晋之弊,迭相荫冒,或百室合户,或千丁共籍。"这就是北魏实行宗主督护制的历史背景。《魏书·李冲传》："旧无三长,唯立宗主督护,所以民多隐冒,五十、三十家方为一户。"《魏书·食货志》："魏初不立三长,故民多荫附。荫附者皆无官役,豪强征敛,倍于公赋。"因此出现了三长制和均田制。均田制是一个十分复杂的历史问题,其核心是以授田的办法吸引豪强所占的苞荫户,也就是《魏书·李安世传》所说"一齐民于编户"。均田制的意图既在于消除苞荫户,所以均田令中也就没有苞荫户亦即依附农民的法律地位。从这个角度看来,均田制可以说是专制国家对民间盛行的封建依附关系的最后一轮大规模的全国性的干预。以均田制形式出现的这一轮全国性干预,因朝代改易,在二百多年历史中出现过多次,一般都是见效于始初,终归于泡灭。依附关系既然已经熟透,其本质是排斥依附关系的均田制度势必难以为继。均田制的废弃,也就是这种干预的失败。均田制的实行和废弃,反映了封建社会从魏晋到隋唐的过渡。这个过渡的重要历史内容之一就是,一方面"百室合户、千丁共籍"那样的大族逐渐衰落,另一方面封建政权也终于普遍承认依附关系发展的现状,在这样的前提下另求所以图治之道。此后专制国家对社会经济进程还要进行别的干预,但是时过境迁,其内容和方式与前此就不同了。

七　封建国家对人身依附关系的保障和抑制

秦汉魏晋时期人身依附关系的发展,是一个内容丰富而复杂的历史过程,本文只是探讨了依附关系在政权的限制下不断发展这样一个侧面。在封建国家中,掌握各级统治权力的官员,一般说来都是拥有依附农民的地主。甚至具体管理户籍以防止丁口流入私门的乡里之长,也多以豪强地主充当。国家维持着一种秩序,便于地主阶级沿着权力的阶梯上升,进入统治群体,并获得政治经济利益。照理说,封建政权应当用法令和法律来保障地主扩充佃客、部曲,但是它却对此加以抑制。这是什么原因呢?

具有阶级性质的国家,也具有超乎阶级之上、超乎社会之上的表象。要把国家的一切活动都直接与具体的阶级利益联系起来加以解释,本来是不容易的,也是不必要的。国家又是一个具有相对独立性的实体,它需要保障自己得以存在的物质条件,这不一定与每一个地主的眼前利益完全相符。但是获得这些条件,国家可以强大一些,而从强大国家得到好处的,首先就是地主阶级。封建朝廷中被认为是忠诚的、正统的官僚以及在当时是先进的思想家,确实是这样考虑问题的。他们要求有一个强大的国家,一个稳定的王朝,来保护地主阶级整体的长远的利益。尽管在这种政治条件下,他们自身的利益不免会受到一些约束。

封建政权得以维持的先决的物质条件,是维持赋税兵徭的来源,因此需要控制人丁。而地主阶级的发展,正是要从国家编户齐民中不断地分割人丁。这样,矛盾就产生了。如果分割人口的过程是一个渐进过程,那末矛盾的发展还不至骤然破坏相对平衡的局面,不至引起政治动乱。否则平衡破坏,矛盾激化,封建政权就会由于地主阶级内部的利益之争而呈现险象,加剧经常存在的阶级矛盾。

如果这里所说的国家是分封制的国家,皇帝和诸侯各有各的领地、人丁、赋税、军队,而皇帝只要依靠诸侯贡献和其他封建义务,就可以维持其权威有限的共主地位,如果是这样,上述的矛盾也许会是另外一种情况。但是,秦汉以来在中国出现的是一个统一的中央集权的专制国家,它只有获得全国范围的租赋徭役,才能维持足以统治全国的官僚机构和军队,进行各种活动。而这些都要靠在全国范围内控制人丁。因此,官府同私家争夺对人丁的控制权,就成为国家抑制依附关系的发展速度和规模的主要内容。依附关系的发展是一个客观的社会经济进程,国家能够影响它,抑制它(这实际上是国家的调节功能),却不能消灭它。从全局和全过程说来,国家总是要逐步地屈从于经济条件。在统一的中央集权的专制的古代中国,这是一个在矛盾中发展的历程,因而不得不是一个迟缓的漫长的曲折的历程。

国家问题是一个复杂而深刻的理论问题,限于水平,在这里不可能作出准确而圆满的解释。我只是想得到这样的一种认识,即中国封建社会的长期性的重要原因之一,是依附关系发展迟缓,而这主要是由于专制国家的干预。人们通常把中国封建社会的长期性归结为封建社会后期资本主义萌芽受到专制政权的阻滞,这在事实上和理论上无疑都是正确的。但是这只能说明明代万历以后大约三百年的历史现象,而不能解释封建社会全过程的长期性问题。所以我认为,除此之外,在人身依附关系开始出现的阶段,专制政权的干预所导致的依附关系发展迟缓,延续时间过长,也是影响中国封建社会的长期性的诸多原因之一。人身依附关系从它的早期形态发展到成熟形态,从法令排斥、限制到法令容忍、保障,经历了数百年以至上千年的历程。我们知道,秦汉以来国家与豪强争夺劳动人手、秦汉政权打击豪强等等,都是史学界公认的事实,不是新的问题。本文所论封建国家抑制依附关系发展的问题,实际上不过是把上述诸问题连串起来观察的结果而已。

——原刊《中国史研究》1983 年第 3 期

汉魏之际的青徐豪霸[*]

　　东汉初平、兴平年间,北方各地地主武装纷起。掌握这种武装的人,有的是世家大族,有的是大小豪霸;有的自号将军牧守争夺地盘,有的依违于两大之间以观形势。以臧霸为代表的青徐地区的豪霸势力,是其中重要的一支。这支势力在汉魏之际的历史中若隐若现,二十余年里不时地起着作用,影响当时的政局。曹操死,驻屯洛阳的青州兵和作为臧霸别军的徐州兵发生骚乱,鸣鼓擅去,这是青徐势力可能乘时而动的一个信号。曹丕代汉,不动声色地调遣力量,采取措施,以图谨慎而又果断地解决这一问题。黄初年间,魏国发动了两次攻吴的广陵之役,在广陵之役的掩护下,曹丕终于以武力彻底消灭了这支魏国东部的地方势力。

　　青徐豪霸,史无明文。本文缀合零散资料,敷演成篇,意在探索青徐豪霸势力的始终,曹丕与他们之间矛盾的演变,以及与之相关的广陵之役的地理背景、历史背景和客观作用等问题,为研

[*] 本文称"青徐豪霸",主要由于其代表人物臧霸归曹操后,操"割青徐二州委之于霸",开启了以后的活动。兖州为青徐二州腹地,也是臧霸势力所在地境,青徐与兖,难分畛域。臧霸,泰山华人,曹魏泰山属兖州,霸为兖州人;但华县晋属徐州琅邪郡,又可作徐州人。本文所谓"青徐豪霸",以地境言,实际上涵盖了兖州。

究汉魏之际的社会政治形势提供参考。

一 建安年间青徐豪霸的活动

据《三国志·魏书·武帝纪》和同书《陶谦传》、《臧霸传》等资料，我们知道初平、兴平年间以至建安初年，青州和徐州一带出现了两种地方势力，一为举行起义的青徐黄巾，一为以臧霸为代表的镇压黄巾的青徐豪霸。关于青州黄巾，其活动情况和初平三年(192)之末曹操收其众三十万为青州兵的事，都是大家所熟知的，本文不多论述。关于徐州黄巾，《陶谦传》注引《吴书》说："妖寇类众，殊不畏死，父兄歼殪，子弟群起，治屯连兵，至今为患。"这就是说，徐州黄巾同青州黄巾一样，人数众多，作战勇敢，举家相随，所在屯聚。徐州黄巾后来下落如何呢？我们看不到明确的记载。《臧霸传》说："〔徐州〕黄巾起，霸从〔徐州刺史〕陶谦击破之，……遂收兵于徐州，与孙观、吴敦、尹礼等并聚众，霸为帅，屯于开阳(今山东临沂北)。"据《武帝纪》，这批豪霸之中还有昌豨。臧霸等人所收之兵，所聚之众，以时间、地域和其他情况论，应当就是被击破的徐州黄巾，所聚兵众应当就是徐州兵，其事同曹操击破青州黄巾并收以为青州兵相类似。这个阶段，各地黄巾起义几乎都是倏然而起，倏然而落。当他们被击败离散后，归田者固然有之，由于兵荒马乱而归田不成者，数量更多。这些人往往被迫接受收编，青州兵是一例，徐州兵也是一例。离散和接受收编是违背起义农民意愿的，他们力图避免。《陶谦传》注引《吴书》载诏曰：徐州百姓，"兵连众结，锋镝布野，恐一朝解散，夕见系虏。是以阻兵屯据，欲止而不敢散也"。但当时阶级力量的对比，使他们无法避免被击败和被收编的命运。魏晋士家之多，与这种情况当有关系。

臧霸，泰山华县人，出身于较低的社会阶层，[1]与其时的世家大族不同。他们活动不离乡土，同曹操一类志在天下者也不一样。陶谦死后，臧霸等人无力独树旗帜，只有周旋于较大势力之间以图生存。他们于建安三年先助吕布，旋降曹操。曹操以臧霸为琅邪相，吴敦为利城太守，孙观为北海太守，孙康为城阳太守。其中孙观、孙康兄弟所处的北海、城阳二郡属青州，余属徐州。《武帝纪》建安三年"分琅邪、东海、北海为城阳、利城、昌虑郡"以处降将。东莞郡盖亦此时分置。[2]

臧霸在青徐豪霸中地位比较特殊。他既同诸豪霸一样为青徐守相之一，又居诸豪霸之上总揽青徐。《臧霸传》谓曹操"割青徐二州委之于霸"，《武帝纪》亦谓"遂割青徐二州附于海以委焉"。所谓割青徐二州委霸，语意含混，只能理解为一种权宜处置。这种权宜处置，从臧霸说来，表明他在此二州具有强大的潜在影响，不这样就不足以安定地方；从曹操说来，则表明他故作姿态，以求在扰攘之际暂时维持现状，稳定东方。这并非曹操真正授臧霸以二州的军事政治实权，与黄初以后魏国委署都督诸州军事领刺史者的正式职任是大不相同的。[3]

---

[1] 臧霸之父为县狱吏，霸与父亡命东海。其余诸人出身不详，以其行事考之，似多出于较低的社会阶层。参看《三国志·魏书·臧霸传》及注。

[2] 见洪亮吉《补三国疆域志》。《水经·沂水注》谓："魏文帝黄初中，立为东莞郡"，疑误。

[3] 《三国志·魏书·文聘传》注引孙盛谓"臧霸少有孝烈之称"，故曹操利用他的名望，委以方面之任。这也是臧霸起家的一个条件。不过臧霸得势，其基础还在于他在青徐的实力。所谓"孝烈之称"，盖谓臧霸之父被收，霸将客夺取，遂与亡命之事。

青徐豪霸名义上是奉职天子,实际上则处于半独立状态,其中的昌狶(昌霸)或降或叛,反复无常,曹操屡加讨伐,这就是《后出师表》中所谓"五攻昌霸不下"的事。① 其余诸人,包括臧霸、孙观,虽然未脱地方色彩,但毕竟与昌狶不同。他们服从曹操指挥,清定海岱,建有军功。建安五年(200)曹操与袁绍相拒官渡之时,曹操处境困难,臧霸没有因时取利以图曹操,而是继续支持曹操,"数以精兵入青州,故太祖得专事绍,不以东方为念"。官渡战后,臧霸、孙观及其他将领还纷纷遣子弟家属诣邺,表示向曹操效忠。

　　青徐豪霸的地方色彩,首先表现于在曹操营垒中自成系统。他们原来为守相都不离青徐,后来迁官仍多带青徐州郡。臧霸建安十一年为徐州刺史,孙观建安十四年为青州刺史,②甚至霸子艾,观子毓,也俱至青州刺史。他们行军作战,往往限于青徐及相邻地区。昌狶叛变,也局促在东海郡内。所以青徐豪霸尽管得以战功封侯,但由于自成派系,地位特殊,与其他诸将相比,始终是曹操的一种异己势力。

----

①昌狶(昌霸)作为泰山诸屯帅之一,其行事颇与臧霸等人不同,须要另作交待。昌狶事迹,散见于《三国志·魏书》曹操、臧霸、夏侯渊、张辽、于禁、吕虔以及《蜀书》刘备、诸葛亮诸传中。建安三年他与臧霸等同降曹操。四年刘备在下邳叛曹,昌狶在东海响应,郡县多与昌狶通。其时曹操有事于官渡,颇受牵制。官渡战后,曹操遣夏侯渊、张辽率军围困昌狶数月,张辽入昌狶营说降昌狶,曹操不按自己所定"围而后降者不赦"的军令处置,竟命昌狶还东海,这显然是顾及昌狶影响的缘故。曹操平冀州后,建安十一年昌狶又叛,夏侯渊、于禁并力击之,降其十余屯。于禁亦泰山人,与昌狶有旧,昌狶诣于禁降,于禁按军令杀昌狶,曹操未责其专擅,益重于禁。臧霸参与此役讨平昌狶,又预征伐济南黄巾余部徐和有功,始受徐州刺史之职。《后出师表》说曹操"五攻昌霸不下",似昌狶反覆情节比上述已知者还要复杂,但其地域似始终在东海,未入它郡。
②臧霸、孙观除刺史年份,据万斯同《三国汉季方镇年表》。

青徐豪霸所据地境,越淮南而得与江东为邻。建安十三年孙权迁治京口,青徐豪霸势力也浸润至于长江。《三国志·蜀书·先主传》注引《江表传》,赤壁之战前夕,刘备在樊口,逻吏入报下游孙权援军将至,刘备问:"何以知之非青徐军邪?"这个时候,臧霸不但被曹操以青徐见委,而且已就徐州刺史之任,青徐水军得入江巡行至于樊口,可见长江下游之利,青徐豪霸已得与孙权共有。《三国志·吴书·张纮传》注引《献帝春秋》载孙权答刘备问,谓己将自京口移驻秣陵而不拟移驻芜湖,他说:"吾欲图徐州,宜近下也。"孙权之意,盖欲蚕食青徐地面,至少欲堵塞青徐豪霸势力,使之不得久驻长江。赤壁战后,刘备曾表请孙权行车骑将军领徐州牧。这只是一种政治姿态,孙权并不曾在徐州取得稳定立足之地。但是孙权—徐州,臧霸—徐州,两徐州南北相对,不能不形成矛盾。孙权用孙韶固守京口,窥伺北方,青徐汝沛颇来归附,也说明他是不曾忘怀青徐的。《三国志·吴书·吕蒙传》吕蒙取关羽之前,孙权尚有与吕蒙商及取徐州之事,吕蒙以为不如取荆州为得。青徐水师游弋至于长江樊口,以及孙权久有染指青徐之意,此与数年之后孙权收纳徐州利城降人唐咨以及曹丕两度兵临广陵等事,似乎有一脉相承的关系。下文所考释的利城兵变及广陵之役诸问题,实际上有这样一种不容忽视的历史背景。

二 曹操死后的洛阳骚动

由青州黄巾改编的青州兵,虽然随曹操转战四方,仍始终保持着原来的建制名号,处于相对独立状态。《三国志·魏书·于禁传》载,曹操征张绣失败,于禁乱中寻觅曹操,"道见十余人被创裸走。禁问其故,曰:'为青州兵所劫。'初,黄巾降,号青州兵,太祖宽之,故敢因缘为略。禁怒,令其众曰:'青州兵同属曹公,而还为贼乎!'乃讨之,数之以罪。青州兵遽走谒太祖自诉……。"这时,青州兵降曹已四五年,而他们仍然保持独特的地位,行动上与其他曹兵迥然不同,只有曹操本人尚能约束他们。

由被征服的黄巾组成的青州兵,与其主要成分为被收编的徐州黄巾的臧霸等军,性质和地位都很相似。不同的是青州兵已离青州地面,在曹操的直接控制下四出作战,独立活动的可能性较少;而臧霸等军则仍旧盘踞徐州,并部分地兼有青州,不受曹操的随意调遣,更有独立活动余地。曹操生前,这两部分军队尚能接受驾驭,未出大的问题;曹操死,矛盾便立即爆发了。

《三国志·魏书·臧霸传》注引《魏略》:"建安二十四年(219),霸遣别军在洛。会太祖崩,霸所部(按即徐州兵)及青州兵以为天下将乱,皆鸣鼓擅去。"鸣鼓之事,注家无解释。《汉书·周亚夫传》,亚夫受命平吴楚七国之乱,赵涉于灞上遮说亚夫曰:"将军何不从此右去,走兰田,出武关,抵雒阳,间不过差一二日,直入武库,击鸣鼓。诸侯闻之,以为将军自天而下也。"周亚夫在洛阳鸣鼓,意在昭告诸侯,扩大影响;青徐兵在洛阳鸣鼓,目的当亦同此。青徐兵共起骚动,历代注家皆以偶然事件视之,未详其历史原委。其实这两支军队同为地方势力,都渊源于黄巾,境况相似,在曹操死、时局变化时也就采取共同进退的态度,并企图影响其他军队。所以,这件事不同于一般的军中鼓噪,而是青徐地方势力在汉魏易代之际的一次重大干扰,造成了严重的政治混乱。曹丕应变是否得宜,对局势将有重大影响。

《三国志·魏书·贾逵传》:"太祖崩洛阳,逵典丧事";注引

《魏略》:"时太子(曹丕)在邺,鄢陵侯(曹彰)未到,①士民颇苦劳役,又有疾疠,于是军中骚动。群寮恐天下有变,欲不发丧。逯建议为不可秘,乃发哀,令内外皆入临,临讫各安叙不得动。而青州军擅击鼓相引去。众人以为宜禁止之,不从者讨之。逯以为方大丧在殡,嗣王未立,宜因而抚之。乃为作长檄告所在给其廪食。"又同书《徐宣传》:"太祖崩洛阳,群臣入殿中发哀。或言易诸城守,用谯沛人。宣厉声曰:'今者远近一统,人怀效节,何必谯沛而沮宿卫者心?'文帝闻曰:'所谓社稷之臣也。'"显然,曹丕的应变方略,是抚而不讨,以俟异日。

根据这些资料和前文所考,我们对于当时的形势,可以作出大体的估计。曹操晚年,洛阳具有首都地位,②配备有相当的文武官员。洛阳驻军有青州兵,有臧霸别军即徐州兵,都具有地区色彩。除此以外,很可能还有具有其他州郡背景的军队。军中苦于劳役和疾疫,本来不很稳定。曹操死,洛阳感到极大的震动,人们担心出现不测,害怕天下再乱起来。《晋书·宣帝纪》所说"魏武薨于洛阳,朝野危惧",即是指此。正在这时,青徐兵公然鸣鼓告

---

① 《三国志·魏书·任城王彰传》:彰有军功,"行越骑将军,留长安。太祖至洛阳,得疾,驿召彰,未至,太祖崩。"注引《魏略》:"彰至,谓临菑侯植曰:'先王召我者,欲立汝也。'植曰:'不可,不见袁氏兄弟乎?'"据此可知,其时太子曹丕地位尚不稳固,继嗣还有改易的可能。《晋书·宗室·安平献土孚传》,司马孚为魏王太子中庶子,"时群臣初闻帝(按指曹操)崩,相聚号哭,无复行列。孚厉声于朝曰:'今大行晏驾,天下震动,当早拜嗣君,以镇海内,而但哭耶?'"这也证明其时嗣君未定,人心惶恐。这种情况,使徐州兵、青州兵擅去所造成的动荡局面更加严重。

② 《十七史商榷》卷四十"许、邺、洛三都"条驳《魏略》五都说非是,直谓"真为都者,许、邺、洛三处耳"。王氏谓建安九年曹操灭袁氏后已自许迁都于邺,建安末年又自邺迁都于洛,但史书于迁都事未加醒眼之笔。

众,擅离洛阳。这是形同叛逆的大事,它触发了紧张的形势,使分崩的危险骤然出现。怎么办呢？朝臣有两种主张。一部分人主张秘不发表,讨伐擅去的青徐军队,并用主要是曹姓诸将的谯沛人以替换某些不可靠的城守。另一部分人,包括贾逵和徐宣,则比较持重,主张安抚,反对讨伐。徐宣是广陵海西人,地处淮北,本人又曾"避乱江东",明了周围形势。他知道突出的问题在于青徐。既然擅去的军队是青徐兵,那末改易城守用谯沛人,首先就意味着撤换青徐州郡的军政官员,剥夺青徐豪霸的兵权;而讨伐乱军,更无异于直接向青徐豪霸挑战。这样,除了可能扩大事态,导致青徐地区以及其他地区的激烈冲突以外,还可能在洛阳驻军中引起连锁反应,酿成中枢的更大动乱。这就是徐宣所担心的"沮宿卫者心"的含义所在。这种情况,曹丕当然是心中有数的。他此时的对策,是先继承王位,掌握要害,安定局面,然后再从长计议,寻求解决问题的办法。曹丕褒奖徐宣为持重的"社稷之臣",并不意味他相信徐宣所说"远近一统,人怀效节"的话是真实的,也不是说对洛阳骚动可以不予处置。他只是格于形势,不得不镇之以静,暂时抚而不讨,以屈求伸,以等待时机,再作计较。这样,洛阳骚动才没有酿成更大的暴乱,局面终于被曹丕控制住了。

三　臧霸夺兵事件

宋元之际的郝经据陈寿《三国志》撰《续后汉书》,其卷三五《臧霸传》于臧霸所部与青州兵"鸣鼓擅去"之下,有"丕外虽尊宠霸,而心常疑之"之语。此语不见于今本陈寿书,或郝经录自陈寿书旧本，①或郝经所下已见。其中所说曹丕怀疑臧霸，是符合历史实际的。出于这种怀疑，曹丕在公元 220 年延康、黄初之际的几个月中，于积极筹备登基的同时，也冷静地观察形势，筹划对策，为制服臧霸而进行部署。

臧霸于建安十一年为徐州刺史，其后十余年中，本传不载迁官。曹丕即魏王位在延康元年一月，《臧霸传》谓其时，霸"迁镇东将军，进爵武安乡侯，都督青州诸军事"。这或许是曹丕企图利用臧霸的名望，去缓和由于青、徐兵擅归在青州造成的影响，本意并非正式赋臧霸以青州兵权。是年夏，曹植上《求祭先王表》，谓"先王喜食鳆鱼（按即鲍鱼），前已表徐州臧霸送鳆鱼二百，足自供事。"②可见臧霸此时还在徐州，并未移驻青州。是年十月《魏公卿上尊号奏》，臧霸仍以"使持节行都督督军徐州刺史镇东将军武安乡侯"列名其中，③而没有"都督青州诸军事"的职衔。臧霸"都督青州"之授，看来并未成为事实。也可能是臧霸处此混乱时刻，深知自己境况，因而不愿轻易转移据地，以免授人以可乘之机。或许《传》中"都督青州"是"都督徐州"之误，即臧霸以徐州刺史加带本州都督，亦未可知。总之，在曹丕继统、百官晋位之时，列名劝进的臧霸并未得到好处，实际上是受冷落的。这是问题的一个方面。

问题的另一方面，是曹休军职的调动。其时，曹休是曹氏宗

① 《四库全书总目提要》史部别史类谓："〔郝〕经所见乃陈《志》旧本，其中字句与今本往往异同。"
② 《太平御览》卷九三八，参同书卷五二六。
③ 《隶释》卷一九。按据《上尊号奏》，确知延康时但有"都督督军某州刺史"的职称，至于"都督某州诸军事某州刺史"之称，则黄初以后始用。《三国志》用此称谓，于延康、黄初未加区别。

亲中最有权势的人物之一。《曹休传》：休为中领军，"文帝即王位，为领军将军。……（四月，夏侯惇死），以休为镇南将军假节都督诸军事"。《魏公卿上尊号奏》，曹休以"使持节行都督督军领扬州刺史征东将军安阳乡侯"列名，时在是年十月。《臧霸传》注引《魏略》："文帝即位（按此指即帝位），以曹休都督青徐"，时在十月或稍后。曹休一年之中四次迁官。第一次，由中领军转领军将军，任务相同而位望转重，当务之急是整顿宿卫，以图尽快消除青徐兵鸣鼓擅去所引起的政治混乱。第二次，迁镇南将军，当是代夏侯惇处理前一年襄樊之战的善后问题。第三次，迁征东将军领扬州刺史，自是料理东南方面对吴国的军务，或许还为了截断青徐与江东的军事联系。曹休先后所任，都是当时有军国大事亟待处理的关键位置。当曹丕着手排斥臧霸在青徐地区的军事存在的时候，又一次起用拥有权威的曹休"都督青徐"，这是本年内曹休的第四次调动。曹休获青、徐都督职任，得以把臧霸及其他青徐豪霸置于自己的监督之下，并进一步筹划把臧霸从青徐挤走。这样，曹丕未折一兵，就在青徐地区初步实现了"易诸城守，用谯沛人"这样一个重大措施，在同青徐豪霸势力的斗争中，赢得了重要的一步。

下一步的措施，是正式剥夺臧霸兵权。

《三国志·魏书·文帝纪》延康元年六月"庚午，遂南征"。同书《满宠传》，文帝即魏王位后，"大军南征，到精湖（按即津湖），宠率诸军在前，与贼（按指孙吴军）隔水相对……"。津湖在中渎水域，今江苏高邮境。这是曹丕时魏军进入中渎水域的首见记载。

曹丕对孙吴用兵，可以理解为易代之际为了预防外部干扰而采取的警戒措施。但是根据当时军事对垒的实际情况，警戒孙吴主要应当在巢湖方面和江汉方面，而不应当在中渎水域。此次南征循中渎水，并不当孙吴军锋。而且作为对孙吴的警戒措施，一上将足当其任，无需甫即王位、万机待理的曹丕亲自赴军。所以我疑其实际目的，主要不在警戒孙吴，而在探测青徐虚实。是年十月，乃有以曹休为征东将军领扬州刺史以及稍后"都督青徐"之命，这当是曹丕亲眼探察中渎水域以后所布的一着棋子。

黄初三年(222)，吴、蜀夷陵之战结束不久，曹丕以孙权不遣质子为辞，三路攻吴。西路曹真军远临江汉，目的是隔断吴、蜀之间可能出现的新的结盟，并威胁吴国新都武昌。中路曹仁军出濡须，即《后出师表》所谓曹操"四越巢湖不成"之处。西路军和中路军所临之地，都是魏、吴军队长期胶着的战场，这次魏国进军，都无战果。

值得注意的是东路魏军。曹休、张辽、臧霸率领的东路军，在历阳江边的洞浦破吴水师。曹休使臧霸以轻舟五百，敢死万人，袭击长江南岸的徐陵。① 曹休、张辽则循江而下，径至海陵、江都。这是魏、吴之间的新战场。是役，曹休以征东大将军假黄钺，督张辽等及诸州郡二十余军。崔豹《古今注》："赐黄钺则斩持节将"；《宋书·百官志》："假黄钺则专戮节将，非人臣常器。"②而据《臧霸传》，臧霸已于曹操末年拜扬威将军，假节，也就是说，已成为节将。元帅在军中要能有效控制臧霸，甚至有权诛戮臧霸，必须像曹休那样先假黄钺才行。所以，从曹休权位之重，可以看出他对部将臧霸等具有充分的控制力量。

---

①徐陵，《初学记》卷六，《元和郡县图志》卷二五，均谓即京口，今镇江。《通鉴》咸宁五年胡注、谢钟英《补三国疆域志补注》谓此徐陵在洞浦对岸。
②《晋书·职官志》略同。黄初三年曹真以都督中外诸军事，亦假节钺，见《曹真传》。

黄初三年之役,东路魏军对吴有一定的威胁。吴国山越不宁,江边守兵多撤向内地,下游江防空虚。而曹休、臧霸等人也确有渡江作战的意图。《三国志·魏书·董昭传》:"曹休临江,在洞浦口,自表'愿将锐卒,虎步江南,因敌取资,事必克捷。若其无臣,①不须为念'。帝恐休便渡江,驿马诏止。时昭侍侧,因曰:'窃见陛下有忧色,独以休济江故乎? 今者渡江,人情所难,就休有此志,势不独行,当须诸将。臧霸等既富且贵,无复它望,但欲终其天年,保守禄祚而已,何肯乘危自投死地,以求侥幸? 苟霸等不进,休意自沮。臣恐陛下虽有敕渡之诏,犹必沉吟,未便从命也。'"按曹休祖父曾为吴郡太守,休十余岁时奉母至吴避难,于吴地有历史关系,这或许是他自愿渡江的一个原因。但是据《三国志·魏书·臧霸传》注引《魏略》,曹休渡江之请实际上创议于臧霸。《魏略》曰:"文帝即位,以曹休都督青徐。霸谓休曰:'国家(按,犹言天子,指曹丕)未肯听霸耳。若假霸步骑万人,必能横行江表。'休言之于帝",云云。显然,《董昭传》所说曹休表请渡江之事,正是循臧霸的要求而提出的;曹休上表所言,当即援用臧霸之意。未几,曹休、臧霸在洞浦口破吴水军,曹丕认为吴国有隙可乘,欲求侥幸,才由"驿马诏止"改为"诏敕诸军促渡"。② 东路军中张辽在病,别无大将,渡江之任,自然落到首创其议的臧霸身上。臧霸也就在此时以轻舟袭击徐陵,其所领敢死,正好是他最初所请万人之数。臧霸的青徐兵本以步骑为主,但是据前引《三国志·蜀书·先主传》,青徐兵别有水军,而且曾在长江下游航行。曹休等也在这时乘流急进,到了海陵、江都。魏军过江既起

---

①梁章钜《三国志旁证》卷一三谓"无臣"当作"无成"。
②《三国志·魏书·董昭传》。

于臧霸临时之议和曹丕侥幸之诏,并非既定的作战方略,也无充分的过江作战准备,所以浅尝辄止,没有深入吴境。曹休、臧霸大军北归(时张辽已病死江都),当是自江都沿中渎水运行,而这恰恰就是两年以前延康元年六月曹丕南征所采取的路线(至津湖而止),也就是两年以后曹丕广陵之役的行军路线。

臧霸的动向更是值得注意。以"无复它望,但欲终其天年,保守禄祚而已"的臧霸,在不被曹丕信任并被挤出青徐的情况下,贸然提出"人情所难"的南渡请求,这当如何解释?周寿昌读书得间,从"若其无臣,不须为念"二句文字,揣度曹休此言"尚有曲折",①但未深究曲折是什么。② 在我看来,曲折确实存在,不过不在曹休本人而在臧霸,在臧霸与曹丕之间。"无臣"二句,或许就是曹休转述臧霸请求曹休准其渡江的原话。臧霸所说曹丕"未肯听霸"一语,更透露出臧霸与曹丕之间确有曲折的消息。这是矛盾发展的新的一步。

臧霸虽然离开了青徐,但手中还有军队,所以从整体看来,问题并未解决。臧霸渡江之事发生以后,据《臧霸传》注引《魏略》:"帝疑霸军前擅去(按指青徐军在洛阳鸣鼓擅去之事),今意壮乃尔,遂东巡,因霸来朝而夺其兵。"臧霸被剥夺兵权,本传隐晦其

---

①周寿昌《三国志注证遗》卷二,不同意梁章钜"无臣"当作"无成"之说,并谓"此表必尚有曲折"。

②按周寿昌此段文字如下:"《董昭传》'无臣',梁氏《旁证》谓作'无成',恐不然。时休假钺专征,自矜必捷,若果无成,当任败师之罪,安得云'不须为念'乎?休此表必尚有曲折,此摘其略数语,故意不甚显。大约言臣若死于敌,不须以臣为念。观下'帝恐休便渡江',昭窥帝忧色,有'何肯乘危自投死地','休意自沮'之劝也。"见《二十五史三编》第4分册第897页,岳麓书社,1994年。

词,只是说"征为执金吾,位特进"。①《文帝纪》:黄初四年八月"辛未,校猎于荥阳,遂东巡,论征孙权功,诸将以下进爵增户各有差"。夺兵之事,当发生于此时。从此以后,臧霸栖身洛阳,备位充数而已,再没有别的作为了。

臧霸兵权被剥夺,曹丕取得了进一步的胜利。但是青徐诸将还没有悉数离开旧地,也没有悉数夺兵,因此还有矛盾,还有斗争。与广陵之役相始终的青徐动乱,就是这一斗争的表现。

至于臧霸个人对曹氏政权的态度,前引董昭评论他"既富且贵,无复它望",是合乎实际的。臧霸降曹后数十年中,未见恃兵专恣或其他过误。鸣鼓擅去者为臧霸所遣别军,非必臧霸授意。渡江之请,也不见有非分迹象。曹丕以其"意壮"而夺其兵,不过是一种借口而已。真正的原因,还是如前引郝经《续后汉书》所说,曹丕本来怀疑臧霸有拥兵自重的可能,而洛阳骚动更使曹丕看到隐患,所以对臧霸更不信任。这就是臧霸所说"国家未肯听霸"一语的实际内容。臧霸入朝后历文帝、明帝两代,虽无权柄而礼遇有加。《宋书·礼志》三,魏明帝太和四年(230)八月,"东巡,过繁昌,使执金吾臧霸行太尉事,以特牛祠受禅坛",以纪念文帝"受禅",并表彰臧霸等群臣拥戴文帝的功绩。臧霸死后,于正始四年(243)八月享受殊礼,受祀于太祖曹操庙庭。

魏国大将遭疑忌而被骤夺兵权之事,臧霸之前还有朱灵,附记于此以作为理解臧霸夺兵一事的参考。曹操夺朱灵兵,曹丕夺臧霸兵,性质和手段都相近似,可以说后者是效法前者。朱灵,清

---

① 万斯同《魏方镇年表》谓,霸以都督青州军事征为执金吾,不确。臧霸未尝至青州,而曹休已于两年前都督青徐,均见前考。又,执金吾在两汉为宿卫重臣,入魏后转冗散,魏史籍中不见执金吾参预重大军政活动资料。

河人,以袁绍部将归于曹操,在初平、兴平之际,比臧霸降曹要早。朱灵为曹操击袁术,征马超,破氐帅,二十余年中累著战功,但仍然不被曹操信任。《三国志·魏书·于禁传》:"太祖尝恨朱灵,欲夺其营。以禁有威重,遣禁将数十骑赍令书,径诣灵营夺其军。灵及其部众莫敢动。乃以灵为禁部下督,众皆震服。"其事约在建安二十四年七月。据《三国志·魏书·赵俨传》,曹操遣于禁助曹仁攻关羽于樊,以赵俨为都督护军,护于禁、张辽、朱灵等七军。赵一清谓其后张辽等徙屯而兵属于禁以守襄阳,①于禁夺朱灵营事即发生在此时。以后朱灵虽不得独领大军,但并未离部伍,《三国志·魏书·满宠传》明帝太和二年(228)尚有朱灵助曹仁于合肥地区作战之事可证。这与臧霸夺兵后以执金吾名义归栖洛阳有所不同,可能是由于臧霸牵涉地方势力,情况更为复杂之故。朱灵在夺兵后的第二年即延康元年,仍以"使持节后将军华乡侯"名义,与臧霸等人一起列名于《魏公卿上尊号奏》中;明帝正始四年,朱灵与臧霸同以功臣受祀于武帝曹操庙庭。这说明朱、臧二人在魏国的地位,生前死后都是相近的。于禁是为曹操诛锄异己的能手,建安二年曾有立营垒欲讨青州兵之事,十一年不请而斩叛而复降的徐州豪霸昌豨,二十四年又夺朱灵兵。他本人由于曾投降关羽事而惭恚致死。在曹丕夺臧霸兵和进一步解决青徐豪霸问题时,史传中见不到一个于禁那样快刀斩麻的人物。

青徐势力不只是臧霸一个人的问题,不可能像于禁夺朱灵兵那样一次加以解决。青徐豪霸集团的存在,影响魏国政权的稳固和北方的统一。曹丕对青徐豪霸的进攻势必还得进行下去,问题只是在于用什么方式进行。不过,臧霸既然交出了兵权,青徐豪

---

① 赵一清《稿本三国志注补·魏志·于禁传》,书目文献出版社,1991年。

霸群龙无首,曹丕要彻底消灭他们就不会是太困难的事了。

四　利城兵变与广陵之役

黄初五年、六年(224、225),曹丕亲自督师远征,连续两次发动广陵战役。这两次战役都没有与吴军交锋。在战役过程中,据《三国志·魏书·文帝纪》记载,有一些异常事态值得注意。

黄初五年,"七月,行东,巡幸许昌宫。八月,为水军,亲御龙舟,循蔡、颍,浮淮,幸寿春。……九月,遂至广陵,赦青徐二州,改易诸将守。……十二月,……行,还许昌宫"。按,这里提到的广陵,据《三国志·魏书·刘晔传》,是指徐州所属的广陵泗口,邻近魏广陵郡城淮阴,而非滨江的广陵故城。曹丕于此时此地颁布赦青徐二州以及改易青徐二州将守之令,史籍未著其原委。曹丕办完这些事情以后,始由泗口至广陵故城,临江。①

黄初六年,"三月,……帝为舟师东征。五月,……幸谯。……六月,利城郡兵蔡方等以郡反,杀太守徐质。遣屯骑校尉任福、步兵校尉段昭,与青州刺史讨平之。其见胁略及亡命者皆赦其罪。……八月,帝遂以舟师自谯循涡入淮,从陆道幸徐。……十月,行,幸广陵故城,临江观兵,戎卒十余万,旌旗数百里。……十二月,行,自谯过梁。……七年,春正月,……行,还洛

---

① 《三国志·吴书·孙权传》吴黄武三年(即魏黄初五年)"九月,魏文帝出广陵,望大江,曰:'彼有人焉,未可图也。'乃还。"吴将徐盛此时于石头至江乘作疑城,布列战舰。《徐盛传》注引《魏氏春秋》:"文帝叹曰:'魏虽有武骑千群,无所用也。'"

阳宫。"①据此可知，曹丕此次东征，至谯，延宕近半年，当是由于处理利城兵变的缘故。在循涡入淮的途中，曹丕离船，由陆道至徐（县治今江苏泗洪境），驻留一二月，也当与兵变之事有关。《水经·泗水注》在叙述泗水流经魏阳时说："陆机《行思赋》曰：'行魏阳之枉渚。'故无魏阳，疑即泗阳县故城也。……盖魏文帝幸广陵所由，或因变之，未详也。"从行军路线考察，曹丕此行当是从淮上"陆道幸徐"后，继续深入徐州郡县，进入泗水流域，在那里有所活动，然后乘泗南行，经魏阳入淮，再至广陵故城。清人焦循《邗记》卷二论及"陆道幸徐"事，谓"徐地在泗州、临淮之间，盖由泗州陆行至广陵"。焦循所云广陵，当指魏广陵郡城淮阴。由此继续前行至长江北岸的广陵故城，舰队必循中渎。

夷陵战后的魏吴战争，据《三国志·吴书·孙权传》说是由于孙吴势壮，外托事魏而诚心不款，魏征任子而任子不至，是以冲突难免。这当是一般的原因。但是除此之外，还有一些特殊情况值得我们探讨。

两次广陵之役，与曹丕用兵相始终，《三国志·魏书·文帝纪》参差地记载着青徐地区动乱和曹丕处理动乱事宜的资料。这些资料文字简略，不详首尾，裴松之漏注，《通鉴》不录，后代史家无解，卢弼亦未有发明。但是联系到青徐地区的历史状况和臧霸夺兵事件，考虑到青徐豪霸与孙吴往来的可能，我推测广陵之役并非真正的攻吴军事行动，攻吴只是兴师动众的一个借口，处置青徐动乱问题才是曹丕关注所在。

事情应当是这样的：黄初四年曹丕剥夺臧霸兵权后，臧霸故

---

① 《三国志·吴书·孙权传》注引《吴录》，是役，"帝见波涛汹涌，叹曰：'嗟乎！固天所以隔南北也！'"

土青徐地区出现不宁,而且规模不小。所以曹丕于翌年东征途次,在徐州所属广陵泗口颁令赦青徐参与动乱的人,以图平息事端。与此同时,曹丕乘机改易青徐将守,亦即正式解除吴敦、尹礼、孙康或他们的后任、部属的兵权(此时孙观确知已在濡须战死),以期彻底解决青徐豪霸问题。这就是试图彻底实现五年前洛阳骚动时有人提及的"易诸城守,用谯沛人"的方略。但是矛盾未得解决,反而进一步激化,以至发生了有更大声势和规模的利城兵变。利城兵变可以说是洛阳骚动的继续和扩大,是对前一年曹丕"改易〔青徐〕诸将守"的直接反抗。曹丕以屯骑、步兵两校尉的宿卫兵和青州刺史兵平叛,又在谯、徐地区亲自处理平叛事宜,并赦免所谓"其见胁略及亡命者"。从曹丕的一系列处置看来,利城兵变的确不是一件可以等闲视之的草窃行动。兵变既经削平,历时二十余年的有复杂历史背景的青徐豪霸控制一方的问题,也就最后解决了。

利城兵变是地方事件,持续时间不长,所以不为史家注意。有的著作顺便提及,认为是农民起义性质。近时出版的《魏晋南北朝农民战争史料汇编》,认为利城兵变反映了阶级斗争而没有直接说它是农民起义。从本文所引资料看来,它不是阶级矛盾,而是统治阶级内部矛盾的直接产物。兵变中的士卒自然是受曹魏政权剥削压迫的,甚至于还可以说很可能有相当大一批士卒是当年的徐州黄巾或其后代,但这不是考察利城兵变性质的根据。

宿卫兵和青州刺史兵镇压利城兵变的具体情况,史籍无征。可稽考的是徐州刺史吕虔的活动。《三国志·魏书·吕虔传》:虔"讨利城叛贼,斩获有功"。《晋书·王祥传》:祥,琅邪人,"徐州刺史吕虔檄为别驾,……委以州事。时寇盗充斥,祥率励兵士,频讨破之,州界清静,政化大行。时人歌之曰:'海沂之康,实赖王祥;邦国不空,别驾之功。'"钱大昕《二十二史考异》卷二一谓《王祥传》所指的"寇盗"即《吕虔传》的"利城叛贼",是正确的。吕虔主要是利用琅邪大族王氏的家族势力和社会影响,来对抗青徐豪霸势力;王祥则利用这次军事活动,以提高自己家族的声望。《北堂书钞》卷七三引王隐《晋书》,谓王祥"以州之股肱,纠合义众",可证王祥有宗族乡党势力可以凭借。在这次军事行动之后,王祥的地位逐渐上升。这是琅邪王氏家族发展史上重要的一步。

青州的平定,则有赖于王凌和王基。《三国志·魏书·王凌传》:凌为青州刺史,"是时海滨乘丧乱之后,法度未整。凌布政施教,赏善罚恶,甚有纲纪"。同书《王基传》:基,青州东莱人,"黄初中察孝廉,除郎中。是时青土初定,刺史王凌特表请基为别驾。……凌流称青土,盖亦由基协和之辅也。"青州动乱规模似乎比徐州小,其起始和弭平也较徐州为早,所以曹丕得以用弭平青州动乱的青州刺史兵,平徐州利城之叛,而王凌也得以随从曹丕参加广陵之役。王凌用王基,同吕虔用王祥一样,也是以本地人来"协和"地方豪霸,克服他们的影响。只是王基"起自寒门",①不具备王祥那样的族望。

同蔡方一起组织利城兵变的,还有唐咨。《三国志·魏书·诸葛诞传》附《唐咨传》:"唐咨,本利城人,黄初中,利城郡反,杀太守徐箕(按《文帝纪》作徐质),推唐咨为主。文帝遣诸军讨破之,咨走入海,遂亡至吴,官至左将军。"唐咨在吴,一直带兵作战,其事迹屡见于《三国志·吴书》诸传中。按照当时的士家制度和

①《太平御览》卷九五引虞预《晋书》。按王基私淑郑玄,《晋书·刘聪载记》李弘谓基为"当世大儒"。《金石萃编》卷二四有王基断碑,钱大昕跋称基为"东土名士"。

吴国世袭领兵制度,唐咨所领可能多是徐州旧兵。魏甘露三年(258),诸葛诞在淮南叛败前夕,唐咨受吴国派遣,助诞守寿春,被魏俘获,时距唐咨降吴已三十三年。魏国以唐咨为安远将军,用以招徕降将。《三国志·魏书·钟会传》载《移蜀将吏士民檄》,还以唐咨为例,引诱蜀将投降。

唐咨入吴,与当时徐淮地区的军事情况和地理条件很有关系。徐淮于魏为边荒弃地,于吴则是江防前沿。据《三国志·吴书·孙韶传》,韶自孙权之初以来,数十年为边将,镇守京口,"常以警疆埸、远斥候为务,先知动静而为之备,……青徐汝沛,颇来归附。〔魏〕淮南滨江屯候,皆撤兵远徙,徐泗江淮之地,不居者各数百里。"孙韶镇京口,以扼守瓜洲津渡为目的,并对徐泗江淮魏军进行警戒和策反。魏国"青徐诸屯要害远近,人马众寡,魏将帅姓名,〔孙韶〕尽具识之"。可以说,孙韶在京口的主要任务就是观察青徐地面的军事形势,窥伺青徐豪霸的动静。广陵之役,孙韶隔岸静观,于曹丕北撤之时遣兵过江夜袭。利城兵起,青徐动荡,孙韶边候间谍,自然是南北往还,紧张活动,促成唐咨入吴。利城在今江苏赣榆县境,近海,这也是唐咨便于从海上南逃的有利条件。所以唐咨南奔吴国,并非偶然。

曹丕连续发动广陵之役,其动机是值得研究的。夷陵战后,孙吴势壮,事魏诚心不款,矛盾可以理解,但魏国并无取道广陵大动干戈的必要。《三国志·魏书·文帝纪》注引《魏书》,谓曹丕著《太宗论》,慕汉文帝为政"有大人之量",并谓"三年之中(按当指黄初三年)以孙权不服,复班《太宗论》于天下,明示不愿征伐"。《三国志·魏书·王朗传》注引《魏书》载曹丕诏三公曰:"穷兵黩武,古有成戒。况连年水旱,士民损耗,而功作倍于前,劳役兼于昔,进不灭贼,退不和民……。"诏中还有"迷而知反,失道不远;过而能改,谓之不过"等语。此诏颁行年月,由于史料抵牾,尚难确定,但无疑是针对广陵诸役而言,其内容和语气都是罪己。诏谓"退不和民",暗示国人有反抗之举。曹丕于表示自己意在"和民",不愿征伐,并谴责穷兵黩武的同时,却连续发动广陵诸役,这种情况令人费解。

曹丕既然锐意攻吴,而在黄初五、六年之役中却又不寻求战机,以决胜负。《三国志·魏书·文帝纪》注引《魏略》载六年出师前夕之诏曰:"吾今当征贼,欲守之积年……。吾欲去江数里,筑宫室,往来其中,见贼可击之形,便出奇兵击之,若或未可,则当舒六军以游猎,犒赐军士。"这样的军事行动非常奇特,不像赴敌,不像屯驻,也不像蒐狩。它势必旷日持久,劳而无功。实际上,曹丕在广陵诸役中并没有"筑宫室","守之积年",只是率领游军,迢迢千里,络绎道途,逡巡高岸而已。他未作任何渡江或溯流的尝试,未对孙吴有什么触动。这种情况也是令人费解的。

如果把发动广陵之役同解决青徐豪霸问题联系起来考察,事情就可以看出一些眉目。广陵耀兵,"戎卒十余万,旌旗数百里",于江淮地区来而复往,这十分可能是对青徐豪霸的强力警戒行动。广陵耀兵不足以威慑孙吴,但足以威慑青徐豪霸。广陵诸役掩蔽着青徐地区的斗争,居主要地位的不是军事战斗而是政治谋略,所以从征广陵者多谋臣,如陈群、贾逵、董昭、蒋济等是。所以我推测,黄初五、六年曹丕发动广陵诸役,是以解决青徐问题为主要目的。

作出这一推测,还有如下几点理由:第一,建安年间,淮南地区的魏国居民惊走北徙,江北几乎空无人烟(见《蒋济传》),这对于魏国大规模用兵广陵的行动非常不利。第二,广陵江面宽阔,很难强渡(详下),曹丕不会轻易在这里发动大规模的渡江作战。

第三,此时吴国都城在武昌,即令魏军于广陵过江成功,虽然可以威胁孙吴腹地,却由于远离吴国当时的统治中心,无助于一举解决魏、吴相持的问题,而且易受吴军来自三吴和来自长江上流的夹击,截断归路。魏军于广陵渡江作战既少可能,又无必要,而曹丕却不惮烦劳,一再逼兵。黄初五年,龙舟漂泊长江南岸,曹丕险遭不测(见《鲍勋传》、《徐宣传》),但他并不却步,第二年又率军临江。这种种情况,使人觉得曹丕穷兵黩武,连续发动大规模的广陵战役,是另有不得已的原因,这原因就是青徐问题。

如果此说成立,那末延康元年魏军南征到达津湖地区,黄初三年曹休统率魏国东路军到达广陵并循中渎水北归,都不是偶然的,而是与解决青徐地区问题有关的先期部署。在这一部署中不能让臧霸率兵参与,这又促成黄初四年剥夺臧霸兵权之事发生。至于前引"和民"之诏,则可以理解为曹丕发兵之前瓦解青徐叛兵的一种策略手段。这样,费解的问题似乎都可以说清楚了。

利城兵变的平息,标志着青徐问题的最终解决,利城郡名也从此不见于历史。《读史方舆纪要》和《补三国疆域志》均谓此郡废于曹魏时,当是曹丕趁平乱之机,撤消了此郡建制。从此以后,终三国之世,曹魏就不再有进军广陵的活动了。

五 广陵之役与中渎水道问题

广陵之役得以进行,有赖于中渎水道的修治。所以本文还要就中渎水道问题,也就是广陵之役的地理背景问题,进行探索。

魏军从中原出发进攻孙吴江南地区,一般说来,或由颍水入淮,顺流至寿春;或由涡水入淮,溯流至寿春。寿春以南,则傍芍陵,沿淝水,转入巢湖,以求越湖入江,进逼建康。这是曹操时魏、吴主要战场所在,也是整个魏、吴相持阶段的主要战场所在。

黄初五年、六年的两次广陵之役,魏国的进军路线,则是由颍水或涡水入淮后,顺流东下,过泗口(泗水入淮处),至淮阴,然后循中渎水南行,至长江北岸的广陵故城。广陵故城是西汉广陵国以及建安以前东汉广陵郡治所在(建安初年广陵郡一度移治射阳),淮阴则是魏广陵郡治所在。中渎水流经这两地之间,沟通淮水与长江。

中渎水古名邗沟。《左传》哀公九年:"吴城邗,沟通江淮。"杜预注谓"通粮道也"。《水经·淮水注》:"昔吴将伐齐,北霸中国,自广陵城(按指广陵故城)东南筑邗城,城下掘深沟,谓之韩江,亦曰邗溟沟。"这说明江淮之间的水道早已沟通,而广陵为吴会经江淮与中原交通所经之地。此后,邗沟之名演变为沟通江淮的大水道的名称,相当于以后的中渎水,不仅指广陵城下一段人工河道。《汉书·沟洫志》所谓"东方则通沟江淮之间",①即是指此。西汉吴王濞据广陵,筑有吴城。景帝时吴楚七国叛乱,吴王濞于此处发难北进。周亚夫在平乱战争中不救梁国之危,而用轻骑奔袭泗口(西汉时的泗口在今江苏洪泽县境)以断吴王濞粮道。② 吴王濞失败后,又于此处渡江南奔,被东越人斩于广陵对岸的丹徒。这种种情况,说明西汉时由吴入中原仍旧取道广陵,也说明其时中渎水道仍旧可通。据杜预《左传》哀公九年注及郦道元《水经·淮水注》之说,中渎水道并非径直南北行,而是自高邮

---

①《史记·河渠书》:"东方则通鸿沟江淮之间",鸿字衍。
②《续汉书·地理志》:广陵郡东阳县,"故属临淮,有长洲泽,吴王濞太仓在此"。东阳偏西,不在当时中渎水道上,而接近当时的泗口,疑即周亚夫所攻之处。焦循《邗记》卷一,于东阳地望另有说,不备录。

以北折向东北，穿过博芝湖、射阳湖，然后又折向西北，于淮阴以东的末口入淮。这一水道南高北下，两侧区域地势低洼，遍布湖泊沼泽。两岸不设堤防，水盛时所在漫溢，水枯时以至干涸。水道及其穿行的湖泊一般都很浅，不能常年顺利通航。七国之乱以后到东汉时期，中渎水道情况不见于历史记载，大概是湮塞不通或通而不畅。

黄初六年之役，据《三国志·魏书·蒋济传》，济上表谓广陵"水道难通，又上《三州论》以讽帝，帝不从"。《水经·淮水注》："永和中，患湖道多风，陈敏因穿樊梁湖北口，下注津湖径渡，渡十二里方达北口，直至夹邪。兴宁中，复以津湖多风，又自湖之南口，沿东岸二十里穿渠入北口。自后行者不复由湖。故蒋济《三州论》曰：'淮湖纡远，水陆异路，山阳不通，①陈敏穿沟，更凿马濑，百里渡湖'者也。"所谓"水陆异路"，是指陆路可径直南北行，行程较近；而水路则须绕道东面诸湖，故云"纡远"。② 陈敏穿沟和开凿马濑（即白马湖）以来，中渎水道不再绕行博芝湖、射阳湖，而是从广陵经高邮径北，穿樊梁湖、津湖、白马湖入淮，这样就使水道较直，接近陆道，"水陆异路"的情况得以改变，大大缩短了航程。蒋济是平阿人，平阿在今安徽怀远境，濒临淮河。他久仕扬州，"常有超越江湖，吞吴会之志"。③ 他熟悉这里的地理和交通，

①此山阳当即《蒋济传》文帝所谓山阳池，《通鉴》作山阳湖，在津湖附近，不是郡县之名。据《宋书·州郡志》，山阳郡及其治所山阳县，均置于东晋义熙中。但《晋书》庾冰、桓温等传于义熙以前已屡见山阳之名，而且所指并非池、湖。此问题尚待考证。

②江淮之间交通，水陆都可通行，至少西汉时已是如此。《汉书·枚乘传》载乘谏吴王濞书，谓"转粟西乡（向），陆行不绝，水行满河"。枚乘是淮阴人，所说交通情况当是根据本人见闻。

③《三国志·魏书·蒋济传》文帝语。

所说淮湖一带情况，当是比较准确可信的。

蒋济《三州论》，即《三洲论》。《诗·小雅·鼓钟》："淮有三洲。"《传》："三洲，淮上也。"《初学记》卷六"三洲"，正是引《诗》、《传》为注。按《说文》："水中可居者曰州。"洲字后出，州是洲的本字，所以《三州论》就是《三洲论》。郝经《续后汉书》所据陈《志》宋元旧本，其中的《蒋济传》，《三州论》已作《三洲论》。《三洲论》的主旨，是论证淮上至广陵水道不易通行。《水经注》今本舛误特多，其所征引的《三洲论》文字，除年号讹误外，①还误出西晋末年陈敏之名。严可均辑《全魏文》，于《三洲论》只辑得"淮湖纡远，水陆异路"二句八字，以下四句十六字舍去不录，当亦以魏人蒋济之论中出现晋人陈敏之名为不可通。

清人刘文淇《扬州水道记》卷一引《水经·淮水注》，"陈敏穿沟"作"陈登穿沟"，自注谓"此据《水经注》旧本"。杨守敬《水经注疏》亦引据刘说。刘文淇所据"旧本"，情况不明，但考之史实，作陈敏不对，作陈登则近情理。②

据《三国志·魏书·陈登传》及注引《先贤行状》，陈登，徐州下邳人，建安初年，"州牧陶谦表登为典农校尉，乃巡土田之宜，尽凿溉之利，粳稻丰积。奉使到许，太祖以登为广陵太守"。《太平寰宇记》卷一二三，谓陈登于江都县西开陂，百姓敬而爱之，因名

---

① 永和为东汉顺帝、东晋穆帝以及后秦姚泓、北凉沮渠牧犍年号，兴宁为东晋哀帝年号。这两个年号，与《水经注》这段文字的内容在年代上均不相当，无从是正。

② 近年刊行的有关出版物，对这个问题的处理是不一致的。例如中华地图学社出版的《中国历史地图集》，三国、西晋诸图，所绘中渎水道向东绕行，东晋之图则改为南北直行，显然符合"陈敏穿沟"之说；《辞海》"邗沟"条则符合"陈登穿沟"之说。

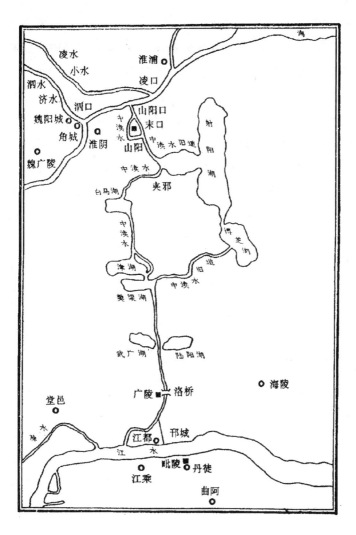

中渎水域示意图(据杨守敬《水经注图》)

爱敬陂,亦号陈登塘。《读史方舆纪要》卷二三谓,陈公塘(当即陈登塘)周回九十里,为利甚溥。同书卷二二还说淮安有陈登筑堰防淮遗迹。陈登于水利事业建树甚多,遍及中渎水域的南段和北段,因此说他主持穿沟开凿马濑以通中渎水,是合理的推测。据《三国志·吴书·孙策传》注引《江表传》,其时广陵太守驻射阳,即今淮安,接近中渎水入淮之处,为江淮之间的交通要冲。由射阳南北行,都须循中渎水。而且陈登"在广陵有威名","甚得江淮间欢心,于是有吞灭江南之志",曾以印绶招诱江南乌程山越严白虎余党,并曾于建安五年与孙吴军在射阳附近的匡琦城作战。①陈登的志向和经历,说明他穿沟以改变"淮湖纡远"状况是可能的,而且对于他的政治、军事活动来说也是必要的。他一改中渎水道为正北方向的"津湖径渡",再改为傍湖穿渠而行,并凿通白马湖的水道,直达当时的广陵郡治射阳,即后来的山阳,现在的淮安。至于这两次改道全是陈登所为呢,还是另有别人继续完成,这个问题靠现有史料可能是无法判定了。《陈登传》注引《先贤行状》称陈登迁东城太守后,"孙权遂跨有江外。太祖每临大江而叹,恨不早用陈元龙(按陈登,字元龙)计,而令封豕养其爪牙"。曹操思念陈登之切,益见陈登筹划灭吴之功,而穿沟以通中渎水道,正是出广陵故城渡江攻吴的必要准备。这样,二十多年之后,曹丕才有了这条可供利用的攻吴道路,比旧有的纡远湖道方便得多。满宠南临津湖,当是企图循改道后的中渎水进攻吴军;而曹休、臧霸从广陵北归,更为尔后广陵之役沿中渎水的行军路线,作了实地探测。

---

① 在匡琦作战的孙吴军队,系张昭所统。《三国志·吴书·张昭传》注引《吴书》:"权征合肥,命昭别讨匡琦。"

改道后的中渎水，在三国两晋时期发挥了颇大的政治、经济和军事效用。吴太平元年（256），吕据、唐咨等军自江都入淮泗以伐魏，曾利用过这条水道。西晋末年陈敏出为广陵度支及广陵相，漕运江南米谷以济中州，也利用了这条水道。或许是陈敏在利用中有所修治，①才造成了《水经·淮水注》中的错乱。晋代祖逖、桓温、刘裕等人从江南经略中原，都曾由此道北出。谢灵运《撰征赋》：“发津潭（津湖）而迥迈，逗白马以憩舣，贯射阳而望邗沟，②济通淮而薄甬城。”③这里说的，就是义熙十二年（416）他自己受命劳刘裕北伐军时循中渎水入淮的经过。

　　但是，新的中渎水以及与之相连的淮水、泗水，作为水道都是不稳定的。它们受季节和雨水等条件的限制，水量有盈有缩，航行时通时阻，所以蒋济说广陵“水道难通”。《水经·泗水注》：“泗水冬春浅涩，常排沙通道，是以行者多从此溪（按指丁溪水），即陆机《行思赋》所云‘乘丁水之捷岸，排泗川之积沙’者也。”曹丕沿泗水经魏阳至广陵，当亦循此而行。

　　在盈缩不定的中渎水道中，大规模的舰队通行更为困难。《三国志·魏书·蒋济传》，黄初六年冬“车驾幸广陵，……战船数千皆滞不得行”。战船滞留之处在津湖附近。当时有人建议留兵屯田。蒋济认为其地东近大湖，北近淮水，水盛时易受吴军

_____

①陈敏有在丹阳郡开练湖水利的记录，见《元和郡县图志》卷二五。
②刘文淇《扬州水道记》据“贯射阳而望邗沟”，认为中渎水至白马湖后又向东流入射阳湖，再折向西北入淮。其所附之图，与杨守敬《水经注图》所绘于白马湖径北入淮者不同。
③《宋书·谢灵运传》。赋题疑有误字。甬城当作角城。《水经·淮水注》：“淮泗之会，即角城也。”杨守敬《水经注疏》有说。

袭击,①水枯时又难通航,不是安屯之所。曹丕先拟烧船退兵,后来决定以船付蒋济处置。蒋济凿地引水聚船,才使散在数百里中的船舰得以节次入淮。

曹丕广陵之役,如果其战略目的是大规模渡江攻吴的话,那末其目的是无法实现的。这还不止是中渎水道通行不易的缘故。由广陵渡江,也不容易,军事强渡更加困难。那时,长江口以北的海岸线在今海岸线内侧数十公里处,约当今如皋、东台、盐城、阜宁一线。广陵故城及其对岸的丹徒,都濒临喇叭状的海口,海潮澎湃,足以骇人。枚乘《七发》:"八月之望,……观涛乎广陵之曲江",②所描叙的,就是这种情况。瓜洲津渡,是有名的畏途。《元和郡县图志》(阙卷佚文)淮南道扬州:"大江西北自六合县界流入,……南对丹徒之京口,旧阔四十余里,今阔十八里。"《读史方舆纪要》卷二三:"初,自广陵扬子镇济江,江面阔,相距四十余里。唐立伊娄埭,江阔犹二十余里。宋时瓜洲渡口犹十八里。今(按当明末清初)瓜洲渡至京口不过七八里。"曹丕面对这四十里的浩浩长江,望而生畏,才有"天隔南北"的慨叹。③ 环济《吴纪》、张勃《吴录》均载有步骘表陈魏人欲于荆州以布囊盛土塞江之说。《吴纪》载孙权云:"每读〔步骘〕此表,令人连日失笑。此江自天地以

──────────

①吴军袭击之例,如前引建安五年孙吴军与陈登军战于射阳附近的匡琦城;黄初六年之役曹丕撤军时,孙韶以轻兵过江袭击;青龙二年,孙韶率兵由中渎水入淮。又,吴军亦得由海道入淮,溯流西上。《三国志·魏书·傅嘏传》,嘉平中,吴将诸葛恪扬言欲向青徐,嘏谓:"不过遣偏师小将素习水军者乘海溯流,示动青徐,恪自并兵来向淮南耳。"

②见《文选》卷三四。

③后来祖逖中流击楫,也是在这水天一色,风急浪高的茫茫海口,险恶的自然条件,使他"有如大江"的誓言更显得激昂悲壮。事见《晋书·祖逖传》。

来,宁有可塞者乎!"①步骘上表略晚,但所反映长江难渡情形,以时间言,黄初年间不会有什么不同;以地域言,瓜洲渡当甚于荆州诸渡。② 所以曹丕以后,魏军南侵再也不出广陵。后数十年西晋灭吴之役,没有以主力出广陵、京口。何攀向羊祜建议进军,本有由海道至京口一路,③后来也未见施行。这个阶段,广陵渡江和海道攻吴,风险大,意义小,最多只能起牵制作用,灭吴主要还得依靠上游水师。

瓜洲如此难渡,曹丕从这里大规模攻吴是不可能的。但是青徐问题终于在此役中解决了。所以中渎水域的几次行军有它的历史作用,并不完全是徒劳的。

隋文帝开皇七年开通中渎水旧道,名曰山阳渎,《隋书·文帝纪》谓"以通漕运",《通鉴》胡注谓"开而深广之,将以伐陈也"。开皇九年灭陈之役,隋军一支出东海以攻南沙(今江苏常熟境);贺若弼所统重兵则自广陵强渡,一举成功。贺若弼强渡成功,除了说明北强南弱的军事力量对比外,还说明由于地理的变迁和技术的改进,瓜洲渡江的困难程度已同昔日有所不同。不过情况并

①《三国志·吴书·步骘传》及《初学记》卷六引。
②长江古称天险,但其长难卫,是弱点。《文选》卷四二阮瑀《为曹公作书与孙权》,曰:"……若恃水战,临江塞要,欲令王师终不得渡,亦未必也。夫水战千里,情巧万端,……江河虽广,其长难卫也。"这是指长江中下游而言。陆机《辨亡论》陆逊喻长江为长蛇,指上游而言,亦其长难卫之意。塞江之说,三国议者甚多。《三国志·吴书·孙奂传》注引《江表传》,孙权欲自武昌还都建业,令百官议上游防御之策,"诸将或陈宜立栅夏口,或言宜重设铁锁者,权皆以为非计"。《辨亡论》谓"蜀之初亡,朝臣异谋,或欲积石以险其流,或欲机械以御其变。"《晋书·吾彦传》吾彦为吴国建平太守,王濬楼船下益州时,"彦乃辄为铁锁横断江路",以滞晋师。
③《华阳国志·后贤志》。

没有根本改变,南北作战经由瓜洲渡江者始终不多。《读史方舆纪要》卷二五据南宋陆游《入蜀记》采石江面比瓜洲为狭之言曰:"古来江南有事,从采石渡者十之九,从京口渡者十之一,盖以江面狭于瓜洲也。"

六 余 论

历代评论曹丕,都是重其文学成就而轻其政治作用。这样评论基本上是对的。在政治方面,曹丕作为魏国第一代皇帝,可得而言的,除了捉弄旧君,刻薄骨肉以及设立九品官人法以外,就只有几次战役了。而这几次战役,史籍均语焉不详。所以史臣如陈寿之褒扬,郝经之贬抑,对曹丕说来都是不得要领的浮泛之词。究竟这个开国皇帝,在政治上还有没有什么可以称说的事情呢?为了回答这个问题,让我们稍作追叙。

董卓之乱以后,曹操在战胜世家大族,逐步统一北方的过程中,多次碰到过地方豪霸造成的障碍,有时情况非常严重。官渡之战时,曹操后方动乱,特别是豫州郡县豪霸作梗,几乎使曹操陷于失败。其时在徐州滋扰掣肘的,就是昌豨。臧霸采取了不同于昌豨的立场,不但不背离曹操,而且还替曹操看守青徐,牵制袁绍。甚至曹操消灭昌豨,臧霸也率军助曹操。所以当别处的豪霸武装陆续被消灭时,臧霸却保住了青徐地盘。

以臧霸为代表的青徐豪霸,对曹操说来,既是一个助力,又是一个隐患。曹操在世时没有机会顾及东方,只有把这个隐患作为历史遗产,留给曹丕处理。恰好在曹操去世、曹丕将要继承王位时,臧霸别军和青州兵发生骚动,使曹丕强烈地意识到存在于他和青徐豪霸之间的矛盾的尖锐性，并且使他回忆起官渡之战时风风雨雨的各种情形。曹丕汲取历史教训，力求在汉魏易代之际不至于再出现官渡之战时那种分崩离析的危险，因而不得不小心谨慎而又坚决果断地来处理这个棘手的问题。

曹丕即帝位前后的几次诏令，使我们得以隐约窥见他在这方面的一些心机。《三国志·魏书·李通传》载延康元年诏曰："昔袁绍之难，自许、蔡以南，人怀异心。通秉义不顾，使携贰率服，朕甚嘉之。"为了酬答李通在那一段困难时期的功勋，曹丕为通子基、绪迁授官位。《三国志·魏书·文帝纪》注引《魏书》载黄初二年诏曰："颍川，先帝所由起兵征伐也。官渡之役，四方瓦解，远近顾望。而此郡守义，丁壮荷戈，老弱负粮……。"因此，诏免颍川郡田租一年。曹丕一方面褒奖和优抚抗拒豫州豪霸势力有功的臣民，一方面则步步为营地着手处置尚存的青徐豪霸势力。从这个对比中，我们不难了解曹丕连颁这种诏令的实际意义。

曹丕在广陵之役中最终解决了青徐豪霸盘踞一方的问题，增进了魏国的稳定，巩固了北方的统一，可以说是他在位七年中的一件可以称说而又被人们忽略了的政治大事。

刘知几在《史通·探赜》篇中，评论曹丕"临戎不武"。这当然是指广陵之役中曹丕的表现而言，这个评论从现象看似有理由。《三国志·魏书·文帝纪》引曹丕《典论·自序》，说他自己"生于中平之际，长于戎旅之间"，从小好弓马，习武事。他数十年中随曹操四出作战，见多识广，即位后，按理说应当在军事上有所表现。可是事实却不然。他在广陵诸役贻人以"临戎不武"之讥，跟他的戎旅经历完全不相称。这一点也有助于说明，发动广陵诸役从军事上是说不通的，只有从当时政治形势着眼，才能得到解释。

广陵之役解决了青徐问题,使东方归于一统,魏国国势更加强大起来。《三国志·吴书·胡综传》载胡综所作伪托魏国将军吴质降文三条,事约在吴黄龙元年(229)。其第二条为吴质建议吴国北攻魏国:"今若内兵淮泗,据有下邳,……青徐二州不敢撤守,许洛余兵众不满万,谁能来与陛下争者?"胡综根据实际情况伪造此文,其中说及魏国驻青徐之军处于魏国朝廷控制之下,已看不到昔日青徐豪霸割据一方的痕迹了。青龙二年(234),吴将孙韶等率卒万人,由广陵循中渎水至淮阴。其时孙权攻合肥,陆逊入沔水,有全面进攻魏国之势。但是魏国青徐地方安堵如常,未受孙韶牵动,孙韶旋即退走。《宋书·乐志》三载魏明帝曹叡《善哉行》曰:"我徂我征,伐彼蛮虏。练师简卒,爰正其旅。……游弗淹旬,遂届扬土。奔寇震惧,莫敢当御。……虎臣列将,怫郁免怒。淮泗肃清,奋扬微所。运德曜威,惟镇惟抚,反旆言归,告入皇祖。"曹叡东巡扬土,只有青龙二年一次,最远到达寿春,《善哉行》当即咏赞此事。其中"淮泗肃清"等语,正是孙韶滋扰而青徐不动这种情况的说明,而这种情况又只有在青徐豪霸势力被消灭以后才能出现。

——原刊《历史研究》1983 年第 3 期

关于曹操的几个问题

这篇文章要讨论的,只限于作为历史人物的曹操,不涉及他的艺术形象问题。我觉得应当这样来看曹操:第一,主要看他比他的先辈和同辈多做了哪些好事,而不是看他做了哪些别人都做过的坏事;第二,主要看他所作所为的客观作用,而不是看主观动机。

曹操打过黄巾,而且不只一次。屠杀兵民的事更多,但要作具体分析。有的显然是被夸大了的,例如杀戮徐州人民的事就是这样。有的限于史料,一时还辨别不清,例如坑袁绍降卒的事,《献帝起居注》载曹操自己的奏书,说斩首七万余级,这出自曹操之口,有虚报邀功之嫌。因为破"贼"文书以一为十,是当时的惯例,见《国渊传》。但也有些是确凿不移的,例如屠城的事。他屠过中原的城市,也屠过乌桓占领的柳城。缪袭《魏鼓吹十二曲》有《克官渡》篇,赞扬"屠城破邑,神武遂章";还有《屠柳城》的专篇,均见《宋书·乐志》。这些都无须为曹操粉饰辩解。不管怎样,这类坏事有好多同辈人都做过,差别不过是五十步百步而已。而曹操统一北方的事业,以及与统一有关的许多活动,却是同辈人没有做过的好事。虽然曹操是抱着他自己的企图来做这些事的,但是这些事情的客观作用,却超过了他的主观意愿。论述曹操,应当从这些方面着眼。

曹操是一个"好皇帝"，但是任何皇帝都不可能不压迫人民，这是铁的事实。在剥削阶级统治的社会中，历史的前进，总是由人民群众付出沉重的代价，忍受程度不同的痛苦换来的。

我不打算对曹操问题作全面的分析，只就曹操统一北方的作用，曹操超过同辈人的一些地方以及曹操的思想等几个方面，谈一谈我的看法。

一　走统一的路

统一是秦、汉以来中国历史的必由之路。曹操完成了中国北部的统一，并且在相当程度上巩固了统一，这是曹操在历史上最值得肯定的地方。统一北方是他一生事业中的一根经线，曹操其他的进步活动，都可以同这根经线相联系。这是第一。

曹操是在分裂倾向严重的情况下统一北方的，这就增加了统一事业的艰苦性，因而曹操的历史作用也就显得更为重大。这是第二。

曹操统一了北方，也即是最大限度地完成了当时统一的历史使命。一口气把南方也统一起来，当然更好。但是在曹操的年代要做到全国统一，客观上的困难，是难以克服的。这是第三。

现在就按这三层意思，依次加以分析。

统一使豪强之间破坏性的火并战争大大减少，使人民少受死亡流徙的痛苦，使生产多少得到一点保障。统一也使保卫边疆成为可能。统一是件好事，这本来是不成问题的，但是有的学者不这样看。他们认为，只有封建社会末期才会产生消灭封建世界的政治割据的要求，而在三国时候自然经济完全占统治地位，在这种情况下，如果说曹操所进行的统一战争是完全肯定的话，不是和当时社会发展的特定阶段不相符合吗？这种见解我不同意。要论曹操的统一好不好，只有拿统一以前的社会状况来比较。那时大的割据者连州跨郡，小的纵横乡聚，没有一天宁静的时候，也没有多少人能够进行生产。割据者谁也没有长久之计，"饥则寇略，饱则弃余，瓦解流离，无敌自破"。这难道是符合"社会发展特定阶段"的正常现象吗？人民群众和没有完全丧失理性的统治者，都是渴望统一的。这里面并没有多少高深的道理。要是没有曹操，别人也会来搞统一。

三国时代是否非有一个长期的几十个势力彼此角逐的分裂局面不可呢？当事实上已经出现了局部统一之后，我们是否还应当说，最好等到封建社会末期资本主义出现的时候再去统一呢？

在古代中国，在秦汉以来的国家中，封建割据的分裂倾向和事实上存在的统一，是一个矛盾的统一体。我们并不否认，在封建割据倾向强烈，政治上无力维持统一的时候，统一帝国是会瓦解的。但是我们也不能否认，就是在这样的时候，使分裂局面在某种程度上受到抑制的可能性，也还存在。三国时候，北方自然经济倾向的增长，远没有达到一州一郡，甚至一县一乡可以关起大门来独立生存的程度。这时候，统一的历史已经存在过四百年，统一仍然是全社会一致的强烈愿望，统一逐步实现，是完全合乎常规的。谁都知道客观规律不可逾越，但是这里丝毫也不是说，能够突破某些客观限制的时候也不要去突破它。如果这样，人就只配称作客观条件的奴隶。而如果有人竟然战胜了客观条件，我们还要用"规律"的名义去贬斥他，这岂不是更不应该吗？

曹操毕竟把北方统一了。统一给中国历史带来了好处。这里并没有同社会发展不相符合的地方。要说有什么不符合,也只是不符合人们脑子里的某些抽象概念而已。

当然,注意到曹操时代分裂倾向的严重性,也还是必要的。因为这样可以更清楚地了解统一的艰难,可以更恰当地估计曹操统一北方的历史意义。

曹操进行统一活动,比起同辈人来条件最不利。"浊流"的身世很难洗刷干净。士大夫对浊流的歧视,对人民群众有很大的影响。曹操既要战胜武装的敌人,又要战胜强烈的舆论,这两方面是互为影响的。

曹操挟天子定许以后,并没有立即得势。那时袁绍劝他杀杨彪、孔融,他不敢杀;敌将被俘不屈,他不敢惩罚;打败了豪强武装,他不敢兼并他们,反把他们署为郡县。对自己的下属,只赏功而不罚罪。为什么呢?因为他的辖区内外,到处都还是割据势力,他自己还处在风雨飘摇状态之中。

官渡之战时,曹操兵少粮绌,处境很困难,这是大家都知道的。但是曹操最大的困难并不在这里。建安四年,袁绍已陈兵官渡,曹操派到徐州去的刘备也叛变了。这一来,整个豫州到处骚动。许、蔡以南的郡县都降袁绍。许下官员和军中将领多同袁绍通信息。徐州东海的豪强昌豨和附近郡县,连兵数万叛变了。关中诸将中立观望,首鼠两端。田丰说袁绍,刘备说刘表,劝他们乘虚袭许。孙策也密治兵,作袭许的部署。特别严重的是人民群众多向北流徙,汝南的黄巾余众也在袁绍的鼓动下反对曹操。甚至曹操的卫士徐他,也在官渡战营中谋杀曹操。没有叛变的郡县,不敢向人民征收户调绵绢。情况真是千钧一发。在这个时候,曹操手里只有两张可用的牌,一张是官渡前线数量不多的军队,一张是没有叛变的一批名士和豪强。曹操打算调还军队,镇压后方,但又怕一溃不可止,以至于全军瓦解。于是他只好退而求其次,让豪强臧霸带着自己的精兵回到青、徐,帮同镇抚东方;同时派名士何夔作谯郡的城父令,陈群作酂令,谯郡其他各县也都用名士镇抚。他想保住自己的家乡老巢,让情况稳一稳再说。

为什么忽然间会形成这种分崩离析的局面呢?第一,敌人军力强,号召力大。第二,曹操辖区内州郡有兵,豪强大族有兵,他们仍旧是半公开的割据者。分裂倾向积重难返,一有机会就要出乱子。

官渡之战,曹操就是在这种艰苦的条件下取得胜利的。他把许下、军中人给袁绍的书信一起烧掉,不予追究,是不得已的事情,不能只当作曹操的权术看待。

官渡战后,曹操又战胜了袁谭、袁尚,取得了邺城,统一了中国北部。

曹操扬眉吐气,挺起胸膛来了。"整齐风俗","惟才是举","重豪强兼并之法",扩充屯田,杀孔融、杨修、魏讽,等等,这些措施,一件一件付诸实行了。赏功而不罚罪的作法改变了,代之以"诸将出征,败军者抵罪,失利者免官爵"。拥有强大的宗族、部曲、宾客的人,像李典、臧霸、孙观、田畴等,都纷纷把子弟、徒属送到邺城居住,向曹操表示忠诚不贰。州郡的兵马,大概也罢掉了一些。曹操完成了这些事情,北方的统一,才在相当的程度上得到巩固。

这些事都不是容易办到的!

这里还要谈一下曹操打乌桓的问题。打乌桓的事,紧接着打袁氏兄弟、打高幹之后,那时曹操的军队已经十分疲惫了。曹操左右,除了郭嘉以外,没有一个同意打乌桓的。曹操为什么坚持非打不可呢?是乌桓的威胁最严重吗?不,乌桓对曹操的威胁绝对没有刘表严重,打乌桓可能得到的好处,也绝对不能同打刘表相比。曹操打乌桓,最主要的原因,在于乌桓是幽、冀割据势力的后盾。张纯依靠乌桓的力量,为害多年;公孙瓒据地称雄,也使用了乌桓、鲜卑的力量;袁绍更不用说,袁尚、袁熙战败,也跑到乌桓中去了。不把乌桓打垮,对幽、冀的统治就不能巩固,北方重新分裂的可能性就要大得多。因此对于曹操打乌桓这件事,应当首先看作是巩固北方统一的必不可少的措施。至于解除了边患,救回了被虏的人民,这些只能看作曹操打乌桓的次要作用。

为什么说曹操统一了北方,他主要的历史使命也就完成了呢? 为什么不能要求他把南方也统一起来呢?

要回答这一问题,还得看看北方内部另一面的情况,同时也还得看看南方的情况。

细心查阅一下史料,就会感觉到,北方统一的程度还是大有问题的。臧霸、孙观这些青、徐豪霸,终曹操之世,几乎是父死子继地垄断了青、徐二州刺史的职位,盘踞在他们的老巢。曹操死时,臧霸在洛阳的一支军队,还擅自敲起鼓来,回到家乡去了。连曹操带了二十多年的青州兵,也同臧霸军一起走了。这是一件形同叛逆的大事,可是朝廷不但不敢阻拦他们,反而檄告沿途郡县,为他们准备粮食。那时,甚至还有人主张把守土的官员一律换成可靠的谯沛人,以防公开割据的重现。文帝一即位,就立即派宗室重臣曹休都督青、徐,去镇压东方的豪霸。臧霸的兵,也直到这时候才被夺走。

当北方内部还是这种状态的时候,有没有足够的力量去统一南方呢? 我想是没有的。这不是说北方没有打赢对南方一次战役(例如赤壁之战)的可能性。一次战役的胜败,还有偶然的因素在内,不能说是注定了的。问题在于北方政权靠一次战役的胜利就想把广大的南方比较稳定地统治起来,这看起来没有可能,何况事实上北方并没有打赢赤壁之战呢?

从军事力量来看,曹操能动员的军队,无论如何不会超过三四十万人。用三四十万人去对付长江以南的全部地区,从巴蜀到海,从荆、扬到交、广,在三国时候是不行的,因为南方也有豪强大族的割据。控制山越和控制荆、益地区的"蛮夷",对于北来的军队也是困难万端的。当然,曹操可能从南方得到军队。可是要考虑到,辽阔的北方也还需要军队据守。

从经济力量来说,曹操时经济恢复只能说刚刚开始,这也说明没有统一南方的希望。要统一,就得等待时日,等待物质条件的成熟。

这样分析问题,并没有低估魏、蜀、吴各自争取全中国统一的努力。蜀国是以继汉自居的。魏、吴开国,分别以黄初、黄龙纪年,而黄正是五德终始学说中代汉的颜色。这说明魏、蜀、吴都不愿作偏安的霸主,都想作刘姓皇帝那样一统的君王。曹操当然不用说了。诸葛亮抱定"汉贼不两立,王业不偏安"的志向,北伐中原,"死而后已"。孙权也不是不想统一北方。赤壁战后他的打算,是让周瑜带着精兵抢先平定巴蜀,先统一南方,然后由襄樊进击许、洛,去做中原的正统皇帝。直到嘉禾元年,孙权还由于没有统一北方,很不自在,不愿意备郊祀之礼。他说:"郊祀当于土中,今非其所,如何施此?"吴、蜀虽然没有统一北方的希望,但是它们在各自的范围内削平了较小的割据势力,巩固了内部的统一,这也就为南北统一准备了条件。

这里有两个问题,须要说明一下。一个是,虽然事实上北方归根结底远远强于南方,最具有统一中国的条件,但是在没有统一以前,却不能把统一当作曹魏独有的权利。如果说吴、蜀只能俯首投降,反抗魏的进攻就是违背统一,那还成什么三国呢？魏、蜀、吴各自的努力,不断地向人们宣告,南北是不能长久分离的。这也许可以算是三国交兵的一项积极意义吧。另一个问题是,南北没有立即统一,不能说完全没有经济原因。如果那时北方和南方在经济上不可分离,和北方内部各个州郡不可分离的程度完全一样,那么三国的人民和统治者绝不能忍受几十年的分裂,无论如何也要争取更早的统一。

经过几十年的相持,南北的统一终归实现了。饮水思源,没有曹操统一北方,恢复和发展北方的社会经济,南北的统一是根本谈不到的。

在说到曹操的功绩时,我们也不能低估黄巾军的斗争对历史前进的推动作用。曹操是站在黄巾起义的对立面的。但是黄巾起义打击了豪强地主,特别是扫荡了许多纵横县邑乡聚的割据势力,这却为曹操统一北方扫清了道路。黄巾的冲击,也逼使曹操去注意引起农民起义的社会原因,采取一些恢复农业生产的措施,使农民获得生产和生活条件,获得提供兵徭租赋的条件,从而也使统一的局面得以稳定下来。还应当说明,曹操恢复农业生产的措施得以实现,也与起义农民打击了和扫荡了豪强地主势力,有着密切的关系。曹操并不是农民很满意的统治者,所以在他统治之时,还发生过不少次地区性的农民起义。这些斗争不能不逼使曹操遵守自己定立的制度,不过分损害农民。

我们知道曹操从黄巾那里夺得了许多耕牛、农具,所以许下屯田才得以实行。这说明起义农民是一边战斗,一边生产的。他们既然都带着自己的家庭,又有耕牛、农具,所以只要战斗不很紧张,就可以生产,而且也必须生产。他们进行战斗,一方面是为了摆脱官家和豪强地主的剥削压迫,另一方面也是为了武装保卫自己,使生产得以进行,不受侵犯。豪强许褚的堡壁被汝南黄巾包围时,许褚用耕牛交换黄巾的粮食,作为缓兵之计。这也证明黄巾拥有较多的粮食,而且还需要耕牛继续进行生产。有的学者把黄巾同那些不事生产的、"走一路吃一路"的、"有奶便是娘"的、"乌合之众"的地主武装看成一样,我想这是不公允的。

二　胜人一筹

曹操所走的道路,是坎坷不平的。路要走得通,除了靠方向明确以外,还必须有披荆斩棘的本事。曹操是有本事的人,他奋斗了三十多年,不论斗智斗力,吃过他的亏的人非常多。他占据的地盘是正朔所在的中原,名分上又高人一等,别人斗他不过,只有用辱骂来壮胆泄愤。最通常的是骂他奸诈,骂他残酷。后代的历史家,也就用这些材料来否定他。但是事实是否定不了的。别说千秋万世之后有人替他翻案,替他恢复名誉,就是在当时,他的对手为了要战胜他,也不能不对他作一些正确的估量。

曹、袁的十胜十败,或者四胜四败,是曹操部属的评论,有面谀的嫌疑,姑且不谈。孙权评曹操,应当不会有溢美之词。《三国志·吴书·诸葛瑾传》载孙权的话说:"操之所行,其惟杀伐小为过差,及离间人骨肉,以为酷耳。至于御将,自古少有,比之于操,万不及也。"比,何焯校改为丕,指曹丕,是。万不及曹操的人岂止曹丕?刘备比曹操,自叹不如。陈寿评刘备,也说他"机权干略,不逮魏武"。拿带兵御将来说,青州兵刚到曹操手上时,不愿意为他死战,濮阳之役临阵奔逃,弄得曹操差点儿被烧死。可是就是这一支兵,后来成了曹操南征北战的主力,不曾背离。为什么呢?

因为曹操善于掌握他们,他们也愿意为曹操出死力。而曹操一死,他们不愿受别人的统驭,又立即散伙了。

曹操不但能用将士的死力,而且还善于采择他们的智谋,倾听他们的意见。荀彧、荀攸在官渡之战前后的几次谏议,最足以说明这一点。

建安五年秋,官渡接战,曹军不利,曹操想要退守许下,先保老巢。曹操的想法,看起来好像不是全无理由。他同荀彧商量。荀彧用楚、汉荥阳之战作比,说明"先退者势屈"的道理,劝阻了退兵之计。其实,那时曹军形势,比刘邦在荥阳时要糟得多。首先,刘邦有一个比较安全的后方,而曹操却没有。要是曹军一退,豫州郡县交攻于内,袁绍、刘表夹击于外,将士胆战心惊,离心离德,这岂不是全盘瓦解吗?

曹操打赢了官渡一仗后,袁绍势力并没有立即被消灭,曹操内部的困难也还没有解决多少。建安六年,曹操觉得打袁绍没有把握,想先南征刘表,讨点便宜。荀彧又谏止了。两年以后,袁谭、袁尚争夺冀州,袁谭向曹操求援。曹操又想乘这个时候丢下北方,讨伐刘表。这次出面谏阻的是荀攸。荀攸说:刘表没有大志,先放着不打没有关系。袁氏兄弟仍旧地广兵强,他们一旦和睦相处,力量汇合,问题就严重了。所以应当抓住机会,用计击破袁氏兄弟。机会难得,千万不要错过。曹操经过思考,又一次听从了劝告,帮助袁谭打败了袁尚,接着又打败了袁谭,平定了冀州。

我们不妨设想一下,曹操如果丢下河北不管,去打刘表,恐怕是败多胜少。因为他在统一了北方以后,还不能打赢赤壁之战,那么在河北敌人还强大的时候,自然更难有获胜的希望。打败了,南北来个夹击,后果不用说了。就算打胜了,孙权、刘备这些人还不把他拖在江汉的泥淖中,叫他进退两难吗?如果这样,他自然也谈不上集中力量平定河北,统一北方了。北方不统一,混战再打十年二十年,会是个什么局面呢?说到这里,能够不佩服荀彧、荀攸的眼光和曹操从善如流的度量吗?

这几次事情,不能说是曹操一时的失算。曹操在这七八年中,对袁氏作战老是徘徊犹豫,缺乏信心。我们不应当迷信曹操的武略,要求他一辈子不作错误的判断。问题在于他能够在谋臣的帮助下纠正错误,这一点是别人不容易办到的。袁绍并不是没有谋士。沮授、田丰都是很不错的人物。可是袁绍"有才而不能用,闻善而不能纳",以至于落得一败涂地。刘备虚怀纳谏,很有名气,可是猇亭战时却一意孤行,弄得全军覆没。拿这些人来比较,曹操了不起的地方更可以看出来了。

曹操事后看清了那几年战略上的道理。他对汉献帝褒奖荀彧说:"向使臣退于官渡,绍必鼓行而前,有倾覆之形,无克捷之势。若后南征,委弃兖、豫,利既难要,将失本据。彧之二策,以亡为存,以祸为福,谋殊功异,臣所不及也。"这里又可以看出曹操不掠美、不夺功的品德。

曹操周围的武将、谋臣和文士都非常多,他们对于曹操的文治武功都作过贡献。曹操也善于利用他们的所长,给了他们发挥才能的机会,所以早年逃到南方去的士人,都成批地回到了北方。至于曹操"知人善察","惟才是举",那更是他政治思想中人所共知的优秀的东西,这里无须论述。

曹操也同历史上的一些大人物如嬴政、刘邦一样,有不少权变机诈、刁钻忌刻的事,这里也不多说。

曹操以"览申商之法术"称著,关于去浮华、清吏治、抑豪强,曹操的作法也是既有胆识,又合时机。这一方面,袁绍同他又是鲜明的对比。诸葛亮倒是可以同他比拟。但是小小的蜀国，同中原的复杂情况有很大的不同，所以他们两人严法治的后果，也不能同日而语。至于孙氏统治吴国，法纪不立，诸将世袭领兵成为定制，豪强大族的势力事实上约制不了。另一方面，孙权淫威独擅，臣下欲言不能。这些情况，我们从孙权时的暨艳一案中可以看得出来。

吴郡青年暨艳为选曹尚书，看到郎署官员不称职的太多，上章奏弹，把不称职的人贬降官位，把"居位贪鄙，志节污卑"的罚充军吏，送到营府里去。暨艳的活动触怒了东吴大族，受到他们的攻击。陆瑁对暨艳说："今王业始建，将一大统，此乃汉高弃瑕录用之时也。若令善恶异流，贵汝、颍月旦之评，诚可以厉俗明教，然恐未易行也。"陆瑁的老兄陆逊也曾用同样的理由警告过他。朱据更说，如果把那些贪污的人贬黜，当心自己获罪。（以上分见《三国志·吴书》孙权、张温、陆瑁、陆逊、朱据等传及注）

暨艳不过是个敢于同不称职守、贪赃枉法的大族官僚作斗争的寒族青年而已。诸葛亮评论暨艳的同道张温，说温"其人于清浊太明，善恶太分"，大概暨艳同张温差不多吧。不过张温是吴中大姓，暨艳却无此社会地位。孙权不但不支持暨艳来整饬吏治，反而逼得他自杀而死，并且还罗致他人，包括张温在内。暨艳无声无息地死去了。北宋犹存的《暨艳集》，后来也失传了。除了《吴书》中偶有寥寥数言涉及他以外，就只有《太平御览》中还保留了他几句文章而已。他死了之后，同时人敢怒而不敢言，在孙权的淫威之下，只得赶快洗刷同他的关系。吴国言路不通，越来越甚。赤乌元年孙权诛灭校事吕壹以后，思问政于诸葛瑾、步骘、朱然、吕岱，都以不掌民事为言，推之于陆逊、潘濬，陆逊、潘濬也危怖不安，不敢说话。这与曹操纳谏，适成对比。

三　叛逆思想

　　正当万事俱全,只等登极的时候,曹操忽然间对臣下说道:"若天命在吾,吾为周文王矣。"看来他说的是真心话,并非暗示臣下再劝一次驾,三让然后正位。这是可怪的事。说怪不怪,曹操就是这样一个人,他是名教的叛徒,但又摆不脱名教的束缚。

　　前面说过,曹操的浊流身世给他带来了不少痛苦。他年青时,自知"本非岩穴知名之士,恐为海内人之所见凡愚",所以居官兢兢业业,只图博个好名声,讨士大夫的欢喜。那时他自然不敢造反。后来董卓把他逼跑了,他因祸得福,得到了厕身于"飘扬云会"的"名豪大侠、富室强族"之间的机会。他的志气大起来了,力量也强起来了。他深知人言可畏,也深知所谓"激浊扬清"的名士同那些与他角逐的割据者有着千丝万缕的关系。他为了向人示威,杀了陈留边让,但是一看反应很坏,也只得暂时收敛一下,等机会再说。

　　他的势力越大,叛逆思想也越强烈。"惟才是举","破浮华交会之徒",这当然是违反名教传统的。看起来,他似乎决心要跟传统的名教决裂。

　　曹操的这种胆识,是完全应当受到推崇的。他敢说,而且还突破了时代的限制,作了别人不敢作的事。他这一着,不但灭了敌人的威风,长了自己的志气,而且对于铲除东汉以来政治上的积弊,起了重大作用。

　　但是他是否完全突破了名教的束缚,完全站到名教的反面了呢？那也不是。

他并没有否定德行的标准。他说的是"治平尚德行,有事赏功能"。他固然需要"不仁不孝而有治国用兵之术"的人,把这些人从乡议禁锢之中救出身来,这同汉武帝元封五年招致"有负俗之累而立功名"的"跅弛之士",倒是有点相像。同时,他也需要"至德之人放在民间"者。他认为"有行"和"进取"很难两全。如果又有行,又进取,那么对他说来应当是最合适的人了。不过这种人如果不能继续为他立功,甚至成了他前进的障碍,那还是要杀的。

曹操的言行中,有许多矛盾的现象。他对孝的看法就是这样。他的别驾东平大姓毕谌,因母妻被张邈掳去,叛归张邈。曹操捉住了毕谌,别人都为毕谌担心。曹操却说:"夫人孝于其亲者,岂不亦忠于君乎! 吾所求也。"曹操在这里把孝看作德行的根本,表现了儒家的正统思想。杀孔融,是曹操同名教作斗争的一件大事。曹操给孔融定的罪名之一,是"违天反道,败伦乱理"。这是指孔融诋毁孝道而说的。请看,曹操在这里岂不是以卫道者自居吗?曹操是"明古学"的,当然懂得孝道的作用。虽然如此,曹操还是声称要提拔不仁不孝的能士。

曹操哪能不想做皇帝呢?但是他怕背千古骂名,不敢做皇帝。用司马光的话说,就是"岂其志之不欲哉?犹畏名义而自抑也"。他自己既不敢做皇帝,可是又使他的儿子非做皇帝不可。曹操称道天命,也很有意思。他自己本来不信天命,可是怕别人因此说他有"不逊之志"。因此在《明志令》中他就把这个问题反复解释,想表明自己的志向是清白的。他的解释委婉曲折,欲盖弥彰。孙权向他称说天命,劝他做皇帝。他一方面把孙权书信宣露于外,让大家知道;一方面又说:"此儿欲踞吾著炉火上耶?"到了临终之时，身后大事的安排，不能再含糊其词了。曹操要说话，还是只有捧出自己毕生不信的"天命"来，曹丕的皇位也就这样定下来了。曹操的表演，臣属都明白。公卿上尊号于曹丕时说，曹丕如不赶快正位，则"武王（曹操）必不悦于高陵之玄宫矣"。曹丕一上台，来一个"九品官人"，再来一个"儒雅并用"，那些以"功能"见用于曹操的人，只有"冗散里巷"（参《三国志·魏书·贾逵传》附杨沛传）。时代好像到了"尚德行"的"治平"之世，一切又回归于始了。

事实上曹操也只能这样。能完成的功业完成了，权柄抓稳了，异己锄尽了，叛逆者成为正统了。剩下的事，除了保住万世一系，福禄永长以外，还有什么可做的呢？这对于一般的权利觊觎者说来，正好踌躇满志，趾高气扬；而对于"壮心未已"的英雄说来，就不免有点凄凉之感了。曹操的忸怩作态，原因就在这里。

"月明星稀，乌鹊南飞，绕树三匝，何枝可依！"如果这只绕树而飞的乌鹊就是曹操自己，那么可以说，他终归会飞进时代的罗网里去的。

曹操毕竟是时代的产儿，他归根结底不能不受时代意识的支配。不管道路多么曲折，他总是要走到封建帝王的老路上来的。这当然不足为曹操病，因为曹操除了这一面之外，还有过突破时代限制的一面。

细细琢磨曹操的思想性格，我感到曹操确实是个戏剧性很强的人。他可以是叱咤风云的英雄，可以是反抗传统的叛逆，可以是文采风流的才士，也可以是权诈忌刻的奸臣。但是不论他以什么姿态出现，都有一种内心的深刻矛盾笼罩着他，他的各种活动，都有这种矛盾斗争的痕迹。

艺术家如果从这种矛盾中来观察曹操,也许可以塑造出一个更生动的曹操形象来。这,只能算是一种愿望,在这里姑妄言之。

——原刊 1959 年 4 月 9 日《光明日报》,
收录于 1960 年三联书店《曹操论集》

〔作者跋语〕 此文写于 1958 年曹操问题全国性大讨论之时,带有明显的论辩味道,是收入本文集最早的一篇文章。这篇应急的浅显之作其所以被收进来,是由于我后来所写的有关文章,在观点上与此文有很多的承袭关系。此文开头处指出,只限于讨论作为历史人物的曹操,这是表示不同意把作为艺术形象的曹操也用同历史人物研究一样的尺度来裁剪。要尊重历史,也要尊重艺术。当然,历史人物与其艺术形象是相关连的,要完全分开也未必能做到。所以文章末尾我又说到曹操是个戏剧性很强的、多方面的、充满内心矛盾的人物,盼望艺术家把握这种特点来塑造曹操,而不要把问题简单化,归之为曹操究竟该是白色脸谱,还是红色脸谱。后来我有了一种更明确的看法,即有些在民间有巨大影响的古代历史人物,其功过和地位,应与其历史地塑造成型的艺术形象区别开来,两者都属文化遗产,可以并存。历史学家如果不是精通艺术,就不必越俎代庖,把舞台上曹操的脸谱任意改掉。至于此文中从曹操诗句引申出"飞进时代的罗网"、"走到封建帝王的老路上来"的话,实际上是我所认为曹操终归要向儒学世家大族转化这一意见的朦胧表达,而这正是十七年以后所写、收录在本文集中的《曹袁之争与世家大族》一文的主旨所在。本文集涉及诸葛亮的艺术形象和历史内容的文章,也是按上述原则来处理的。此外,本文集中讨论臧霸问题的文章,其基本资料和基本见解是在写作此文时注意到的，并形成了"青徐豪霸"一词。关于暨艳案的文章，也在此文中开了个头，有所酝酿。不过把臧霸、暨艳问题写成单篇文章发表，已是此文二十多年甚至三十多年以后的事了。

曹袁之争与世家大族

王鸣盛《十七史商榷》卷四〇"弱者胜"条说:"两敌相争,弱者胜:越灭吴,韩魏灭智伯,乐毅胜齐,刘灭项,曹灭袁。""弱者胜"不是普遍规律。弱者之所以胜,强者之所以败,每一事例都有其所以胜、其所以败的具体原因,王氏并未究及。《魏书》四七《卢渊传》孝文帝答卢渊谏表,曰:"曹操胜袁,盖由德业内举,……定非弊卒之力强,十万之众寡也。"孝文帝理解曹袁胜败,涉及社会政治深度。在我看来,曹操"德业内举",关键在于他对当时极具影响的世家大族这一社会阶层有较清醒的认识,采取了适度而又有效的弹性政策之故。

一

曹操和袁绍是在同样的历史条件下登上政治舞台的。

崇尚儒学的东汉统治者维护大地主的利益,大地主势力膨胀,所谓世家大族迅速形成。他们宗族强大,土地和依附农民众多,称霸一方。他们世代高官厚禄,还垄断舆论以保障自己的子弟沿着察举、征辟道路进入官场。他们以某种儒家经典作为"家学",广收门生,借以扩大和加强自己的社会影响。他们还拥有私人武装(家兵),以保护自己,实行镇压职能。

为了争夺权力和财富,外戚、宦官和以世家大族为主体的官僚士大夫,三者之间又斗争又勾结,大闹了几十年。世家大族及其政治代表在这个过程中归根到底起着主导作用,但他们无力解决矛盾。地主阶级内部的冲突给农民带来灾难。只有掀起大规模农民战争把东汉政权摧毁,把附着在东汉政权上面的蠹虫冲洗一番,才能为社会前进开辟道路。

黄巾起义打击了世家大族,从根本上动摇了东汉政权。但是由于分散的起义军被地主武装阻隔和被官军镇压,东汉政权暂时保存了自己的躯壳,得以苟延残喘。历史没有按直线发展,而是在曲折的道路上逡巡。

幸存的东汉统治者弹冠相庆,误把东汉政权的弥留之际当作好时光。他们各派互相砍杀,比过去更厉害。螳螂捕蝉,黄雀在后,当世家大族的代表袁绍等人勾结外戚,尽杀宦官的时候,他们又被自己召来的董卓赶跑了。

在这种条件下出现的袁绍和曹操,具有镇压农民起义的共同立场,早期所走的道路颇有相近的地方。

袁绍出身显贵,孟氏《易》是祖传的家学。他颇有沽名钓誉的本领,在濮阳长的任内博得了一点"清名"。他"折节下士",交游广阔,而又自命不凡,"不应辟命"。这是世族子弟观察风向、待机而行的一种惯用手腕。大宦官赵忠对袁绍起了疑心,说:"袁本初坐作声价,不应呼召,而养死士,不知此儿欲何所为乎?"[1]果然没有多久,由于黄巾起义而暂停下来的官僚士大夫同宦官的斗争,

---

[1]《三国志·魏书·袁绍传》注引《英雄记》。以下见于此《传》及注以及《后汉书·袁绍传》及注的引文,一般不注出处。

就由这个贵公子而兼名士的袁绍重新挑起。

而曹操呢,祖先没有给他留下一个"清白"的身世,一切都得靠自己去争取。虽然个别有地位的人给他加过"名士"的桂冠,但是"赘阉遗丑"实际上是难于挤进名士行列的。他努力向官僚士大夫靠拢,而同宦官势力疏远。他上书皇帝,替被宦官杀掉的官僚名士陈蕃、窦武鸣冤。他的志向是"欲为一郡守,好作政教以建立名誉,使世士明知之"。①他自述幼年"孤苦","既无三徙教,不闻过庭语",②受孔孟熏陶较少,更没有袁绍那样的家学渊源。不过他还是被认为"明古学",而这一点正是他能在朝廷做官的一个重要条件。

曹操还同袁绍一样"好为游侠",③两人结成了朋友。

为什么曹操和袁绍没有早早分手呢?枯木朽株一样的东汉政权完全丧失了自我调整的能力,处在无可挽救状态。虽然地主阶级的个别思想家发出过一点清醒的呼声,可是要像他们那样在保存东汉政权的条件下走出一条刷新政治的道路,是根本办不到的。黄巾起义揭开了社会矛盾的大盖子,但这个盖子马上又被捂住。所以还要等待,要等到东汉朝廷无法自存的一天。那时候,也只有到那时候,对症的医方才能开得出来,曹袁分野才能明朗。

这并不是说早年的曹操和袁绍就没有什么分歧,只是说分歧没有达到对立的程度。曹操居官行法不避豪强,④又在济南"禁断

---

① 《三国志·魏书·武帝纪》注引《魏武故事》。以下见于此《纪》及注的引文,不注出处。
② 曹操诗《善哉行》。"三徙教",指孟母三迁,这里指母教;"过庭语",典出《论语·季氏》,这里指父教。
③ 《世说新语·假谲》。
④ 曹操这时敢于打击的豪强,一般都是与宦官外戚有关的人,还不是正牌的世家大族。

淫祀"，①袁绍都没做过。袁绍杀宦官，召董卓，曹操认为鲁莽，表示反对。曹操比较有深谋远虑，不安于东汉统治的现状，这就决定了曹袁分歧势必进一步扩大。

董卓入京，东汉政权的躯壳彻底破碎。地主割据武装好像从地底下涌出来的一样。他们有的是闻名的世家大族，有的是大小土豪；有的打起州郡的旗号，有的聚族自保以观形势。他们"大者连郡国，中者婴城邑，小者聚阡陌"，②名曰讨董卓，实际上是抢地盘。他们一伙又一伙，"饥则寇略，饱则弃余，瓦解流离，无敌自破"。斗争形势错综复杂，但世家大族仍然是举足轻重的力量。

局面如何收拾？地主阶级中各种不同的人物，都要回答这个问题。袁绍和曹操逐步地作出不同的回答。这一对过去的朋友，日益接近分道扬镳的时候了。

二

袁曹树兵的目的，都是要重建地主阶级的统治，以代替瓦解了的东汉政权。但是地主阶级的营垒并不总是统一的，固定的。

---

①淫祀指不在祭典的祭祀。济南到处祭城阳王刘章（汉高祖之孙，初封朱虚侯），搞迎神赛会，曹操予以禁止。《司马芝传》说，魏明帝时曹洪的乳母和临汾公主的侍者迷信无涧神（无涧，山名，在洛阳附近。陈寅恪谓无涧神即无间神，佛教之地狱神，音译阿鼻），被河南尹司马芝下狱。这也是禁淫祀。《王朗传》注引《王朗家传》："会稽旧祀秦始皇，刻木为像，与夏禹同庙。〔会稽太守〕朗到官，以为无德之君，不应见祀，于是除之。"这说明三国时民间还祭祀秦始皇，而王朗把它当作淫祀加以禁止。
②《三国志·魏书·文帝纪》注引《典论》。

他们所要建立的统治,在政治上可以是走东汉老路,也可以是有所更张;可以是让世家大族牵着走,也可以是牵着世家大族走。袁绍依靠世家大族,走东汉的老路,不能突破限制,有所更新。

袁绍成为讨伐董卓的盟主,说明世家大族是把赌注押在袁绍身上的。袁绍也遵循世家大族的愿望,吸收了大批儒生,还想方设法把当时首屈一指的大儒郑玄弄到手里,行军作战也把他带着走。袁氏家族都是孔孟之徒。当袁绍的儿子袁谭、袁尚火并不休时,审配劝说袁尚,刘表劝说袁谭,都说要"克己复礼"。① 袁绍标榜儒学,无非是用它为自己的政治野心服务,显示自己是东汉衣钵的当然继承者。

袁绍家族是伴随着东汉政权逐渐形成和发展的,它也和东汉政权一样,早已走向腐朽。这个家族的成员"竞为骄奢",而且由于受到掌权宦官的保护,其骄奢程度甚至没有别的世家大族可与比拟。② 袁绍横行冀州的时候,河北"袁族富强,公子宽放"。③ 在袁绍乡里豫州汝南,袁族和他们的门生宾客霸据汝南郡的各县,修造壁垒,"拥兵拒守",达几万人的规模。④ 袁氏门生故吏遍于天下,是袁绍不费气力就占据广大地盘的重要原因。被迫向袁绍让出地盘的那个冀州牧韩馥,就是袁氏的一个故吏,而取得冀州,是袁氏政治发展的重要一步。

袁绍按东汉成规,征辟本州本郡的大族做掾属。被"委以腹

---

① 分见《三国志·魏书·袁绍传》注引《汉晋春秋》及《魏氏春秋》。
② 《后汉书·袁安传》附《袁闳传》。又,《后汉书·杨震传》注引华峤《汉后书》:"东京杨氏、袁氏累世宰相,为汉名族。然袁氏车马衣服极为奢僭,能守家风为世所贵,不及杨氏也。"
③ 《三国志·魏书·崔琰传》。
④ 《三国志·魏书·满宠传》。

心之任"、替他守护邺城的审配，是邺城所在地魏郡的一个"族大兵强"的重要人物，后来曹操攻占邺城，"籍没审配等家财物赀以万数"。① 王修说"袁氏政宽，在职势者多蓄聚"，②郭嘉说袁氏"以宽济宽"，③都表明袁绍左右是一个腐朽的大地主集团。

袁绍当道，人民苦难无穷。袁绍直接统治的冀州，大族赋税要贫苦农民破产代纳。袁谭在青州，军队"草窃市井"，"虏掠田野"，为了抓丁，竟至"放兵捕索，如猎鸟兽"。一个万户的县邑，有户籍的不满数百，其余的不是被大族占夺，就是四散逃亡。

袁绍自夸"公族子弟，生长京辇，颇闻俎豆，不习干戈"。董卓入洛，只有三千人，而袁绍却仓皇出逃。后来他身为盟主，只盘算如何拥兵自重，如何在各路盟军间挖墙脚，要他指挥作战，他既不会，也不敢。他说要"南据河，北阻燕代，兼戎狄之众，南向以争天下"，但却没有可能实现。当时中国北方不可能由袁绍统一，就好像不可能恢复东汉的统一一样。

袁绍口头上说什么"同奖王室，翼戴天子"，实际上是想找个没有名分的刘姓傀偶过渡一下，通过天命符瑞的把戏，相机取而代之，轻而易举地把东汉政权承袭过来。

袁绍的无能和他迫不及待地要当皇帝的政治野心，使他失掉不少本来是寄希望于他的世家大族的支持。这就是为什么荀彧要从袁绍那里转投曹操，而杨彪、孔融这类人物也跑到许下去了的原因。当然，杨彪、孔融并非看中了曹操，而是想靠拢汉献帝。他们丝毫没有改变世家大族的立场。

①《三国志·魏书·王修传》。
②《三国志·魏书·王修传》。
③《三国志·魏书·郭嘉传》注引《傅子》。

历史现象真是纷繁复杂。我们看,头等的世家大族杨彪、孔融进入了曹操的翅膀底下,代表世家大族政治利益的袁绍则要求曹操杀掉他们,而曹操反而以"公义"的名义保全了他们的性命。① 这种现象,说明世家大族并不是完全一致,也说明在曹操和袁绍的营垒中,都是你中有我,我中有你。

　　世家大族内部的矛盾,提供了一个缺口,便利了曹操战胜袁绍。不过曹操要比较明确地意识到这一点并加以利用,那还需要一个实践过程。

三

　　曹操起兵,在同辈人中条件很不利。他的对手,总是拿他的身世来贬损他,讽刺他,攻击他,影响舆论,甚至影响人民群众。读一读曹操写的《明志令》,就知道他起兵后还没有破除对世家大族的迷信,字里行间隐寓着自卑。跟他同时起兵的人,多是"众各数万",旗鼓响亮,唯独他几经坎坷,在别人的帮助下才凑成五千人的队伍。他说本来是可以多搞一些兵的,"然常自损,不欲多之。所以然者,兵多意盛,与强敌争,倘更为祸始"。首战荥阳,这支小队伍几乎全军覆没。他跑到扬州重新募兵,也由于"本志有限",只搞了三四千人,而且一夜之间突然叛散,剩下几百人而已。这个阶段,他兢兢业业地厕身于"飘扬云会"的"名豪大侠,富室强族"之间,还不敢独树一帜,也没有什么独特的政治主张。但是在各路盟军畏敌如虎的时候,只有曹操敢于同董卓打,打了败仗也

_____

①曹操后来杀孔融,杀杨修,那是另一个阶段的具体条件下的斗争,当别论。

不灰心,表现得颇有生气。

曹操本来是没有地盘的。他靠镇压黑山起义军,取得东郡太守的名号和地盘;靠镇压青州黄巾,上升为兖州牧,并掌握了黄巾三十万众。然而对于世家大族,他还没有挺起腰杆来。

兖州之战和官渡之战,是决定曹操胜利的两大战役。关于这两大战役的军事活动方面,《三国志·魏书·武帝纪》有较多记载,无须置论。这里只就两大战役的政治方面,即曹操与世家大族的斗争,试作分析。先谈兖州之战,下一节再谈官渡之战。

兴平元年(194),曹操用兵徐州。吕布趁机夺取曹操的根据地兖州。兖州郡县纷纷倒戈,甚至曹操身边的"督将大吏"都参预了这次事变的策划。没过多少时间,整个兖州形势大变,只剩下鄄城、范、东阿三县还在曹军手里。曹操回师,想拼死夺回濮阳,可是他率领的青州军并不力战,他本人在濮阳城里也被烧伤。曹操遇到极大的困难,困难迫使他对形势重新估计。

为什么突然出现这种逆转? 回答是陈宫、张邈叛迎吕布。但陈张二人与曹操关系较深,为什么会突然叛变? 两个人叛变,又为什么会使整个兖州易手? 真正的原因是曹操杀了曾做过九江太守的边让,得罪了世家大族。我们知道,陈宫、张邈、边让都是兖州名士,都与世家大族深有关系。

边让这个人,与孔融齐名,是一个"心通性达,口辩词长,非礼不动,非礼不言"的儒生。孔融把他推荐给曹操,[1]他"恃才气不屈曹操,多轻侮之言",[2]曹操杀了他。兔死狐悲,物伤其类,兖州

---

①《太平御览》卷六九一引《边让别传》。
②关于边让事迹以及他与曹操的关系,见《后汉书》边让、孔融、谢甄、袁绍等传。《三国志》有关纪传略同。

士大夫从边让事件中深感悲哀和恐惧,于是"士林愤痛,人怨天怒,一夫奋臂,举州同声",以致使曹操"躬破于徐方,地夺于吕布"。① 显然,这不是个别人兴风作浪,而是站在边让一起的兖州世家大族向曹操发动了突然袭击。曹操面临着一场始料所不及的激烈斗争。

当曹操被吕布打得精疲力竭,失地少粮的时候,袁绍又伸出了手。他要求曹操把家属送到邺城去住,目的是把他们当作人质,扣押在自己手里。曹操剩下的只有三座孤城,力量单薄,因此临事而惧,产生了动摇。程昱力陈不能屈居袁下的道理,曹操才坚定信心。他顶住袁绍的政治压力,发挥自己的军事才能,削平叛乱,收复兖州,赢得了这一场与世家大族斗争的胜利。

兖州的艰苦斗争使曹操认识到要巩固自己的阵地,战胜对手,统一北方,必须敢于打击那些不愿意同自己合作的世家大族,不怕与袁绍决裂。

这里,需要谈一谈汉献帝的问题。本来,东汉政权经过农民起义的打击以后,幸存的汉天子已成为一个微不足道的人物,谁取代他都可以。问题在于,在那么多军阀虎视眈眈,各不相下的条件下,取而代之只能扩大纷争,阻碍统一。这不止是封建伦常问题,曹操看得明白,一向是慎重从事的。他反对过王芬废立的密谋,反对过袁绍拟立刘虞的事。袁术僭号而不正式称帝,据说是由于"曹公尚在",有所不敢。后来袁术让袁绍称帝,袁绍"阴然之"而未行,恐怕主要也是由于这个原因。既然觊觎帝位的野心

---

① 《后汉书·袁绍传》载陈琳为袁绍作《檄州郡文》。按曹操杀边让,《通鉴》系于兴平元年,并说兖州之变原因在此,是对的。《后汉书·边让传》说在建安中,显然有误。躬破于徐方,指曹操东征陶谦吃了败仗。

家大有人在,那末曹操掌握住现成的皇帝以制止他们的轻举妄动,并利用他的名分以促进统一,这不能不说是策略上的妙用。曹操说"设使国家无有孤,不知当几人称帝,几人称王",看来这并不是夸张之词。《吕布传》注引《英雄记》,早就记有吕布所说"郡郡作帝,县县自王"的话。

沮授建议袁绍"迎大驾于长安",比毛玠建议曹操"奉天子以令不臣"还早一年,但是袁绍怕天子在身边对自己不方便,没有答应。后来沮授又提出把天子从河东弄到邺城来的主张,仍然被袁绍拒绝了。等到天子到了曹操手里,袁绍才嚷着要曹操把天子带到邺城去,企图就近控制,曹操当然不予理睬。官渡之战前夕,袁绍要实现当皇帝的梦想,叫人陈说天命,部下都不附和。袁绍称帝不敢,挟帝不成,政治上更加被动。

恩格斯对中世纪历史提出过一个有名的分析:在"普遍的混乱状态中,王权是进步的因素"(《马克思恩格斯全集》第21卷第453页)。这里当指王权能促进稳定,促进统一。在曹袁斗争的具体条件下,卫护王权的是曹操而不是袁绍。汉献帝本人无法独立地起作用。只有汉献帝加上曹操,才能促进稳定和统一。不能说谁掌握了汉献帝谁就可以实现统一。假使汉献帝落到袁绍手里,袁绍照样统一不了,正像董卓不能靠挟持汉献帝而实现统一一样。值得注意的是,代表世家大族的汉献帝竟被世家大族的袁绍抛弃了,曹操却拥抱着汉献帝去打败世家大族,并通过一系列的步骤,完成王权从刘姓向曹姓的过渡。这真是一个历史的讽刺!

曹操的思想和政策,一般都带有打击大族的特点。曹操不信天命,起了剥夺世家大族的精神武器的作用。曹操经常称道孙武、孙膑、商鞅、韩非、秦皇、汉武等人,是为了给世家大族所尊奉的儒家圣贤树立对立面。屯田制具有同大地主争夺土地和劳动

人手的意义。破格用人主要是针对东汉选士只"论族姓阀阅"，①
针对垄断选举的名士清议。关中监卖食盐，是为了换得耕牛农具
以招怀流民，削弱关中诸将。以后曹操搞租调制，也是与"重豪强
兼并之法"相伴颁行的。曹操的政策打击了世家大族，得利的是
地主阶级中的较低阶层，客观上对人民也有点好处。

四

　　建安五年（200）的官渡之战，袁绍一方本来在军事上占绝对
优势。除了地广兵强粮足以外，他还有号召力大这一政治优势，
随时可以调动兖豫大族，联络曹操东面南面的割据势力，拉曹操
的后腿。袁绍自以为稳操胜算，万无一失，所以临战前夕，居然命
令兵士每人携带三尺绳，等着活捉曹操。

　　对于曹操说来，官渡之战既是一场打垮袁绍主力的军事斗
争，更是一场战胜世家大族影响的政治斗争。

　　曹操"以十分居一之众，画地而守之，扼其喉而不得进"，②争
取了半年的时间，作了相当的军事部署。但是不利的情况还是接
二连三地发生。曹操派刘备去徐州击袁术，刘备占领徐州后却倒
戈相向。势力很大的东海豪强昌豨也联络郡县，附和刘备。刘备
拥兵数万，与袁绍勾通，成为东翼大敌。许、蔡以南郡县倒向袁
绍，连许下官员和军中将领，也纷纷与袁绍通消息。关中诸将中
立观望，首鼠两端。同袁绍轻兵袭许之谋相呼应，江东的孙策也

---

① 《意林》载仲长统《昌言》。
② 《三国志·魏书·荀彧传》。

想乘机突袭,劫持献帝。汉水流域的刘表答应援助袁绍,他虽然没有出动军队,但是却想方设法策反曹操的地方官员。恰恰这个时候,许下又发生了以车骑将军董承为首的图谋政变巨案。曹操的一个卫士也在官渡兵营中谋杀曹操。事实表明,袁绍凭借自己在地主阶级中的优势地位,动员一切可以动员的力量,企图一举摧垮曹操。"四方瓦解,远近顾望",①风风雨雨,黑云压城。形势真是千钧一发。特别严重的是,相当一部分人民群众,在袁绍的影响下向北流徙,甚至汝南黄巾余众也响应袁绍,反对曹操。仍保留在曹操手中的少数几个郡(主要是谯郡和颍川郡),长吏不敢向人民征收租调绵绢。曹操甚至作过撤军保卫许都的打算,荀彧用楚汉荥阳之战对比,说明"先退者势屈"的道理,才坚定了曹操的决心。

为什么忽然间又出现分崩离析的情况呢? 第一,曹操辖区内郡县有兵,大族有兵,他们本来就是半公开的割据势力;第二,袁绍支配了大族的政治动向,他们不倒向曹操而倒向袁绍。

但是局面毕竟比兖州之战时有了很大的不同,经过兖州之战的曹操也更能判断情况,指挥若定。他军事手段和政治手段双管齐下,交替使用,迅速镇压了以董承为首的政变集团,又利用袁绍多疑少断的弱点,从官渡前线抽身,亲征刘备,打垮了袁绍的一些同盟军,争取了驻在南阳的张绣。他充分利用能为己用而又有社会影响的人物,把他们派到各地:派投降过来不久的青徐豪强臧霸到徐州去,以稳定东方局势;用钟繇、卫觊镇抚关中,笼络诸将;把一批名士派到他的故乡谯郡作县令,以抗拒袁绍的影响。这样,曹操就逐渐控制了混乱局势,为官渡前线后发制人、出奇制胜

①《三国志·魏书·文帝纪》注引《魏书》载黄初二年诏。

的战术创造了条件。

官渡之战,不论是从消灭袁绍主力的意义说来,还是从控制辖区内割据势力的意义说来,都是曹操对世家大族的决定性胜利。

官渡战后几年,形势如风扫残云。袁绍死了,袁绍诸子势力被消灭了,作为袁氏割据后盾的乌桓被制服了,关中问题解决了,北方统一实现了。历史终于证明,以世家大族为其社会基础的袁绍失去了优势,失去了政权;敢于蔑视和打击世家大族的曹操得到了优势,得到了政权。

恩格斯说过:"没有哪一次巨大的历史灾难不是以历史的进步为补偿的。"(《马克思恩格斯全集》第39卷第149页)汉末的军阀大混战的确是一场"巨大的历史灾难",而作为补偿的,则是由于消灭了袁氏势力而使曹操得以在四分五裂状态下逐步完成半个中国的统一。曹操在官渡战后搞"整齐风俗","重豪强兼并之法","惟才是举",扩充屯田,禁止厚葬等等,都是继续针对世家大族及其政治代表而采取的有力措施,都是"历史的进步"。

完成了这些措施以后,曹操也进入了自己的暮年。但是他没有迟暮之感,没有在安乐的铜雀台里停息下来。他一生的最后几年,大部分仍然用于带兵征战。一个叫刘廙的劝说曹操,要他仿照周文王的办法修德徕远,而不要到处奔波。他回答说:"今欲使吾坐行西伯之德,恐非其人也。"①曹操不肯做皇帝而又让儿子非做皇帝不可,这一点是与周文王相似的。然而刘廙把周文王打扮成坐待其成的人而要曹操照着做,这就未免太不了解曹操的性格了。

———————

① 《三国志·魏书·刘廙传》。

五

　　曹袁胜败原因,历代评论甚多,曹操生前,就有杨阜、贾诩、荀彧、郭嘉等人比较系统的分析。郭嘉论曹操十胜、袁绍十败,认为袁绍凭借"世资"(即家族传统势力),标榜礼治,继承东汉的腐败政治,"以宽济宽",不可能不败;曹操依靠一大批实干的人才,提倡法治,力排东汉腐败风气,对世家大族"纠之以猛",必然获胜。这实际上说明了曹袁之争在思想上是儒法之争,其焦点是对待世家大族的态度。

　　曹袁之争是地主阶级内部两个阶层、两种势力之争,这种斗争,在一定条件下激化为外部对抗。但是一般说来,这两个阶层、两种势力,又可以依一定条件互相渗透,甚至互相转化。袁绍营垒,本来不乏有才能的人,随着斗争的发展,其中不少人先后转入曹操一边,著名的人物如郭嘉、荀彧、崔琰等都是这样。曹操"惟才是举","拔出细微",但是经常在曹操身边出谋划策的,除了郭嘉等少数人以外,更多的却是出身世家大族的名士之流。这看来是矛盾的现象,但历史的实际就是这样。曹操只是打击世家大族中那些在政治上反对自己的人,而对他们之中其余的人,则是兼容并蓄,使他们各尽其能,为自己效力。

　　曹操以知人善用著称,反对他的人往往也不能抹煞这一点。例如南宋的洪迈咒骂他"为汉鬼蜮,君子所不道",却又列举了十个例子,证明他"知人善任使,实后世之所难"。① 虽然这样,曹操

---

① 《容斋随笔》卷十二《曹操用人》。

阵容也在不断分化。为曹操效力的人,他们忠实的程度,效力的多少,时间的久暂,以及受到曹操信任的大小,也各不相同。大体说来,有以下几种情况。

郭嘉"有负俗之讥",①名士陈群屡次在曹操面前说他"不治行检"。② 但曹操不听,使郭嘉得以出谋划策,发挥才能。敢于推行法治、打击大族的基层"事功之臣",如许令满宠、邺令杨沛、菅长司马芝、魏郡太守王修等,都得到曹操的赞许和支持。他们一般出身于地主阶级的较低阶层。

相反,像杨彪、孔融、许攸、祢衡这类人物,本来是出身世家大族或追随世家大族的名士,是袁绍的社会基础。他们在曹操身边总是"恃旧不虔",③起破坏作用。所以时机一到,曹操或杀或罚或逐,以剥夺他们的影响。

介于这两类之间的,情况也不尽相同。崔琰本是郑玄的学生,是个颇有见识的人。他身为大族名士但没有别的名士那种浮华气习,所以能替曹操办事。不过大族意识和儒家思想,在他身上还时有表现。曹操打下邺城,需要整顿兵马,以利再战,崔琰却讥刺曹操不是"仁声先路",而是"校计甲兵"。曹操称魏王,崔琰心怀不满,在给人的书信中"傲世怨谤","意指不逊",遂被赐死。荀彧为曹操筹划军策,出了不少好主意,并推荐了一批有用的人才,包括出身卑微的戏志才、郭嘉在内。荀彧功劳很大,又知道谦虚自守。但荀彧也有矛盾。在对待东汉朝廷和汉献帝的问题上,他自觉不自觉地保留着大族名士的感情。他劝迎天子,更多地是

---

① 《三国志·魏书·荀彧传》注引《荀彧别传》。
② 《三国志·魏书·郭嘉传》。
③ 《三国志·魏书·崔琰传》。

为了"乃心王室"而不是着眼于壮大曹操势力。后来在加九锡的问题上，荀彧思想抵触，矛盾爆发，在忧郁中仰药而死。荀彧一生主要跟随曹操，但是他深层的一些思想感情，又使他终于避免不了悲剧的命运。李贽评论荀彧说："世间道学，好骑两头马，喜踹两脚船，……卒之俱不能得而反以两失也，岂独荀令君然哉！"①荀彧的矛盾，李贽看到了。至于李贽目荀彧为道学而贬损之，这是李贽的偏执处。

还有一些人，如陈群、何夔，本来就是以名士的资格为曹操所用的。② 何夔是袁氏亲戚，生活特别奢侈。③ 他对曹操选士"未详其本"，"时忘道德"，很表不满，提出选士要"慎德"与"兴功"并重，而且要"核之乡间"，意即恢复汉代的乡举里选。这显然是对曹操惟才是举的用人路线的否定。值得注意的是，曹操居然表示赞赏这个意见。建安二十二年（217），曹操最后一次颁布举贤令，基本上还是惟才是举的思想，但是把"至德之人放在民间"者与"不仁不孝而有治国用兵之术"者相提并论，这实际上就是几年前何夔提出的那个"慎德"与"兴功"的双重标准。其实早在建安八年，曹操就说到"治平尚德行，有事赏功能"。那时是"有事"的时候，强调的是"赏功能"。后来，能办到的"事"办完了，日子好像逐渐到了"治平"之世，因此"慎德"（即"尚德行"）就自然而然地提上日程了。至于陈群，著名的"九品官人之法"，就是他在曹操

---

① 《藏书》卷二五。
② 《三国志·魏书·何夔传》注引《魏书》："自刘备叛后，东南多变。太祖以陈群为酂令，夔为城父令，诸县皆用名士以镇抚之，其后吏民稍定。"何夔还在长广太守任内为曹操平息了多起豪强武装叛乱。
③ 何夔的奢侈，在曹操的掾属中是罕见的。西晋以奢侈著名的何曾，就是他的儿子。何曾的子孙也都奢侈。

刚死、曹丕还没有做皇帝的那几个月里提出来的,内容与上述何夔建议很有关系。大家知道,正是这个九品官人之法,后来导致了上品无寒门,下品无势族的结果。

从曹操同何夔、陈群的关系中,我们隐约地觉察到曹操晚年政治上向世家大族转化的动向。

世家大族作为一种社会成分在我国封建社会的某一阶段出现,是封建经济发展的结果,是历史的必然。三国时期,世家大族正在生长,远没有走完自己的路程。世家大族把尽可能多的财富和权力集中到自己手里,按家族血统一代一代地向下传。他们的经济、政治地位决定他们带有保守性。不抑制和打击他们,社会就不能前进。曹操同他们进行了胜利的斗争。但是一个一个胜仗打完了,一批一批对手消灭了,曹操发现长江和秦岭锁住了自己前进的脚步,而世家大族又悄悄地来到自己的身边。时代的和阶级的限制终归是无法超越的。"君主们……从来不能向经济条件发号施令。"(《马克思恩格斯全集》第 4 卷第 121 页)这并非曹操个人高低的问题。归根结柢,不是曹操创造历史,而是历史创造曹操。

——原刊《历史研究》1974 年第 1 期

〔作者跋语〕 本文写成于 1974 年秋间,意在解释曹袁关系。文章最后落在儒法之争上,在当时不得不如此。不过,这是一篇早有酝酿的历史论文,见解本有来历。曹袁之争的性质,在社会地位上被视为两个阶层之争,在意识形态上被视为儒法之争,这一认识最早是受到陈寅恪先生《书世说新语文学类钟会撰四本论始毕条后》一文的启示。陈先生谓"东汉之季,其士大夫宗经义,而阉宦则尚文辞;士大夫贵仁孝,而阉宦则重智术",并谓前者代表是袁绍,后者代表是曹操。我们知道,袁绍四世三公,出于孟氏《易》世家;曹操则览申、商之法术,该韩、白之奇策。所以分别定他们为儒为法,是说得过去的。陈先生《崔浩与寇谦之》一文,发挥了前文的观点,论及官渡之战的意义,曰:"此战实亦决定东汉中晚以后掌握政权儒士与阉宦两大社会阶级之胜负升降也。东汉儒家大族之潜势力极大,虽一时暂屈服于法家寒族之曹魏政权,然百足之虫,死而不僵,故必伺隙而动,以恢复其旧有之地位。"陈先生的前一篇文章,我在写作时是读过的;后一篇则在较晚读到。陈先生的见解,那时不便公开征引,所以未加说明,只在一处注文中引证了陈先生关于无涧神的考证,以示尊重陈先生的学说。对于这一史学问题,我在此文中所增添的内容,一是在曹操早期事迹中把他与士家大族之争作了勾勒,例如论证兖州之战就其基本性质说是与官渡之战一脉相承的;二是两个社会阶层的人物,在曹操和袁绍阵营中彼此渗透,曹操如果不重用出自世家大族的名士,就不能使自己的势力壮大起来;三是曹操晚年政治上出现向世家大族转化的倾向,在意识形态上说就是回归于儒,这在他消灭了一切可以由他消灭的政治对手,只等着摘取皇冠的时候,是必然要出现的。所以儒家大族欲恢复其旧有的地位,不必等到日后河内司马氏之兴起。第三点意见在当时有点异端味道,因而受到怀疑。可是我确信历史就是如此。"治平尚德行,有事赏功能",曹操自己就是这样说的。现在时过多年,再读此文,自觉基本资料、基本观点都还站得住。只是书生写史,理当恫幅无华,所以选入本文集时,在保存框架、不动筋骨的原则下,对之作了删削。儒法斗争字样保留了一处,以存旧貌,但不渲染。此观点虽受陈寅恪先生启示,但是陈先生将他对曹袁之争性质的观点延伸至大半个世纪以后，用以解释魏晋易代之际的历史现象，我对此则期期以为未必。这一层意思，我在《论东晋门阀政治》中作了说明，读者可以参看。

《隆中对》再认识

一 从历史验证中认识《隆中对》

《朱子语类》卷一三五:"尝欲写出萧何、韩信初见高祖时一段,邓禹初见光武时一段,武侯初见先主时一段,将这数段语及王朴《平边策》编为一卷",云云。

按朱熹对弟子所说诸人的各段文字,分别指:一,萧何、韩信在汉中时请刘邦收巴蜀、出三秦,与项羽逐鹿中原之事;二,邓禹于更始时追刘秀于邺,进说"立高祖之业"之事;三,王朴对周世宗陈用兵之略及诸国兴亡次第,云淮南(南唐)可最先取,并(北汉)必最后亡,其后北宋平定四方,多如朴言之事;以及四,诸葛亮以《隆中对》为刘备画策之事。此诸人都被看作是以数言定天下大计,影响一代历史的政治家。朱熹欲辑录其言论以广流传,目的当是表彰他们对时局发展的洞察力和预见性,以及他们言论的历史作用。

朱熹所说从句式看来,似乎主要着眼于王朴《平边策》在宋朝的应验,也就是说,重在论本朝之事。但是比较诸人言论,就其完整、细致,并且琅琅可读,为后世广泛称道而言,无疑应以诸葛亮的《隆中对》为最。

上述诸人以数言干时主而均有应验,是由于他们都有已知的基本条件作为根据,经过分析,推测未知条件,从而估计形势变化趋势,以判断历史的归宿。已知条件有充分不充分的差别,未知条件及其变化又都要受诸多因素包括一些偶然的不可预测的因素的支配。这些都会影响上列诸人言论的应验程度。而且,他们的判断还有笼统与细致之分,笼统判断应验较易,细致判断应验较难。诸葛亮作《隆中对》,未知条件较多,局势不太明朗,而所作出的判断如此具体,应验如此显著,这正是《隆中对》千古传诵的价值所在。唯其如此,《隆中对》包含未得应验之处,也就无法避免。我们应当加以分析,使验与未验,验多验少,都能得到历史的说明,从而使人们便于理解。

后人评论诸葛亮及其《隆中对》,由于种种原因,往往出现溢美和回护之词。《隆中对》中睿智的判断,有时被赋予先验的色彩;瑜中之瑕,甚至也被认为是美玉的本色。这样就在思想上神化了诸葛亮,增加了理解的混乱。一般说来,脱掉诸葛亮的八卦袍、摈弃其呼风唤雨的本领,即令是古代的历史学家也是不难做到的;而要客观地评价《隆中对》的长短并分析其原因,无论在古代或现代,都不免遇到阻力。陈寿在《三国志》中对于作为历史人物的诸葛亮曾作了破格的处理,寄以极高的崇敬之情;只是由于在其传末说到他"奇谋为短","应变将略非其所长",就引起后代史家无穷非议,有识如刘知几,也在《史通》中入之于"曲笔"。据我所知,至今还有史家不直陈寿所论。这不能不说是一种值得注意的倾向。

根据确凿的历史材料来检验《隆中对》,确定诸葛亮的认识来源,实践应验以及得失原因,这样的研究近年已多起来。这比起对《隆中对》一味赞扬,一味辩解,要有益得多。凭证据,究形势,验效果,论得失,探缘由,这种科学的研究无损于诸葛亮的历史形象,只会使我们能够更准确地理解《隆中对》,更准确地理解诸葛亮的贡献。

对于诸葛亮,包括其《隆中对》,在作历史评价时应当与其已被千年塑造成型的象征智慧与忠贞的艺术形象区别开来。我认为,诸葛亮的艺术形象也跟诸葛亮本人的历史贡献一样,同属民族文化遗产,应当珍惜,即令它并不是或者并不完全是历史的真实,也应当如此。艺术形象毕竟是艺术创造,没有必要从历史科学的角度一一加以检验和改造,从而破坏它的艺术价值。艺术形象也可能有加工和改造的必要,但这未必是历史学家的事。历史学家无须干预诸葛亮艺术形象的创造和再创造,就像无须对《三国演义》情节进行考订修改,使之符合可靠的史籍一样。所以我认为,让作为艺术形象的诸葛亮和作为历史人物的诸葛亮两者并存,也许更为适宜。曹操可以是叱咤风云的英雄和文采风流的文士,也可以是权变机诈的奸臣。在京剧舞台上把曹操打扮成道德完美、理想高尚的英雄,已证明是不成功的;把舞台上诸葛亮的言行举止改变成一板一眼、毫不夸张的历史人物,也未必好。反过来说,在历史研究中也不应该赋予诸葛亮过多的戏剧色彩。历史学家在描述诸葛亮和论证《隆中对》时,最好还是使用历史的方法和历史的语言,避免以"智慧的化身"、"忠贞的楷模"、"天才的预见"一类习用的赞语来代替具体的历史分析和实事求是的论述。如果我们要求《隆中对》字字珠玑,应验如神而没有任何错误,那就是无视认识的规律,也是苛求于古人了。

二 《隆中对》方略和诸葛亮在实施中的作用

《隆中对》的提出,在建安十二年(207),即赤壁之战的前一年。它无疑是提供给刘备的一个基本正确的政治选择。以后历史的发展,在相当程度上证明了《隆中对》的正确性。

《隆中对》坚实的事实基础如下:

一,曹操已牢固地据有北方,居挟天子以令不臣之势,必须承认这种现状,不可与之争锋,也无从与之妥协。

二,曹操即将凭借其优势力量,向南方用兵,而南方长江流域地境则分陈着扬(孙权)、荆(刘表)、益(刘璋)三股独立存在、彼此尚无联系的力量。这三股力量,尤其是荆、扬力量,如何因应时局,调整步骤,共抗曹兵,是形势发展的关键所在,须要能动地加以处理。处理得当,形势发展会有利于抗曹阵营,刘备也会赢得存在和壮大的机会。

根据对形势的基本估计,诸葛亮向刘备提出三个方面的对策作为近期目标:

一,取刘表。这是可行的一着,但刘备不敢。刘表据荆州已历二十余年,虽然无甚作为,但是在平常情况下还可以保境安民。刘备是惊弓之鸟,羁旅寄寓,在荆州无根无柢。只凭数千之众,欲吞并刘表而无灼手之虞,需要相当的干略胆识才行,而这正是刘备所缺乏的。据《三国志·蜀书·先主传》及注,当北方曹兵猝至之时,刘备自新野急奔襄阳,其时刘表已死,诸葛亮说刘备攻刘表之子刘琮以据荆州,刘备以"不忍"相答。后人论及此事,大抵以政治信义推崇刘备。但是征诸前此刘备朝秦暮楚、反复无常的个人历史,可知恪守政治信义并非刘备的特点。赤壁战后刘备拒绝孙瑜水军假道攻蜀,说:"汝欲取蜀,吾当被发入山,不失信于天下也。"但是没过几年,刘备乘受刘璋之邀的机会而覆刘璋之师,何曾顾及政治信义?所以刘备所谓不忍取荆州,只能用不敢来解释。只是到了赤壁战后刘备成为胜利者的一员,荆州的一部分才自然而然地落入刘备之手。

二,取刘璋。刘璋偏处西南,无碍大局,尤其是于当前抗曹没有直接作用,刘备决无溯流千里,越峡逾巴,冒险取蜀的可能与必要。但《隆中对》认为,这是刘备植根所在,应当相机取之。

三,承认孙吴力量的存在并与之结盟。孙刘结盟,主动权并不在诸葛亮、刘备而在鲁肃、孙权之手。此时孙权正从太湖背后的闭锁状态中走出来,从京口凝视着长江上游的烽烟。他知道如果曹军得以久据荆州,下一个将要受害的地方就该是江东了。实际上,在赤壁之战的同时或稍后,曹操与孙权的巢湖之战就已开始。孙权只有两种选择,降曹或抗曹。即令降曹,也得保住江东基业,这又必须能战才行;不能战,降曹后迟早必被吃掉。不论是降是战,当务之急都是支援承受曹军主力压迫的刘备。朱熹论及此问题时说:"孔明之请救,知其不得不救。孙权之救备,须著救也。不如此,便当迎操矣。此亦非好相识,势使然也。"[1]孙刘结盟,是一方求救,一方不得不救,于双方都需要,都有利。至于双方冲突的可能性,此时尚未出现。

《隆中对》近期方略,大概如此。

《隆中对》远期方略,是关于入蜀、治蜀和自秦川、宛洛北伐等事。近期方略与远期方略合而观之,《隆中对》似乎是一个进取的

---

[1]《朱子语类》卷一三六。

开拓的方略。这个方略能够实行到什么程度,一靠客观条件,二靠刘备有坚定的追求。但是此时的刘备,胸中并没有装着《隆中对》。他是一个不具有明确战略思想的随波逐流的人。虽然这样,历史大体还是顺着《隆中对》的方向步步发展,这证明《隆中对》大体上符合客观条件,具有无形的力量。

刘备对诸葛亮,始而有鱼水之喻,终而有白帝托孤之词,而诸葛亮后来也是鞠躬尽瘁以辅刘禅。这些情况,使历代史家多认为刘备最赏识《隆中对》,并始终不渝地为实现《隆中对》而奋斗,戎机大政悉以《隆中对》为依据,委诸葛亮行事。其实,情况并非都是如此。

刘备一生,与曹操角逐,不是对手;与孙权角逐,也无优势。当时人对刘备评价,有誉有毁,但是毁多誉少,毁实誉虚。《先主传》注引《傅子》载曹操丞相掾赵戬之言曰:刘备"拙于用兵,每战必败";《陆逊传》亦谓刘备"前后行军,多败少成"。刘备一生的败战记录,是人所共知的。只是到赤壁战后,刘备才恢复了一支可观的武力,被陆逊视为疆界"强敌"。但是夷陵一战,正是这个陆逊,使其疆界"强敌"全军覆没。

比军事才能的估价更为重要的,是刘备的政治声誉问题。《先主传》注引《魏书》载吕布诸将曰:"备数反复难养。"这是建安初年的事,刘备声誉已是如此。以后刘备又几经反复,才在荆州刘表处暂获栖身之所,而刘表也同样地"疑其心,阴御之"。赤壁战后,刘备据有荆州江南四郡,这本是荆州境内落后之区。《鲁肃传》注引《江表传》,周瑜上孙权笺,还说"刘备寄寓,有似养虎"。以后刘备助刘璋而又叛刘璋,也是如此。我无意偏重以道义原则衡量刘备。道义原则不是认识和评价《隆中对》的主要标准。《隆中对》中虽有道义说教之词,它本身立论,却主要是以利害而不是以道义为出发点。但是道义影响政治声誉，在当时还是起作用的。

刘备的优势，似乎在于《隆中对》中说到的"帝室之胄"的身份。这只是相对于曹操挟持汉献帝一事而言。但是汉室之衰已是无可挽回。何况汉献帝的法统既然还存在，刘备就不能置之不顾而另外有所标榜。所以帝胄身份并无助于刘备的成功。至于对长江流域的刘表、刘璋而言，刘备连这点名义上的优势也谈不上，因为三刘恰恰都是西汉景帝的疏裔，都是帝胄；而且刘表、刘璋，论家世和个人仕履，显然都比刘备要强得多；论拥有的潜力，也远在刘备之上。而且稍前几年还有一个"帝室之胄"刘繇，曾经被安置在扬州牧的位置上。刘繇、刘表、刘璋，东汉的扬、荆、益三大州的州牧，都是受命于汉帝，名份上刘备与他们也是未可同日而语。刘备终于并吞刘表父子及刘璋势力，不是凭帝胄身份，而是凭他自己闯荡半生的权诈，凭他的对手的愚昧和暗弱可欺。

此外，用人也被看作是刘备所长，傅干、陈寿均有赞辞，分见《先主传》及注。后人以此颂扬刘备者亦复不少，大抵是据刘、关、张的关系和拔诸葛亮于草庐等事而言。赵翼说，三国之主皆能用人，而且各有特点，刘备用人的特点是"以性情相契"。① 但刘备"以性情相契"而结合的人物，在蜀国建立前后的期间内多已凋零。刘备用人，在魏、蜀、吴三国形成鼎立的过程中并无优势可言，这可以在各国人物传记的比较中得到清楚的说明。如果不以三国之主相比而以均为帝胄的三刘相比，刘备也是得人最少。以后治蜀的人才，主要是刘备死后诸葛亮分化刘璋旧部，或排抑，或吸收，使新随刘备入蜀居于少数地位的人，与原刘璋旧部居于多

---

①《二十二史札记》卷六《三国之主用人各不同》条。

数地位的人,即当时所谓"新旧",所谓"客主"者,逐渐熔融,才形成蜀国的文武臣僚。关于"新旧"关系,"客主"关系问题,我在《李严兴废与诸葛用人》一文中有所探讨,可供参考。

刘备于危难之际托孤于诸葛亮,并说若刘禅不才,"君可自取"。古人论此,多赞其君臣相得之切,并取鱼水之喻相印证;亦有人认为这只是对诸葛亮的"猜疑语"。这些说法都是揣度心性,难于断言。在我看来,以前述"新旧"、"客主"的道理加以分析,似乎可以说得略为客观一些。其时蜀汉新建,基础不稳,夷陵之败,更生摇动。诸葛亮与李严并受遗诏辅政,亮正严副,而这二人恰好就是"新旧"各自一方,或者说"客主"各自一方的代表人物,论潜在势力,李严一方决不弱于诸葛亮一方。所以,刘备倾覆刘璋而颠倒了的新旧、客主之间的主从关系,由于刘备之死而被再颠倒过来,不是没有可能。这当是刘备死前最关注的问题。要防止这种情况的出现,新立的幼主是无能为力的,唯一可以付托的人只有诸葛亮。所以我认为刘备作此遗言,正是为了在李严面前巩固诸葛亮的地位,预防旧人另有图谋。这是刘备一生中少有的有远见的策略之举。这一策略之举,自然是以对诸葛亮的信任为前提,但却又不止是个人信任问题。

据《李严传》注引《诸葛亮集》,李严后来曾经劝说诸葛亮受九锡,进爵称王,这当然是非常之事。诸葛亮答书,说自己"误用于先帝,位极人臣,禄赐百亿。今讨贼未效,知己未答,而方宠齐晋,坐自贵大,非其义也。若灭魏斩睿(按指魏明帝曹睿),帝还故居,与诸子并升,虽十命可受,况于九耶?"这里,"知己未答"的"知己","诸子并升"的"诸子",自然首先是指同受顾命的李严。对于九锡之劝,诸葛亮可信是无动于衷。可是他并未义正词严地指斥其非人臣所宜言。他不避僭越之嫌,委婉作答,其中"十命可受"虽属假定之词,却是人臣大忌。后世史家不得其解,只好武断地说这未必出自以谦恭称著的诸葛亮之口。① 可是是谁杜撰此语,为什么要如此杜撰,还是无从解释。如果考虑到刘备托孤时"君可自取"之言的历史背景,在李严、诸葛亮之间出现九锡、十命之类的话,我认为是比较容易理解的。刘备既然郑重其事地嘱咐诸葛亮权衡形势,必要时可以取代刘禅,诸葛亮就不宜在李严的试探面前过分拘泥于君臣名分。诸葛亮答李严语软中有硬,硬中有软,这才是其实质所在,是诸葛亮聪明练达的地方。诸葛亮治蜀,总是不忘以先帝付托为言,史家也总是赞美他忠烈溢于言表。但是揆之上述,似乎不无历史的隐曲夹杂于诸葛亮的言词之中,蛛丝马迹依稀可辨。②

总之,自从草庐作对以后以至刘备死前,刘备并未以《隆中对》的方略为念,孜孜以求其实现,当然也没有把诸葛亮放在运筹帷幄的贴身位置上,大事向他谘询。刘备死后,诸葛亮得其托孤之言,始获特殊地位。此后治蜀、北伐诸事,诸葛亮才得以按照《隆中对》的谋划,择其可行者逐步推行。也许可以这样认为,刘备死后,诸葛亮始得真正尽其才用。

刘备死前,诸葛亮长时间内并不在刘备身边,戎机大政,并无诸葛亮参赞其间的事实。决计入蜀和叛攻刘璋,是法正、庞统之谋。庞统、法正死,刘备出峡之战的错误决策就再也没有人可以强行谏阻。《义门读书记》卷二七何焯据诸葛亮曾于荆州"督零陵、桂阳、长沙三郡,调其租赋以充军实"之事,以及入益州后"常

①何焯《义门读书记》第二七卷:"孔明恭逊,十命之语未必出自其口。"
②此问题我在《蜀史四题》之四的《刘备托孤语》中有补充和修正之处,请参看。

镇守成都,足食足兵"之事,遂谓"当先主时但寄以萧何之任"。"但寄",犹言仅寄,只寄,是指寄任无多,这在一定程度上是正确的判断。但是萧何在关中,得以"发踪指示","便宜行事",救刘邦乏绝,刘邦虽屡蹶犹得屡兴,终于战胜强大对手。所以萧何于汉初论功为最,位次第一。而在刘备死前,诸葛亮徒有《隆中对》筹划之名而实际表现无多。他在荆不得预入蜀之谋,在蜀不得参出峡之议,这些关键之事不论正确与否,都与他无干系。以之与萧何"发踪指示"、"便宜行事"之任比较,是颇不相称的。

三　鲁肃与诸葛亮

《隆中对》的构思,时局是主要的根据。在汉末动乱纷纭、引人思索的年代,除了诸葛亮以外,其他有识之士,按照各自的处境及其视野所及,也在观察时局动向,探测发展前景,考虑自己的出处。在《隆中对》之前,东吴的鲁肃已对时局作过类似的分析,向孙权提出相应的策略建议。

据《鲁肃传》,鲁肃于建安五年(200)初见孙权时密谓孙权曰:今天子已在曹操之手,孙权欲为桓、文已不可能。"肃窃料之,汉室不可复兴,曹操不可卒除,为将军计,唯有鼎足江东,以观天下之衅。规模如此,亦自无嫌。何者? 北方诚多务也,因其多务,剿除黄祖,进伐刘表,竟长江所极据而有之。然后建号帝王,以图天下,此高帝之业也。"鲁肃认定曹操势力在北方已经巩固,孙权发展余地只有南方,从而建议孙权分步以图进取。第一步,鼎足江东,稳固根本;第二步,据扬取荆,窥探上游;第三步,并益州而尽长江所极,形成南北对峙;第四步,徐图天下以成帝业。这里,第一步自无问题，第四步只是渺茫远景，皆可不论；第二、第三两步则是眼下急迫的追求，是孙权发展的关键所在。

以鲁肃之议与《隆中对》比较，虽有差别，基本构思却是相同。《隆中对》主张刘孙结盟，这是由于曹兵有压境之虞而提出来的，此种形势在建安五年鲁肃发议时尚未出现。而当数年后曹兵南下，刘备成为荆州尚存的抗曹力量之时，鲁肃立即建议联刘抗曹。这实际上是因时而发的对建安五年密议定策的一项重要补充。鲁肃衔命，不失时机地追刘备及于当阳，劝与并力。所以孙刘结盟，《隆中对》虽有议在先，但实际行动的倡始者毕竟还是鲁肃。后来诸葛亮随鲁肃见孙权，连横之略即告形成。薛国中先生《诸葛亮与隆中对》一文，①论及鲁肃之议，有些意见我是赞同的。

陈寿于鲁肃、诸葛亮二传，均著其结盟之功，这本来是符合历史实际的公正史笔。裴松之于此以为陈寿记事舛互。②卢弼《集解》于《鲁肃传》引或曰："肃虽语亮，亮非因肃始解此也。权闻肃谋，参之于亮，始决也。虽若相袭，实各成说也。"在我看来，陈寿史文并无不当的舛互；"或曰"所谓"实各成说"，见解是比较客观的。我引证这些，主要目的不在于抑扬古人，只是为了说明在相同或相似的历史条件下可能产生相同或相似的对时局的认识。鲁肃与诸葛亮的见解都比较准确地反映了客观实际，都具有历史意义。

以上这些，是就鲁肃与诸葛亮的认识而言。至于刘备，直到

<hr>

①载《江汉论坛》1980年第1期。

②《三国志·吴书·鲁肃传》注："臣松之案，刘备与权并力，共拒中国，皆肃之本谋。又语诸葛亮曰：'我，子瑜（按诸葛瑾字子瑜）友也。'则亮已亟闻肃言矣。而蜀书亮传云：'亮以连横之略说权，权乃大喜'，如似此计始出于亮。若二国史官各记所闻，竞欲称扬本国容美，各取其功。今此二书同出一人，而舛互若此，非载述之体也。"

他在曹军追逐之下狼狈逃窜之时，还不曾想到应当积极抵抗，当然更谈不上联孙抗曹的事。《先主传》注引《江表传》，鲁肃于当阳追及刘备，"问备曰：'豫州今欲何至？'备曰：'与苍梧太守吴臣（按吴臣当作吴巨）有旧，欲往投之。'"吴巨，长沙人，刘表用之以守苍梧。《薛综传》说他是轻悍"武夫"，可见其人并无声望志略。刘备逃奔苍梧之事，尚有它证。《鲁肃传》注引《吴书》，建安二十年（215）鲁肃为分荆州事与关羽会于益阳，肃谓昔年见刘备于当阳长坂，其时"豫州之众不当一校，计穷虑极，志势摧弱，图欲远窜，望不及此（按指据有荆州土地之事）"。《通鉴》胡注：远窜，"谓欲投吴巨也"。这些资料清楚地说明，曹军的追逐使刘备逃生不暇，何能顾及联孙抗曹？何能顾及如《隆中对》所谋划的对天下的经略？就此而论，孙刘联合的促成，赤壁之战的胜利，鲁肃的实际作用大于诸葛亮，是可以断言的。诸葛亮虽发论于前，但刘备并没有给他实现计划的机会。在这个问题上如果对古人真要有所抑扬的话，应当抑扬的并不是诸葛亮和鲁肃，而是刘备和孙权。

鲁肃密议中所谓"鼎足江东"，后世史家也有疑惑。《通鉴》录此密议，径改"鼎足江东"作"保守江东"。卢弼引何焯曰："此时何缘便知为鼎足乎？亦事后傅会之词。"又引或曰："是时先主无尺土，何云鼎足？"诸家疑及"鼎足"之说，实际上是囿于成见，认为非刘备、诸葛亮不能谈鼎足，因此疑及鲁肃之议的可信性。这也是史家迷信诸葛亮的反映。

其实鲁肃之议中的鼎足，并非预指以后出现的魏、蜀、吴的三分，而是指扬州孙权、荆州刘表和北方曹操这三种力量并存的局面。其时刘备还未向南逃奔，自然不是鲁肃指画天下大势时所当涉及的人物。刘璋僻处一隅，亦无能插手大局的争衡。所以刘备与刘璋都未得入于鲁肃所谓鼎足之列。《诸葛亮传》载亮随鲁肃东下，见孙权于柴桑，谈及孙刘共抗曹军之事，曰："操军破必北还，如此则荆、吴之势强，鼎足之形成矣。"胡三省谓"荆，谓备；吴，谓权。鼎足之形，谓三分天下也"。诸葛亮所说的鼎足，与鲁肃所说的鼎足，正好是一个意思，只不过把鲁肃当年所指的刘表换成刘备而已，地点还是荆州。又《庞统传》注引《九州春秋》，庞统说刘备曰："荆州荒残，人物殚尽，东有吴孙，北有曹氏，鼎足之计，难以得志。"这也是以曹、孙及荆州势力鼎足而言。以后魏、蜀、吴三国鼎足，正是此时鼎足形势发展的结果。诸人只承认《隆中对》所画的鼎足而不承认早于《隆中对》的鲁肃所画的鼎足，不能不说是对三国历史认识的一种偏见。

鲁肃、诸葛亮二论，一先一后，局势明朗程度不同，意见的细致性、条理性和准确性确有差异。但就此二论在当时被人主重视的程度及求其实现的实际意义而言，鲁肃之论较《隆中对》似有过之。《三国志·吴书·吕范传》注引《江表传》，孙权比鲁肃于"开初议之端"的东汉邓禹，曰："孤始与一语便及大计，与禹相似。"《吕蒙传》孙权与陆逊论及鲁肃，亦以之与邓禹相比，曰："公瑾昔要子敬来东，致达于孤，孤与宴语，便及大略帝王之业，此一快也。"孙权对鲁肃的这些评价，比刘备对诸葛亮的所谓鱼水之喻，要具体得多，实在得多。特别是孙权使鲁肃得以按部推行其议，这是诸葛亮未能得之于刘备的。刘备死前，诸葛亮未得处于主动状态，作为不大。由于诸葛亮有后来治蜀的事迹流传，鲁肃则早亡而未得竟其志向，所以鲁肃被诸葛亮的重名掩盖，鲁肃之论也就远不如《隆中对》受后人重视。朱熹欲裒辑历史上以数言定天下大计之论，也没有想到鲁肃的密议。

鲁肃之议，赤壁战后实现了第一步并部分地实现了第二步，襄樊战后完全实现了第二步。在第二步未全实现，即鲁肃未死、荆州由孙刘分据之时,孙吴已着手实行鲁肃之议中的第三步,即夺取益州,以求尽长江所极据而有之。

《三国志·吴书·甘宁传》,赤壁战前,甘宁劝孙权取江夏黄祖,进图刘表、刘璋。他说:"一破祖军,鼓行而西,西据楚关(按即扞关,在湖北长阳以西),大势弥广,即可渐规巴蜀。"甘宁所作建议,实即前此鲁肃密议计划的一部分。赤壁战后,周瑜领南郡太守,据《周瑜传》:"瑜乃诣京(按即京城,后称京口)见权曰:'……乞与奋威(按奋威将军孙瑜,时为丹阳太守,屯兵牛渚)俱进取蜀,得蜀而并张鲁,因留奋威固守其地,好与马超结援。瑜还与将军据襄阳以蹙操,北方可图也。'权许之。瑜还江陵为行装,而道于巴丘病卒。"值得注意的是,周瑜所议以孙瑜据汉中北结马超,自与孙权据襄阳以蹙曹操,这又与《隆中对》秦川、宛洛二策相同。《鲁肃传》注引《江表传》载周瑜病困时与孙权笺,曰:"自效戎行,规定巴蜀,次取襄阳",说的就是周瑜在京城与孙权所定计划,而计划所据,就是鲁肃初见孙权之议。

依据赤壁战后荆州的形势,即令周瑜不死,孙吴进军巴蜀,成功的可能性也是微乎其微的。因为此时横亘于江东与巴蜀之间的已不是可以予取予夺的刘表,而是由于赤壁之战的胜利而强大起来的刘备。此时的刘备,既不再有南投苍梧的必要,也还没有率先入蜀的可能。他的目的是巩固荆州已据地盘,徐图发展。《先主传》注引《献帝春秋》:"孙权欲与备共取蜀,遣使报备曰:'米贼张鲁居王巴汉,为曹操耳目,规图益州。刘璋不武,不能自守。若操得蜀,则荆州危矣。今欲先取刘璋,进讨张鲁,首尾相连,一统吴楚,虽有十操,无所忧也。'备欲自图蜀,拒答不听。"这里所谓"欲与备共取蜀",一望而知是胁迫之词。孙权虽然不甚看重刘备在荆州的军事存在,但欲使刘备屈从,势必通过一场战争才有可能。所谓刘备"欲自图蜀"之说，也无史料可证。核以后来刘备有刘璋之邀约而尚犹豫不决的情况，此说实难成立。接着，孙瑜水师进至夏口，刘备不听过，并使关羽屯江陵，张飞屯秭归，诸葛亮驻南郡（按《通鉴》建安二十年胡注谓此为孙吴所置江南之南郡，即晋以后之南平郡），而刘备自驻孱陵，层层设防以备吴军。荆州主簿殷观预料有此部署，"吴必不敢越我而独取蜀"。周瑜既死，孙权未敢启衅，乃召孙瑜还，图蜀事罢。

从以上情节可见，鲁肃密议与诸葛亮《隆中对》，实质部分大体相同，都是有识之士分析时代条件及其发展趋势的产物。认识这一点，有助于按其实际价值来评估《隆中对》，有助于抹去诸葛亮脸上过重的油彩。鲁肃、诸葛亮二议，在许多方面都经得起历史的验证。同样，《隆中对》中未验的部分，鲁肃之议中也有。只是由于他们二人各自的环境和所据的条件并非全同，所以得失也不完全一样。例如据荆取蜀，肃、亮二论都有，但就其应验而言，取蜀之事于肃论为失者，于亮论为得；而稳据荆州之事于肃论为得者，于亮论则为失。本文以下两节，即将对《隆中对》入蜀和据荆二策，分别加以探讨。

四　巴蜀偏霸之业

刘璋迎刘备入蜀，张松创其议，法正为行人，其事众所周知，无须赘叙。《法正传》载诸葛亮之言曰："主公之在公安也，北畏曹公之强，东惮孙权之逼，近则惧孙夫人生变于肘腋之下。当斯之时，进退狼跋。法孝直为之辅翼，令翻然翱翔，不可复制"，云云。诸葛亮以入蜀首功归之法正，深加赞赏，而丝毫没有说到自己起过什么作用,也未提及自己早在《隆中对》中首倡的入蜀之议与后来刘备入蜀之行是否有关。入蜀本是刘备在困境中求生存的唯一出路。他之未敢主动攻蜀,照理说所虑在于进无必胜之势,退为孙权所乘。刘备有法正之邀,前一方面的顾虑不复存在了,可是他仍然踌躇不前。《庞统传》注引《九州春秋》,庞统说刘备曰:"荆州荒残,人物殚尽,东有吴孙,北有曹氏,鼎足之计,难以得志。今益州国富民强,……可权借以定大事。"《通鉴》系法正之邀刘备和庞统之说刘备为一过程,先有法正之说,"备疑未决",庞统乃言于备云云。这就是说,法正建说,庞统决疑,而诸葛亮本人则未曾参预议论,没有起什么作用。

尽管如此,历史地分析这一问题,入蜀事成毕竟是诸葛亮《隆中对》主要的应验之一。有入蜀的成功始有三国鼎立,始有诸葛亮治蜀业绩,始有西南腹地的开发,始有巴地与蜀地更紧密的联系,始有长江上游与中下游之间的豁然贯通。这些都是极重大的历史成果。如果说刘备在荆州占有地盘是《隆中对》开拓性设想第一步的实现,那么进据益州就是《隆中对》开拓性设想第二步的实现。客观进程就是这样。

但是诸葛亮可能没有想到,进入益州以后,《隆中对》的进取就达到了极限,此后的任务,只是如何保据守成而不是如何进一步开拓。

以成都为中心的蜀国,为地理、财力、人力、军力等条件所限,是难图境外发展的。当年刘焉入蜀,据《三国志·蜀书·刘焉传》,本来就是为了"避世乱"而求"保州自守"。范晔于《后汉书·刘焉传》后论曰:"刘焉睹时方艰,先求后亡之所,庶乎见几而作。"蜀中的保据者凭借剑阁、汉中之守,夔门、扞关之险,闭门自帝,经营有当,可以小康。至于境外之争,就要看其时的外部条件如何了。当秦岭以北、扞关以东有强敌扼守时,益州保据者欲逾岭、出关以求竞逐,是十分困难的。即令无强敌扼喉,欲求秦岭南北、三峡内外的兼守,也是困难得很。刘备入益州后,本来是应当认识到这一点,认识到他自己只有善保边境、经营益州的事情可做。《隆中对》中自宛洛、秦川北伐之事,如果不是书生议政,纸上谈兵,就只能是虚张声势,以进为退。如果是后者,还不失为一种策略;如果是前者,那就要误事更多。刘备出峡,全军覆灭;诸葛北伐,积年无成,在当时蜀国的条件下,结果只能如此。

入蜀之后只能成保据之业而不能再有进取,历代评论者注意及此的并不乏人。只是他们观察问题的角度彼此不尽相同,有的承认历史条件起着决定作用,有的则一味责备诸葛亮无能。宋代理学家评论诸葛亮,说他于道不纯,于理未尽,因而不能有成。这种评论偏于抽象,可不置论。从历史条件立论的有如下一些。不过这些议论也多把刘备进退诸事一概归之于诸葛亮,这是与事实不符的,我们也只好从大处着眼,无从一一分辨。

据《魏书·毛修之传》,晚于诸葛亮二百余年的崔浩,驳斥毛修之入蜀所闻陈寿评诸葛亮事,曰:"承祚之评亮,乃有故义过美之誉。……夫亮之相刘备,……君臣相得,鱼水为喻,而不能与曹氏争天下,委弃荆州,退入巴蜀,诱夺刘璋,伪连孙氏,守穷崎岖之地,僭号边夷之间,此策之下者,可与赵他(佗)为偶。而以为管萧之亚匹,不亦过乎?"①崔浩关于刘备避曹氏、夺刘璋、连孙权之是

①《魏书》四三《毛修之传》载崔浩语以刘备比拟赵佗,此盖魏人较普遍的观念。《魏书》九五《五胡传·序》论及"僭刘盗名于岷蜀",亦比之于"尉他(赵佗)定黄屋之尊,子阳(公孙述)成缳玺之贵",盖亦"偷名窃位,胁息一隅"云耳。拓跋自认代汉为帝,正朔纪年自庚子(220年)始,不承认蜀汉刘备的正统地位,崔浩、魏收都持这一观点。

非得失以及认为入蜀是下策诸事,皆非新见,可以不论。他的实质性的结论是,一旦入蜀,就只能与秦汉之际割据一隅的赵佗为偶而不能再有其他作为,这一点认识是符合实情的。诸葛亮与赵佗,人的素质迥然有别,但保据的性质却是相同。迷信诸葛亮的张澍,在其《诸葛忠武侯文集·序》中斥崔浩之说为"纤生"之"荛言",只能说明张澍本人之迂和千古相传历史偏见影响之深远。

《齐东野语》卷一"三苏不取孔明"条引苏氏父子之说,其中有苏洵之言曰:"古之取天下者,常先图所守。诸葛孔明弃荆州取西蜀,吾知其无能为也。"此点与崔浩以赵佗为喻,意义相似。苏洵还和崔浩一样,不以为弃荆州入西蜀,在当时条件下是不得不如此的,因而对诸葛亮也是取责备态度,这就是苛求于刘备、诸葛亮了。

历史决定了刘备是一个奔窜求存的角色,历史只给了诸葛亮一个小国寡民的政治舞台。不论个人的素质与才能如何,诸葛亮能起的作用总是要受历史条件的支配。他的《隆中对》睿智非凡,但毕竟也只能是历史条件的产物。

古人意识到这一点并作出比较完善的评价的,要算王夫之。《读通鉴论》卷九论诸葛亮资益州形势以为制胜之略,曰:"蜀汉之保有宗社者数十年在此,而卒不能与曹氏争中原者亦在此。"又曰:"当先主飘零屡挫、托足无地之日,据益州以为资,可也;从此而画宛洛、秦川之两策,不可也。陈寿曰'将略非其所长',岂尽诬乎?"王夫之以刘备托足无地而不得不入蜀,既入蜀则不足以言宛洛、秦川两策,这两层说明都是符合历史实际的。诸葛亮本人随着形势变化和地域迁徙,对北伐路线的考虑必然有所改变。《隆中对》中北伐的宛洛、秦川二策,在《出师表》中不再出现,他力求实行的只剩下奋力秦川一策，而且还只能迂回进行。王夫之所说："从此（按指据有益州之后）而画宛洛、秦川之两策"，也是不准确的。

如前所论，入蜀是刘备唯一退路，入蜀后只能成偏霸而无兴复汉室之可言。虽然如此，比起逃奔苍梧，这毕竟是较好的选择。不过，强敌环伺，入蜀亦应图强，因而有诸葛亮不计成败利钝，驱民北伐之举。历来对此的评论，大抵以叹息为主。诗人咏此不乏名句。在我看来，杜甫的"出师未捷身先死，长使英雄泪满襟"句，缺乏历史内涵，比起温庭筠的"下国卧龙空寤主，中原得鹿不由人"来，识见上要差一些。当然，这些毕竟都是文学语言，不必过于从史识上去推敲。《邓艾传》注引《袁子》论蜀北伐事，曰："小国之虑，在于时立功以自存。"《华阳国志·后主志》亦作如是判断，曰："以弱为强，犹可自保。"这种历史的估量，比起英雄不遂其志的慨叹，比起王业不得偏安的议论，都要实际得多。《后出师表》曰："不伐贼，王业亦亡，惟坐待亡，孰与伐之？"这不论是诸葛亮本人之言，还是时人托为诸葛亮之言，都说明王业云云不过是诸葛亮欲求立功自存的一种自饰之词而已。以其时蜀魏形势度之，以攻为守者或有可守，坐守待人之攻者守亦不能。清人刘献廷直谓诸葛亮北伐不过是"以攻为守"，"不如此，欲求三分，不可得也"。[1] 这个说法我认为是有历史见识的。如果认为连这种估计也委屈了诸葛亮的话，那就必须说诸葛亮北伐之师与刘备当年出峡之师一样，都只能一概视之为《孙子》所谓的"糜军"了。

---

[1]《广阳杂记》卷一，丛书集成本。

五　跨有荆益之失

诸家评论入蜀,多有一个共同前提,即以弃荆州而不守,没有完成《隆中对》中"跨有荆益"之业为失策,因而寄以惋惜之情。他们似乎并不怀疑跨有荆益的正确性和可能性。

荆州本是四战之地,赤壁战后纠纷迭起。后来孙刘妥协,刘备所得不过长江以南、湘水以西郡县,这并非荆州的发达之区,不能凭以抗拒孙吴用扬州为资而随时可能发动的攻击。刘备主力入蜀后,孙权不会长久容忍留在荆州的刘备势力,刘备也难于长久维持在荆州的军事存在,这是很清楚的事。关羽攻樊,不过是自启衅端,给孙权以可乘之机,加速了刘备据荆力量的覆灭。所以,问题不在于刘备之弃荆州,而在于荆州之不得不弃。这种荆益不可兼得的情况,估计刘备有所觉察,但又不能心甘情愿地接受。

关羽自围樊以至败死,首尾半年。其时刘备得汉中而王之,并控制了沔水以通襄樊。孟达在上庸,刘封受刘备之命自沔水下统孟达之军。关羽急时,连呼刘封、孟达支援,而刘封、孟达竟托词不承关羽之命。关羽败死,孟达降魏,刘备赐刘封死,以正其不救关羽之罪,但这只是一种姿态而已,我疑此中另有隐情,容当别论。① 在荆州形势紧张的半年中,刘备并未主动发兵自沔援荆,也未遣军自长江顺流策应。看来刘备虽未必忘怀荆州,但又无法分兵以固荆州之守。所以他态度暧昧,犹豫多时,对关羽之死是负

━━━━━━━━━━━━━━━━

① 参《蜀史四题》之二《刘封与孟达》。

有责任的。至于诸葛亮，没有资料证明他曾受到刘备谘询，对此没有关系。

夷陵之战，是刘备重图跨有荆益的一次尝试。刘备对这次战争的部署和指挥意图，令人难解。战争开始，蜀军尽出三峡，占领巫、秭归，至于夷道猇亭，武陵蛮夷闻风归降。形势于蜀是颇为有利的。蜀自出军至覆败，整整一年；兵屯峡口，亦历七八月之久。蜀军连兵立屯，作固守状，并未试图强攻。《三国志·魏书·文帝纪》魏文帝静观夷陵战局，谓群臣曰："备不晓兵。岂有七百里营可以拒敌者乎？"陆机《辨亡论》论蜀吴郊境形势说："重山积险，陆无长毂之径；川厄流迅，水有惊波之艰。虽有锐师百万，启行不过千夫；舳舻千里，前驱不过百舰。故刘氏之伐，陆公喻之长蛇，其势然也。"魏文之讥，陆逊之喻，的确说明了蜀军的致命弱点。克服弱点的方法，只有以高屋建瓴之势，乘流急进，变弱点为强点，才有可能破吴军峡外之守。但是刘备虑不及此，而是持续地作长蛇状的静态屯驻，置自身于被动防御地位，以致意沮兵疲，一朝覆没。

卢弼于《陆逊传》集解中引钱振锽之论曰：刘备"非致死之军，直畏死不敢进也"。又谓"此岂报仇雪恨之师哉？正孙子所谓縻军，非忿兵也"。按《孙子·谋攻》："不知军之不可以进而谓之进，不知军之不可以退而谓之退，是谓縻军。"注引李筌曰："縻，绊也。不知进退者军必败，如绊骥足无驰骤也。"钱氏观察入微，认为刘备之师乃孙子所谓縻军，是有见地的。钱氏还分析："长江上流建瓴之势，舫船载卒，不费汗马之劳。先主有上流之势而不用，舍船就步，吾不得其说也。"

《汉书·魏相传》："争恨小敌，不忍愤怒者，谓之忿兵。"刘备雪恨动机，诚或有之。《三国志·魏书·刘晔传》就刘备、关羽的关系为言,认为不如此则"于终始之分不足"。但是蜀吴实力对比究竟如何,对于如《诸葛瑾传》所议大局小局的关系是否全无考虑,据蜀而图长期固荆是否可能,这些都是不可等闲视之的蜀国安危所系的现实问题,刘备不能不筹谋在先。在我看来,正是这些复杂的问题,使刘备既不能战,又不得不战,因而陷入一种矛盾之中。表现在指挥上,既作倾国出兵的姿态,又不敢顺流以求决战,终于使忿兵成为縻军。钱振锽甚至推测:"顺流而下,将逆流而返,军若不利,将不善其归也。"这种认为刘备预筹退路的推测,看来不无道理。《黄权传》权谏阻刘备伐吴,已有"水军顺流,进易退难"之语。不过,即令刘备筹谋在先,仍然不得免于"不善其归"的厄运。刘备的矛盾,竟然如此解决。

夷陵之战,史家论之者多,诗人也有咏叹之作。杜甫《八阵图》诗有"遗恨失吞吴"的名句,历代论诗者揣摩诸葛亮心态和杜甫立意,作过许多不同的解释。杜诗仇注归纳为四:一,以不能灭吴为恨,此旧说;二,以刘备征吴为恨,此苏轼说;三,谓诸葛亮不能制刘备东行而自以为恨,此朱鹤龄说;四,以不能用阵法而致丧师为恨,此刘逴说。吴小如《略论杜诗的用事》一文,①以朱鹤龄说为得,苏轼说亦近是。我同意该文这一观点。不过我认为这主要是参考历史事实而对诸葛亮心态的揣度,至于是否符合诗圣杜甫之意,那就难说了。

刘备出兵,谏阻者多,诸葛亮是否在谏阻者之列,史无明文。但是反过来说,诸葛亮无促成出兵之嫌,是可以肯定的。《法正传》记诸葛亮事后之言曰:"法孝直若在,则能制主上令不东行,就复东行,必不倾危矣。"由此窥知,诸葛亮对此战不以为然,如果不

①《北京大学学报》1979 年第 6 期。

是无由谏阻，必是谏阻无成。还可以进一步推论，诸葛亮于关羽败死后已认识到守荆之不可能，放弃了《隆中对》中跨有荆益的设想。所以他不但不同意出峡之战，而且在数年以后孙权正号之时，立即派遣陈震往贺，并相约剖分天下诸州。这样，蜀之与吴，就俨然以西帝、东帝相待，而所谓王业不偏安也就成为具文了。

近读傅克辉《论〈隆中对〉的成功和失误》一文，①于其以跨有荆益为失的论点，我有同感，只是想作一点补充。我认为跨有荆益之失，主要不是失在草庐对策之时，而是失在孙吴已成为荆州支配力量之后。

诸葛亮作《隆中对》时，曹兵有压境之虞，孙吴又出太湖之侧，为刘备计，只有取代刘表、刘璋，才有出路。在这种形势下，《隆中对》提出了跨有荆益的主张，而对这一主张的可行性并没有作深入细致的考虑。这当然是一个失误。但是若因时论事，《隆中对》的这一失误是可以理解的，它也并未造成眼前的损失。其时刘备、诸葛亮身在荆州，断不容提出抛弃可能据而有之的荆州于不顾而侈谈入益之事。所以跨荆州益州而有之的主张就自然而然地被提出来了。据荆是当务之急，据益则是远景。以后的形势一变于赤壁战后孙权势力入荆，再变于刘备主力入蜀，三变于关羽失荆州之守。到了此时，跨有荆益之不可能才明显地暴露出来。所以我认为跨荆之失主要不是失在诸葛亮早先曾作此议，而是失在刘备无视已经明朗化了的形势而固执此议。至于此后，诸葛亮既不曾赞同刘备出峡攻荆，也未在他自己执政时继续从事跨荆之战。诸葛亮避免了两面作战的被动局面，可谓失之东隅，收之桑榆。上举傅文在此问题上也说到诸葛亮毕竟是高明的，我认为是

①《文史哲》1986 年第 3 期。

公允的评论。

六　跨有荆益的认识来源

诸葛亮在《隆中对》中提出跨有荆益的主张，除因当前形势未显，不得不作如此设想以外，还有历史原因。我以为百余年前公孙述据益出荆的历史事实，给诸葛亮跨有荆益之议提供了认识上的根据。

东汉光武帝建武元年至十二年（25—36），公孙述在成都建号立国，史称其时"蜀土清宴"。《后汉书·公孙述传》载李熊说公孙述称帝，有言曰：蜀地"北据汉中，杜褒斜之险；东守巴郡，拒扞关之口。……东下汉水以窥秦地，南顺江流以震荆扬"。李熊所设想的割据境界，含荆州西境，与《隆中对》所说跨有荆益大体相当。后来公孙述所遣将军任满果然从江州东下，至于三峡以外的扞关。建武六年，将军田戎、任满又曾"出江关，下临沮、夷陵间，招其故众，因欲取荆州诸郡，竟不能克"，云云。按临沮、夷陵在今当阳、宜昌，已经深入荆州。所以跨有荆益，公孙述时并非全不可能。所谓"招其故众，因欲取荆州诸郡"之语，系指田戎初起于夷陵，转战郡县，因有故众在临沮、夷陵以及荆州其他郡县。这种情况，与刘备先在荆州活动后来虽离荆州而在荆州尚具一定影响相似。

《华阳国志·公孙述志》："荆邯说述曰：'……不东出荆门，北陵关陇，与之进取，则王业不全，子孙不久安也。'述悦之，乃出军荆门、陈仓，欲震荡秦、楚。"此事《后汉书·公孙述传》记载，于时地均较准确翔实。《后汉书》曰：建武七年骑都尉荆邯说公孙述,宜及光武尚有事于山东、天下未平之际,"发国内精兵,令田戎据江陵,临江南之会,倚巫山之固,筑垒坚守,传檄吴楚,长沙以南必随风而靡。令延岑出汉中,定三辅,天水、陇西拱手自服",云云。《后汉书》谓公孙述本拟如荆邯所请出兵,后遂止,此点与《华阳国志》异。《后汉书》又载建武九年,"遣田戎及大司徒任满、南郡太守程汛将兵下江关,破虏将军冯骏等,①拔巫及夷陵、夷道,因据荆门",十一年始败退。由此可见,公孙述于益州立国,荆州西境在其势力范围之中,虽未长期驻兵,但随时可以发兵占领。说公孙述曾经跨有荆益,是可以的。

上引常璩《华阳国志》及范晔《后汉书》成书在后,都是诸葛亮作《隆中对》时所不见。但据《后汉书·班固传》及《史通·古今正史》,知公孙述事迹已著于东汉时的《东观汉记》,布流于世。诸葛亮草庐作对,指画天下大势及于蜀中之时,昔年公孙述据益跨荆的历史,自然是他所知道而浮现于脑中的。所以我认为公孙述的事迹,正是诸葛亮跨有荆益之议的认识来源。而且公孙述诸将北上秦川之议以及所谓不进取则"王业不全"之语,《隆中对》与之符合,以后诸葛亮连年北伐事也与之符合,或许它们之间同样有某种思想认识上的关联。

公孙述失败了,后人未曾以之入于僭越叛逆之列,亦未曾责其跨有荆益以及北上秦川为非计。公孙述有白帝之称,其所遗留的白帝城之名至东汉沿而未改,刘备入蜀时此城仍旧名。《三国志·吴书·孙权传》注引《魏略》载魏文帝曹丕诏答孙权关于夷陵之战诸事,以刘备比之于公孙述。其诏曰:"昔吴汉先烧荆门,后

①据《后汉书·岑彭传》,"破虏将军冯骏"当作"破威虏将军冯骏",是。破是动词。

发夷陵,而子阳(按公孙述字子阳)无所逃其死。……今讨此虏(按指刘备),正似其事。"《三国志·魏书·明帝纪》太和二年注引《魏略》,明帝露布天下并班告益州曰:诸葛亮"怀李熊愚勇之志,不思荆邯度德之戒",云云。"李熊愚勇",谓李熊说公孙述称帝及出兵事;"荆邯度德",或指荆邯于请发兵出荆门、关陇之前,尚有"以为宜与汉和亲,不者……"云云之句。观此可知,诸葛亮的对手魏明帝曹睿也是以二百年中益州前后两个割据势力为对比而述己意的。《三国志·吴书·诸葛恪传》记恪曾著论谕众,曰:"每览荆邯说公孙述以进取之图,近见家叔父(按指诸葛亮)表陈与贼(按指曹魏)争竞之计,未尝不喟然叹息也。"诸葛亮"表",胡三省、李慈铭均认为当即《后出师表》。荆邯"进取之图",兼指东路、北路;而诸葛亮"争竞之计"只是指北上秦川一事,与荆邯之说有所不同。虽然如此,亦可见三国时人认为荆邯对公孙述所画之策,同诸葛亮对蜀主所画之策,彼此有所联系,有可比较。这些都是《隆中对》中跨有荆益之议有荆邯说公孙述之议为其认识来源的旁证。

三国以后,文士吟咏蜀事,也多有以公孙述事与刘备父子及诸葛亮事相联系者。《吴都赋》以或问之语,谓益州之地"公孙国之而破,诸葛家之而灭",以公孙、诸葛并言。这是由蔑视其地而连及其人,不是左思对公孙、诸葛个人的褒贬。《蜀都赋》曰:"公孙跃马而称帝,刘宗下辇而自王。"所谓"自王",是左思对刘备的微词,义同"私署"。左思在晋帝魏,自然不承认刘备的法统地位。与此相对,左思对公孙述形象的描绘,比刘备要高,这就可见左思褒贬所在了。《后汉书·公孙述传》范晔之论,同崔浩之喻刘备一样,比公孙述于赵佗,责其徒以地势高深险远自安;但又谓其"谢臣属,审兴废之命,与夫泥首衔玉者,异日谈也"。泥首,指孙皓降晋事。衔玉,即衔璧,古者君王败降,衔璧面缚,示国亡当死。此指刘禅舆榇自缚诣降事。公孙述宁死不降光武,是他在当时及后世博得赞赏的主要原因。相比之下,三国时孙晧泥首以降王浚,刘禅自缚乘骡以诣邓艾,孙、刘事业都以后人屈降告终,与公孙述之壮烈,不可同日而语。

杜甫在成都所吟《阁夜》一诗,有句曰:"卧龙跃马终黄土,人事音书漫寂寥",注家谓其有叹贤愚同尽之意。按杜甫贤诸葛亮,证以他的《蜀相》《古柏行》《咏怀古迹》诸诗,是没有疑问的;但以公孙述为愚,似尚无据。所以我们宁可认为"卧龙跃马"句为叹此二人处境相似,又皆无成;至于二人之间,还看不出杜甫有轩轾之意。南宋陆游对公孙述的态度却与杜甫不相同。陆游生活在一个屈辱的时代,对于降与战的差别,感觉特别敏锐。乾道六年(1170),他有夔州通判之任,在其《入瞿唐登白帝庙》一诗中借题发挥,曰:"参差层颠屋,邦人祀公孙。力战死社稷,宜享庙貌尊。"其时白帝庙犹有白帝公孙述的塑像,供邦人岁时祭祀。陆游从公孙述连想到死于此地的刘备,从公孙述的宁死不屈连想到刘禅的自缚出降。所以诗中又有特别称赞"跃马壮",斥责"乘骡昏"之句。①

在诸葛亮的时代,有魏文帝以吴汉征讨公孙述为喻,有魏明帝以李熊、荆邯之言为喻,有诸葛恪论荆邯说公孙述以进取之图为喻;在诸葛亮以后各代,有如此多的诗人文士赞扬公孙述而以刘氏为衬托。这许多事实也能帮助我们理解,诸葛亮作《隆中对》时,把公孙述的事业作为背景,与刘备未来的事业联系起来设想,是完全可能的。跨有荆益就是这些设想中的一个部分,而且是重

①《剑南诗稿》卷二,见《陆放翁全集》,中国书店影印,1986年。

要部分。①

但是诸葛亮作《隆中对》时没有考虑也不可能考虑到如下一个事实：当公孙述时，荆州西境并无东汉强兵经常把守，所以公孙述军出峡入峡颇为自由，不受阻碍；而当刘备入蜀和关羽败死后，孙吴大军已把三峡东出的大门严严实实地封锁起来，不容蜀军出入，这同公孙述时大不相同。何况由于地形地势的原因，即令在公孙述时，也无法长久驻军于荆州，把荆州西境牢固地控制在手。严格说来，公孙述虽有田戎在荆州多故众之便，也未能真正跨有荆益。刘备在荆，当然也可能得到某种助力，但荆州总的形势已经大异于公孙述时。公孙述未能真正办到的跨有荆益的事，诸葛亮要办到，就更不可能了。

——原刊《历史研究》1989 年第 5 期

---

① 本文"跨有荆益之失"一节，把刘备夷陵之战的跨有荆益与前此《隆中对》"跨有荆益"之策，未在地理上和时间上加以区别，是不准确的。在"《隆中对》方略和诸葛亮在实施中的作用"一节中，也是误把"溯流千里，越峡逾巴"视为刘备必取的惟一的入蜀道路，而没有考虑还有沿汉水一途。这是前人对"跨有荆益"一语共同的误识。稍后我认识到《隆中对》"跨有荆益"的设想应指自荆州襄阳所见汉水溯流以至于益州汉中郡的荆益之地，而非指三峡东西两面的荆益之地，曾有《〈隆中对〉"跨有荆益"解》之文作出新解（见《周一良先生八十生日纪念论文集》，中国社会科学出版社，1993 年），并以此为基础改写为《东三郡与蜀魏历史》，收入本书，请参看。

李严兴废与诸葛用人

诸葛用人问题,从其内涵诸方面说来,本无剩义可言。本文拟在用人问题的具体情节以外,根据蜀国统治集团组成状况及其变化,探索诸葛用人背景,从另外的角度重新认识这一问题。在我看来,李严这个除了略起反衬作用以外从不为史家注目的人物,其显隐兴废是理解诸葛用人背景的关键。循此线索进行研究,蜀史中的某些问题似乎可以得到新解。

一 新和旧、客和主的分野

建安十七年(212)刘备举兵葭萌以袭刘璋之时,力量甚为单薄,如刘璋益州从事郑度所说:"兵不满万,士众未附,野谷是资,军无辎重。"①后来刘备得到诸葛亮从荆州溯流入蜀之援,力量仍很有限。刘璋集团军力较强,弱点是统领无方,缺乏内聚力,不足以抗衡刘备。在一年多的时间里,经过涪城、绵竹、雒城几次战役,刘璋之军不断溃败,陆续向刘备求降。刘备控制益州全境以

①《三国志·蜀书·法正传》。

后,其统治人物中由刘璋部属归降者占有很大比重,这些人越来越显著地起着举足轻重的作用。

刘璋部属,本是在刘焉、刘璋父子战胜益州在官地主的二十多年中逐渐形成的一个松散集团。起先,刘焉欲"避世难",[①]于中平五年(188)入蜀,为益州牧。当时支持他的,除了陆续入益州的以南阳、三辅人为主的"东州人"及其他外来人以外,还有两种益州势力。一为原仕洛阳、后随刘焉回籍的益州官僚,如侍中广汉董扶、太仓令巴西赵韪;[②]一为仕于益州的本籍豪强,如领有家兵的益州从事贾龙。董扶"明图谶",以"益州分野有天子气"说刘焉。贾龙战胜了益州黄巾,但力量有限,不能自立,当刘焉入蜀时他选吏卒出迎。这些事实,说明益州地主虽然力图影响益州政局,可是他们还没有强大到足以据地自保,并抗衡外来势力的地步。因此,上述益州在官地主,不论是前者还是后者,都力图借重具有刘汉宗室身份的刘焉,以求达到保据益州,不受或少受中原战乱影响的目的。在这个基础上,刘焉同益州在官地主之间,暂时形成了相互利用、相互依存的关系。

但是,刘焉是外来势力,他同益州在官地主之间有明显的利益不一致,冲突是迟早要出现的。初平二年(191),刘焉"托他事杀州中豪强王咸、李权等十余人,以立威刑",[③]引起犍为太守蜀郡任岐和校尉蜀郡贾龙(即前选吏卒出迎刘焉的州从事贾龙)起兵

---

① 《三国志·蜀书·刘二牧传》。以下见于此传及《华阳国志·刘二牧志》的引文,一般都不出注。
② 赵为巴西安汉大姓,见《华阳国志·巴志》。同志另有安汉赵颖,颖为韪之误字。
③ 《三国志·蜀书·刘二牧传》注引《益部耆旧杂记》谓李权为临邛长,《华阳国志·刘二牧志》谓王咸为巴郡太守。

叛乱。刘焉用以压平叛乱的,是东州士和青羌兵。

兴平元年(194)刘焉死,焉二子璋、瑁在蜀,"州大吏赵韪等贪璋温仁,共上璋为益州刺史"。州大吏赵韪,就是随焉入蜀的原太仓令巴西赵韪,这时他的权势达到足以选立刘璋、左右政局的地步。也有一些不服刘璋的益州将吏东走荆州,其中的甘宁以后成为东吴大将。建安五年(200),赵韪"因民怨谋叛,……阴结州中大姓,与俱起兵,还击璋,蜀郡、广汉、犍为皆应韪"。这是益州在官地主最大的一次叛乱。由于东州士殊死战,成都得以保全,而赵韪卒为其部将庞乐、李异所杀。以后虽然还有如"州中诸将庞乐、李异等皆恃功骄豪,欲有外意"的事,[①]但是益州在官地主大规模叛乱却不再见于史籍了。[②] 不断由三辅、南阳及荆州它郡流入的外来士人与余下的益州在官地主联合一起,形成一支比较稳定的力量,支持刘璋,使刘璋在益州的统治得以维持一个时期。刘备进攻刘璋,这支力量又陆续背弃刘璋,倒向刘备。

刘璋邀刘备入蜀之初,这两个营垒之间就自然地形成"客主"之分,有时又称为"新人"和"旧人"之分。最早说及这种关系的,是刘璋的主簿黄权。黄权谏刘璋勿迎刘备入蜀,否则客主难于相容,"若客有泰山之安,则主有累卵之危"。[③] 显然,这是就客主两

①庞乐,《三国志》及《华阳国志》均作庞羲,误。庞羲为河南人,不得称之为"州中诸将";他地位高,亦不得在诸将之列。而庞乐、李异二将共杀赵韪有功,故此处"恃功骄豪"的"州中诸将"必为庞乐、李异。又,吴有将军李异,疑即此蜀将之降吴者。

②《华阳国志·蜀志》及《三国志·蜀书·李严传》所载郪县世掌部曲的高、马家高胜、马泰(一作马秦)的叛乱,属于土豪问题;《三国志·蜀书·后主传》等所载益州郡大姓雍闿叛乱等事,又涉及民族问题,均与本文所说益州在官地主有所不同,当别论。

③《三国志·蜀书·黄权传》。

方的军事营垒而言。刘备围攻刘璋于雒城时,法正在刘备军中,致笺刘璋,劝他勿以"客主之势"自恃。① 这里说的客主仍是指对垒的两军,与黄权之意一样。

　　刘备征服刘璋,刘璋部属全体进入刘备阵营以后,客和主、新和旧合流,其分野实际还存在,不过不再是军事上两个营垒的区分,而是政治上两个派别的区分。《诸葛亮传》注引法正谏亮之言曰:"今君假借威力,跨据一州,初有其国,未垂惠抚。且客主之义,②宜相降下,……"云云。这说及一体之中存在着主和客,或者说旧和新这两部分人,构成蜀政中的一大问题,须得刘备、诸葛亮细心协调,妥善处理。在当时矛盾还不显著的情况下,两部分人的区分并不十分整齐,政治态度也不完全一致。同是刘璋旧属,有些人在政治上公开反对刘备,例如来敏、李邈、刘巴等;多数人则不公开反对,等待形势的变化发展。

　　刘备初领益州牧时,据《先主传》云:"诸葛亮为股肱,法正为谋主,关羽、张飞、马超为爪牙,许靖、麋竺、简雍为宾友。"这里除法正、许靖、马超以外,都是新入蜀的刘备部属,即所谓"新人"。他们在蜀国官员中人数较少,却是蜀中统治者的主体。刘备对旧人中类型不同的各种人物,也作了精心考虑。法正引刘备入蜀,其地位同于刘备部属。许靖以名高为法正荐于刘备,与刘璋本来没有多少关系。马超在蜀更无根柢,可以不论。《先主传》:"及董和、黄权、李严等,本璋之所授用也。吴壹、费观等,又璋之婚亲也。彭羕,又璋之所排摈也。刘巴者,宿昔之所忌恨也。皆处之

---

①《三国志·蜀书·法正传》。
②"客主之义",《通鉴》建安十九年胡注:"以亮等初至为客,益州人士则主也。"这与上引黄权、法正之说是一致的。

显任,尽其器能,有志之士,无不竞劝。"《通鉴》于此下还缀有"益州之人是以大和"。这是一次重要的政治安排。刘备通过设官分职,力图使各种人,主要是刘璋旧属,同新人一起,各得其所,彼此相安。其中属于"璋之所授用"的董和、李严二人更被重视,在刘备政权中处于特别地位,具有特殊作用。

《董和传》,和由荆入益,仕刘璋,建安十九年(214)"先主定蜀,征和为掌军中郎将,与军师将军诸葛亮并署左将军、大司马府事"。左将军、大司马府,刘备军府。董和作为刘璋旧属的代表,被物色来与诸葛亮并署军府,这是一种具有象征意义的安排,从政治方面表示对旧人的尊重。董和居官忠恪谦恭,诸葛亮谓其"参署七年,事有不至,至于十反,来相启告"。建兴元年(223)刘备死,其时董和当已卒官,于是李严就被选来代替董和,成为蜀国政权中刘璋部属亦即所谓旧人的代表,与诸葛亮一起受遗诏辅幼主。李严所得到的这种礼遇,又大大地超过董和。何焯谓董和与诸葛亮并署左将军、大司马府事,李严与诸葛亮并受付托之任,"皆所以慰蜀士大夫之心",[1]这一见解是精当的。何焯所说的"蜀士大夫"并非专指益州籍贯的士大夫,而是泛指刘璋旧属,包括益州籍的也包括外来的益州官吏,而且外来的居多数。

刘备死后,诸葛亮继承了这一既成局面,维持与李严的和谐关系,保持新人与旧人的平衡。[2] 但是,形势在发展,利害有冲突,

[1]《义门读书记》卷二七。
[2] 诸葛亮早已留意用蜀中旧人以协调新旧关系,在委署太守时也很明显。《杨洪传》谓犍为太守李严辟犍为杨洪为功曹,严未去(去字据《通鉴》,意谓去官,本传误作至)犍为而洪已为蜀郡太守;蜀郡太守杨洪举有才策功干的门下书佐蜀郡何祗为郡吏,洪尚在郡而祗已为广汉太守。"是以西土咸服诸葛亮能尽时人之器用也"。何祗,蜀郡人,见《张嶷传》。

新人旧人的矛盾日益滋长。敌视旧人者嫉妒李严,不服新人者攻击诸葛亮。新人旧人矛盾明朗化,几年之后遂演化为诸葛亮与李严的公开冲突。

二 李严的特殊地位

《李严传》:严,南阳人,少为郡吏,以才干见称,历事刘表、刘璋、刘备。刘备死前,李严以犍为太守征拜尚书令,受遗诏副诸葛亮辅政,以中都护统内外军事,留镇永安。建兴五年(227)诸葛亮出军汉中,李严当知后事,严遂移镇江州(巴郡治所,今重庆市),留护军陈到为都督,驻守永安,统属于严。

在当时形势下,李严以都护屯江州,实际上是总揽蜀国东部军政,与成都分陕而治。①《吕凯传》益州郡大姓雍闿叛乱,李严以都护名义“与闿书六纸,解喻利害”。《华阳国志·南中志》则谓“从事蜀郡常颀行部南入,以都护李严书晓谕闿”云云。常颀当为益州从事,益州从事行部入南中,不宣丞相、益州牧诸葛亮的教令,而以都护李严书晓谕,可见李严职任之重。

何焯在前举《义门读书记》中论李严“所以并当大任”之因,有些是比较准确的。他说:“既蜀土故臣,宜加奖慰;……荆土归操,严独西归,似有志操;理民治戎,干略亦优,是故取之。”李严初入蜀,为成都令。成都是益州首邑,大姓纵横,李严得居此任,看

───────────

①分陕而治,也是相对言之。其时统属于李严的永安都督陈到,是随刘备入蜀,“名位常亚赵云”的“新人”,见杨戏《季汉辅臣赞》、《华阳国志·巴志》。陈到驻守永安,对李严不能不是一种重大的牵制力量。

来是得到刘璋器重。他以刘璋护军而降刘备，于璋败备胜起了重大作用。他受任为犍为太守，压平郡县土豪高、马家，又助平越西夷王高定，于刘备有军功。这些经历使李严于旧人、新人中都具有受信任、被尊重的地位。他在郡有兴业将军（后加辅汉将军）军号，握有相当的军事实力。《先主传》建安二十四年刘备得汉中地，"遣刘封、孟达、李平等攻申耽于上庸"。按李严改名李平晚在建兴八年（230），所以历来注家不信此李平即李严，但我认为不能排除陈寿此处用李平之名记李严事的可能性。建安二十四年（219）秋，李严以兴业将军列名上刘备为汉中王表中。值得注意的是《三国志·蜀书·先主传》所载同年"黄龙见武阳赤水，九日乃去"一事，这是刘备称帝的重要舆论准备。二十五年太傅许靖等上言，历数其时上书称符瑞图谶者已八百余人，特别称述黄龙见赤水事，因为据他说，"龙者君之象也"。武阳为犍为郡治，犍为太守李严为此立庙作碑。《隶续》卷一六著录此碑，称《黄龙甘露碑》，凡二，其一碑侧有太守李严之名，题名中有司徒臣某。另一碑有建安二十六年字，盖刘备沿用汉献帝年号，以示继汉。蜀有司徒始自章武元年，即碑上所作的建安二十六年，是年以许靖为司徒，则前一碑有司徒名号者亦立在此年。这件事显示了李严对刘备特别效忠。刘备日后看重李严，与此当有关系。

李严后来以尚书令受遗诏辅政，为中都护统内外军事。李严何以得骤居此职，陈寿未作交待，它书亦无说明。据知前此孙吴曾以周瑜为中护军，与长史张昭共掌众事。李严中都护之任略当孙吴之周瑜，而顾名思义，中都护统内外军事的职任更重于中护军，近于魏晋常见之都督中外诸军事，例为武力权臣所居。我疑李严素有实力，他奉诏来永安，或有率所领兵以守峡道任务，成为夷陵倾败以后蜀国安危所赖的重镇，因而有中都护统内外军事的任寄。后来诸葛亮北伐时调李严离永安、江州,欲得其兵以镇汉中,李严"穷难纵横,无有来意",就是由于有此背景。

李严辅政以后,处境有些特殊,与诸葛亮的关系也颇为微妙。李严不得入成都,只是居永安为外镇,实际上无法起到刘备原来许诺于他的辅政作用,中都护统内外军事也成为具文。他退而求其次,力图在江州扩大实力,巩固分陕之势。《华阳国志·巴志》:李严在江州"更城大城,周回十六里,欲穿城后山,自汶江通水入巴江,使城为州(按州即洲),求以五都(按当作郡)置巴州。丞相诸葛亮不许"。①《水经·江水注》略同。《李严传》则直谓李严"求以五郡为巴州刺史"。《华阳国志·后主志》还说李严欲效法魏国陈群、司马懿所为,要求开府,以与其时开府、领益州牧的诸葛亮等列。种种迹象表明,李严是想使巴、蜀"分陕"的局面合法化,长期化,与诸葛亮分庭抗礼,这当然是诸葛亮所不能容许的。诸葛亮与李严的矛盾在酝酿中,不知哪一天将要爆发。

李严拥有实力和地位,自视甚高,一贯表现与诸葛亮相颉颃的态度。据《李严传》,严致书于由蜀降魏的孟达曰:"吾与孔明俱受寄托(按指受遗诏辅政),忧深责重,思得良伴。"诸葛亮亦有书与孟达曰:"部分如流,趋舍罔滞,正方(按李严字正方)性也",史谓"其见贵重如此"。按诸葛亮致书孟达,是以执政地位,在北伐出师之前引孟达为外援,这是可以理解的。但李严以都护屯驻江州而与孟达为境外之交,炫耀自己与诸葛亮相伯仲的地位,那就

---

① 《元和郡县图志》卷三三渝州巴县条:"先主(按当作后主)令都督李严镇此,又凿南山,欲会汶涪二水,使城在孤洲上。会严被征,不卒其事,凿处犹存。"《华阳国志》"使城为州","州"乃"洲"之本字。《华阳国志校注》(巴蜀书社,1984年)卷一《巴志》谓汶涪二水即长江与嘉陵江,李严盖欲自今浮图关凿通二江,使全城如岛。

是另一回事了。李严还劝说诸葛亮受九锡，晋爵为王，动机何在，值得琢磨。诸葛亮复书谓"若灭魏斩睿（魏明帝曹睿），帝还故居，与诸子并升，虽十命可受，况于九耶！"亮以"并升"为词以尊李严，可以想见他委屈求全于李严的用心。

诸葛亮通过委重李严以表示对旧人的尊崇，暂时缓和了旧人新人的矛盾，但并不能消除这种矛盾。最先挑起矛盾的是廖立。廖立，武陵人，是刘备在荆州所用的重要人物之一，深受诸葛亮器重。《廖立传》，亮谓"庞统、廖立，楚之良材，当赞兴世业者也"。刘备死，廖立为五校之一的长水校尉，并没有被安排在足以"赞兴世业"的更高位置上。他"本意自谓才名宜为诸葛亮之贰，而更游散在李严等下，常怀怏怏"。李严郡吏出身，长于文法而短于学术。廖立"公言国家不任贤达而任俗吏"，所指当包括李严在内，主要就是李严本人。廖立发难，新人旧人一时关系趋于紧张。诸葛亮表上后主，说廖立"坐自贵大，臧否群士，……诽谤先帝，疵毁众臣"。亮表还说："陛下即位之后，普增职号，立随比为将军，面语臣曰：'我何宜在诸将军中？不表我为卿，上（按此字疑误）当在五校。'臣答：'将军者随大比耳。至于卿者，正方亦未为卿也。且宜处五校。'自是之后，怏怏怀恨。"廖立被废徙汶山为庶民，导火线在于坐自贵大，不服李严。

从旧人方面爆发矛盾，始于来敏。来敏，义阳人，东汉功臣来歙之后，司空来艳之子，出自"荆楚名族"。来敏仕刘璋，为璋姻亲，在旧人中颇有地位。《来敏传》注引《诸葛亮集》亮下教曰："昔成都初定，议者以为来敏乱群。先帝以新定之际，故遂含容，无所礼用。后刘子初（按即刘巴）选以为太子家令，先帝不悦而不忍拒也。"《宋书·王微传》："诸葛孔明云：'来敏乱群，过于孔文举。'"后主即位，来敏为虎贲中郎将领宿卫兵。刘巴本是刘备"宿昔之所忌恨"的人,来敏既于成都初定之时即为刘巴所援引,其对待刘备的态度可知。"乱群"是诸葛亮处置官吏时习用之词,表废廖立,曾说"羊之乱群,犹能为害"云云。①"乱群"之语,盖指在群僚中制造事端,特别是导致新人旧人纠纷。诸葛亮在筹划北伐、安顿后方时,对于东宫旧人、掌领宿卫而好"乱群"的来敏,是不会不作处置的。所以,诸葛亮请来敏为军祭酒、辅军将军,使他离开后主,随同自己北伐;而在所上《出师表》中推荐董允为侍中领虎贲中郎将,统宿卫兵,以代来敏。这件事,引起了来敏的激烈反应。诸葛亮教谓:"将军来敏对上官显言:'新人有何功德,而夺我荣资与之耶? 诸人共憎我,何故如是?'敏年老狂悖,生此怨言。"来敏所称"新人",即指董允。董允是董和之子,董和虽是刘璋旧属,但与诸葛亮长期共署左将军府事,"终始好合"(《董和传》),在政治上与新人一体。董允年少,刘备时始起家为东宫官属,与刘璋没有什么关系。这也许就是来敏不认为董允是刘璋旧属而认为他是"新人"的缘故。来敏以"语言不节,举动违常",屡被废黜,又以其耆宿学士,东宫旧臣,屡废屡起,但也只是职在闲散,没有大用。这种处置似乎是留有更大的余地,与对廖立有所不同。

诸葛亮废徙廖立,左迁来敏,目的是惩罚和防备发难闹事的人,以求维持平衡和安定。但这还不是最终解决新人旧人矛盾问题的办法。最终的办法已经在诸葛亮思考之中,要等待有利的时机才能实现。

_____

① 《三国志·蜀书·刘巴传》刘备斥责刘巴,也说过"孤欲定天下而子初专乱之"。

三 诸葛亮废黜李严的原因及其结果

建兴八年（230），关中魏军有三路进攻汉中的态势。诸葛亮借此理由，命李严将二万人赴汉中，并以严子李丰为江州都督，典严后事。李严抗命不欲北行，筑江州大城，求置巴州为刺史，并求开府诸事，已见前述。诸葛亮表废李严时追叙这一段事情说："臣当北出（按指建兴八年出师防备魏军之事），欲得平（按李严改名李平）兵以镇汉中。平穷难纵横，无有来意。"亮以李丰为江州都督典严后事，"隆崇其遇，以取一时之务"，完全是作为促使李严北上，也就是调虎离山的条件而安排的。李严既然不得不离开长期盘据的江州，那末，诸葛亮进一步解决李严问题，就只是早晚的事情了。

建兴九年，李严为祁山蜀军催督运事。诸葛亮废李严，假借了一个难于置信的口实。据《李严传》，李严之表现为：一，喻后主指，运粮不继，呼亮军还；二，又诘亮粮足何以还军；三，并表上后主谓亮军退盖以诱敌。亮以严反复如此，乃出严前后手笔为证，表徙严于梓潼为民。《李严传》注引诸葛亮公文上尚书，谓严"横造无端"；《季汉辅臣赞》据亮所言，亦谓严"造此异端"。但是这里所说的李严举动毕竟过于乖谬，不符常情，丝毫不像一个素来"以才干称"、"有能名"、被誉为"部分如流，趋舍罔滞"，在蜀国地居分陕的人所当为，颇疑其间另有文章。废徙李严，是解决新人旧人之争的关键，是当时的一件政治大事。陈寿所上《诸葛氏集》二十四篇十余万言，其中有《废李平第十七》一篇，可见关于此事的文书资料是不少的。陈寿、常璩书中所载废李严事，当是据《诸葛氏集》资料写成。但是今存这些，看来都是诸葛亮之词，没有李严一面的资料,历史真象究竟如何,已无从考定了。

李严被废徙,也有他个人的原因。《季汉辅臣赞》注谓:"都护李严性自矜高"。①《太平御览》卷四九六引《江表传》:"诸葛亮表都护李严,严少为郡职吏,用性深克,苟利其身。乡里为严谚曰:'难可狎,李鳞甲。'"这个材料,是陈震向诸葛亮提供的。陈震是刘备旧属,随刘备由荆入益,与李严的人事背景不同。《陈震传》载诸葛亮与蒋琬、董允书,谓"孝起(按陈震字孝起)前临至吴,为吾说正方腹中有鳞甲,乡党以为不可近(按陈震与李严均南阳人,故知乡党所论如此。震使吴在建兴七年,早于李严被废二年)。吾以为鳞甲者但不当犯之耳,不图复有苏、张之事出于不意"。由此可见,李严人多巧诈,桀骜不驯,难于共事,而且还有"苏、张之事出于不意",更是激化矛盾的导火线。

李严所为"苏、张之事",具体情节没有记载。《通鉴》太和五年(231)胡注曰:"谓苏秦、张仪捭阖其说以反复诸侯之间,今李平复为之。"这一解释,可以与《诸葛亮传》注引诸葛亮《正议》所说"二三子多逞苏、张诡靡之说"的用语相印证,②应当可信。李严

---

① 杨戏《季汉辅臣赞》赞费观,注:"都护李严性自矜高。护军辅匡等年位与严相次而严不与亲褒。观年少严二十余岁,而与严通狎如时辈云。"又,赞辅匡,注:"辅元弼,名匡,襄阳人也,随先主入蜀。益州既定,为巴郡(按《华阳国志·巴志》作巴东)太守。"按费观,江夏郧人,刘璋母为观之族姑,璋又以女妻观,建安十八年参李严军,拒刘备于绵竹,与严俱降。上举李严亲费观而不亲辅匡,恰恰就是亲刘璋旧人而不亲刘备新人,似乎其"性自矜高"中也自有偏向在。

② 诸葛亮此处所用"苏、张之事",系贬意无疑。但三国时人亦有用为褒义者。《吴志·吕蒙传》孙权赞扬鲁肃,谓"其决计策意出张、苏远矣"。又《周瑜传》注引《江表传》周瑜语蒋干,亦有"假使苏、张更生,郦叟复出"云云,亦无贬意。

所行"苏、张之事",当指其纵横捭阖于旧人新人之间,肆其诡谲之说,挑起新旧不和,所以诸葛亮要假借理由加以消除。诸葛亮与李严的矛盾由于涉及新人旧人问题,关系重大,不便独自处理,所以诸葛亮表废李严,联署者包括旧人新人在内,竟有二十余人之多。

解决了李严问题,同时也就解决了江州地区的问题。李严驻永安时,江州入旧人之手。① 费观为巴郡太守、江州都督,而费观是刘璋的女婿,李严的参军。费观以后是李严,李严以后是李丰。李严被废徙后,诸葛亮立即"夺平子丰兵,以为从事中郎,与长史蒋琬共知居府事",见《华阳国志·后主志》。这样,江州的军政权就转移到诸葛亮掌握中了。《李严传》记载亮与丰教,说到"若都护(按指李严)思负一意,君(按指李丰)与公琰(按蒋琬字公琰)推心从事者,否可复通,逝可复还也"。这本是诸葛亮对李严的一个姿态,李严于徙所信以为真,"冀亮当自补复"。但是李严的希望并未实现。

廖立以不服李严被废,而李严又以不服诸葛被废。在这看来是两不相涉的孤立事件中,却包含蜀国历史上的一段公案,贯串于其间的是新人旧人问题。史家每每把这两件事作为诸葛亮执

① 蜀汉之初,巴郡太守人选的改易,显示旧人、新人在巴郡力量的消长。《华阳国志·刘先主志》:建安十九年(214)刘备入成都,列署官守,"费观为巴郡太守",此为蜀汉巴郡首任太守。费观为旧人,疑本为刘璋署置,刘备暂仍其旧。《杨戏传》载《季汉辅臣赞·赞辅匡》,注曰:"益州既定,为巴郡太守。"此为第二任。辅匡为新人,当是刘备旋以辅匡代费观,巴郡入新人之手。同传载《季汉辅臣赞·赞费观》,注曰:"既定益州,拜为裨将军,后为巴郡太守、江州都督。"此为第三任。当是李严为中都护驻永安,巴郡为永安后方,费观遂复任巴郡太守。此后巴郡都由李严、李丰掌握,直到李严废徙。

法公平的重要佐证而并提。习凿齿论及这两件事，谓亮如水如镜，至平至明，"可谓能用刑矣"，见《李严传》注引。《三国志》以廖立、李严同传，陈寿并谓其"招祸取咎，无不自己"，以此作为二人同传的理由之一，从历史的表面看来，这自然是可以的。但是廖立、李严招祸，导源于新人旧人之争；诸葛执法，也是要表现持平态度于新旧两造之间，这一历史深层的联系，陈寿似乎没有予以注意。

李严被废徙后，旧人中敢于继续公开反抗的，据知只有李邈一人。李邈，广汉郪人，刘璋牛鞞长。成都初定，李邈正旦行酒，面责刘备"取鄙州甚为不宜"。有司将杀邈，诸葛亮为请得免。亮死，邈疏上后主，谓"亮身杖强兵，狼顾虎视。'五大不在边'，[①]臣常危之。今亮陨没，盖宗族得全，西戎静息，大小为庆"。后主下李邈狱，诛之。[②] 李邈被杀事，是新旧矛盾的余波。大体说来，新旧矛盾以严废亮死而告结束。紧接着出现的是魏延、杨仪争权，酿成砍杀的重大事件，而魏延、杨仪都是刘备阵容的人，属于新人之列，他们的矛盾，不再属新旧之争。

四　巩固新人地位、协调新旧关系是诸葛亮用人的核心问题

诸葛亮以法治蜀，是他受到后人推崇的一个重要方面。以法

---

① "五大不在边"，《左传》昭公十一年申无宇对楚王之言。《疏》引贾逵云："五大，谓太子、母弟、贵宠公子、公孙、累世正卿。"五大，还有它说。《正义》谓"专盛过节则不居边城"，得"不在边"之义。

② 《华阳国志·先贤士女总赞》广汉士女。《季汉辅臣赞》赞李邵，注引《华阳国志》载李邈事，文字略异。

治蜀,主要表现在用人上。《诸葛亮传》陈寿《上诸葛氏集表》,谓亮辅幼主时"科教严明,赏罚必信,无恶不惩,无善不显。至于吏不容奸,人怀自励"。陈寿又评"诸葛亮之为相国也,……尽忠益时者虽仇必赏,犯法怠慢者虽亲必罚"。《张裔传》裔谓亮"赏不遗远,罚不阿近,爵不可以无功取,刑不可以贵势免"。这些资料都是世所习知,论诸葛亮者常加引用的。乱世创业君臣,执名实刑赏以驭天下,强调循名责实,信赏必罚,以立威权。名实刑赏,是他们巩固团结的重要手段。可以说,这是东汉末年群雄争竞以来具有时代特点的现象。诸葛亮以法治蜀,也是如此。

世乱纷争,不得人者不得势,这是当时人所共知的道理。所以三国之主皆以善用人著称。《廿二史札记》"三国之主用人各不同"条曰:"人才莫盛于三国,亦惟三国之主各能用人,……而其用人亦各有不同者。"赵翼所言三国用人特点,偏重于手段和情意,即"曹操以权术相驭,刘备以性情相契,孙氏兄弟以意气相投"。赵翼所见是一个方面。我们从魏、蜀、吴各自的历史条件分析,还可以看到其他方面的特点。这就是,曹操在创业阶段对抗大族,反对单纯遵循世家大族的道德标准,而以"惟才是举"取人。在这方面,曹操获得了成功。孙权在建安年间,力图把他父兄所依以起家的淮泗文武,同他自己后来所依靠的江东大族的利益协调一致,使这两种力量共同支持孙吴政权。在这方面,孙权也是成功的。刘备入蜀后,遇到的情况同曹操、孙权有所不同。刘备在益州完全是外来人,而且是后到的外来人。先来的外来人把后到的外来人视为客,视为新人,同他们画开距离。这样,诸葛亮当政后,其用人策略首先就是要巩固新人地位,稳定旧人,协调新旧关系以求安定,并进一步消灭新旧界线。在这方面,诸葛亮同样获得了成功。这就是诸葛亮用人的核心所在,是他以法治蜀的一项重要内容。

三国情况各不相同,益州有很大的地方特点。以诸葛亮和曹操相比,他们在用人方面碰到过一些相同现象,其后果却不尽一致。魏国是大局面,蜀国是小局面。同样是清议之风,魏国有强大的、深具影响的大族阶层鼓煽其间,蜀国则没有,所以魏国轩然大波迭起,蜀国只有小风小浪。"来敏乱群,过于孔文举",这只能视为诸葛亮的忿激之言。实际上孔融在魏的地位和作用,不是区区来敏所可比拟的。而且孔融影响遍及南北,并不局限于魏国境内。许靖也是一个南北知名的人物。许靖在蜀,如同在北方一样,喜好臧否人伦。他见到王商,称之曰:"设使商生于华夏,虽王景兴(王朗)无以加也。"(《许靖传》注引《益州耆旧传》)他见到张裔,又说裔"干理敏捷,是中夏钟元常(钟繇)之伦也"(《张裔传》)。但是蜀国毕竟不是中原,许靖在激扬清浊、进退人物方面,丝毫发挥不了当年汝南"月旦评"的作用。来敏、许靖能够把中原的清议风尚带到益州来,但是他们却无法带来中原的社会条件。所以来敏乱群问题虽然有重要意义,但并未在蜀政中构成一件大事,诸葛亮处理起来游刃有余,因而也鲜为后世史家注意。

《诸葛亮传》注引《蜀记》诸葛亮答法正之言曰:"刘璋暗弱,自焉以来有累世之恩,文法羁縻,互相承奉,德政不举,威刑不肃,蜀土人士专权自恣,君臣之道渐以陵替。"诸葛亮认为,"累世之恩"造成了刘璋部属这样一个利益集团,而过度的宽纵又破坏了刘璋与他们之间实际上的君臣关系。刘备、诸葛亮接纳了这个集团,也接受了他们所带来的这一份颓风弊政的遗产。这种颓风弊政,又使新人旧人关系容易失去控制,处于紧张状态。面对此情,诸葛亮知道像刘璋那样专靠恩泽来维持是不行的,必须"威之以法,法行则知恩;限之以爵,爵加则知荣。荣恩并济,上下有节,为治之要,于斯而著"。前引诸葛亮以法治蜀的世所习知的资料,可以看作是对这段话的具体说明。诸葛亮以法治蜀,核心内容是不论亲疏远近,刑赏一统于法,力求"用心平而劝戒明"。而所谓亲疏远近,其主要尺度,实际上就是新人旧人——臣僚以新旧为分。新人旧人有了共同的刑赏准则,差别日渐泯灭,蜀国统治才能巩固。诸葛亮对于影响安定、滋生事端的人物十分留意,因而有废徙廖立、罢黜来敏之举,而廖立为新人,来敏为旧人,这自然是为了保持新旧平衡的缘故。

根据以上分析,我们可以认为,历史上备受赞誉的诸葛亮以法治蜀,主要表现在用人方面;用人问题的关键所在,是消除亲疏远近差别以安新旧人心。旧人中足为代表的是李严,所以李严成为诸葛亮表现其用人策略的主要对象,而李严的兴废,大体上也就是诸葛亮以法治蜀的始终。

蜀国统治者中的矛盾,并不是只此一端。以廖立为例,他所攻击的主要是李严,但也触及刘备、关羽,所以诸葛亮说他"诽谤先帝,疵毁众臣"。对滋生事端的人,也并非一概严惩,如李邈面责刘备而诸葛亮为请免罪。新人旧人的地位也可能发生变化,如董和本来是旧人的主要代表,而他的儿子董允实际上却被视为新人。旧人中有些地位尊贵、影响较大的人,虽然不满诸葛,但毕竟能超然于新旧斗争之外,避开了纠纷。如《刘巴传》,刘巴"自以归附非素,惧见猜嫌,恭默守静,退无私交,非公事不言",卒全其高士之名而获令终。

诸葛亮以法治蜀,并非完全真正一统于法,无懈可击。《法正传》法正为蜀郡太守,"外统都畿,内为谋主,一餐之德,睚眦之怨,无不报复,擅杀毁伤己者数人。或谓诸葛亮曰:'法正于蜀郡太纵横,将军宜启主公抑其威福。'"亮答,列举法正引刘备入蜀大功,曰:"如何禁止法正使不得行其意耶?"自然,这种威刑不肃的情况出现在创业之始,是权以济事,毕竟不是常情。而且对法正这样特殊人物,这是政治问题,不是法律问题。严格说来,李严兴废也是政治问题,不是法律问题。用人与用法,毕竟不是一回事。《梦溪笔谈》卷二五:"范文正常言,史称诸葛亮能用度外人。用人者莫不欲尽天下之才,常患近己之好恶而不自知也。能用度外人,然后能周大事。"《颜氏家训·音辞》:"人心有所去取,去取谓之好恶。"所谓"近己之好恶",即指以己之好恶而定去取。这种师心自用的枉法行为,可信诸葛亮是没有的。不过所谓"度外",可以是理度以外,更可以是法度以外。所以要诸葛亮在用人方面完全体现出用法精神,使两者完全一致,也是不可能的。

诸葛亮在思想流派方面是儒是法,论者非一,本文不置论。诸葛亮以法治蜀,主要不是出发于他个人的某种思想理论信念,而是着眼于蜀国历史背景和社会政治的实际需要,这是本文立论的主旨所在。

成都武侯祠有清人赵藩所撰著名对联,其下联曰:"不审势则宽严皆误,后人治蜀要深思。"所谓"审势",不知赵藩所指。但就诸葛亮用法的背景而言,"审势"首先应当着眼于解决新旧之争,这大概是诸葛亮掌握宽严标准的关键所在,可以与本文内容印证。

——原刊《中华学术论文集》,中华书局,1981 年

诸葛亮《与兄瑾论白帝兵书》辨误

中华书局 1960 年出版的《诸葛亮集》，于卷一中收有诸葛亮"与兄瑾书"九件，其中一件题为《与兄瑾论白帝兵书》，文曰：

> 兄嫌白帝兵非精练。到所督，则先帝帐下白耗，西方上兵也。嫌其少也，当复部分江州兵以广益之。

这件书札出于《太平御览》卷三四一。今据中华书局影宋本《太平御览》复校，文内"先帝"作"先主"，"嫌其少也"作"嫌其少者"，题作《诸葛亮与瑾书》。

诸葛亮写给诸葛瑾的书札，魏晋之际有不少存世。陈寿上《诸葛氏集》，所列二十四篇目录中有《与诸葛瑾书第十五》一篇，不悉件数多少。明人张溥所编《百三家集》中的《诸葛丞相集》，收有诸葛亮"与兄瑾书"九件，其中之一即此件书札。清人严可均辑《全三国文》，清人张伯行辑《诸葛武侯文集》，清人张澍编《诸葛忠武侯文集》，都因袭《百三家集》，收入诸葛亮"与兄瑾书"九件。中华书局的《诸葛亮集》，系根据张澍所编上述《文集》点校而成，所收"与兄瑾书"也是九件，一仍张澍之旧。由此可见，从北宋李昉等编纂《太平御览》开始，经过明张溥，清严可均、张澍，直到现在,一千年来,这一书札都被认为是诸葛亮致诸葛瑾书,似乎没有人提出过异议。至于李昉以《诸葛亮与瑾书》为这件书札的题目,是否还有所本,今天已无考了。

核之史实,这件书札有明显的可疑之处。

这件书札,作书人没问题是诸葛亮,受书人则决不可能是诸葛瑾。亮兄瑾仕吴,与蜀国关系较多。他的儿子诸葛乔,一度出继亮后,随亮在成都和汉中。这个时期,瑾、亮书札往还当然是很方便的。但是问题在于,瑾、亮分别为吴、蜀重臣,各在一国,郊境有防,他们在往来书札中,有所干碍的话是不能说的,这一点,不论诸葛亮还是诸葛瑾,都不会不明白。据《三国志·吴书·诸葛瑾传》,诸葛瑾建安二十年为孙权使蜀时,"与其弟亮俱公会相见,退无私面"。后来诸葛瑾为吴南郡太守驻公安时,与蜀为与国,相交以磊落闻,深得孙权信赖,亮、瑾于书札往还中决不会言及郊境军事秘密。既然如此,诸葛瑾何得于与亮书中妄论蜀国军务,对白帝蜀兵既嫌其不精,又嫌其少?诸葛亮又何得因瑾之言,而暴露"部分江州兵以广益之"这种军事秘密?蜀国白帝之守,主要是为了备吴,而吴将诸葛瑾居然越俎代庖,给蜀相诸葛亮指点白帝兵守事宜,这样的事难道是可能的吗?

《太平御览》称此信为《诸葛亮与兄瑾书》,直观的根据是书之首句尊称受书人为兄,而诸葛亮又确有不少与其兄瑾的书信曾经长期存世,因而误以其所尊称之兄即诸葛瑾。在《诸葛亮集》中,编者又以其所议为白帝兵事,因而进一步误标此书为诸葛亮《与兄瑾论白帝兵书》。既然此书不可能涉及诸葛瑾,不是致诸葛瑾之书,那末,受书人究竟是谁呢?

据《三国志·蜀书·李严传》等资料判断,可知受书人是蜀国都护李严;书札中说到的"到"是护军陈到;作书的时间是建兴四年（226）诸葛亮筹划北伐出军之际。这一书札，与诸葛瑾没有任何关系。

李严，南阳人，少为郡吏，后历事刘表、刘璋、刘备。章武二年（222）刘备诏李严诣白帝城永安宫，拜尚书令。翌年，李严受遗诏副诸葛亮辅少主，为中都护统内外军事。诸葛亮还成都后，李严留镇永安，转前将军。诸葛亮出军汉中，李严当知后事，建兴四年，严遂移屯江州，留护军陈到驻守永安，统辖于严。上述书札就是诸葛亮此时所作，用以回答李严所提关于永安驻军的问题。

据杨戏《季汉辅臣赞》及注，陈到，字叔至，汝南人，"自豫州随先主，名位常亚赵云，俱以忠勇称。建兴初官至永安都督、征西将军，封亭侯"。《华阳国志·后主志》："（建兴）四年永安都护李严还督江州，城巴郡大城（按江州为巴郡首县，今重庆市），以征西将军汝南陈到督永安，封亭侯。"《李严传》系年同此。陈到督永安，一说在建兴初，一说在建兴四年。这或是一事的误记，或是说前者指陈到随李严初镇永安之年，后者指李严赴江州而留陈到独守永安之年。《华阳国志·巴志》巴东郡："以尚书令李严为都督，造设围戍。严还江州，征西将军汝南陈到为都督。到卒官，以征北大将军南阳宗预为都督。"陈到卒官，宗预代守，洪饴孙《三国职官表》谓在延熙中，若尔，则陈到守永安前后历二十年左右。

此件书札经李昉误题以后，张溥以下长期因袭其误而未发觉，如前所述主要是由于作书人诸葛亮在其中称受书人为兄之故。亮称瑾为兄，例见《三国志·吴书·诸葛恪传》注引《江表传》。但不能因此断定凡诸葛亮称之为兄的人就是诸葛瑾。友朋之间称兄道弟以示亲密，也是常情，不必真为兄弟，也不必有年岁长幼之分。何况李严与诸葛亮同受遗诏，关系特殊，自然可以兄弟相称。《李严传》严与孟达书曰："吾与孔明俱受寄托，忧深责重,思得良伴。"诸葛亮亦有书致孟达曰:"部分如流,趋舍罔滞,正方(李严字)性也。"史谓"其见贵重如此"。李严生年,史无明文。《季汉辅臣赞》谓费观于建安十八年(213)参李严军事,观年少严二十余岁。《华阳国志·先主志》谓费观于建安十九年为巴郡太守。若以费观始居巴郡太守之年为二十岁,其时李严当在四十以上。诸葛亮此年则为三十四岁。李严既年长于诸葛亮,亮以兄称之,更是合情合理的事。

书札谓"白毦,西方上兵"。《御览》卷三四一引服虔《通俗文》:"毛饰曰毦。"《三国志·蜀书·诸葛亮传》注引《魏略》:刘备"性好结毦"。所谓"结毦",说的是以牦牛尾"手自结之",以为饰物。可知牦牛尾可以称毦。《御览》"毦"在兵部。古代军中符节以牦牛尾为饰,如《御览》同卷引《汉魏故事》:"与外国节皆二,赤毦一,黑毦十,异于常节。"据此可知,"毦"又可作军中符节之代称,所谓"旄(牦)节"是也。又,《后汉书·西南夷传》"青衣道夷与徼外三种夷赍黄金、旄牛毦,举土内属"。注,"顾野王曰:毦,结毛为饰也,即今马及弓槊上缨毦也"(按,今本顾野王《玉篇》无毦字)。《御览》同卷《庾翼与慕容皝书》:"今致襦铠一领,兜牟白毦自(百?)副。"兜牟即兜鍪,白毦与兜鍪连言,当为头盔之饰可知。综上所引,"白毦,西方上兵"的白毦,或指以白牦牛尾饰其符节的西方之兵,或指以白牦牛尾饰其弓、马、头盔的西方之兵。无论是前者或后者,均以白毦即白牦牛尾为饰,是无疑义的。

蜀国西部羌中出产毡毦。据《华阳国志·蜀志》,毡毦为蜀国一宝。《御览》同卷,诸葛亮曾以白毦赠孙权。《三国志·蜀书·王嗣传》,羌胡以马牛羊毡毦等资姜维。所谓"白毦,西方上兵",又当指蜀国的羌胡兵以白毦为饰者。蜀国有羌兵和胡兵,前者如《华阳国志·南中志》中所谓"青羌五部"和《后出师表》中所谓

"賨叟青羌"之青羌等是；后者如《三国志·吴书·陆逊传》夷陵战中吴兵所斩蜀军胡将沙摩柯和《三国志·蜀书·后主传》注引后主伐魏诏令中所谓月支、康居胡侯奋戈先驱等是。这些出自蜀国西土及北境的羌胡兵，比较精练，战斗力强，故被视为"西方上兵"。他们本来是刘备的帐下兵，刘备死后则由陈到率领，戍守永安。陈到得以统率刘备帐下精兵，那是由于陈到本为刘备豫州旧部，又以忠勇见称，可以信托之故。

根据以上情节，我们可以断定，这一书札，就是诸葛亮回答李严的问题，说明驻守永安的羌胡兵非不精练。至于书札中"嫌其少，当复部分江州兵以广益之"云云，意思是说永安防军本来统属于都护李严，李严既移驻江州，自可用江州兵去补充增援。

陈寿所上《诸葛氏集》，其目录中除有上述《与诸葛瑾书第十五》一篇外，还有《废李平第十七》一篇。李平即李严。陈寿可能以此札列于《废李平》篇内。陈寿《诸葛氏集》不传，诸葛遗文编次遂以错乱，后人才会把诸葛亮致李严书札列入致诸葛瑾书札之中，贻误千年之久。

附带说及，各书所辑诸葛亮致兄瑾书九件之中，除此件外，还有几件也不像是致诸葛瑾书，兹不一一辨析。

——原刊《文史》第 14 辑，中华书局，1982 年

〔作者跋语〕　这篇短文结尾说："陈寿《诸葛氏集》不传，诸葛遗文编次遂以错乱，后人才会把诸葛亮致李严书札列入致诸葛瑾书札之中"云云。这话不够准确，须要订正。案陈寿《诸葛氏集》凡二十四篇，《隋书·经籍志》著录二十五卷，又云梁二十四卷，大抵以陈寿所录写者每一篇为一卷而或有所增析。《旧唐

书·经籍志》、《新唐书·艺文志》均作二十四卷,可知五代、北宋所见,仍同陈寿录写之旧,并无变化。《宋史·艺文志》始著录此书为十四卷,盖沿《中兴书目》而来,是此书旧本二十四卷者散佚在南渡以后,不在北宋太平兴国以前。不过当北宋李昉等人于太平兴国年间编纂《太平御览》之时,《诸葛氏集》旧本既在,诸葛亮之言教书奏单行别出者亦复不少,例如《御览》所附《经史图书纲目》之中就有《诸葛亮书》等多种。这些书出于众手,随意钞摘,准确性是难于保证的。考虑到亮集流传的这种具体情况,我估计《御览》误题诸葛亮致李严之书为致诸葛瑾之书,有两种可能。一是陈寿录写编次之本已误,但这种可能性较小;一为单行别出之书之误而为参与编辑《御览》之人所沿袭,这种可能性较大。迨二十四卷旧本在南宋时散佚,后来编纂诸葛遗文的人无复旧本可依,收录此信札时就径袭《御览》之误,以迄于今。

蜀史四题

——蜀国新旧纠葛的历史追溯

　　十年前草成《李严兴废与诸葛用人》一文（以下简称《李严》文），从李严个案论及诸葛用人背景，认为其时蜀国臣僚中的政治纠纷是由"新旧"、"客主"分野之势演化而成。"旧"和"主"，指刘璋部属；"新"和"客"，指刘备由荆入蜀所领人物。刘备占领成都，喧宾夺主，主客地位颠倒，蜀史中一大公案，由此产生。刘备虽然谨慎处理新旧问题，但在用人方面仍然风波时起。刘备死后，诸葛亮用以治蜀的臣僚，主要是分化刘璋旧属，或吸收，或排抑，使随刘备入蜀居于少数地位的人，同刘璋旧属居于多数地位的人，即所谓新旧两方，逐渐熔融而成。在这一过程中，个别地位特殊、由于利害冲突而可能滋生事端的人，被诸葛亮绳之以政纪法纪，构成一些令人瞩目的事件。李严是其中重要的一人，此外还有廖立、来敏等。李严、来敏属旧人，廖立属新人。李严废徙，这一新旧冲突过程始告结束。

　　上举《李严》一文写作时，曾发现蜀史中还有一些孤立事件知其然而不知所以然者，似也可以从上述新旧关系中试求解释。但自觉资料有限，思虑未周，唯恐失之于固，失之于凿，迄未写成文字，只留下一些案头碎纸。近日翻检，始得整理成篇，用《蜀史四题》之名，公诸同好。

《蜀史四题》可以说是《李严》一文的续篇,四题不相连缀,但都与新旧问题有关。每题又都涉及诸葛亮,可以与拙文《〈隆中对〉再认识》参看。四题皆以剖析李严个案所形成的思路来剖析其他问题,其中有的论断自觉尚能言之有据,有的迄无强证,只能视为推测而已。蜀史问题同好者多,行家烂熟故实,如能引起商榷,是异是同,都有益于史学,这是我所企望的。

一　关于举刘备为汉中王《上汉帝表》

章学诚《知非日札》提出《上汉帝表》的一个问题。① 他说:"《三国志·蜀书·先主传》建安二十四年群下推先主为汉中王,上表汉帝,乃以马超冠首,许靖、庞羲、射援诸名皆列于诸葛亮前,殊不可解。"《日札》为章氏晚年读书所记,多有心得。他提出此问题而未作答者,盖以断言为难,这显示了他的严谨学风,大家风范。不过我觉得章氏此处似有所蔽,这就是他只是根据诸葛亮的历史名望,断定刘备进爵汉中王理应由诸葛冠首上表,而忽略了《上汉帝表》时蜀中文武的复杂情况,以及诸葛在其中尚未取得领衔地位的事实。②

①《章学诚遗书》外编卷四《知非日札》,文物出版社,1985 年。
②《上汉帝表》列名之事,古代史家本已有所斟酌。袁宏《后汉纪》卷三〇录此表文,谓建安二十四年"秋八月,诸葛亮等上言⋯⋯"云云,将马超、许靖、庞羲、射援四人之名略去,径以诸葛亮领衔。度其用意,盖亦以四人之名列于诸葛亮之前为不可解。《后汉书》记是年"秋七月庚子,刘备自称汉中王",《资治通鉴》略同,均不列表文及上表人名,上表月份异于《后汉纪》。袁宏、范晔、司马光诸家,在列名问题上似乎都有所蔽。

《上汉帝表》，广汉李朝所作，见《华阳国志·先贤士女总赞》。李氏兄弟多人，历仕刘璋、刘备。李朝为刘备别驾从事。此人当谙悉蜀中政治状况和人物背景，所以他在此《表》所列人名次第，当是斟酌再四，考虑周详，而且必经刘备或诸葛亮过目首肯，决非造次所就，是可以断定的。

刘备以宾客之分而得益州，地盘、营垒骤然扩大。但是作为核心、作为基干的刘备嫡属，尚不足以稳居主导，控制局面。因此，急待形成一个稳定、有序、有实力、有权威、得到各方面认可的班底，始能得心应手地处理有关名器的诸多事务，以完成权力升格的程序。这样的班底，在魏早已有了，在蜀则远未组建成功。所以我们在《表》中见到作为显示政治规模的领衔人，竟是临时凑成的、了无业绩誉望可言的马、许、庞、射辈。他们虽各具一定的社会影响，但合而观之毕竟显得猥琐，不如诸葛响亮。不过诸葛等嫡属在蜀既然尚未取得绝对的支配地位，也就只好仰仗马、许、庞、射辈以取一时之用，特别是在刘备进爵为王这样的名器大事上更必须如此，因而出现了章氏所疑的问题。

刘备称汉中王，是他跻身政治高层以与曹、孙抗衡的决定性的一步。刘备不王于成都而必于下汉中后始王，除了取汉中以保障成都这样的军事和地理原因以外，从政治上说，一是等待曹操先王，后发制人；一是欲步刘邦后尘，为先王汉中后称汉帝预设地步。相对于曹、孙已成局面而言，刘备起步晚了许多，因此没有沿着权力阶梯逐步上升的充分时间。他跨出的第一步就是决定性的一步，必须得到各方面人物尽可能多的支持。所以上《表》领衔者名称虽然不够响亮，却也都是蜀中实力方面或名望方面可数的人物。刘备取得汉中王名号，再上升就比较容易，无须有太多的张罗。所以今见《劝进表》题名和黄龙甘露残碑题名,①其人数之多和阵容之规整,反而远逊此《上汉帝表》。

《表》文值得注意的,是说到更始时河西五郡"位同权均,不能相率",因而共举窦融为元帅事,并以此证明共举刘备为汉中王之必要。这表明由于刘备没有汉室所予的特别名号,蜀中人士与他处在"位同权均"地位,本来是"不能相率"的。只有刘备晋位诸侯王,位居方面,他们与刘备之间的君臣关系才能成立,巴蜀汉中才算稳定。刘备做汉中王,成为一方之主,号令专一,日后是尊崇汉帝,还是自帝抗曹,可以视情况变化而应付自如,不患掣肘。反过来说,刘备只有得到马、许、庞、射辈的共举,才能有资格晋爵为汉中王。汉中王之立,对于马、许、庞、射辈是名分攸关的大事,他们必须郑重其事地表明态度。至于对早已委质定分于刘备的诸葛亮辈而言,汉中王之立算不了甚么问题。所以诸葛辈列名,本来只是充数陪位而已,名次在后是当然之事。何况此时蜀政自刘备出,诸葛亮只是偶见画策而已,并无后来独断蜀政的地位,所以也无须由他充任上《表》的领衔人。

马、许、庞、射辈虽然人物猥琐,分量似轻,但他们各有特点,所以由他们领衔上《表》,表示共举,还是有理由的。马氏是西州之豪。马超父马腾,于兴平初在关中联络刘焉之子、仕于汉室的刘范谋袭长安,以诛李傕。刘焉自蜀"遣叟兵五千助之",②战败,刘范及弟刘诞并见杀。《蜀书·许靖传》注引《益州耆旧传》:"初,韩遂与马腾作乱关中,数与璋父焉交通信。至腾子超,复与璋相闻,有连蜀之意,……〔璋〕拒绝之。"据此可知,刘焉、刘璋父

---

①前者见《三国志·蜀书·先主传》,后者见《隶续》卷一六。
②《后汉书·刘焉传》。

子与马腾、马超父子早有稀疏交往，但无牢固关系。刘备围刘璋于成都之时，马超曾率轻军助刘备，未旬而成都降，在关键时刻起过军事威慑作用。马超有汉爵，在汉中地区又有影响，也是他在《上汉帝表》中列名冠首的重要条件。许靖汝南名士，是士人阶层的当然代表。他虽老朽无能，但仍为北国所知。庞羲望出河南，东汉议郎，刘焉通家，曾将刘范、刘诞诸子入蜀，为刘璋姻亲，在刘备营垒中足以代表刘璋旧属，起承前启后作用。射援来自三辅，有名行，兄射坚曾为刘璋长史，射援本人则仕于刘备幕府。射氏在蜀不明其特殊背景。据知南阳及三辅人流入益州者数万家，被收为东州兵，是一支重要武力。刘备抬高射氏地位，或者是为了得三辅人心，并利用射氏兄弟关系以周旋于新旧之间之故。《先主传》注引《诸葛亮集》载刘备遗诏赐刘禅，谓"射君到，说丞相叹卿志量甚大，增修过于所望"云云。此射君即射援，时为丞相从事中郎，自成都来永安。看来射援与刘备、诸葛亮都很亲近。马、许、庞、射四人，马超爵都亭侯，位在刘备宜城亭侯之上，最有资格领衔上《表》。而许、庞、射三人官职为左将军府长史、司马、从事中郎，依次正好是刘备佐官的一、二、三位，也应当排在诸葛亮之前才是。

马、许、庞、射虽领衔于《上汉帝表》，但在此后的蜀政中都未能起到团聚各类旧人以佐刘备的作用。马超实际上是穷蹙来归，力量不厚，而且未几即死。许靖有虚誉而无实能，居职充位而已，亦旋死。庞羲在刘璋时就恃功骄豪，刘备不会信任他，加上他此时年事已高，与射援都无闻于后。真能起固结蜀士之心而为刘备看重的人是董和。再后几年，李严就脱颖而出了。

概括言之，章氏所疑不由诸葛而由马、许、庞、射领衔于《上汉帝表》，是由于刘备在益州根基未固，而诸葛亮属于新人，在蜀政中尚未居于优势,起不了主导作用,无充分的资格以领衔于《上汉帝表》。马、许、庞、射各有特殊背景和社会影响,他们领衔上《表》,表达了共举之意,切合一时需要。但他们人才猥琐,反映蜀中局面狭小;他们在蜀政中都是匆匆过客,未曾起到绥抚旧人的实际作用。所以后来史家对于他们领衔于《上汉帝表》的原因,也就不甚了了。

二 刘封与孟达

西城、上庸、房陵三郡,分别治今陕东南、鄂西北的安康、竹山、房县。三郡本是益州汉中郡的三县,建安末年改郡,是魏、蜀、吴的交界地区。《华阳国志·汉中志》谓其地"在汉中之东,故蜀汉谓之东三郡"。三郡之间山道崎岖不便,但其北境有汉水可以通航。西城郡城在汉水边,上庸、房陵郡城则分别有堵水、粉水北连汉水。三郡未入蜀时,蒯祺为房陵太守,其人当出自南郡中庐望族。上庸太守申耽,与弟申仪本在西城、上庸间聚众数千家,与张鲁、曹操往来,是割境自保的土豪。三郡迤南之地汉蛮错居,更为闭塞。

魏、蜀、吴三国都企图对三郡地区施加影响,迭有军事行动。蜀从南方,魏从北方,曾先后占有三郡之地,但都未越过三郡,入侵对方其他郡县。吴军最盛时亦涉足江汉间地,有时也插手三郡事态。

建安十六年刘备入蜀,留孟达屯江陵,受诸葛亮节制。孟达,扶风人,少与同郡法正入蜀,仕于刘璋,事迹主要见《三国志·蜀书·刘封传》及注,《三国志·魏书·明帝纪》及注。《三国志·

魏书·刘晔传》谓孟达"恃才好术",《晋书·宣帝纪》谓孟达"言行倾巧"。这说明其人富于机智权谋，与法正相似。刘璋以孟达副法正，各率二千部曲，赴荆州迎刘备。刘备入蜀并于建安十九年得益州后，以孟达为宜都太守。刘备为汉中王，命孟达领部曲四千，从秭归北攻房陵，杀蒯祺。刘备"阴恐达难独任"，乃自汉中遣刘封率军顺汉水而下，与孟达会师上庸，以统孟达之军，并显授刘封以副军将军之职。申耽降蜀，为上庸太守，弟申仪为西城太守。刘封、孟达以及申氏土豪势力彼此牵制，相持不下，当是刘、孟不助关羽攻襄樊的客观原因。下年孟达降魏后，申耽被征徙南阳，申仪则直至魏太和二年为止未离西城。《晋书·宣帝纪》谓申仪"久在魏兴（按即西城郡，曹丕时改名），专威疆场"。又，《三国志·吴书·陆逊传》有建安二十四年冬陆逊遣将攻房陵太守邓辅之事，邓辅疑为孟达所署用。

刘封，出于罗侯寇氏，长沙刘氏之甥，刘备养子。《刘封传》："先主入蜀，自葭萌还攻刘璋，时封年二十余，有武艺，气力过人，将兵俱与诸葛亮、张飞等溯流西上，所在战克。"刘备得蜀，刘封在左右为副军中郎将，甚受尊宠。刘禅渐长，被立为汉中王太子，刘封以养子身份而地处疑逼，境况复杂起来。

刘封下统孟达之军，在三郡地区形成了一个敏感的小局面。因为，就历史背景而言，孟达本刘璋部属，刘封则刘备所亲；刘备以刘封统孟达，无疑是以亲统疏，以新统旧，明显地触及了蜀政中的新旧纠葛。

刘封与孟达忿争，并夺孟达鼓吹，这是由于刘封武夫，又有所恃，一味裸露矛盾而不懂得待时而发的道理，使深刻的政治势力的消长问题表现为一方特权侵凌另一方的个人关系，造成孟达叛蜀投魏的后果。《三国志·蜀书·费诗传》载数年后诸葛亮致孟达函还说："呜呼孟子,斯实刘封侵陵足下,以伤先主待士之义。"其实真正导致三郡局势恶化的人,并不是刘封而是刘备自己,是他命刘封下统孟达之军而启事端。诸葛亮建议刘备杀刘封,一在一劳永逸地解决刘封地处疑逼问题,一在谢蜀人而图平衡新旧势力。

诸葛亮平衡新旧的手法,曾重复使用过。廖立废徙,主因是不服李严,废廖立所以安李严之心。廖立与刘封一样,是新人;李严与孟达一样,是旧人。刘封、孟达纠葛,与廖立、李严纠葛,具体情节不同,但从一个特定角度加以观察,却可见其相通之处。当然,从事件整体考虑,处理新人与处理旧人,性质毕竟不一样。唯其如此,诸葛亮维护新人统治而不枉法以祖新人之短,即《三国志·蜀书·张裔传》所谓"罚不阿近"者,是诸葛亮的高明处,使他在处理复杂的新旧之争中仍然立于主动地位。

孟达在蜀居官治绩,史籍记载很少。《刘封传》注引《魏略》载孟达降魏时发布《辞先主表》,说到自己"列次功臣,诚自愧也",所指一是迎刘备于荆州,一是拓境土于三郡。我疑孟达是列名于《上汉帝表》的一百二十人之中的。《辞先主表》还引历史上申生、伍员、乐毅、蒙恬有功而见疑忌诸事,曰:"臣每读其书,未尝不慷慨流涕;而亲当其事,益以伤绝。"在大臣失节,荆州覆败之时,孟达孤立房陵、上庸,复受刘封侵凌,处境艰难可想而知,只有降魏之路可走。这是刘备不得不处置刘封的原因之一。不过也应当看到,在刘备无法跨有荆益的情况之下,不论是刘封还是孟达,都不能为蜀坚守三郡之地,是可以肯定的。孟达见疑求存而降魏,刘封被逐归蜀而赐死,都是关羽覆败的结果,是蜀国弃荆州之守的插曲而已。

《三国志·魏书·明帝纪》太和元年注引《魏略》:延康元年

魏王曹丕闻孟达来降，致书孟达夸说北国安定曰："……保官空虚，初无质任，卿来相就，当明孤意，慎勿令家人缤纷道路，以亲骇疏也。若卿欲来相见，且当先安部曲，有所保固，然后徐徐轻骑来东（按其时曹丕在谯）。"不难想见，孟达部曲四千余家，是一支可观的军事力量，孟达不会轻易放弃。曹丕在易代纷纭之际也宁愿把他们安顿在三郡边地，而不愿调动他们，以免造成事端。这与此年申耽降魏而徙南阳，稍后黄权降魏而诣洛阳为官之事相比，孟达的部曲势力为魏所重，是很清楚的。《水经·沔水注》载孟达逐刘封后登上庸白马塞"而叹曰：'刘封、申耽据金城千里，而更失之乎！'为《上堵吟》，音韵哀切，有恻人心。今水次尚歌之"。申耽失上庸，指刘封抵上庸排挤申耽而据之之事；刘封失上庸，指孟达降魏后与魏军及申氏兄弟共逐刘封之事。此时孟达居新城太守之任，为魏封疆吏，其基本力量就是他原来拥有的部曲四千余家。这支力量使他得以入主上庸而作上堵之吟，得以在复杂的三郡地区存在数年之久。而他依仗这支力量草率从事，又终于在蜀魏纷争中遭灭顶之灾。

孟达一生主要活动，都在荆州，前八年中无可称述。《先主传》二十四年"先主遂有汉中，遣刘封、孟达、李平等攻申耽于上庸"。攻上庸事《通鉴》系于二十五年。李平为李严建兴七年改名，事在攻上庸九年之后，而蜀史中又无另一李平，所以史家对这条史料皆不置信，弃之不用。但我认为，史传偶见以李严后来之名来记叙他较早的事，出于史臣的一时疏误，并非全不可能，还当从情理上细作考察。《李严传》李严曾为刘表出宰秭归，秭归是上庸、房陵南通长江的出口，所以李严应当熟悉或者打听过秭归通向房陵之间的道路情况。孟达攻房陵，即由秭归出发。李严宰秭归的这一经历，是李严参预攻上庸军事行动的有利条件，也可以作为上述李平即是李严的旁证。据上引《先主传》文意,李严受命同攻上庸,当在孟达已得房陵之后,但李严似未成行。这次刘备所考虑的三郡军事配置,是一个新旧搭配的人事组合:实力兼用旧人,孟达、李平是;统帅之权只能在新人之手,刘封是。李严拥有军事实力,观其本传于建安末年连连用兵于犍为、越巂等郡之事可知。《先主传》叙"遣刘封、孟达、李平"三人为一事,实际上是时间地点均有参差。看来李严这次未曾直接介入三郡的新旧之争。李严与孟达发生关系,当在数年之后。

《三国志·蜀书·诸葛亮传》载陈寿所定《诸葛亮集》目录,凡二十四篇,包括《与孟达书第十六》一篇在内,可知西晋时所存诸葛亮与孟达关系的资料还有不少,后来陆续失传。诸葛亮与孟达书,今天能见到的只有《三国志·蜀书》李严、费诗二传所录二件。孟达与诸葛亮书,也只有见于《太平御览》的馈赠纶帽、玉玦、鸡舌香的短函二件,以及见于《华阳国志·汉中志》、《晋书·宣帝纪》谈司马懿来攻军情的短函二件。又《水经》沔水"又东过西城县南",《注》曰:"故孟达与诸葛亮书,善其川土沃美也。"所有今见这些来往书札都是简短节文,时间都在孟达降魏为新城太守之时,很可能集中在孟达有意归蜀至司马懿擒斩孟达的短时间内。分析这些书札的内容,诸葛亮以新旧关系为背景来处理孟达事件的心机,隐约可见。由于有此背景,所以在诸葛亮与孟达联系中不时有李严的身影出现。李严毕竟是新旧问题中的关键人物。诸葛亮在解决孟达问题时发挥了李严的作用;而在孟达败死之后,解决李严问题的任务也终于提上了诸葛亮的日程。

《李严传》中载有诸葛亮与孟达书及李严与孟达书,皆截取原件数语而已。此书札似未见他人解释,过去我对此的理解也未能得其要领。现在把它们放在孟达问题的背景下来思考,始有豁然贯通之感。

诸葛亮与孟达书曰:"部分如流,趋舍罔滞,正方(李严字)性也。"这是诸葛亮调遣李严由永安移屯江州以知后事以后所作,时间当在建兴四年春后至建兴五年春前。此书的表面意思是称赞李严高超的从政能力,表示对他的信任和器重。此年孟达为归蜀事已与诸葛亮取得直接联系。诸葛亮其所以要把对李严的信任和委重说给异国疆臣孟达听,我想是为了向孟达传递一个信息,即孟达与李严均蜀旧人,孟达如果此时翻然来归,同样可以得到信任和委重,同李严一样。

与此同时,李严也有书致孟达,从另一个角度说话。他说:"吾与孔明俱受寄托,忧深责重,思得良伴。"云云。李严此书也是话里有因。我以前认为李严以其并受遗诏地位自恃,他奉调进驻江州而与孟达为境外之交,是他欲与丞相诸葛亮相颉颃的表现。现在看来这条资料还有更深的含义,不止说明李严自视甚高而已。李严之意,重在向孟达传递与诸葛亮函意向相同的信息:李严表示受遗诏辅政,权责甚重,并非虚有其名;他甚盼孟达归来,以为"良伴",共营蜀政。把上述二书放在蜀建兴五年即魏太和元年的历史背景下加以考虑,就不难看出二书的根本目的相同,主要不在于诸葛标榜李严和李严自我标榜,而在于用李严在蜀处境顺当之例,策反孟达。李严之书如果不是诸葛亮授意,就是诸葛亮知情。而策反孟达这一点,与《费诗传》载较早时间诸葛亮致孟达书的内涵是一致的。

《费诗传》载诸葛亮致孟达书,明显地表露了策反之意。原来,建兴三年冬诸葛亮在南征归途中,有魏国降人李鸿来诣,说及数事:一,李鸿在孟达处遇见原为李严部将后来降魏的王冲;二,王冲对孟达说及往年孟达降魏后诸葛亮欲诛其妻子,刘备未听;

三,孟达未信王冲之言,认为诸葛亮必不如此,并仰慕诸葛不已,云云。诸葛亮此时正筹思北伐之事,因而萌生了引诱在东三郡的孟达以为外援之念,而有《费诗传》所载诸葛策反之书。书中说到:

> 往年南征,岁末乃还,适与李鸿会于汉阳,承知消息,慨然永叹,以存足下平素之志,岂徒空托名荣贵为乖离乎!呜呼孟子,斯实刘封侵陵足下,以伤先帝待士之义。又鸿道王冲造作虚语,云足下度量吾心,不受冲说。寻表明之言,追平生之好,依依东望,故遣有书。①

书中有"往年南征,岁末乃还"之语,知此书作于建兴四年,比上引诸葛亮、李严分致孟达之书早一个年头。《费诗传》说"达得亮书,数相交通,辞欲叛魏"云云,与诸葛亮欲结外援的初意正合。上引《李严传》诸葛亮、李严分致孟达书,正是与孟达作深入一层的意见交换,暗示孟达归蜀以后可以得到好安排。但是临到事发之时,却出现了大的转折,诸葛亮的措施并不是着眼于促使孟达成功。这是一个值得思考的问题。《晋书·宣帝纪》曰:

> 〔孟达〕连吴固蜀,潜图中国。蜀相诸葛亮恶其反覆,又虑其为患。达与魏兴太守申仪有隙,亮欲促其事,乃遣郭模诈降过仪,因漏泄其谋。达闻其谋漏泄,将举兵。帝恐达速

---

① 《华阳国志·汉中志》载此书略同,并于其下著录李严致孟达"吾与孔明并受遗诏,思得良伴"之书。可见常璩之意亦认为此二书在内容上彼此呼应。

发，乃以书喻之曰："……模之所言，非小事也，亮岂轻之而令宣露？此殆易知耳。"

郭模，《晋书》仅见此处，《华阳国志》记其事有裁截，《三国志》不录。但其事详见于西晋司马彪《战略》一书中。《太平御览》卷三五九引《战略》曰：

> ……太和元年诸葛亮从成都到汉中，达又欲应亮，遗亮玉玦、织成、障汗、苏合香。亮使郭模诈降，过魏兴，太守申仪与达有隙。模语仪，亮言玉玦者已决，织成者言谋已成，苏合香者言事已合。

看来郭模诈降事不似无稽之谈。《战略》所记当即《晋书》、《华阳国志》所本。孟达赠玉玦事甚确，《太平御览》卷六九二引孟达与诸葛亮书曰："今送纶帽玉玦各一，以征意焉。"《战略》所举孟达遗诸葛亮各物当不是一次而是多次馈赠者，葛、孟联系亦可知非常频繁。①

孟达败死，在太和二年初春。《三国志·魏书·明帝纪》太和元年注引《魏略》记孟达在魏情况，曰：

> 达既为文帝所宠，又与桓阶、夏侯尚亲善。及文帝崩，时桓、尚皆卒。达自以羁旅，久在疆场，心不自安。诸葛亮闻之，阴欲诱达，数书招之，达与相报答。魏兴太守申仪与达有

---

① 《晋书·宣帝纪》连载孟达致诸葛亮二书言魏军来攻事，两书间隔不过数日，可见书信往返不少。

隙,密表达与蜀潜通,帝未之信也。司马宣王遣参军梁几察之,又劝其入朝。达惊惧,遂反。

《晋书·宣帝纪》记司马懿率军自宛倍道兼行千二百里,八日到上庸城下,即孟达当年作《上堵吟》处,擒斩孟达。这是中国古代军事史上一次有名的快速反应战役。不过我在此处所注意的,不在军事方面,[1]而在政治方面,即诸葛亮在关键时刻对待孟达的态度。

《费诗传》曰:司马懿讨孟达,"亮亦以达无诚款之心,故不救助也"。观前引诸葛亮恶孟达反覆,虑其为患而遣郭模泄谋之事,可知诸葛亮本心有甚于此,不但是不相救助,而且是促其败死。郭模陈述诸葛亮之言,以玉玦寓已决,于古义有征;但以织成寓谋成,以苏合香寓事合,则属罗织成罪。[2]至于以此故意泄之于申仪,更是借刀杀人。看来诸葛亮在对待孟达态度上,心态的诡谲超过了通常的"兵不厌诈"权谋。《三国志》叙此事只及"不救助"而不及郭模诡谲事,只能解释成陈寿为贤者讳了。

《三国志》留下为贤者讳的史笔还有不少,其著者如关羽败死问题。《关羽传》羽败死,荆州弃守,读史者总不免有疑惑,思欲究其所以,论其责任。委罪于刘封并不足以释此疑惑。人们自然而

---

①军事方面亦有可议之处。《晋书·宣帝纪》谓此役蜀、吴军救孟达于西城之安桥、木阑寨。据《读史方舆纪要》卷五六,木阑寨在今安康以东,旬阳以西。安桥亦在附近。但是魏兴郡治安康在申仪之手,申仪断蜀道以防蜀军,蜀军何得越魏兴郡治而至木阑寨?又,上庸城是孟达所守,吴军又何得越此地而救孟达于其西北数百里之安桥?这是不解的问题。《水经·沔水注》只说吴军救孟达于木阑寨,未言蜀军相救。
②《左传》闵公二年卫懿公"与石祁子玦,……使守",注:"玦,示以当断决。"余物则无征。

然地想到刘、葛,特别是刘,但于陈寿书无据可依,因而不敢在刘、葛身上立议。《关羽传》卢弼《集解》引黄恩彤论及其时措置乖张之处,但是一闪而过,以为"非千载下所敢臆度者矣"。其引姚范之论,则以为"蜀之谋士当不若是之疏,陈寿或不能详耳",连陈寿一起都在讳中了。这些都是欲言又止之例。章太炎始脱去忸怩之态,直谓蜀假吴人之手杀此易世所不能御之关羽,且断其责不在他人而在刘备。① 章氏之论确否,姑不置论。至于诸葛亮对孟达问题的心态,《费诗传》卢弼《集解》引亮与孟达书"依依东望,故遣有书"之下注曰:"书词动人,诸葛亦谲矣。"诸葛亮处理非常之事而用非常手段,诡谲之处文献不止一见,史家当究其原因而作解释,不当避忌了之。

以守正见称的诸葛亮,却借司马懿的兵力以除来降的孟达,我认为除了虑其反覆之外,还别有原因。第一,孟达问题不是一般的降人问题,而是数年前东三郡刘封、孟达纠葛的余波,是新旧问题的再次泛起。诸葛亮思用孟达以制魏,又恐新旧问题有灼手之处而出此策。第二,约降孟达事恰在诸葛亮调遣李严赴北以图解决李严问题的关键时刻,孟达之来于此有碍;而及时除掉孟达则将有助于迅速解决李严问题。这两者在蜀政中同具深层意义。

诸葛亮筹划北伐,并因李鸿来谈而萌生诱降孟达之念,在建兴三年之冬。李严奉命向刘备旧将、名亚赵云的陈到移交永安防务而改驻江州,②在四年春。诸葛亮出军北伐,孟达与诸葛亮议定

① 章太炎《检论》卷九"思葛",《章太炎全集》第三册,上海人民出版社,1984 年。
② 《太平御览》卷三四一《诸葛亮与瑾书》:"兄嫌白帝兵非精炼,到所督,则先主帐下白毦,西方上兵也。嫌其少者,当复部分江州兵以广益之"。此即诸葛亮建兴四年调李严至江州之前后时间内致李严书,谈白帝防务事,史籍遂误为致诸葛瑾书。参本书《诸葛亮与兄瑾论白帝兵书辨疑》一文。

叛魏归蜀,以及李严致孟达"思得良伴"之书,诸葛亮致孟达褒赞李严之书,皆五年事。司马懿平孟达,在六年之初。诸葛亮调遣李严赴汉中战场督运,在八年。诸葛亮表废李严,在九年。从这一时间表中,可知诸葛亮处理李严问题,与处理孟达问题同步而略后;二事之间的潜在联系与诸葛亮的心机,也都隐约可见。

从李严、诸葛亮分致孟达之书的内容分析,直到建兴五年,李严还在诸葛亮的摆布之中。李严自愿或者是并不自愿地以自己在蜀经历现身说法,劝孟达来归;诸葛亮则向孟达表明自己对李严的尊重和信任,以为诱饵。这酷似一幕双簧。孟达败死以后,事情更明朗化。据我推测,李严对孟达之死,不能无动于衷。所以他举止渐失常态,与诸葛亮的不协也频频暴露。《李严传》诸葛亮表废李严说到李严在这几年的表现,曰:

> 自先帝崩后,平所在治家,尚为小惠。安身求名,无忧国之事。臣当北出,欲得平兵以镇汉中,平穷难纵横,无有来意,而求以五郡为巴州刺史。去年臣欲西征,欲令平主督汉中,平说司马懿等开府辟召。臣知平鄙情,欲因行之际逼臣取利也,是以表平子丰督主江州,隆崇其遇,以取一时之务。平至之日,都委诸事,群臣上下皆怪臣待平之厚也。正以大事未定,汉室倾危,伐平之短,莫若褒之。然谓平情在于荣利而已,不意平心颠倒乃尔。

根据前面的考叙,大体可以将废李严《表》的内容以及孟达之死和李严之废的关联之处解释清楚。《表》叙李严在永安事,只是略带而过。下云"臣当北出","北出"指五年春亮北屯汉中事;"当北出"则指北出前筹划之时。所以四年春李严还驻江州,即是诸葛亮"欲得平兵以镇汉中"的第一步,而李严"穷难纵横,无有来意",牴牾就开始了。李严求为江州刺史,以与益州分陕,并筑江州大城以自固,①均在此时。但李严毕竟还是做了与诸葛亮合诱孟达之事,可见矛盾犹未至决裂程度。《表》下叙"去年臣欲西征",指七年征凉州,其时孟达问题已经解决。李严既没有继续拒调不赴汉中的力量,只有提出要求,稳保退路,作为应调条件,此即所谓"欲因行之际逼臣取利"。诸葛亮乃再用李严为中都护以"主督汉中",②并以李严子李丰为江州都督,以保证江州仍在李严之手。诸葛亮在解决孟达问题的同时,以强制与安抚并举的手段完成了对李严的调虎离山行动,造成了解决李严问题的有利条件。李严到汉中,一切全受诸葛亮直接节制,因而诸葛亮得以假借口实,轻而易举地废徙李严。废李严口实之不足信,我在前举《李严》一文中已作分析,无须赘叙。李丰江州都督一职,亦在李严废徙之年为涪人李福取代。孟达死,李严废,蜀政中新人、旧人纠葛问题至此结束。

通观此题所论诸事,刘封统孟达军酿成孟达降魏,早于李严辅政四年;孟达归蜀不成而死,早于李严废徙三年。这些是孤立无关的事件,却又错综复杂地粘连在一起。孟达、李严在蜀史中

---

① 《华阳国志·巴志》,《水经·江水注》,《元和郡县图志》卷三三。

② 《华阳国志·后主志》此时"亮乃加严中都护",它书无此一情节。按李严在永安,本来是以"中都护统内外军事",此职在孙吴,孙策死时孙权曾以之授周瑜,见《三国志·吴书·周瑜传》。其职任略当魏晋常见之"都督中外诸军事",例为权臣所居,可见遗诏寄托之重。但李严建兴四年徙前将军,八年迁骠骑将军,已失都护。而且刘禅居成都,永安、江州均非行在,李严在永安、江州,亦无从统内外军事。此时诸葛亮为了"隆崇其遇",以李严"主督汉中",故又加中都护,虚设名号而已。《华阳国志校注》认为"亮乃加严中都护"一句为误,似亦未必。

同具某种属性,孟达是比李严先出场又先退场的角色。他们两人在历史上都无足轻重,但是使用他们又消灭他们,却又是治蜀的大事,值得我们注意。

三　黄权降魏索隐

《三国志·蜀书·黄权传》曰:刘备夷陵败后,"道隔绝,权不得还,故率将所领降于魏"。《三国志·魏书·文帝纪》黄初三年"八月蜀大将黄权率众降"条《集解》卢弼曰:"……然则黄权之不得西还者,或水道为吴所阻,陆路为魏所制,进退失据乎,不然,刘、葛'推诚相信',何竟不战而降也?"历来史家说到黄权降魏事都作如是观,未曾见有它说。① 但我疑此事还有隐曲,试作探索。

据前引《三国志·蜀书·先主传》,刘备入成都,对各类新旧人物"皆处之显任,尽其器能"。这是一次因政治形势变化而进行的规模较大的人事安排。其中被安排者中的一类人物是"董和、黄权、李严等,本璋之所授用也"。这说明他们,包括黄权在内,都是刘璋旧属集团中重要的有代表性的人物,对他们安排得当与否,关系到蜀士的归心和蜀政的安定,刘备是不会等闲视之的。他们三人的名次先后,当反映他们在刘璋旧属人物中地位的高低,刘备也当明白。董和重用最早,他被署为掌军中郎将,与诸葛亮并署左将军、大司马府事,成为刘备政权中旧人的政治代表。

---

① 《太平御览》卷四六三引梁祚《魏国统》:"黄权来降,文帝从容谓权曰:'君舍逆效顺,欲追踪陈、韩耶?'对曰:'臣过受刘氏殊遇,降吴不可,归蜀无路,是以归命。且败军之将,免死为幸,何古人之敢慕也!'帝善之。"按梁祚,魏收书有传。其书两唐志著录,章宗源有说。

李严则拜犍为太守，并有军号。刘备病笃时，李严一跃为尚书令，副诸葛亮受遗诏辅政。其时董和当已卒官，刘备政权中旧人的政治代表这一特定政治角色，就由李严代替了。何焯《义门读书记》曰："董和并署，李严并托，皆所以慰蜀士大夫（按此指刘璋旧属而言，非指籍贯）之心。特幼宰（董和）端良，正方（李严）倾邪耳。若使黄公衡（黄权）不因丧败隔绝，则受遗当属斯人，不伤昭烈之明矣。"何焯看出董和、李严分别在重要时刻不次擢升，是为了"慰蜀士大夫之心"的道理，这是他的卓识。他认为黄权本来地位在李严之上，也是对的。但是他以黄权若不降魏则必当受遗诏之任，我期期以为未必。

　　刘备用董和，以其清约殷勤而无愆失。刘备用李严，以其有志操干略。何焯就李严经历立论曰："荆土归操，严独西奔，似有志操；理民治戎，干略亦优，是故取之。"不过，李严还有取得刘备信任的其他原因。他在犍为太守任内以武阳赤水黄龙见而称祥瑞，并于建安二十六年（按刘备有意沿用汉献帝年号，表示不承认曹丕代汉）即章武元年于武阳立庙作碑。[1] 这是李严向刘备效忠的突出表现，也是他得以超迁的一个重要原因。李严"腹中有鳞甲"[2]问题，此时尚未显露出来，或者尚未为刘、葛注意到。至于黄权，他历来以守正不阿、恪遵臣道而获名誉，但并不具备为当局特别重视的从政条件。《黄权传》注引《汉魏春秋》引用他在魏所说的话"臣与刘、葛推诚相信"，只是就他降魏动机的解释而言。相反，黄权执着而不苟同的立身之道，只能使刘备对他敬而远之。当刘备初处董和、李严于显任时，《黄权传》谓只是"假权偏将军"

---

① 《隶续》卷一六。
② 《三国志·蜀书·陈震传》，《太平御览》卷四九六引《江表传》。

而已。裴注引徐众《三国志评》曰："先主假权将军，善矣，然犹薄少，未足彰忠义之高节，而大劝为善者之心。"所以我认为黄权未必由于是位在李严之上的刘璋旧属，而自然地成为受遗诏辅政的合适人选。他终于背蜀降魏，可能与他身为刘璋旧属而又不时与刘备抵触，颇有关系。

刘备东伐孙吴，黄权阻谏，请为先锋以当军锋，被刘备拒绝。刘备以他为镇北将军督江北军以防魏师，是对他疏远而非借重。他在江北不闻有落脚之点以资屯驻，与刘备主力隔江相对而无所策应，实际上是孤悬江北的一支游军。江北魏师，主要是降将孟达与土豪申仪，布列于东三郡（其时合称新城郡，旋又于西城另立魏兴郡，申仪守之）之地。黄权所当的上庸、房陵之地，都是孟达防区。此外，魏国朝廷委夏侯尚以方面之任，加强了对南方的控制。《三国志·魏书·夏侯尚传》："文帝践阼，……迁征南将军，领荆州刺史，假节都督南方诸军事。尚奏：'刘备别军在上庸，山道险难，彼不我虞，若以奇兵潜行，出其不意，则独克之势也。'遂勒诸军击破上庸，平三郡九县。迁征南大将军。"此所谓"刘备别军"，指刘封军；其所"勒诸军"甚杂，包括徐晃的魏军，孟达的降军，可能还有作为声援的申仪的土豪军等各种不同的武力。时在黄初元年冬，即孟达降后数月。这是魏国南疆的一次重要的整顿。在此略后，夏侯尚"自上庸通道西行七百余里，山民蛮夷多服从者"，扩大了魏国南疆的控制面，加强了统治地位。

在上庸、房陵以南的三峡地区，这个阶段情况比较复杂。建安二十四年冬，吴军进入三峡。《三国志·吴书·吴主权传》："陆逊别取宜都，获秭归、枝江、夷道，还屯夷陵，守峡口以备蜀。"《陆逊传》："逊径进，领宜都太守，……〔刘〕备宜都太守樊友委郡走，诸长吏及蛮夷君长皆降。"陆逊又遣将"攻房陵太守邓辅、南乡太守郭睦，①大破之"，又讨破"秭归大姓艾布（一本作文布）、邓凯等"。以上这些，都是吴取关羽前夕之事。陆逊驱逐了刘备于峡中所置宜都太守，也就是封锁了三峡，迫使蜀军向西龟缩，无法下长江接应关羽。吴师擒关羽后，据《潘璋传》，孙权"即分宜都巫、秭归二县（按巫字原误作至，标点本已出校。此处指分出宜都郡之巫县及秭归县）为固陵郡，拜璋为太守"。吴增仅《三国郡县表附考证》于吴荆州部分固陵郡，据前引事考曰："今考《华阳国志》，先主改巴东为固陵郡，是时宜都属先主，故以宜都之巫县移入固陵。二十四年关侯败后，巫县当入吴，还属宜都。故是年权分巫、秭归二县，与蜀对置固陵也。及章武元年先主伐吴，复得巫、秭归二县地，似吴之固陵当以是废。二年猇亭之役，吴复有二县，宜又还属宜都。"可见三峡地区自吴部署攻关羽以后以至夷陵之战之中，在吴、蜀二国间曾经易手数次。控制三峡的一方有时从三峡派军北上，图取房陵、上庸，如刘备遣孟达自秭归攻房陵，陆逊遣将攻房陵等是。这就是说，三峡局势牵动着东三郡局势。黄权师出江北，孤悬于三峡与东三郡之间的崇山峻岭之中，三峡与东三郡的军事动态，都影响着这支军队的处境。

黄权出师江北至降魏的几个月中，军队动向不明。其时江南蜀军攻吴，是主力；江北蜀军防魏，是接应之师。黄权受命督江北之军，《通鉴》系于黄初三年二月，时刘备正在秭归，并以此为大本营，可知黄权之军自秭归出。《水经·江水注》：秭归城，"古老相传，谓之刘备城，盖备征吴所筑也"。自秭归北出，逆今香溪河谷，越山岭，可接近其时堵水、粉水（均汉水支流）上源，顺水道傍河谷

_____

①此二郡太守不知是何方所署置。卢弼认为是刘备所署，与宜都太守樊友一样。

可分别通向上庸、房陵郡城。这是蜀魏之间的另一通道，不久以前刘备遣孟达自秭归北取房陵、上庸，即循此路线。黄权降魏，以通过这条路线而至上庸，由孟达引致，最为可能。

这里有一个问题，须要略作考察。自从襄樊之败，亦即《后出师表》所谓"关羽毁败，秭归蹉跌"之后，刘备除出峡攻吴之时一度据有秭归以外，秭归一直在吴军手中，蜀人无法使用秭归这一蜀魏交通的中转之地，但是由巴蜀至上庸的交通线却一直维持着，未曾中断。《三国志·蜀书·先主传》注引《典略》说到曹操死后刘备遣掾韩冉"赍书吊，并贡锦布。冉称疾，住上庸，上庸致其书"云云。同传注引《魏书》略同，但谓"文帝恶其因丧求好，敕荆州刺史斩冉，绝使命"。此事涉及曹刘政治关系，史家有议，本文不论。可注意处是韩冉目的地是洛阳而却道出上庸这一交通路线问题。韩冉可以自成都北出汉中，乘沔东下上庸，但这太迂远了。如果韩冉得达汉中，自可以其使臣资格，取道长安而达洛阳，无须绕道上庸。所以他自成都经汉中至上庸的可能性甚小。我想其时蜀、魏交通，必有代替秭归作为中转以达上庸的近便地点。《三国志·蜀书·许靖传》注引《魏书》载黄初四年王朗致许靖书，[1]有"道初开通"语，这一初开之道，我估计就是韩冉所利用的以及以后双方降人来来往往的路线。如下所述，永安有降人奔于上庸，上庸也有降人回归巴蜀，他们熟悉这一地区交通路线，必取最近便之道。我推测这条通道很可能还是在秭归至上庸路线的不远之处，因为近便之道莫过于此。

---

[1] 书中王朗谓其子王肃年二十九，以王肃生年计之，书当作于黄初四年。从《集解》之说。

严耕望《唐代交通图考》第二六篇《山南境内巴山诸谷道》，①根据唐以后资料，指出由上庸溯堵水至今四川万源东境城口地区，再取今明通盐井，沿前江跨越大巴山，有道可通，但是相当迂远难行，似非汉末通行之道。严著又指出，出巫县，北越山岭，沿今九道梁河（唐代称微江）东北行，有小道至房陵、上庸（参看严著图一五）。以其时军事形势度之，并根据该处地理形势（我曾检核过这一区域的精确地图），推测蜀使韩冉东行至上庸，以及蜀魏双方降人往来，以出巫县经今九道梁河为便。巫县在蜀军所守的永安之东，与永安比邻，而巫县越岭至九道梁河一带，当时是蜀、吴、魏接壤的三不管区域，山岭虽险峻而距离较近，蜀、魏小股人员由此往来，当不致出现阻碍。所以我疑王朗书中"道初开通"之道，即是指此。但是这些毕竟是据后代资料立说，缺乏强证，不能完全落实。

　　与黄权相对的孟达，此时境况如何呢？我们知道，监临孟达的是夏侯尚，他与魏文帝是布衣之交。《三国志·魏书·蒋济传》载文帝诏夏侯尚，称他是"腹心重将，特当任使"，可以"作威作福，杀人活人"。夏侯尚权寄虽然如此之重，但孟达处境尚不艰难。因为，如《三国志·魏书·明帝纪》太和元年注引《魏略》所说："达既为文帝所宠，又与桓阶（按阶官尚书令）、夏侯尚亲善。"估计此时孟达还能自主行动，未受限制或限制不严。夷陵战时，孟达自然是十分关切战情，密切注视军事动静，对于接近三郡防区的黄权的动向，更当格外留意，远斥候，警疆场，尽可能捕捉关于黄权所率蜀军的信息。

　　黄权之降，距夷陵之败只有两月。黄权居方面主帅之任，所

---

①严耕望《唐代交通图考》第四卷，1986 年台北版。

部未经战斗,当属完整。其时也不见有来自吴军魏军的强大压力,情况还不是十分紧迫。黄权是长于审时度势的人,按情理言他在出降前必有反复权衡和周详筹划。特别是部众当如何安排,是不能不思之再三,以求稳妥的。《文帝纪》黄初三年注引《魏书》载黄权诣荆州刺史夏侯尚降时,所领不过是"领南郡太守史部等三百一十八人"而已。这当然只是官员之数。至于部曲士众多少,如何安顿,则全无消息。我推测,魏国对黄权部曲士卒已经过了一个处置过程。黄权部曲肯定是被削夺了,所以他与孟达不同,只有孤身归诣洛阳的路好走。

黄权将降未降之间,在孤军悬隔又无战事的条件下,要判断降魏的得失,要做好投降的各种准备,要传递投降的意愿并获得对方的反应,据我推测,唯一便当的途径是与驻在房陵、上庸的同为刘璋旧属的孟达取得联系,共同商讨。据《费诗传》,魏国降人李鸿来蜀之前,曾在孟达处见到蜀国降人王冲。我们知道孟达的基本士众,是他和法正各自从益州带出来的部曲,合共四千家。李鸿来降前曾诣孟达,可知李鸿即是孟达部曲,原籍益州,所以降后在诸葛亮南征归途的汉阳晋谒诸葛亮,时在建兴三年冬。汉阳在今贵州威宁,此处或即李鸿籍贯所在,否则李鸿不会不守候诸葛亮于成都,而必远道跋涉至汉阳求见。李鸿所见到的王冲,据《费诗传》附传,广汉人,为牙门将,统属江州督李严,惧罪降魏。按此云"江州督李严",当为"永安都护李严"之误。① 王冲降魏,当自永安驻地东奔孟达之所,所经路线当即永安—秭归—上庸。

———————————

① 李鸿谒诸葛亮于汉阳,在建兴三年冬。李鸿所述曾见王冲于孟达所,不能晚于三年冬,但是三年冬李严尚在永安都护之任,四年春始还驻江州,见《三国志·蜀书·后主传》。所以,此云"江州督李严"为误。

由此一事例可以考见，蜀国降魏者奔于孟达之所，魏国降蜀者来自孟达之所，他们还在孟达之所聚首，交谈所知蜀国情况。所以孟达驻地房陵、上庸，就自然而然地成为南北信息传递的枢纽。孟达在蜀在魏关系均多，加上他所具有的恃才好术的个人特点，和三郡地处三国之间的居中地位，都是形成这一联系渠道和信息枢纽的重要条件。这些条件在黄权降魏前已经具备，所以我推测黄权之降魏很可能是孟达居间联系促成。孟达在蜀在魏均有地位，又与黄权有故旧之谊，所以我认为这种推测是合乎情理的。

如果孟达确实起过居间作用，那么他对黄权施加影响也是意料中事。孟达根据个人体验，向黄权分析刘备营垒中刘璋旧属的艰难处境，坚定黄权降魏决心，也颇符合情理。反过来说，黄权以其"刘璋之所授用"的政治背景、遇事不苟同的个人特点以及夷陵战后的狼狈境况，接受刘璋旧人、先期降魏的孟达劝降也是顺理成章的。孟达有宠于魏文帝，见信于居中的桓阶和居外的夏侯尚，也理当起这种作用。因此我认为，黄权之降和孟达之降，表面无任何关系，但从某一角度看来，两者又都是从蜀政中的新旧纠葛衍生出来的。黄权被迫降魏，这一点刘备清楚，所以他说："孤负黄权，黄权不负孤"；降问至，刘备也未杀黄权妻子。

黄权在蜀史里只是一个夹缝中的人物，而且还是贰臣，于蜀于魏都说不上有甚么建树。但是历代论史者却无不褒奖他的为人。陈寿《三国志》评黄权曰："弘雅思量。"杨戏《季汉辅臣赞》赞黄权曰："镇北敏思，筹画有方，导师禳秽，遂事成章。偏任东隅，末命不祥。哀悲本志，放流殊疆。"袁宏《三国名臣颂》颂黄权曰："公衡冲达，秉志渊塞。媚兹一人，临难不惑。畴昔不造，假翮邻国。进能徽音，退不失德。六合纷纭，人心将变。鸟择高梧，臣须顾眄。"《华阳国志·巴郡志》谓黄权"应权通变"；同书《益梁宁三州先汉以来士女目录》列黄权为"雅重"。① 陈寿为黄权作了一篇佳传,通篇无一贬词,与对待孟达大不一样。黄权不同于孟达,不是恃才好术者流,降魏后仍然是不苟且,无反覆,终始不易其性,得事君之体。这是古代众多史家褒奖他的原因。在这众多的史家中,据我所见,只有何焯把握了黄权的角色特点,把他放在董和之下,李严之上的人物系列中来衡量其价值,而不是只从个人品德着眼。本题索隐之作,也从何焯启发而来。由于书阙有间,直接证据搜寻不到,不敢信为定论,只能说是推测而已。②

四　刘备托孤语

关于刘备托孤语,拙文《〈隆中对〉再认识》中附带有所考释,意犹未尽,现在试作进一步论证。

刘备夷陵败后,于疾笃之时托孤于诸葛亮,有刘禅"如其不才,君可自取"之语。古人论此事,大多赞其君臣相得之深,并取鱼水之喻以相印证。也有个别人认为这是刘备的"乱命",或者认为是对诸葛亮的"猜疑语"。这些评论虽有不同,但多是揣度心性以成其说,并无深度论证,难于确断。周一良先生《魏晋南北朝史札记》有"刘备托孤语"条,推崇桂馥《晚学集》卷五《书蜀志诸葛亮传后》之说,谓刘备"盖自叹大业未就,又无克家之嗣,与其拱手

---

①《华阳国志》赞黄权的主要文字,当在该书《先贤士女总赞·巴郡士女》中,但该书此一部分已阙。

②《水经·淯水注》:"淯水又南径预山东。……山南有魏车骑将军黄权夫妻二冢,地道潜通。其冢前有四碑,其二,魏明帝立,二是其子及臣吏所树者也。"

以让敌,何如使能者制敌而有之之为快"？桂馥仍从赞美英雄的角度立论,并且相信刘备真有许诸葛亮取帝位之意,这种观点并不新鲜。但桂馥之论也有特点。他以"制敌"的需要来解释这一公案,较之纯以心术情性为言者要胜一筹。只是刘备"制敌"之"敌"究何所指,似乎仍值得推敲。

刘备兵败病危,虑不及远。按情理言,其所思之"敌"当指吴国,拱手让"敌"亦指让吴。这是合理的推测,桂馥之意当是如此。但是此时吴国山越不宁,没有余力向外进攻;而魏军压境的形势日趋紧迫,濡须、江陵陆续发生战事,吴国已感穷于应付,更不可能再有攻蜀的可能。陆逊深知吴国夷陵之捷只能是战略防御的胜利,而非战略进攻的胜利。所以当徐盛、潘璋、宋谦等将领竞相上表请攻刘备于白帝时,陆逊"决计辄还",作防魏准备,而不曲从诸将之计。刘备也曾想利用吴国有困难的机会恫吓陆逊。《陆逊传》注引《吴录》刘备闻魏军大出,书与陆逊曰:"贼(按指魏军)今已在江陵(按《通鉴》作江汉),吾将复东,将军谓其能然否?"陆逊答曰:"但恐军新破,创痍未复,始求通亲,且当自补,未暇穷兵耳。"事果如陆逊所料,蜀吴未再构衅,荆州前线恢复了相持局面。战后当年冬,吴使郑泉聘蜀,蜀使宗玮聘吴,蜀吴关系已缓和了。所以,要说刘备疾笃之时只是由于惧吴入峡来攻,没有其他考虑,而遽然作此托孤之语,是不尽符合情理的。

客观看来,刘备托孤之时,蜀国真正的祸患不在颛臾,而在萧墙之内,刘备不会不想到此点。如前所论,蜀国臣僚中潜伏着新旧纠葛,是蜀政中最大的隐忧。刘备处董和、黄权、李严于显位,意在固蜀士之心。孟达降魏,蜀士不能无动于衷。赐刘封死,原因之一当在于平蜀士之怨忿。所以刘备称帝,基础不能说牢固;夷陵倾败,刘备病笃,蜀国更有动摇之虞。诸葛亮、李严并受遗诏辅政,亮正严副,这种安排显然包含着尊重新旧双方利益,安蜀国文武之心,以图共渡难关的用意。刘备既深知新旧问题是蜀国大事而作过许多安排,难道他在托孤时就不为此而焦虑吗?

从来帝王霸主托孤,都是着眼于稳固遗孤的法统地位和实力地位,如果不是为形势危殆所迫或有其他特殊隐衷,决不会对顾命臣僚作出相机自取神器的许诺,否则易启窥窃之心,后患无穷。孙策迫于形势而作的托孤语,是刘备托孤的重要参考,可以比较。

建安五年孙策临死,以弟孙权托于张昭,曰:"若仲谋不任事者,君便自取之。正复不克捷,缓步西归,亦无所虑。"①史臣谓孙策作此语,是由于他"莅事日浅,恩泽未洽,一旦倾陨,士民狼狈,颇有同异"之故。② 士民"颇有同异",是含蓄之词,意谓他们离弃或反对孙权。东晋孙盛论孙策死时孙氏在江东,"业非积德之基,邦无磐石之固";袁宏则谓"桓王之薨,大业未纯"。③ 这些议论都婉转地说出了时局艰难之所在。严峻的形势使孙策临终时担心孙权无力撑持江东危局,才允诺张昭"自取"以固其势。孙策甚至还担心,即令张昭等淮泗文武取代孙氏,也未必能在江东稳操胜算,故而再退一步,说出"正复不克捷,缓步西归,亦无所虑"的话来,意思是万一张昭取代亦无法立足江东,就径归淮泗,另谋出路。孙策虑江东事业难成,缺乏信心,乃有此托孤之言。这正是刘备托孤的殷鉴所在,也正是我们理解刘备托孤隐衷的关键之处。

蜀史中未留下刘备托孤的相关资料,发微显隐比吴史难。而

----

①《三国志·吴书·张昭传》注引《吴历》。
②《三国志·吴书·张昭传》注引《吴书》。
③孙盛、袁宏所论,分见《三国志·吴书·孙策传》注及《文选》卷四七《三国名臣序赞》。

吴史的启发确实不少。孙权以张昭为长史，以周瑜为中护军，这样的文武格局，与后来蜀国丞相诸葛亮、中都护李严的文武格局，岂不是很相似吗？北魏孝文帝曾对兄弟辈言及："我后子孙，邂逅不逮，汝等观望辅取之理，无令他人有也。"①这虽不是孝文帝正式托孤之语，但可据以了解，孝文帝知道有心怀觊觎的"他人"存在，才不得不于虑及身后事时作权衡"辅取之理"的嘱托。以此观察孙策、刘备托孤之语，其所反映的危殆之感，岂不是相同的吗？

在蜀国文武臣僚中，论潜在力量，李严一方即刘璋旧属居于多数，不弱于诸葛亮一方即随刘备入蜀居于少数地位的新人。刘备倾覆刘璋，把新旧之间本来的主从关系颠倒过来了。刘备寻思万全之策以巩固新人的统治地位，绝不能让已被颠倒了的主从关系在他自己死后出现再颠倒。这就要尽可能使旧人不生异动之心，万一出现事端也要能立即加以处置。悠悠万事，唯此为大，刘备死前不可能不想到这一点。起用李严，就是适应此种需要。但是权力赋予李严以后，李严既能起维系旧人以事刘禅的作用，也有凭借威望促成旧人异动的潜在可能。因而又要有控制李严这一关键人物的办法才行。新立的幼主刘禅对此是无能为力的，唯一可以付托的人只有诸葛亮。诸葛亮在受遗诏辅政方面，与李严是并受，是同列，因此，李严的地位相当尊显。在保障蜀国政权不

---

① 《魏书·咸阳王禧传》。孝文帝还直接提及诸葛亮受命辅孤。同书《彭城王勰传》，孝文于军中不豫，时勰总摄六师，请另置元戎统军，己则责专侍疾。孝文曰："戎务侍疾，皆凭于汝。……诸葛孔明、霍子孟异姓受托，而况汝乎！"魏晋南北朝君主托孤，正式作遗诏允许顾命之臣"自取"，还有一例，就是东晋简文帝遗诏。《宋书·天文志》（三）载简文帝遗诏桓温曰："少子可辅，即辅之；如不可，君自取。"这是简文帝确知桓温有不臣之心，预计身后将有逆谋而出此无可奈何之言，与孙、刘付托以及与孝文帝之言，意义又有所不同。简文帝诏为侍中王坦之所毁未出。

出现新旧之间的再颠倒方面，诸葛亮还须要被赋予特别的权力，使他能够控制李严而不被李严掣肘。所以我认为刘备作此托孤遗言，正是为了在并受遗诏的李严面前巩固诸葛亮的独特地位，预防旧人另有图谋。如果不测事端突然出现，连伊尹、周公都无济于事的时候，诸葛亮还可以走向前台，自取帝位，以应急需。

在这方面，孙策托孤之事也可比较。《三国志·吴书》除了上举《张昭传》注引《吴历》托孤语外，还记有《孙策传》孙策谓张昭等曰："中国方乱，夫以吴、越之众，三江之固，足以观成败。公等善相吾弟！"这里丝毫看不到孙策有允许孙权"缓步西归"的打算。孙策又谓孙权曰："举江东之众，决机于两阵之间，与天下争衡，卿不如我；举贤任能，各尽其心，以保江东，我不如卿。"这里也丝毫没有怀疑孙权能否"任事"之意。而且据《世说新语·豪爽》"陈林道在西岸"条注引《吴录》孙策临终举印绶授孙权时最后的一句话，正好是"慎勿北渡"。① 而"慎勿北渡"即指不要贸然西归。由此可见，前引《吴历》托孤语，只是孙策估量形势严峻，极而言之，并不是确认张昭有"自取"之权，也不认为真可丢弃江东而"西归"淮泗。同样，刘备也不会真心授权诸葛亮，让他判断刘禅可辅与否而决定是否自取帝位。《先主传》注引《诸葛亮集》载遗诏敕刘禅曰："丞相叹卿智量甚大，增修过于所望。审能如此，吾复何忧？"这是刘备对刘禅的基本估计，丝毫看不出还有可辅与否的问题。所以我认为刘备故作此语，是预料到有此授权，能够进一步预防不测。在这里，诸葛亮扮演的角色，很像是后世打鬼的钟馗，这个鬼就是李严。

在上述的意义上，前引桂馥所说"与其拱手以让敌，何如使能

---

①参见本书第 282 页。

者制敌而有之"的话可以得到新的解释。敌指吴,显而易见,这是表面之敌。还有更危险的潜在的"敌",指的是可能滋事的旧人,李严是其代表。"能者"意在诸葛亮,诸葛亮凭托孤时赋予他"自取"的权力,可以制服位在同列而又可能滋事的李严。当然这只是我借用桂馥的话而作的解释,桂馥本意可能并非如此。

《诸葛亮传》刘备托孤语下裴注引孙盛曰:"世或有谓备欲以固委付之诚,且以一蜀人之志。君子曰不然。苟所寄忠贤,则不须若斯之诲;如非其人,不宜启篡逆之途。"此"世或有谓"之言,不但孙盛不信,桂馥在《晚学集》中也"认为非也"。而我则认为孙盛所引"固委付之诚"、"一蜀人之志",其论出于距蜀汉未远之世,是符合实情的有识之见。只不过刘备意所关注者并不在诸葛本人。诸葛忠贤,确无须"若斯之诲"。但要使被委付的诸葛得以"一蜀人之志"而抑"篡逆之途",则必须首先大大地巩固他的地位才行。

按照这样的分析,我认为刘备托孤语是他根据蜀国具体情况深思熟虑的结果,是刘备少有的富于谋略之举。难怪他临死前还谆谆叮嘱刘禅"闲暇历观诸子及《六韬》、《商君书》,益人意智";而诸葛亮也不辞劳苦,为刘禅手写《申》、《韩》、《管子》、《六韬》诸书。托孤之语自然是以对诸葛亮的信任为前提的,但不止是个人信任问题。从以后发生于诸葛亮与李严之间的事来看,诸葛亮完全领悟刘备的言外之意,而且在言行上与之配合得相当默契,相当成功。

据《李严传》注引《诸葛亮集》,李严曾劝诸葛亮受九锡,进爵为王。按裴松之所见《诸葛亮集》,当即陈寿录写编次的二十四篇;隋志著录二十五卷,并谓梁二十四卷,这与陈寿录写者相符或大体相符,只是改篇为卷而已。由此可知,裴注所见亮《集》来历清楚,确凿可信,所引受九锡及进爵事肯定都是李严之意,无赝作赝文之可能。李严所劝于诸葛亮者,是非常之言、非常之事,李严却敢于出此而无所遮掩。诸葛亮答书也很直率,毫不回避。他说自己:"误用于先帝,位极人臣,禄赐百亿。今讨贼未效,知己未答,而方宠齐、晋,坐自贵大,非其义也。若灭魏斩叡,帝还故居,与诸子并升,虽十命可受,况于九耶!"他的意思是,九锡之受不是不该,而是时机未到。他所谓"知己未答"的"知己","诸子并升"的"诸子",从背景说来自然是指同受顾命的李严而言。诸葛亮与李严似乎是彼此会意,心照不宣。其所以如此,我想是有刘备托孤语作为共同依据的缘故。李严敢于劝诸葛亮受九锡称王,是根据此语;诸葛亮回答说时机到时"虽十命可受",也是根据此语。诸葛亮所答,是对李严政治试探的强烈表态。

对于九锡之劝,诸葛亮可信是无动于衷,决无三让而后受之之意。他对蜀汉的忠诚,从来没有人怀疑过。可是他并不义正辞严地指责李严非所宜言,而是不顾僭越之嫌,委婉作答。"十命可受"虽是假定之词,可却是人臣之所大忌,他娓娓道来,不以为意。注疏家不得其解,遂疑此语未必出自以谨慎著称的诸葛亮之口。可是,谁杜撰此语编次于《诸葛亮集》之中?为什么有此杜撰?这些问题还是无从解释。照我看来,考虑到刘备有"君可自取"之语在先,再来体味诸葛亮、李严之间九锡、十命之类的话,理解就容易了。刘备既然郑重其事地作此嘱托,诸葛亮就不必在李严的政治试探面前过分拘泥于君臣名分。这就是诸葛亮答李严语的实质所在。诸葛亮聪明练达,深谙诸子、《六韬》之义。他治蜀总不忘以先帝付托为言,史家也总以此赞美他忠烈溢于言表。揆之上述,似不无历史的隐曲寓于其中,蛛丝马迹依稀可辨。

托孤之语的真实含义既然如此,以后蜀政中的有关问题,都可以循此线索加以考察，而且大体可以得到解释。李严副诸葛亮并受顾命，本是刘备在危机中的权宜之举，对于稳定刘备身后的蜀国局势，确实起了重大作用。但是李严一旦居位，东西分陕，一国二孔之弊就逐渐有所暴露。加之以人事纷纭，此伏彼起。先有廖立狂惑，来敏乱群；后是孟达来降不果而陨身，李严横造无端而废徙。历史遗留的新旧纠葛反复出现，诸葛亮都逐一解决了，而且没有酿成大乱。他没有辜负刘备白帝的托付。不过随着此一公案的结束，诸葛亮走向暮年，蜀政中光彩吸人的时刻也就终止了。

———原刊《文史》第 35 辑，中华书局，1992 年

东三郡与蜀魏历史

一　东三郡的历史地理

西城郡,曹魏黄初时改名魏兴郡,治今陕西安康。上庸郡,治今湖北竹山。房陵郡,治今湖北房县。三郡以"东三郡"之名见称,辖地跨有今陕东南、鄂西北。《华阳国志·汉中志》:"三郡,汉中所分也,①在汉中之东,故蜀汉谓之东三郡。"《舆地纪胜》卷一八九金州②"风俗形胜"引《图经·山川序》:"自汉中而东,则谓金多山岭,而均、房而西,则谓金多平旷。"可见西城以东重峦叠嶂,愈行愈险。东三郡各郡城之间有山蹊联系。东三郡北境还有沔水相通:西城在沔水边;上庸及房陵则均在沔水南,分别以堵水、筑水连通沔水。东三郡崇山环抱,四塞险固,号为奥区,在地理上自成一体,内部往来虽然比较密切,对外则呈封闭状态,长期与世

---

①汉中郡,秦惠王攻取楚国之地,治南郑,西汉末或治西城,参《汉书·地理志》益州汉中郡条王先谦《补注》。
②唐宋金州即汉末之西城郡治,即今安康。

隔绝。

秦时,三郡地本为汉中所辖荒裔,其中的房陵历来为安顿罪人及其他迁人(迁房)之所。据《史记·秦始皇本纪》,九年秦王灭嫪毐,舍人罪轻者"夺爵迁蜀,四千余家家房陵";十二年吕不韦死,舍人的一部分,《正义》谓"迁移于房陵";十九年王翦灭赵,获赵王迁,《正义》亦谓"迁王于房陵"。①《华阳国志·汉中志》:"新城郡,本汉中房陵县也。秦始皇徙吕不韦舍人万家于房陵,以其隘地也。"隘地当指其地险隘阻隔,迁人难于逃离。

房陵据说以四面山石如室得名,林深地隘,容量有限,所以秦代迁人数量,在蜀者当多于在房陵者。②《史记·项羽本纪》项羽谋曰:"巴蜀道险,秦之迁人皆居蜀",乃以刘邦为汉王,王巴蜀汉中。《汉书·高帝纪》汉元年韩信语刘邦曰:"项羽背约而王君王于南郑,是迁也。"注引如淳曰:"秦法,有罪迁徙之于蜀汉。"蜀汉分指蜀及汉中,而汉中兼括东三郡地。由此可知,汉王之封,是项羽恃势以迁房之例处置刘邦。南郑向南,沿蜀道入成都;向东,则乘沔水达于西城、上庸、房陵。巴蜀和东三郡,都是刘邦被当作迁房的谪徙之所,枢纽则在汉中南郑。

西汉时,西城、上庸、房陵都是汉中郡的属县,在益州刺史部。

①《史记·赵世家》注引《正义》同。《元和郡县图志》卷二一房陵县北九里有赵王迁墓。又,唐中宗被废为庐陵王,光宅元年(684)迁庐陵王于房州,即房陵也。

②秦灭六国后,以六国人为迁房,处之蜀边,如临邛卓氏、程郑等。《睡虎地秦墓竹简》第二六一页《封诊式》"迁子"条爰书,有刖足"以县次传诣成都","迁蜀边县,令终身无得去迁所"记载。又,迁人亦有复归者,如《史记·吕不韦列传》"复归嫪毐舍人迁蜀者"是。但迁房陵者未见复归记载。

《华阳国志·汉中志》谓西汉时宗室大臣有罪或徙房陵，《汉书·诸侯王表》有例甚夥。① 其时上庸亦为迁谪之所。② 东汉末年，西城、上庸、房陵三县均升格为郡。《三国志·魏书·武帝纪》建安二十年曹操击走张鲁而入汉中，"分汉中之安阳、西城为西城郡，置太守；分锡、上庸郡，置都尉"。史家疑"分锡、上庸郡，置都尉"之文为"分锡、上庸为上庸郡，置都尉"之讹夺，③是。东汉制度，边郡往往置都尉，治民比郡。建安时上庸于魏为边郡，故但置都尉而不置郡守。④ 房陵设郡不见明文。《三国志·蜀书·刘封传》建安二十四年孟达"从秭归北攻房陵，房陵太守蒯祺为达兵所害"。《通鉴》该年胡注谓"此郡疑刘表所置，使蒯祺守之，否则祺自立也"。按蒯为荆州南郡中庐大姓，刘表在襄阳时，联络蒯氏，蒯氏家族得势，蒯祺当以家族势力之故，受刘表之命治理相邻的原益州汉中郡房陵县地，并受刘表私署为太守。如果此说不误，则房陵称郡更在上庸、西城之前。

按汉中郡地，包括西城、上庸、房陵在内，西汉时户 101570，口 300614；东汉时则户 57344，口 267402，分见《汉书·地理志》和《续汉书·郡国志》。以户数和口数言，东汉时均少于西汉时，可

---

① 参刘琳《华阳国志校注》第一三九页。刘氏所举尚有可补充者，如《汉书·武帝纪》建元二年济川王明迁防陵（房陵）是。

② 《汉书·武帝纪》元鼎元年济东王彭离徙上庸，同书《宣帝纪》本始四年广川王吉徙上庸。

③ 参卢弼《三国志集解》引沈家本说。沈说据《续汉书·郡国志》注引袁山松《后汉书·郡国志》之文。

④ 《三国志·蜀书·刘封传》注引《魏略》刘封来上庸之前，申耽曾"遣使诣曹公，曹公加其号为将军。因使领上庸都尉"。按此当即建安二十年事。二十四年申耽降刘备后，刘备以申耽领上庸太守，从此无都尉之称。

以窥知此处经济在两汉时无何发展。① 由汉中统领西城、上庸、房陵,主要靠沔水为联系纽带,而沔水水量水势无常,舟行下水差易而上水甚难,②所以并不便利。汉中郡有时设治于西城,当是为了兼顾自沔水上游统领下游的需要。东三郡自西至东地面如此辽阔,道里如此悬隔,山岭如此险峻,以汉中南郑统全境,无论如何是鞭长莫及。当张鲁据汉中时,东三郡地事实上已与益州主要部分脱离,不得不各自为政。几百年来,益州东三郡地与周边郡县包括荆州郡县不能全无交往,日积月累,闭塞状况当亦有所改观,不必仰赖汉中为治。所以后来汉中三县独立为郡,其中东端的房陵长久以来即受荆州襄阳的羁縻,也是势所必然。

《三国志·魏书·刘表传》刘表初为荆州刺史,各地宗帅("宗贼")势盛,刘表单马入宜城,要结大族蔡瑁、蒯良、蒯越等人,诱斩宗帅而用其众。这是刘表所辖荆州部内之事。与荆部地界相连而隔在益部的东三郡内,自然也有宗帅割据问题。还有蛮夷君长,在本地所起的割据作用相当于宗帅。《三国志·蜀书·刘封传》注引《魏略》叙申耽、申仪兄弟在西城、上庸间聚众数千家,先后通张鲁,通曹操,降刘备,降曹丕,俨然是东三郡首屈一指

<hr>

① 《舆地纪胜》卷八六房州"风俗形胜",谓至宋时此处犹安于山僻,"男子烧畬为田,女人绩麻为布,以给衣食"。遍检较早的地理资料,包括王谟《汉唐地理书钞》和陈运溶《麓山精舍丛书》所辑有关古地志,均未发现此处有什么重要的社会经济状况记载,其落后可以概见。明代此处还是未开化状态,是流民逋逃渊薮。明英宗天顺到宪宗成化年间,房县发生过大规模流民暴动。
② 《三国志·蜀书·蒋琬传》延熙中蒋琬屯驻汉中,"多作舟船,欲由汉沔袭魏兴、上庸。……而众论咸谓如不克捷,还路甚难,非长策也"。

的宗帅。① 申耽先为上庸都尉，与刘封同抗魏兵，失败后受调徙南阳；其弟申仪未受魏调遣，仍居魏兴太守之职，直到太和二年（228）之初始被司马懿执归洛阳。申氏兄弟在东三郡事态发展的年代中，始终是交织于蜀魏各种势力之间的一支重要地方武装，其破败晚于荆州八郡宗帅数十年之久。

《宋书·州郡志》梁州："魏兴太守，魏文帝以汉中遗民在东垂者立。"《华阳国志·汉中志》又谓"其人半楚，风俗略与荆州沔中郡同"。"荆州沔中郡"，当指沔水所经、秦汉属益州、三国以后属荆州的诸郡，包括魏兴以东的上庸、房陵二郡。房陵郡，黄初初年称新城郡。新城郡民除前代迁人以外，多杂楚人。东三郡地境原来由楚入秦，本属楚文化区，入秦后始转而受经由汉中顺沔水而来的秦文化的影响。但是自西徂东，秦文化渐淡，楚文化渐浓。唐金州即汉西城郡、魏魏兴郡地，素有"秦头楚尾"之称。② 所谓"秦头楚尾"，既指地理位置顺沔水由秦入楚的走向，更指秦楚政治文化关系的交会与熔融。金州以上之地附于汉中而在秦益，文化当以秦为主；金州以下之地虽在政区划分上也曾归属秦益，但地界深入荆楚之境，与荆楚政治文化关系当更为密切。汉末魏初东三郡介于蜀魏之间而发挥其独特作用，有如上种种原因。陕西

---

① 申氏是西城、上庸土著还是外来户，史无明文。按古有神农生于随州随县厉乡之说；有神农氏之后封于申，以国为氏之说；而周有申国，在今南阳。今神农架地名来历问题，传说亦多。这些资料似涉申氏族源，但又难于指实。《元和姓纂》卷三申氏条及岑氏《四校记》多录申氏人物，均不及申耽、申仪兄弟。

② 《舆地纪胜》卷一八九金州"风俗形胜"。《读史方舆纪要》卷五六兴安州条"唐李吉甫曰：'金州秦头楚尾，为一都会。'"按今本《元和郡县图志》有关部分及阙卷佚文，不见此语。

安康县出土战国晚期以后的文物,兼有秦式和楚式,①也是重要的证据。

对于东三郡在汉末魏初的特殊地位和特殊作用,我在以前所撰论文中有所论述,但有未达一间之憾。本文之作,就是对涉及这一时期东三郡事的旧文的几点补充。

二 《隆中对》“跨有荆益”解②

拙作《〈隆中对〉再认识》,对于诸葛亮建议刘备“跨有荆益”之说有所论列。我认为诸葛亮身在荆州而建图益州之议,不能预先设想弃荆州于不顾,故有“跨有荆益”之说。但荆益之间的联系,按稍后情况看来,主要靠三峡相连一途。在纷争局面下,恃三峡沟通荆益,需要峡内峡外维持相呼应的军事力量。这种条件刘备暂时可以具有,但不能保持长久,所以荆益终难兼而有之。历史上并没有割据益州的人长期跨据荆益二州以成稳定局面的先例。入蜀以后的刘备暂时可以出入三峡,但迟早要龟缩峡内,放弃荆州。这不是刘备所甘愿的,因而他在关羽败亡后倾国出师,以图匡复。但蜀师不能发挥顺流之势,踯躅峡中整整半年,既不能不战,又不能战,终于师老兵疲,一朝覆没。这证明刘备倾力以求“跨有荆益”,毕竟是失策之举。不过我还认为,“跨有荆益”之

---

① 《文物》1992 年第 1 期李启良《陕西安康一里坡战国墓清理简报》,报导安康县南郊墓中出土陶器,从风格式样看来,有的是秦式,有的是楚式,反映这里是秦楚文化交会和熔融地带。

② 本节主要内容,曾写成单篇论文,收入《周一良先生八十生日纪念论文集》,中国社会科学出版社,1992 年。

失,不失在草庐对策之时,而失在形势屡经变化之后;不失在诸葛亮早年的建议,而失在刘备以后的实践。曹操南下,刘备奔逃,形势一变;赤壁之战,孙权入荆,形势二变;刘备进蜀,关羽毁败,形势三变。刘备无视已变之局,为"跨有荆益"孤注一掷,终于被迫承认现实,守益弃荆。

我先前关于此问题的见解大抵如此。现在要作补正的是,诸葛亮草庐作对时所说的"跨有荆益"并不是指据三峡而跨荆益,而是指据汉沔的东三郡而跨荆益,因此一些相关的问题,都须另作解释。

诸葛亮居止之地襄阳隆中,虽属于荆州的行政区划,却是处在荆益二州的交壤地带。我认为,自襄阳向西浸润至于益州的东三郡,从政区划分说,就算是"跨有荆益"。诸葛亮指画天下大势,绝对不会忽略近处。东三郡是诸葛亮所说"跨有荆益"的漫长走廊,以东三郡为走廊的荆益地境遍布群山,险塞四固,这又符合"保其岩阻"的设想。"跨有荆益"这一著名政治主张具有这种独特的地理背景,我们不能忽视。

刘表所治襄阳,本汉县,居南郡最北端。襄阳三面皆荆州地,唯独县西不远是益州汉中郡房陵县(后来是益州房陵郡)界。襄阳三面荆州,皆平原和丘陵,无险可守,唯独县西不远即是逶迤无尽的高山,属于益州地面,绝难进入。益州多山的房陵楔入荆州,像东指的箭头,尖端逼近襄阳城。从《三国志·魏书·刘表传》叙事看来,刘表但求保荆,并无远志,除房陵远离益州本部而地逼襄阳,刘表不免视之为自己的势力范围以外,并未插手上庸、西城事态。刘表制服宗帅,大体只限于荆州八郡,特别是荆州江南部分,并未涉及益部。不过从前揭刘表私署房陵太守一事看来,他实际上已经是跨有襄阳东西两面的荆益二州而从事政治活动了。

《元和郡县图志》卷二一山南道襄州襄阳县条引"古谚曰：'襄阳无西'，言其界促近"。李吉甫解释，谓县西十一里有万山，[1]与南阳郡邓县分界，故云。我疑古谚反映的是汉代襄阳在荆州界内所处的位置，其时襄阳西界迫近益州刺史部，估计县城去益州界不超过三数十里，所以"襄阳无西"更似指襄阳之西州部相隔的紧迫局促状况而言。汉代的这种行政区划，曹魏时由于三郡归于魏荆州刺史部而改观，"无西"的原意消失，因而出现了五六百年以后李吉甫所作的另外的解释，从州部相隔变为一州之内的郡县相隔了。同书同卷襄州"宜城县，本汉邔县地也。城东临汉江。古谚曰：'邔无东'，言其地逼汉江，其地短促也。"古谚所谓"邔无东"有汉江为基准，含义清楚，所以李吉甫的解释明白无误，与对"襄阳无西"的解释不同。如果要对古谚"襄阳无西"找到一个具有地理基准的合理解释，与其说襄阳西境隔不大的万山逼近邓县，不如说西出襄阳城三数十里，就由丘陵地带陡然进入十分险恶的崇山峻岭，而这崇山峻岭地带历来不属荆州而属益州。我认为以此说明襄阳西界"促近"，似乎要妥帖一些。

襄阳县治西逼益州，诸葛亮宅更在襄阳县西北二十里，诸葛亮草庐作对的隆中比襄阳县治更贴近益部地境。我们可以说，隆中地接两州，东荆西益，几乎正处在荆益分界线上。这种地理背景，对于诸葛亮估量政治前景而作出"跨有荆益"的策划，我想是起了作用的。《隆中对》"跨有荆益，保其岩阻"，所言"岩阻"与其说是就以后蜀国所据全部西南地境而言，还不如理解为遍地"岩阻"的东三郡更为贴切。《隆中对》"天下有变，则命一上将将荆

①《续汉书·郡国志》荆州南郡襄阳注引《襄阳耆旧传》曰："县西九里有方山。"按此方山当即万山。

州之军以向宛洛,将军身率益州之众以出秦川"的战略策划,更明显地是沿汉中与襄阳之间的东三郡而"跨有荆益"这一地理背景的产物。

根据此种理解,我们还可以推测诸葛亮所说当时荆州"西通巴蜀",其通道就是指东三郡;取益州刘璋的捷径,也是先经东三郡取汉中张鲁。而且,"西和诸戎"也有新解,可以解释为自汉中西出以结氐羌,而不必勉强附会为蜀汉南中之役的预先设计。刘备后来深结马超,原因之一就是马超可引氐羌为援。建安二十四年曹操引汉中军退还长安时,唯恐刘备取武都氐以逼关中,乃从张既之策,徙武都氐五万余落出居扶风、天水界。[1] 以后诸葛亮北伐之师屡屡迂回武都、天水诸郡,论者以为仍有结氐羌为援的目的。

总之,对于"跨有荆益"之议,在研究了东三郡的地理历史状况以后,应当获得新的理解。当年"高祖因之以成帝业"之地是汉中;刘备欲得汉中以步刘邦后尘,按草庐三顾之时的设想,只有道出东三郡最为现实可行;出东三郡而得汉中,就具有当时所谓"跨有荆益"的地理历史完备含义;得汉中,进一步取刘璋囊括巴蜀,就容易了。我认为这样理解"跨有荆益"问题,比起只从诸葛亮个人聪明睿智来考虑,是较有客观根据,较为合理,较少先验色彩。至于以后必须通过长江三峡才能实现"跨有荆益"的策划,是以后形势发展使然,草庐作对时恐怕难于逆料。

《三国志·蜀书·法正传》载诸葛亮论刘备入益州事曰:"主公之在公安也,北畏曹公之强,东惮孙权之逼,近则惧孙夫人生变于肘腋之下。当斯之时,进退狼跋。法孝直为之辅翼,令翻然翔

---

[1]《三国志·魏书·张既传》。

翔,不可复制"云云。诸葛亮以刘备入益州有其时不得不如此的原因,功在法正,而根本未把草庐作对时"跨有荆益"之策与此时刘备由荆州三峡入益州之事相并议论,也可见彼时"跨有荆益"之策与此时由荆入益之事本无联系。

赤壁战后,曹操北退,刘、孙周旋于长江中游诸郡,东三郡的战略地位有所改变。虽然如此,曹操、刘备都还是重视东三郡,一有机会就向东三郡插手。建安二十年曹操将西城、上庸升格为郡,建安二十四年刘备命孟达、刘封分别由秭归、汉中进入东三郡,都是证明。刘备据汉中以慑秦川,关羽攻樊以震宛洛,刘封、孟达居东三郡一线以为策应,这不正是为东西两路北伐战略作铺垫吗?

孙权也同样看重东三郡。《三国志·吴书·周瑜传》周瑜于赤壁战后由南郡诣京城见孙权,建策曰:"乞与奋威(按指奋威将军孙瑜)俱进取蜀,得蜀而并张鲁,因留奋威固守其地,好与马超结援。瑜还,与将军(按指孙权)据襄阳以蹙操,北方可图也。"周瑜的谋划还很粗略,没有打通东三郡以连结汉中与襄阳的具体设想,这是由于当时不具备必要条件的缘故。翌年,即建安十六年,吴将吕岱"遣兵西诱汉中贼帅张鲁,到汉兴塞城,鲁嫌疑断道,事计不立,权遂召岱还"。[1] 汉兴是魏兴的异称,即西城郡。塞城,今地不详。以当时荆州割据形势犬牙交错以及张鲁"嫌疑断道"之举推之,吕岱之兵当是沿东三郡内山道西出。关羽败死后,孙权在汉川得势,曾以将军周泰为汉中太守。[2] 这虽属遥领性质,亦可

---

[1]《三国志·吴书·吕岱传》注引《吴书》。按此事与刘璋遣法正邀刘备入蜀,在同一年。

[2]《三国志·吴书·周泰传》。

见孙权于东三郡时注一目。约在此时,吴将陆逊自秭归遣将攻房陵太守邓辅。① 再后九年,魏太和二年春,当魏将司马懿奇袭上庸,攻灭孟达之时,吴军又远道奔赴上庸、魏兴地区救援。② 这些都是孙吴重视东三郡地区之证。但是由于地势阻隔,吴军真要插手东三郡事并且持续地在东三郡起作用,毕竟是非常困难的。

蜀军据汉中,孟达入东三郡,魏国在其南疆处于被动地位。孟达降魏后始终未离开东三郡,魏国被动地位始终未完全改变。其时魏吴有事于江淮,魏国无暇西顾,只以夏侯尚数千人羁縻东三郡,并纵容宗帅申仪盘踞魏兴以牵制孟达。诸葛亮自汉中兴师北伐,孟达又成为魏蜀之间举足轻重的人物,在反覆中终于被司马懿消灭,申氏势力也同归于尽。这样,魏国南疆才得以大大巩固,东三郡的特殊地位和特殊作用也随之消失了。

三 东三郡与蜀魏历史

拙作《蜀史四题》中,"刘封与孟达"及"黄权降魏索隐"二题,也涉及东三郡。其中属于自汉中、襄阳交通于东三郡诸事,在上节中已作交待。还有一些是自长江三峡内外交通于东三郡(主要是上庸郡)的事例,本节中将着重讨论。

蜀将黄权之军孤悬峡外江北的崇山峻岭之中,夷陵之战以后进退失据。黄权降魏,以地理条件和人事条件而言,最便当的途径是通过本属蜀中同僚、此时已是魏国边将的孟达的撮合。黄权

---

① 《三国志·吴书·陆逊传》。此房陵太守或是刘备所署。
② 《晋书·宣帝纪》。

接洽降事以及以后入仕洛阳,必经孟达防区,这个地区在蜀魏两国之间甚具敏感性质。我曾举《三国志·蜀书·费诗传》如下记载为证。建兴三年(魏黄初六年)冬,李鸿自魏降蜀,来蜀之前曾诣孟达,并在孟达处得见自蜀降魏的王冲。李鸿当为孟达所率来自蜀中的部曲,估计是朱提郡汉阳县(今贵州威宁县境)人。他随孟达降魏后一直在东三郡,至是归蜀,并向诸葛亮当面传递了孟达的信息。王冲则是李严驻永安时的牙门将,降魏投奔孟达,此时仍在孟达处。我根据这些线索判定,孟达驻在的房陵、上庸,是蜀魏两国之间信息交流、人员来往的枢纽所在;掩护此种特别关系的人物就是孟达;而孟达能够起这种作用,是由于他在房陵、上庸还维持着他原有的军事力量。魏国既不能完全控制东三郡,只有对孟达的此种行为持隐忍态度,甚至有意加以利用,以图获取蜀国信息,发挥孟达对付蜀国的特殊功能。① 孟达曾有引致蜀将黄权的功劳,可能还有挟其蜀中政界旧有关系以自重于魏的打算,这从孟达敢于在蜀魏之间恣意行事可以看出。

　　蜀国与孟达联系,因申仪居于魏兴而不便频繁地使用自汉中东来的通道,所以还要靠自长江北上房陵或上庸,中转之地是秭归城。但是在蜀吴之争中,秭归频频易手。建安二十四年冬,陆逊乘关羽毁败的有利时机,逐蜀汉官吏而进入三峡,据有秭归,自秭归北攻房陵,破诸大姓及诸蛮夷君长,"前后斩获招纳民数万计"。② 夷陵之战,蜀军一度夺回秭归,并以之为蜀军的大本营。《水经·江水注》:秭归城,"古老相传,谓之刘备城,盖备征吴所筑

---

① 《三国志·魏书·明帝纪》太和元年注引《魏略》曰:孟达降,魏王加拜散骑常侍,领新城太守,"委以西南之任",就是为了对付蜀国,稳定魏国西南疆场。

② 《三国志·吴书·陆逊传》。参同书《孙权传》。

也"。刘备败退回蜀,传世《后出师表》"秭归蹉跌"之语,即指此役。从此以后秭归属吴,蜀军退守永安,不敢出峡。

三峡中郡县建置,随着蜀吴军事进退而迭有变更。《三国志·吴书·潘璋传》:孙权"分宜都巫、①秭归二县为固陵郡,拜璋为太守。"吴增仅《三国郡县表附考证》吴荆州固陵郡条据《潘璋传》考曰:"今考《华阳国志》,先主改巴东为固陵郡,是时宜都属先主,故以宜都之巫县移入固陵。二十四年关侯败后,巫县当入吴,还属宜都。故是年权分巫、秭归二县,与蜀对置固陵也。及章武元年先主伐吴,复得巫、秭归二县地,似吴之固陵当以是废。二年猇亭之役,吴复有二县,宜又还属宜都。"

在三峡频频易手之时,控制三峡地区的一方,多从峡内的秭归北窥房陵,企图进入东三郡。这就是说,三峡局势的变化,牵动着东三郡局势,影响各国关系。

自秭归北出,溯今香溪河谷,越山岭五百里,接近其时粉水上源,顺水依谷可通房陵。这是汉代以来的古道。② 陆逊领宜都太守以后,除了刘备出峡的短暂时间以外,秭归都在吴军之手,蜀方无法使用秭归至房陵这一路线,但是事实证明,蜀方与房陵、上庸联系并未中断。韩冉受刘备派遣吊曹操之丧而停留于上庸,是一显例。关于此事,《三国志·蜀书·先主传》注引诸书有如下两则记载:

《魏书》曰:"备闻曹公薨,遣掾韩冉奉书吊之,致赙赠之礼。文帝恶其因丧求好,敕荆州刺史斩冉,绝使命。"

---

① 按巫,原刻误作至,点校本有校记。
② 参严耕望《唐代交通图考》,台北版篇二六,页一〇二七及附图二五。关于古河道走向诸问题,请与中华地图学社《中国历史地图集》北京版有关图幅对参。

《典略》曰："备遣军谋掾韩冉赍书吊，并贡锦布。冉称疾住上庸，上庸致其书，适会受终，有诏报答以引致之。备得报书，遂称制。"

按曹操之死，在建安二十五年（延康元年，黄初元年）一月，曹丕"受终"（即帝位）在该年十月，刘备"称制"在下年四月。据此估计，韩冉来上庸约在延康元年春夏间；上庸致其书于魏国，当是八月孟达降魏以后的事，所以"适会受终"；其时曹仁以车骑将军都督荆扬益州诸军事，屯宛，受孟达转递刘备书以致洛阳朝廷者当即曹仁；受魏文帝敕斩韩冉的荆州刺史当是夏侯尚，他正是在曹丕即帝位后领荆州刺史假节都督南方诸军事的。魏文帝诏书到达成都当在春间，因而刘备得以略事准备后在四月称制，并以曹丕"载其凶逆，窃居神器"为称制理据。① 此事首尾在一年以内。《魏书》谓敕斩韩冉而绝使命，《典略》谓诏报答以引致之。二说不同，但细加分析，又似有相成之处。

韩冉其所以称疾停驻上庸而不直接进诣洛阳，当是因刘曹仇隙既久且深，刘备因丧求好，曹丕是否礼接，并无把握。作为行人，韩冉宜有缓冲之计，所以利用孟达在魏地位，称疾上庸而须曹丕之命。这是刘备原定方略，还是韩冉权宜措置，不得而知。但是韩冉受到孟达保护，他所进行的联系交涉事宜得到孟达的合作，是可以肯定的。孟达降魏后，东三郡入魏荆州刺史部，但曹魏势力尚未能主宰东三郡，所以魏荆州刺史很难执行魏文帝斩韩冉的敕命。史不载韩冉下落，但很可能是既未被引致洛阳，亦未被斩，而是携魏帝诏书回报成都，完成了刘备向曹丕作政治试探的使命。不过，韩冉送致洛阳的是汉中王致魏王函，带回成都的却

---

① 《三国志·蜀书·先主传》。

是魏帝下汉中王或者是下汉左将军宜城亭侯诏,①这是刘备所不愿接受的。刘备既不愿委质称臣于魏,所以就以此为契机,匆遽决定称制。

史籍中没有留下韩冉行程路线的资料。我们知道,曹操死时刘备已由汉中回到成都,韩冉之行当自成都出发。他不大可能由成都北上汉中,东越申仪所据魏兴郡城而抵上庸,因为这不但太迂远,而且申仪于刘备、于孟达均为异己力量。我疑韩冉经永安而达上庸。其时秭归在吴军之手,韩冉不能进入。韩冉东出永安后,当循峡中山蹊北行。《三国志·魏书·夏侯尚传》:夏侯尚"勒诸军平三郡九县",搜索扫荡所至,遍及穷僻,客观上有助于附近道路的探寻与开通。《三国志·蜀书·许靖传》注引《魏书》黄初四年魏司空王朗致蜀司徒许靖书,②有"道初开通"之语。这一初开之道,当即此数年来蜀魏官私共同使用的通道。王朗之函就是王朗派遣降人送致蜀国的。王朗函首谓"消息平安,甚善甚善",可见在此之前,许靖先已利用新开通道经过东三郡,与洛阳王朗联系。王朗、许靖原来都是北方名士,声誉相闻;汉末一个居官会稽,一个避地会稽,交往甚多;后来两人隔居南北,二十余年音问不通,主要由于没有往来渠道。一旦新道开通,他们之间的联系立即恢复。值得注意的是,奔走于这条代替秭归—房陵道的永安—上庸道上的,主要是蜀魏双方的降人。前引《费诗传》载永安有蜀国降人奔上庸,上庸有魏国降人奔巴蜀,都是利用这条新开的通道。通过这条道路,降人传播着双方的信息。

----

① 刘备左将军、宜城亭侯官爵皆曹操所表授,参《通鉴》建安二十四年胡注。
② 王朗书中说到大男王肃年二十九。以王肃生年推之,此书当作于黄初四年。参卢弼《集解》。

严耕望《唐代交通图考》篇二六页一〇二六考山南巴山诸故道,谓五代后唐由房州新开道四百里,即是循堵水南源之九道梁河(当时称微江)河谷而上,约经今官渡河、白河口,逾乌云顶山隘,沿大宁河谷,越大昌而至奉节,即当时的永安。这条道路晚至《旧五代史·唐明宗纪》始有正式记载,而且还说是新开之道。但是我疑此等依山傍水的小道,千百年来极可能是经军事行动的搜求和山民的探索,依局势需要程度,时而使用,时而废弃,而使用时总是有所修整,有所拓展。当蜀汉自东门永安不经秭归而求连通东三郡,曹魏亦思利用东三郡而探求蜀汉消息的时候,开通此一道路是合乎蜀魏双方需要,而且是并不困难的。永安、秭归迤北地带,魏、蜀、吴郊境所接,三方皆当有所活动,三方皆未能固守。所以韩冉入魏所经,蜀魏降人出入,许靖、王朗信使往还,很可能都是利用这条道路。王朗所说"道初开通",指的就是这条道路。这是三国初年蜀魏之间的一条重要的政治通道。夷陵之战,蜀将黄权所领江北策应之师,全在这一带山林之间活动,对于山间小径的开辟和这条政治通道的形成,也当有重要作用。

严耕望前揭书页一〇二五据后代资料,谓由堵水有路通至今城口、万源而下巴蜀。此路的大巴山部分,应在《夏侯尚传》尚自上庸通道西行七百里所经的范围之内,在当时被发现并被使用,是可能的。但是由万源通向巴蜀主要地区,道路还很遥远,所以这条路与永安—上庸道不同,很难作为联系蜀魏的主要而又便捷的道路加以利用。

《三国志·魏书·王昶传》嘉平二年冬至三年春,魏征南将军王昶遣新城太守州泰袭吴之巫、秭归、房陵,[1]皆大捷,吴军南撤,

----

①洪亮吉、谢钟英《补三国疆域志补注》卷六谓此房陵二字为衍文,是。

魏军在江北掌握了较大的主动权。不过沿长江的要地魏军无力固守，仍回到吴军手中。蜀亡，蜀永安守将罗宪被吴将步协、陆抗围攻，"或劝南出牂牁，北奔上庸，可以保全"。① 由此可知直到此时，前述出永安沿大宁河谷逾乌云顶而达上庸的道路，作为政治上联系蜀魏的通道，一直是开通的，不过已经失去重要性，不一定像过去那样频繁地被使用了。

综上论述，并参考拙作《蜀史四题》以及《〈隆中对〉再认识》二文，东三郡与蜀魏早期历史关系，可注意者有如下诸端：

一，原属益州刺史部的东三郡，在地形地势上自成区域，呈封闭状态，设治较早，开发缓慢，古地志中记载甚少。东汉末年刘表为荆州牧，以居荆部、益部之间的襄阳为治所，染指房陵，但对上庸、西城无能为力。刘备入汉中，由南北二路交通东三郡：孟达自秭归北取房陵，刘封由汉中顺沔水至上庸，二人并受东援襄樊关羽的呼召。这就是蜀国对魏国早期的军事态势。蜀国跨有荆益之土，西端益州自汉中窥伺秦川，东端荆州出襄樊威慑宛洛，东三郡则居中联络策应。这种在东三郡两端的益荆二州境内对魏保持进攻态势的战略部署，最初的设想可追溯到《隆中对》。《隆中对》的这种设想，是以居荆益二州之间、连接汉中与襄阳的东三郡的存在为前提的。

二，关羽毁败，孟达降魏，东三郡之地始脱离几百年来所归属的益州，入魏荆州刺史部。魏国杂用宗帅申仪和降将孟达据守，以夏侯尚为荆州刺史统东三郡，并扫荡山林，开拓道路，以图建立东三郡的新秩序。但是东三郡实际管辖权依然如故，孟达在上

---

① 《晋书·罗宪传》。

庸、房陵处于半独立状态，魏国朝廷羁縻而已，未能实现完全的统治。刘备称归蹉跌以后，孟达促成黄权降魏有功，使自己得以暂时自固于魏国朝廷，同时又保持与蜀国的联系。看来魏国也是有意默认孟达的这种特殊地位，以求保持通向蜀国的渠道，获得蜀国的信息，与蜀国维持某种平衡。

三，建安末和黄初年间，蜀魏两国经过东三郡，维持着一条交通路线，先是经过秭归而达房陵，即秭归—房陵线；秭归入吴以后，又另辟永安以东、秭归以西的山道，即永安—上庸线。双方公私，均通过新道进行联系。这就是王朗致许靖函中所说"道初开通"之道。这也是蜀魏两国之间的政治通道，居中介地位的就是据有房陵、上庸的孟达。

四，蜀魏间降人来往，信息传递，导致诸葛亮策反孟达以利北伐之事。但是孟达恃才好术，时有反覆；又同与诸葛亮不相容的蜀中政要李严同属一派，容易搅动蜀中政局。所以诸葛亮终于不救孟达于危难之中，促成孟达败死。从此东三郡中旧日益州残余势力，包括降将孟达，也包括宗帅申氏，悉数被魏军肃清，魏国南疆始得大大巩固，而东三郡在蜀魏早期历史中的特殊作用，也就随着消失。

——原刊北京大学《国学研究》第一卷，1993 年

〔作者跋语〕　东三郡地区发展，古地志记载甚少，明代犹为流民逋逃渊薮。清人严如熤居官山南二十余年，于道光初辑成《三省边防要览》一书，颇有难见资料。其书卷二、卷三"道路考"，详著此间地名、道里、险夷，以及行旅艰难之状。书中所见，少数地段平原坦途，舆马俱便。卷五"水道"记傍水处有的地段还

有舟行之便。这是三郡内部得以保持较密切联系的条件。卷三"险要"记由此南行通向长江口岸,一路大山无际,随处皆险。如说乌云顶山隘(本文曾提及此处)"交四川巫山县界,山大林深,人行碧岫苍烟之中,最为幽险"。又云此处"砍伐老林,辟为径路,朽木狼藉,横塞山巅,缘木而过,登跋为艰"云云。严如熤书成甚晚,但山川终古依旧,使我们仍然得以想见一千六百年前此处的艰险闭塞之状。

孙吴建国的道路

——论孙吴政权的江东化

孙吴建国,六朝肇始,史家措意,自古而然。本文搜求剩义,感到孙吴霸业之起,在魏、蜀前;称王称帝,在魏、蜀后,其建国道路,曲折而又漫长,似有不得不如此的原因,只是事在若隐若现之间,很不明晰。因而钩稽前人弃舍的资料,细思陈琳为曹操所作《檄吴将校部曲文》中提及的孙吴与江东诸大族的关系,才恍然若有所得。孙氏霸业稽延,症结盖在于调整与江东大族关系的需要。

孙策以袁术部曲将的名分南渡,逐汉官而据江东,既是僭越,又是入侵。这决定了江东大族对孙策疑惑、敌视的态度。孙策对江东大族按不同对象分别对待,或诛戮,或羁縻,或依靠,因而出现了孙吴对待江东大族的三种不同类型,构成孙吴在江东发展的三个阶段,使孙吴建国呈现为一个复杂的历史过程,其内核则是求得孙吴政权的江东地域化。

拙作《暨艳案及相关问题》一文,视暨艳案为孙吴政权江东化最后阶段的一个要案,并从此论及孙吴建国的大体过程。本文为该文补充了这一过程的前半段,可以作为该文的上篇来读。本文与该文同步酝酿,但该文脱稿在前,叙事属后;本文脱稿在后,叙事属前,所以可能有交错重叠、繁简不当之处,请读者留意焉。①

一 孙策渡江的历史背景
——袁扬州与刘扬州的对立

初平、兴平年间,汉天子在西,王纲解纽,江东处于半隔绝状态,奉汉正朔而已。江东各郡居职守土者,个别人涉足中原的竞逐,如丹阳太守会稽周昕分兵以助曹操,②但是一般而言,他们对中原世局宁取静观态度,并不积极参与。其时袁术已据淮泗,有问鼎意。他用吴郡富春孙坚经略中原。孙坚死后,袁术派孙坚妻弟吴景、兄子孙贲攻逐周昕,分署吴景、孙贲为丹阳太守和丹阳都尉,控制长江津渡。袁术企图通过孙策,使江东成为自己的支撑力量。

吴郡曲阿是孙氏家族的重要据点。孙坚死葬曲阿(后迁葬吴县),坚妻吴氏孀居曲阿,坚女适曲阿弘咨,③在在说明曲阿为孙氏利益所系之地。孙氏据曲阿,可以接应南北,联络富春,而孙坚故将丹阳朱治居吴郡都尉之职治钱塘,为孙氏控制了这一通道的南段。

孙氏为袁术部曲,世所共知。袁术不臣之迹与时俱增,孙氏也成了附逆之臣,江东人对孙策持非议态度,是意料中事。不过

①考虑到本文和暨艳案之文都落实到论孙吴政权江东化的主旨,所以在本书重订本中,以文章叙事为序,分别给两文加上“论”和“再论”的副题。
②见《三国志·魏书·武帝纪》初平元年。时丹阳太守治宛陵。
③分见《三国志·吴书》之《孙坚传》、《孙策传》、《诸葛瑾传》以及《孙晧传》甘露元年注引《吴录》。

孙策在政治上多少还保有一点自主性，并非一切皆以袁术旨意是从；袁术似也不以死党待孙策，始终不曾授孙策以中原郡土。这就是孙策以后终于回江东寻找机会的一个原因。

衰败的东汉朝廷，于长江一线先后分陈皇室疏宗为州牧，先是刘焉为益州牧，然后是刘表为荆州牧。至是又以刘繇为扬州牧。① 刘繇东莱名士，他受命出牧扬州，本有代表汉廷制衡袁术之意。扬州治所寿春在袁术手中，刘繇避袁术而渡江东来，吴景、孙贲秉孙策意，迎刘繇置曲阿，刘繇遂得以曲阿为扬州治所而在江东立足。刘繇成为东汉朝廷打入江东的楔子，孙策则借助刘繇，改善自己在江东的政治形象。混乱世局中的这种特殊关系，形成了江西（江北）和江东（江南）两个扬州，即袁扬州和刘扬州并立的局面。② 孙策背靠袁术，又暂时结好刘繇，与两个扬州都保持联系，地位可进可退。他此时尚未显示东渡之意，也无东渡之力，不触犯两个扬州的任何一方。不过两个扬州的并立毕竟是暂时的现象，在世局瞬息变化的时刻，双方都难于长久维持。

传世《后出师表》论及此时江东局势说："刘繇、王朗，各据州郡，论安言计，动引圣人，群疑满腹，众难塞胸，今岁不战，明年不征，使孙策坐大，遂并江东。"这里虽未提及袁术，但所说正是以两个扬州并立为背景，责难刘繇苟安江东，对袁术不征不战，使孙策得以乘时扩展，浸润于江东的情况。《后出师表》作者是谁，姑置不论。但是诸葛恪谓得见此《表》，裴松之谓《表》出张俨《默记》，均言之凿凿，可据以肯定此《表》至少是三国时人文字，所涉背景

---

①《三国志·吴书·刘繇传》及《太史慈传》。《后汉书·刘宠传》谓繇为宠兄子，"兴平中，繇为扬州牧"。
②袁术自己未尝用扬州牧名义，而以故吏惠衢为扬刺，但时人仍以袁扬州称袁术，如《孙策传》注引《吴历》孙策谓"欲从袁扬州求先君余兵"是。

以及所述"群疑满腹，众难塞胸"，必是三国时人对其时江东世局的一种估量。至于刘繇本人，本非封疆之才，在江东既无治乱安邦长策，又乏强大后盾。他以儒生外镇，只是汉朝风化所被、正朔所行的一种象征，别无其他作用。《三国志·吴书·刘繇传》陈寿评曰："刘繇藻厉名行，好尚臧否，至于扰攘之时，据万里之土，非其长也。"《后出师表》谓孙策借刘繇影响而浸润江东，虽是事实，但把后来孙策吞并江东完全归责刘繇个人迂阔无能而不究及整个世局，也嫌片面。

汉室疏宗刘焉、刘表，分别出牧益、荆有年。他们都与本土人士建立了较深的联系，也多少扩充了自己的实力，做了不少事情。同为汉室疏宗的刘繇出牧很晚，与江东无深层关系。他依以立足江东的孙氏也不是真正的本土强宗。所以他萍漂藻寄，浮水无根，虽然也有自存之谋，毕竟势危易荡，比益、荆二牧还是不如。

孙坚早年离开江东，于扰攘之际征战南北，虽曾受袁术指麾调度，而于汉室多功少愆，于江东大族亦不闻有大嫌隙。[1] 孙策用孙坚余兵攻庐江太守吴郡陆康，陆氏宗族随在庐江的百余人中，死者将半，陆康本人亦旋死。这是震动江东的大事，不能不加剧江东大族对孙策的疑惧和戒备，也引起刘繇的反目。江东表面平静的气氛被破坏了，两个扬州并存局面不能继续维持。刘繇迫逐吴景、孙贲至于江北历阳，独揽丹阳全郡及吴郡北境，并屯兵江渚以防袁术、孙策南侵。《三国志·吴书·朱治传》说：孙策"为袁术攻庐江，于是刘繇恐为袁、孙所并，遂构嫌隙"。《三国志·吴书·太史慈传》记载孙策后来向太史慈解释此事说："刘牧往责吾为袁

---

[1]《三国志·吴书·孙坚传》注引《吴录》谓坚为长沙太守时出于乡谊，曾越境入豫章救助庐江太守陆康从子宜春长某，于陆氏尚有恩德。

术攻庐江,其意颇猥,理恕不足",并申述其时不得不尔的原因。这表现出孙策心亏理短,欲盖弥彰。总之孙策攻庐江事使他居于与江东大族也与刘繇公开为敌的地位,对孙策以后在江东的发展造成了很不利的影响。

富春孙氏本属"孤微发迹",[1]无强大的乡土势力可言。《孙坚传》注引《吴书》谓"坚世仕吴",这是韦昭在吴而为吴修史,不得不有的虚美不实之辞。《宋书·符瑞志》上以及《太平御览》卷五五九引《幽冥录》,皆谓孙坚之祖孙钟与母分居,遭岁荒,种瓜为业。这证明陈寿所谓"孤微发迹"不诬。孙氏门寒,家世不详,孙钟与孙坚关系,除上述祖孙之说外,六朝还有父子之说。刘敬叔《异苑》载孙钟为孙坚之父。《水经·渐江水注》富春亭山"有孙权父冢"。杨守敬《水经注疏》谓权字为坚字之误,因为若是孙权父冢,当径称为孙坚冢,不必累赘为言。杨守敬之说实际上是赞同《异苑》,谓亭山之冢即孙钟冢。[2] 同时我们知道,孙坚先葬曲阿,后迁葬吴,坟茔并不在富春。《宋书·礼志》三谓孙权称帝,不立七庙,但有孙坚一庙在长沙临湘,又有孙策一庙在建邺,这与东晋末年桓玄篡晋立楚,唯立桓温神主于建康,庙祭不及于祖,以此遮掩其先世隐情之事,[3]颇为相似。孙氏家族在江东无地位可言,本难见容于江东大族;加上孙策屠戮陆氏子弟,江东大族对孙氏增加了仇视之心,更是可以理解的事。

孙策在两个扬州对立的背景下衔袁术之命渡江,无根无柢的

---

① 《三国志·吴书·孙坚传》陈寿评。

② 《新唐书·宰相世系表》卷七三(下)对孙钟、孙坚辈分问题疑莫能明,所以含糊其词,说孙钟其人,"吴先主权即其裔也"。

③ 参拙著《东晋门阀政治》(北京大学出版社,2005年第4版)"桓温先世的隐情"一节。

刘繇一触即溃。这在军事方面算不上一件太大的事。只是孙策攻击刘繇,意味着正式向江东的东汉统治挑战,也意味着正式向江东大族挑战,这决定渡江一事的基本性质,对于孙氏以后在江东的活动,有巨大的影响。

孙策渡江准备,已知有下述一些情况。

《孙策传》注引《吴历》,孙策在江都,咨张纮以世务,曰"欲从袁扬州求先君余兵就舅氏于丹阳(按策舅吴景为丹阳太守,事在策攻庐江以前),收合流散,东据吴会,报仇雪耻(按此指据吴会而溯江上击荆州黄祖,以报黄祖军士射杀孙坚的家仇),为朝廷外藩",云云。

同传注引《江表传》孙策说袁术曰:"家有旧恩在东,愿助舅(按吴景时已被刘繇驱逐,退驻历阳)讨横江(按指刘繇所遣戍守江渚之兵),横江拔,因投本土召募,可得三万兵,以佐明使君匡济汉室",云云。①

孙策渡江欲为"朝廷外藩","匡济汉室",都是托辞。张纮为孙策筹划东渡事,就说过事若得成,"功业侔于桓文,岂徒外藩而已哉"!孙策后来鼎足于江外,也已在张纮的筹划之中。问题在于,孙策必须就袁术乞得孙坚"余兵",始得规划渡江,而这支余兵,江东人视为外来异类,力加排斥,增加了孙策立足江东的困难,这是孙策和张纮所不曾预料到的问题。

----

①孙吴早期历史大事,其年月缺乏史官记注为据,往往有歧异。大事如孙坚死年及孙策渡江之年,都有不同说法,其他事件因无准确的参照年月而不甚明晰。《三国志》裴注、《通鉴·考异》以及其他考证、校勘,虽然于此多所斟酌,也只能做到大体推断,难于满足各种异说。所以本文上述孙策渡江前诸事,只是尽可能按顺序言之,大抵都是兴平间三数年事,而具体年月未敢逐一标明。

孙坚之众，最初是熹平元年（172）在江东召募的，经过二十年的异地征战，江东旧人当所剩无几。所以孙策从袁术索得的孙坚余兵，主要应是后来陆续召募补充的淮泗兵。领兵诸将除孙氏戚属吴景、徐琨、孙贲等数人外，亦当多为江西人。孙策率领这一支淮泗兵渡江后，本有"收合离散"和"投本土召募"的计划。但从以后作战事实来看，除确已收合刘繇溃散之军以外，本土召募则只见有孙策从父孙静率富春乡曲宗族五六百人参加过会稽战斗，见《孙静传》。据《孙瑜传》，稍后孙静之子孙瑜始领兵众之时，"宾客诸将多江西人，瑜虚心绥抚，得其欢心"。由此可知，孙策部曲的主力仍是淮泗之众，即令是新投入的江东乡曲，也只有融溶于淮泗力量之中，无从保持江东色彩以制约淮泗之众。孙瑜之兄孙暠甚至在建安五年孙策死后还拟夺取会稽，以与孙权争夺继承权，可见孙氏家族内部并不具备足够的凝聚力。至于孙策在江东作战时所收合的江东离散，数目虽然可观，如《三国志·吴书·虞翻传》翻说孙策"用乌集之众，驱散附之士"，但这种军队不可能构成孙策之师的主力，不能决定孙策之师的基本性质。更值得注意的是，孙策回到本土召募，并不见江东大族特别是吴郡大族拥众支持孙策。乡土大族中有为孙策会稽郡县掾属者，他们多是原来已仕于王朗郡县而为孙策所留用的人。

孙策率领过江的军队，以淮泗人为主体，又得不到江东人的支援，这使孙策之师完全不具备返回乡梓为父老所欢迎的形象，而俨然是一支浩浩荡荡的袁术入侵之师，是外来的征服者。旧史记事，确实作如是说，虽然纪年颇为纷纭。

《三国志·魏书·武帝纪》初平四年："是岁孙策受袁术使渡江，数年间遂有江东。"

《后汉纪》初平四年："是岁袁术使孙策略地江东，军及曲阿……。"

《后汉书·献帝纪》兴平元年："是岁扬州刺史刘繇与袁术将孙策战于曲阿，繇军败绩，孙策遂据山（江）东。"

《后汉书·刘宠传》："兴平中〔宠从子〕繇为扬州牧、振威将军。时袁术据淮南，繇乃移居曲阿。……袁术遣孙策攻破繇，因奔豫章，病卒。"

《三国志·吴书·孙策传》注引《江表传》："策渡江攻繇牛渚营，尽得邸阁粮谷战具。是岁兴平二年也。"

《三国志·蜀书·许靖传》许靖寄寓会稽，"依王朗，又避袁术之难，远走交州，辗转至蜀"。他致书曹操，说在会稽时"正礼（刘繇）师退，术兵前进，会稽倾覆，景兴（王朗）失据"。

以上记事，其年份歧异问题，《通鉴·考异》兴平二年条及《三国志·吴书·孙策传》卢弼《集解》均有说，无庸赘叙。值得注意的是，几乎所有资料都说孙策渡江是袁术所遣，孙策是袁术将，视孙策略地江东为袁术之难。其中的《后汉书·献帝纪》当是据史官所记，以刘繇为叙事主体，以明东汉法统所在；指名孙策为袁术之将而不具衔，以示非正。《三国志·蜀书·许靖传》许靖之语是亲历其境的名士的叙述，把孙策之师径称为"术兵"。官私记载，自汉末至南朝，对于孙策渡江之事，定性如此一致，都说是袁术入侵。所以流寓江东的北士，凡门望高者几无一个情愿留在江东。除前引辗转至蜀的许靖外，桓晔、袁忠①都在孙策兵到之前泛海而南，他们宁愿冒死远走，也不愿留在江东屈从逆臣袁术。

————

① 分见《后汉书·桓晔传》及注引《东观记》、《后汉书·袁闳传》附《袁忠传》及注引谢承《后汉书》。桓晔即桓严、桓俨、桓砺，事见本传及注以及《世说人名谱》、《水经·渐江水注》。《三国志·吴书·虞翻传》注引《会稽典录》载朱育答濮阳兴之问，提到桓文遗太守陈业尺牍之争，桓文指桓文林，即桓晔。

江东大族面对袁术入侵之师，怀着对孙策的家仇旧恨，深感自身危殆。他们绝不会率自己的家族乡曲去支持孙策，也不能贸然离弃家园。他们或者静观待变，或者聚众自保。孙策在江东遇到的，几乎到处都是敌意。

　　孙策占领了丹阳、吴、会稽三郡，消灭东汉江东政权的军事抵抗，并进一步与外敌争衡于战场，都不是难事。但是要使江东本土势力放弃反抗，靠拢孙策，视孙策为一体，却要困难得多，这使孙策深感忧虑，处境艰难。

二　孙策诛戮英豪问题

　　孙策在江东，面对的反抗势力不止一种，反抗方式也不尽相同。《三国志·吴书·吴主权传》记孙策临死时的江东局势说："深险之地犹未尽从；而天下英豪布在州郡；宾旅寄寓之士以安危去就为意，未有君臣之固。"史臣意在概述孙权初统事时江东局势艰险之状的三个方面，即：

　　一、"深险之地犹未尽从"，指"山寇"据守深险之地抗拒孙氏，这个问题在吴史中最为突出，延续时间甚久。山寇主要属于江东乡土势力中的中下层次，可能包括山越民族，所以有时以山越为称，往往以强宗骁帅为其魁首，坚持与孙吴为敌，但主动进攻力量并不甚强。这是孙吴主要的军事对手。

　　二、"天下英豪布在州郡"，指江东社会层次甚高的一些家族人物，包括所谓东汉旧德名臣，以武力或非武力的方式反对孙氏入侵江东。他们与出没于深险之地的山寇互通声息，社会影响很大。这是孙策在江东主要的政治对手，孙策对之杀戮立威，无所宽贷。孙策诛戮江东英豪问题就是指此。

三、"宾旅寄寓之士以安危去就为意,未有君臣之固",指流寓江东的北士,有些不愿与袁术部曲将孙策合作,已经离去;尚存的流寓之士,与来自淮泗的孙策本可以协调一致,而孙策也急需他们为自己的助力,所以乐于亲近他们,但是他们此时还不知道孙氏在江东能否长期立足,所以意存观望,不肯表明对孙氏的态度,不愿委质定分。

以上三个方面,山寇问题史家关注者多,大概都以山越视之,时有论述,本文从略。关于诛戮英豪问题和宾客动向问题,本文此节和下节将分别申述。

孙策诛戮英豪之事,《三国志·吴书》有笼统记载,语焉不详。《三国志·吴书·孙韶传》注引《会稽典录》曰:"孙策平定吴会,诛其英豪。"《吴主权传》太元二年注引《傅子》:孙策"转斗千里,尽有江南之地,诛其名豪,威行邻国"。邻国主要指中原,其时江东士大夫与中原名士个人之间多有交往,政界自然也是信息相通。《三国志·魏书·郭嘉传》曰:"策新并江东,所诛皆英豪雄杰能得人死力者也。"邻国传闻,颇知孙策所诛者都是深具社会影响的人士。我们知道韦昭《吴书》成书之时孙吴政权与江东名豪大族早已合流,因而书中对于孙策诛戮英豪之事不得不有所讳忌,轻描淡写,着墨甚少,所以陈寿《三国志·吴书》也未大书。裴注为陈志拾遗补阙,始增益了有关问题的资料。

《傅子》所载孙策诛戮名豪,"威行邻国",除《郭嘉传》有所照应以外,《文选》卷四四陈琳为曹操所作《檄吴将校部曲文》①是重

---

①《檄》文陈琳所作,以尚书令荀彧名义发布,不具年月日,因此产生了一些疑点。按荀彧建安初守尚书令,但久未预南征孙权之役。十七(转下页注)

要印证。

陈琳《檄》文以大量篇幅盛赞曹操武功,谓北方抵定,行将挥戈南向,直指吴会;除孙权外,凡"枝附叶从",皆所宽宥;江东旧族及吴将校,翻然来归者必有显禄。这些都是该《檄》文应有之义,无须深究。值得留意之处,是曹操谴责孙权"残仁贼义"的事实。关于"残仁",只有"孙辅,兄也,而权杀之"一例,显系衬托,无关宏旨。关于"贼义",即诛戮英豪,《檄》文大加渲染,把孙策、孙权的事写在一起,不加区别。所举残害周、盛门户,是孙氏诛戮州郡英豪最重要的事例,而且主要是孙策所为。周、盛以外,受打击的吴会门户,《檄》文也有所反映,不过并非列举不漏。

孙氏诛戮英豪,震动江东,也在邻国激起忿怒,才成为曹操"吊民伐罪"的重要口实。这里裒集以孙策时为主而兼及孙权早年,以周、盛门户为主而兼及其他家族的所谓诛戮英豪诸事,排比如下,并略加考证。

许贡 许贡,汉末吴郡都尉,与北方名士许靖有旧,靖过江,先投许贡。① 孙策东渡,许贡已迁吴郡太守,所遗都尉一职由孙坚

(接上页注)年曹操征孙权,荀彧参丞相军出征,以疾留寿春,薨。根据情理,《檄》以此年发布为是,但《檄》中却有十七年以后之事。前人有谓尚书令荀彧为讹,疑《檄》作于二十一年曹操征孙权之时。《文选》李善注引《魏书》首取此说。今按陈琳有《神女赋》,曰:"汉三七之建安,荆野蠢而作仇,赞皇师以南假,济汉川之清流。"见《艺文类聚》卷七九。据此知陈琳二十一年确有随军征伐之行,不过军次"荆野""汉川",故尔有神女之遐思。此地不在曹操进军之谯—居巢—濡须路线,或是偏师策应而已,因此这又不是陈琳草议和发布《檄吴将校部曲文》的合适时机和场合。《三国志·魏书·王粲传》谓陈琳与徐幹、应玚、刘桢辈皆死于建安二十二年之疾疫,此年为作《檄》之下限。《檄》文可疑之点现虽无法一一决断,但其基本内容却从来无人怀疑,是可信的。
① 参《三国志·蜀书·许靖传》。

旧将丹阳朱治继任,设治于钱唐。《续汉书·郡国志》吴郡乌程条注引《吴兴记》:"兴平二年太守许贡奏分县为永县。"可知此年许贡已在太守之任。许贡是不信任孙策的。孙策过江,许贡曾上表汉廷,谓策骁雄,请召还京师以贵宠之,无令放外为患。表未得达。朱治策应孙策,由钱唐夹攻许贡,败之于由拳,遂自领吴郡太守,许贡南投山寇严白虎,事见《朱治传》。大约在孙策平定严白虎后,许贡被迫出降。孙策候吏曾截获许贡前此所上汉廷之表,以之责贡,杀之,见《孙策传》。许贡"小子及客亡匿江边",建安五年,孙策终于被他们击伤致死。许贡郡望无考,或出句容许氏,家在故里,故家人得匿江边以俟孙策出入而杀之。许贡之死没有引起江东轩然大波,大概由于许氏以东汉朝廷命官自守,与吴会大族不甚相得,而其门第位望又不够高之故。影响最大的事例,是下述周、盛门户。

盛宪 盛宪,会稽人,举孝廉,补尚书郎,稍迁吴郡太守,以疾去官,事迹见《孙韶传》注引《会稽典录》及《孙策传》注引《吴录》。盛宪与北方的孔融相善,孔融谓盛宪"有天下大名","实丈夫之雄,天下谈士依以扬声"。许贡领吴郡,盛宪不见容,奔匿得免。"孙策平定吴、会,诛其英豪,宪素有高名,策深忌之。"郝经《续后汉书·盛宪传》推定孙策"不及害宪而卒"。孙权统事,幽执盛宪,"妻孥湮没,单子独立,孤危愁苦"。建安九年孔融与曹操书,①请

---

① 据《三国志·吴书·孙韶传》注引《会稽典录》载孔融与曹操书,提到"五十之年忽焉已过,公为始满,融又过二"。以孔、曹二人生卒年核之,书作于建安九年。又,《太平御览》卷四〇九引《会稽典录》,谓盛宪为台郎时逢一童子,年十余岁,是孔融,则盛宪年长于孔融。所以融书有"海内知识零落殆尽,唯会稽盛孝章尚存"之语,盛宪被逼、逃亡、幽执、见害,对手依次为许贡、孙策、孙权,前后历十年之久。

以制命发使征盛宪。制命未至,宪为孙权所害。

孙氏害盛宪,反响甚大。《檄》谓"盛孝章,君也,[1]而权诛之";又谓"周、盛门户无辜被戮,遗类流离,湮没林莽,言之可为怆然"。《檄》文责孙权,最重事例即此。周、盛遗类"湮没林莽",按当时情势度之,可能是投奔山寇,被山寇保护起来,与许贡被迫投靠"山贼"严白虎一样。盛宪事还株连门生故吏。《孙韶传》:"孙权杀吴郡太守盛宪,宪故孝廉妫览、戴员亡匿山中",也是指投靠山寇。

周昕、周昂、周㬂　会稽周氏兄弟三人,于初平年间关东兵起之时,均为将守在外,其事迹见于《三国志·吴书》者,有《孙坚传》注引《吴录》及《会稽典录》,《孙静传》及注引《会稽典录》、《献帝春秋》,《孙贲传》,《吴夫人传》;见于《三国志·魏书》者,有《太祖纪》,《公孙瓒传》及注引《典略》;见于《后汉书》者,有《公孙瓒传》,《袁术传》。汇而观之,三人行事大抵如下,小有牴牾者则择善而从。

周昕,丹阳太守,前后遣兵助曹操征战。袁术在淮南,周昕绝不与通。袁术遣吴景攻丹阳,逐周昕,周昕散兵回乡里。周昂,九江太守,袁术遣孙贲攻周昂于阴陵,周昂弟周㬂往助。周昂兵败,亦还乡里,为吴郡太守许贡所杀。周㬂,先从曹操征战,后为袁绍将,奉袁绍命攻孙坚之军于鲁阳,遂居孙坚之位为豫州刺史。[2]　周

---

[1]此谓孙权吴郡人,于俗当尊吴郡太守为君。《三国志·魏书·杨阜传》阜语姜叙自责,有"君亡不能死"之言;杨阜让封,亦云"君亡无死节之效",均谓阜为州吏,未能死刺史之难。又,《晋书·陶侃传》陶侃尊庐江太守张夔为君,尊夔妻为小君。庐江为陶侃本郡,陶侃为庐江主簿。其时吏民与州将、郡将有君臣名分。

[2]为袁绍将而攻孙坚于鲁阳之人,史籍记载歧异,有作周昕,有作周昂,有作周㬂。清人考证,亦纷纭其说,备见《三国志》公孙瓒传、孙坚传之卢弼《集解》。此处从周㬂说。

氏兄弟三人均居显位，处境不利时又多奔返乡里会稽，其家族在乡里地位可得而知。三人事迹中，有周喁攻孙坚于鲁阳、吴景攻周昕于丹阳、孙贲攻周昂于阴陵等事，可见会稽周氏兄弟与孙氏父子的敌对关系早已形成，根深柢固。孙策过江后攻会稽郡时，周昕家居，犹领兵众助太守王朗抗拒孙策，为孙策军所击斩。可以说，周氏兄弟是这一阶段江东大族反对孙氏最有实力的代表人物。

陈琳《檄》文曰："……周泰明当世俊彦，德行修明，皆宜膺受多福，保乂子孙。而周、盛门户无辜被戮，遗类流离，湮没林莽，言之可为怆然。"周泰明，《选》学注家未详其名，当即周昕。《孙静传》注引《会稽典录》："昕字大明。"大明即太明、泰明。昕、昂、喁兄弟之名均从日，字或以明为辈，名与字相叶。《孙坚传》注引《吴录》，喁字仁明，可以为证。孙氏摧残周氏，与摧残盛氏一样惨酷。左思《吴都赋》炫耀江东人物之盛，吴、会并重，却未提及会稽周、盛二族，此后典籍亦罕见会稽周、盛家族人物事迹，[1]可见晋时二族已经衰颓，不为世重了。[2]

王晟及其他 《孙策传》注引《吴录》："时有乌程邹他、钱铜

---

[1]《三国志·吴书·孙休传》孙权第六子孙休，随郎中盛冲受学。按孙休曾居会稽，此盛冲或系会稽盛氏子遗。又，据《宋书·自序》，盛宪与吴兴沈氏为姻家。

[2]这里有一个问题，难以确切解释。《三国志·吴书·虞翻传》注引《会稽典录》会稽郡门下书佐山阴朱育向太守濮阳兴陈述当年虞翻答王朗关于会稽人物之问，列述会稽古今人物，及于朱儁，但无盛、周。朱育又向濮阳兴补充陈述了一些会稽后出人物，亦无盛、周。据我推测，虞翻答王朗问，在孙策诛戮英豪之前，照理说不应漏列盛、周，故疑为后人删削。但朱育陈述则为孙权时事，盛、周家族已被摧残，故朱育避忌，略而不言。是否如此，有待新证。

及前合浦太守嘉兴王晟等,各聚众万余,或数千,引兵扑讨,皆攻破之。策母吴氏曰:'晟与汝父有升堂见妻之分,今其诸子兄弟皆已枭夷,独余一老翁,何足复惮乎!'乃舍之,余咸族诛。"按嘉兴汉末称由拳,乌程、由拳皆属吴,与孙氏同郡。王晟是卸职在籍官员,与孙氏为世谊,孙策父执。他亦与邹他、钱铜一样疾恨孙氏,聚众抗拒。孙策对他们处置惨酷,不亚盛、周。

与大族英豪抗拒孙策相应,江东名士纵横议论,从而成为屠杀借口之事,也时有发生。据《孙策传》注引《吴录》,吴郡高岱善《左传》,广交游,曾为本郡太守盛宪上计,举孝廉。许贡与盛宪宿怨,贡领吴郡,岱将宪避难,奔走求救。孙策统会稽,高岱隐于余姚,策命岱出,交谈中以为岱轻己,囚之。岱知交及时人皆露坐为请,数里中填满。策恶其收众心,遂杀之。江东英豪名士本为一体,往往以接姻、交友联络。高岱所友八人,其中有吴四姓之张允,其人即名士张温之父,以轻财重士名显州郡;还有吴兴大姓沈瑩。吴兴沈氏又与盛宪为姻家,沈瑜、沈仪为盛宪外孙。沈仪又与吴四姓之陆绩为友,[1]绩父陆康汉末官庐江太守时为孙策所破,绩及陆氏宗族在庐江者,死亡甚众,而陆绩反对孙氏言论甚显,事详下文。可见江东英豪名士与孙策之间关系错综复杂,仇隙甚多,孙策锄诛异己,以立威名,江东一时为之震慑。

孙策死,孙权为政较为收敛,对江东大族以笼络为主要手段,但镇压之事亦有所闻。原来为孙策所迫而未及诛戮的盛宪,后来死于孙权之手。《吴主权传》建安九年(204)注引《吴录》,吴兴士人沈友"正色立朝,清议峻厉",于朝会时有所是非,受诘责后直指孙权有"无君之心"。孙权度其不为己用,遂杀之。沈友并无武力

---

① 《宋书》一〇〇《自序》。

反抗或其他激烈行动，主要是名士受清议之风激荡，心存汉统，名节为重，对霸业的追求者桀骜不驯。这种现象中原为多，吴蜀亦有。不过孙权时举贤任能是施政要务，与大族名士的对立虽不能完全消除，毕竟比孙策时缓和多了。以后再出现类似事件，表现形式与内涵都有所不同。发生在黄武三年（224）的张温、暨艳案是最重大的一宗，已另文探讨。

《孙策传》载建安五年孙策死前，呼弟孙权佩以印绶，谓曰："举江东之众，决机于两陈（阵）之间，与天下争衡，卿不如我；举贤任能，各尽其心，以保江东，我不如卿。"孙策当着张昭等人所说的这一席话，既是对孙氏兄弟能力长短的估量，更是面对江东艰难世局对继承者孙权的政治嘱托。孙策希望孙权不要再像他自己那样只是专注于武力的征服，继续与江东大族为仇；而是要留意于举贤任能，推行文治，首先是争取那些"以安危去就为意"的淮泗宾客的归心，并与他们一起去争取江东大族。只有这样，才能逐渐改变孙氏淮泗入侵者的面貌，摆脱孤立地位，以求在江东长久存在和发展。

孙权统事，基本上遵循孙策的遗嘱，一步步探索改变轨辙的办法，首先是求贤接士。陆机《辨亡论》说："夫吴，桓王（孙策）基之以武，太祖（孙权）成之以德。……其求贤如不及，恤民如稚子，接士尽盛德之容，亲仁罄丹府之爱。"陆机在歌功颂德中透露的事实，我想是近真的。这也是本文下节所要探讨的主旨。值得留意的是，歌颂孙策、孙权的吴郡陆机，正是当年被孙策攻迫至死的陆康的族人。陆机之祖陆逊，曾随从祖陆康在庐江任所，逃还吴后为陆康之子陆绩"纲纪门户"。陆绩怀恨孙吴，终于以讥刺当局而徙官郁林，死于徙所，而陆逊则靠拢孙权，渐至显位。处在分化状态的江东大族，大部分人物对孙吴政权逐渐由反对、观望转为合作,这是一个总的趋势。

三　宾客去留对孙氏统治的影响

前引《吴主权传》史臣所述孙策死时世局艰险之状,有"宾旅寄寓之士,以安危去就为意,未有君臣之固"一条。"宾旅寄寓之士",《吴书》中又简称为"宾客"。① 为什么宾客去就会成为孙权忧心的重大问题呢?

孙权欲植根江东,必须有江东大族支持;江东大族既然以外来入侵势力视孙氏兄弟,力图反抗,孙氏兄弟就不能不另寻支撑以对付江东大族。这个道理浅显易明,何况其时荆州、巢湖地区时有军情,孙氏的淮泗军事集团不能久处孤立无援状态。孙氏的助力,首应来自本该属于孙氏淮泗集团后备力量的宾旅寄寓之士。然而宾旅寄寓之士此时还不知道孙氏在江东是否能站稳脚跟,所以疑虑重重,趑趄观望,不肯对孙氏委质定分。孙氏当务之急,是尽力延揽招合宾客以提高自己在江东的影响,对付江东大族与山寇相联而形成的巨大压力。

蓄养宾客这一古老的社会现象,此时在江东具有新的意义。江东寄寓的宾客,原多聚集在刘繇、王朗、华歆等北方名士为江东牧、守者的周围。《后汉书·刘宠传》附《刘繇传》:"繇居曲阿,值中国丧乱,士友多南奔,繇携接收养,与同优剧,甚得名称。"《三国

---

① 《三国志·吴书》中这一阶段常见的"宾客",多与"宾旅寄寓之士"同义,而与东汉以来作为依附户的"宾"和"宾客"不同。不过我推测,如果宾旅寄寓之士长久不能获得较好的生活和较高的地位,也有沉沦为依附户的可能。

志·魏书·华歆传》注引《华峤谱叙》，华歆在豫章太守之任，"是时四方贤士大夫避地江南者甚众，皆出其下，人人望风"。王朗在会稽，北方名士许靖、桓晔、袁忠等均投之，已见前引。王朗身为羁虏以后，流移穷困，仍旧"收恤亲旧，分多割少，行义甚著"，事见《三国志·魏书·王朗传》。后来刘繇奔死豫章，王朗、华歆先后北归，其宾客从归者固有人在，留在江东者估计尚多。华歆北归，本传谓"宾客旧人送之者千余人"，其中必多避地江东的"四方贤士大夫"，他们在华歆等人离去后只得星散于江东各地，依附于江东大族和淮泗将领，以观察孙权的动向，等待孙氏在江东阵脚立定后，再取进止。

孙策初来之时，幕府谋谟之士寥寥无几，《孙策传》所列彭城张昭和广陵张纮、秦松、陈端等四人中，"秦松、陈端各早卒"。①而宾旅寄寓之士对孙策观望，若即若离。他们虽不得不就食于孙策诸将，但并不急于向孙策修敬，更不急于进入孙策幕府。《孙瑜传》"宾客诸将多江西人"。《孙策传》注引《江表传》，道士于吉往来吴会，"吴会人多事之。策尝于郡城门楼上集合诸将宾客，……〔于吉〕趋度门下，诸将宾客三分之二下楼迎拜之，掌宾者禁呵，不能止。"孙策令收于吉，曰："此子妖妄，能幻惑众心，远使诸将不得复相顾君臣之礼，尽委策下楼拜之，不可不除也。"诸将宾客拜于吉，或者可以用宗教原因来解释；委孙策于不顾，则说明诸将宾客对孙策权威的不尊重。

建安之初，北方渐趋稳定，曹操曾有招贤之举，对江东宾客动

---

① 《三国志·吴书·吕蒙传》孙权谓"子布、文表（按即张昭、秦松）俱言宜遣使修檄"以迎曹操，《周瑜传》亦言及"子布、文表"，则秦松死在赤壁战后。陈端似死在孙策时，因为《陆绩传》说到"孙策在吴，张昭、张纮、秦松为上宾"，而不及陈端。

向有很大影响。《后汉书·祢衡传》:"许都新建,贤士大夫四方来集。"这正是在孙策平辑江东之时。其时江东不臣孙策的北士脱离孙氏羁绊,北归乡里以就曹操者,当不在少数,形成极不利于孙策的政治风潮。《三国志·魏书·徐奕传》:奕,东莞人,"避难江东,孙策礼命之,奕改姓名,微服还本郡。太祖为司空,拜为掾属"。《魏书·王朗传》注引《汉晋春秋》:王朗兵败,沉沦江东,"曹公辅政,思贤并立,策书屡下,殷勤款至",建安三年终得孙策允许,还抵许都。① 又,《三国志·魏书·徐宣传》:宣,"广陵海西人,避乱江东,又辞孙策之命,还本郡,与陈矫并为纲纪"。《三国志·魏书·陈矫传》:矫,"广陵东阳人也,避乱江东及东城,辞孙策、袁术之命,还本郡,太守陈登请为功曹,使矫诣许"。徐宣、陈矫二人,后来都被曹操辟为司空掾属。

看来,江东的宾旅寄寓之士不乐为孙策所用者,孙策亦不轻易纵归,所以孙权统事之初宾旅寄寓之士的疑惑情绪,就成为世局艰难的一个重要方面。不过孙策以"举贤任能,各尽其心,以保江东"期待孙权,孙权也力求缓解与宾旅寄寓之士之间的紧张关系,团聚他们以巩固在江东的统治。这样,在孙策时蛰居不出的许多宾客也归心孙权。张昭、周瑜在这方面起了突出的作用。

张昭本人,就是宾旅寄寓之士。《张昭传》昭,彭城人,"汉末大乱,徐方士民多避难扬土,昭皆(何焯校改作偕)南渡江。孙策创业,命昭为长史"。孙策死,张昭受顾命辅孙权。庐江周瑜,本为孙策故旧。《建康实录》卷一孙权统事之初,周瑜为中护军,"时

---

① 关于建安初年曹操求贤,士大夫四方云集之事,参看万绳楠《解开千年之谜〈短歌行——对酒当歌〉》一文,载《纪念陈寅恪先生诞辰百年纪念学术论文集》,北京大学出版社,1989 年。

权位在将军,诸宾客为礼尚简,①惟瑜独尽敬而执臣节"。陆机《辨亡论》论及这一段历史曰:"宾礼名贤,而张昭为之雄;交御豪俊,而周瑜为之杰。彼二君子,皆弘敏而多奇,雅达而聪哲,故同方者以类附,等契者以气集,而江东盖多士矣。"

张昭、周瑜共挽危局的这个阶段,太妃吴夫人起了重要作用。原来,孙策在弥留之际,虑主幼邦危,有许张昭自取霸业之托,并进一步说到:"正复不克捷,缓步西归,亦无所虑。"这当然是极而言之,本意不是说赞成西归,而是说力求立足江东,勿归淮上。②"助治军国"并主张"优礼贤士"③的吴夫人,"以方外多难,深怀忧劳",④问张昭及董袭等人"江东可保安不",⑤可见她在筹思军国大事时首先是以确保江东为虑的。诸臣论事,吴夫人常折冲其间。《周瑜传》注引《江表传》建安七年曹操责孙权质子,诸臣犹豫不能决,孙权"乃独将瑜诣母前定议"。吴夫人是周瑜而非张昭之议,于是不遣质子。张昭、周瑜在对外措置方面虽然有所异同,

①这仍然是《三国志·吴书·孙策传》注引《江表传》载孙策诸将宾客委孙策于不顾,而迎拜于吉的那种情况。
②按赵一清《三国志注补》,于《孙策传》策死前嘱张昭"公等善相吾弟",并谓孙权决机两阵,"卿不如我"之下曰:"此文全用《吴录》,'善相吾弟'下,尚有'慎勿北渡'四字"云云。赵一清所引"慎勿北渡"之语,见《世说新语·豪爽》"陈林道在西岸"条注引《吴录》。孙策临终,举印绶授孙权时作此语,当是孙策最后遗言。我意"北渡"与"西归"同义,"慎勿北渡"与"缓步西归",都是孙策筹谋立足江东而出现的反复思虑,相反而又相成。孙策激励孙权非守住江东不可又担心江东终不可守,故有是语。他认为"西归"并不可取,只能作为万不得已的选择。决定因素是广招宾客,举贤任能,只有这样,才能避免西归的结局。
③《三国志·吴书·妃嫔·吴夫人传》及注引《会稽典录》。
④《三国志·吴书·张纮传》注引《吴书》。
⑤《三国志·吴书·董袭传》。

但在吴夫人参赞之下,广泛团聚宾客豪俊,共持危局,江东始得改观,这一点他们二人是一致的。《张昭传》注引《吴书》谓孙策死,"士民狼狈,颇有同异。及昭辅权,绥抚百姓,诸侯(按侯字疑衍)宾旅寄寓之士,得用自安"。前引《辨亡论》谓孙策和孙权治道不同,一武一文,其主要内容就是指孙权重视求贤和接士。

孙权统事以后陆续出仕的北士,对孙吴统治起着极为重要的作用。这些人,如鲁肃、诸葛瑾、严畯、步骘等,孙策渡江时已经来到江东,但是都与孙策保持距离,不为孙策所用。以鲁肃为例,鲁肃本与周瑜友善,二人同时渡江,但是鲁肃并不亲附孙策,欲从曲阿北归巢湖以就郑宝,以周瑜力劝而止。连那些本已出仕扬州牧刘繇于曲阿的孙邵、是仪、滕胤等人,孙策渡江以后均寂尔无闻。以上这许多人,都是孙权统事后,始陆续入幕府的。

孙权统事后的一段时间内,还有一种现象值得注意,就是江东大族和孙氏诸将,多乐意收恤宾客以成名誉。宾客在江东,处境是困难的。他们之中层次较高的士人,虽然有出处问题须要考虑,但是作为寄寓的宾客,一般说来首先希望托身有所,衣食无虞。《三国志·吴书·全琮传》,琮,吴郡钱唐人,父柔,以会稽东部尉降孙策。"中州士人避难而南依琮居者以百数,琮倾家给养,遂显名远近"。全琮生卒在 198—249 年,[1]其周济北士自然是孙权时事。[2] 又《骆统传》,统,会稽乌伤人,父俊,陈相,为袁术所害。"时饥荒,乡里及远方客多有困乏,……统〔谓姊〕曰:'士大夫糟糠不足,我何以独饱?'姊……乃自以私粟与统,遂使分施,由

<hr>

[1]卒年据本传。《建康实录》卷二谓年五十二,据以推出生年。
[2]《三国志·吴书·全琮传》谓琮父柔使琮赍米数千斛到吴市易,琮至皆散用,还报柔曰"士大夫有倒悬之患,故便赈赡"云云。这些士大夫主要当指流寓吴郡的北士。

是显名。"骆统生卒,据其本传当在 193—228 年,其分施宾客亦为孙权时事。又《陆瑁传》:"陈国陈融、陈留濮阳逸、沛郡蒋纂、广陵袁迪等皆单贫有志,就瑁游处。瑁割少分甘,与同丰约。"《顾邵传》:"自州郡庶几,或四方人士,往来相见,或言议而去,或结厚而别,风声流闻,远近称之。"《朱治传》注引《吴书》:丹阳朱治之子朱才以父任出仕,领兵有功,犹乡议啧啧,乃"更折节为恭,留意于宾客,轻财尚义,施不望报,……名声始闻于远近"。从骆统及顾邵二传文字看来,被施及的宾客有的是乡里落魄子弟,但绝大部分当是北士,时间都是在孙权统事后的一段时间里。

宾旅寄寓之士影响舆论至深,是稳定江东的重要因素。张昭和周瑜合作所形成的孙吴权力结构,具有吸引宾旅寄寓之士的良好形象和容纳他们的能力。宾旅之士归心,淮泗将领得到淮泗文人的合作,孙吴的统治基础明显扩大了,立足点也大为稳固。这样,孙吴政权就能够在正常的军务、政务之中更多地吸收江东士人参与,逐渐增加江东士人在政权中和在军队中的比重,逐渐消除江东人和江西人之间的隔阂,为孙吴政权的江东本土化,为孙吴政治轨辙进一步的转折,创造必要的条件。

四 孙权与会稽虞魏、吴郡顾陆诸大族的关系

孙氏诛戮吴会英豪的风波过去以后,孙权急于吸收宾旅之士以壮大自己,保全江东。同时他还要考虑如何采取措施,逐步消除吴会大族的顾虑,取得他们的支持,以图维持久远。

建安中,孙权群吏已有不少参用江东人士。《三国志·吴书·步骘传》载颍川周昭论孙权用人曰:"昔丁谞出于孤家,吾粲

由于牧竖，豫章（按指顾邵）扬其善，以并陆、全（按指陆逊、全琮）之列。是以人无幽滞而风俗厚焉。"这是说居位的大族人物敢于从江东下层拔擢人才，而孤寒士人亦借大族之援而得以出仕孙权幕府。武职之中，也出现了一批江东的高层人物。孙权还留意联姻大族，辟大族为郡掾以行郡事，这些都是调整关系中很起作用的因素。

不过，江东大族真心转向孙权，毕竟需要一个过程。一般说来，在建安中这个阶段，大族名士既不拒绝出仕，又保持某种距离；孙权对他们则是既使用，又防制。孙权与其时大族代表人物会稽虞、魏和吴郡顾、陆之间，就是这种关系。

陈琳为曹操作《檄吴将校部曲文》，很重视会稽虞、魏，在谴责孙权诛戮周、盛门户之后，转向虞、魏说话，争取他们反吴迎曹。大概由于北国传闻虞、魏状况并不准确，而虞、魏人物的某些不幸遭遇此时又还没有发生，所以《檄》中庆幸虞、魏子弟尚在，要求他们报汉德以抗孙吴，而没有以挑拨之言责备孙氏。其实，虞魏大族代表人物，在此阶段中是一时见用，终于被谴；见用不至于为股肱腹心，见谴也不至于公开杀戮。虞翻、魏腾都是显例。兹以陈琳《檄》中提及的人物为线索，考辨虞、魏诸族有关事迹如后。

虞氏 《檄》曰："虞文绣砥砺清节，耽学好古。"文绣之名，《文选》注家未详；《义门读书记》卷二八判为虞歆，即虞翻之父，是。《三国志·吴书·虞翻传》注引《虞翻别传》，翻上奏孙权，有"臣先考故日南太守歆"之语。《北堂书钞》卷一〇二"文肃不虚"，注引《会稽典录》，谓"虞歆字文肃"。左思《吴都赋》"虞、魏之昆"，李善注："虞，虞文秀。"据上举，虞歆之字，有文绣、文秀、文肃三种说法，或音近，或形似，可以通假。秀字为光武帝讳，《说文》不书，《玉篇》始录。作为汉人虞歆之字，文秀可以排除。但文绣、文肃,则不知以何为正。

虞歆子虞翻,字仲翔,先仕王朗为郡功曹,后降孙策,仍为郡功曹,策待以交友之礼。他仕孙策尽心力,家族未受孙策摧残,直到陈琳作《檄》时犹未罹祸难。所以《檄》有"闻魏周荣(详下)、虞仲翔各绍堂构,能负析薪"之语。《虞翻传》孙策曾以"为吾萧何守会稽"许虞翻。《虞翻传》注引《吴书》,孙策死,从兄孙暠与孙权争夺继承权,"整帅吏士,欲取会稽";又引《会稽典录》虞翻说孙暠曰:"讨逆明府①不竟天年,今摄事统众,宜在孝廉。② 翻已与一郡吏士婴城固守,必欲出一旦之命,为孝廉除害,惟执事图之。"虞翻曾为孙权立功于关键时刻,当是孙权没齿不忘之事。孙氏兄弟之视虞氏,自然与视周、盛截然不同。

但是虞氏会稽首望,五世传《易》,宗族强大,为世所重。虞翻本人贵胄公子,能文习武,秉性"狂直",③傲上不羁,孙权不可能期望他长久与自己相得。所以建安以来,他终于被孙权两度贬谪。其本传曰:"翻数犯颜谏争,权不能悦;又性不协俗,多见谤毁,坐徙丹阳泾县。"又曰:"翻性疏直,数有酒失,⋯⋯权积怒非一,遂徙交州(按,治今广州)",复徙苍梧猛陵(按,今梧州西),在南土十九年,竟死徙所。虞翻谓:"自恨疏节,骨体不媚,犯上获罪,当长没海隅,生无可与语,死以青蝇为吊客。"他自知获谴之由在于犯上。他引青蝇为喻,暗示有人谗毁。

虞翻久徙不得归,并无确实罪名。我认为主要是孙权以曹操疾视孔融的心态对待虞翻。虞翻与孔融交好,曾以所著《易注》示

---

①孙策正式官衔为讨逆将军、会稽太守,故称讨逆明府。
②孝廉指孙权。《三国志·吴书·朱治传》治为吴郡太守,察孙权孝廉。
③《三国志·吴书·诸葛瑾传》。

融。孙权酒后曾欲手剑击虞翻,大司农刘基(刘繇之子)谏阻,孙权曰:"曹孟德尚杀孔文举,孤于虞翻何有哉!"由此可见,孙氏杀戮英豪,废徙人物,与北方曹氏一样,都是出于惧其"乱群",惧其"恃旧不虔"。名士矫时傲物,激扬风气,虽有时可能为时主所用,但终于为时主所忌,为皇权之所不容。虞翻之获谴,江东一些与虞翻类似人物之获谴,应从这个角度来理解。

魏氏 《檄》谓:"近魏叔英秀出高峙,著名海内,虞文绣砥砺清节,耽学好古。……闻魏周荣、虞仲翔各绍堂构,能负析薪。"魏叔英、魏周荣都是会稽魏氏在东汉末年的代表人物,但《文选》李注未详其名,亦未详二人关系。

据《后汉书·党锢传·序》及同书《魏朗传》,魏朗,上虞人,字少英,河内太守,名列八俊,死于党锢之狱。《三国志·吴书·虞翻传》注引《会稽典录》载朱育所述虞翻答王朗之问论会稽人物,有河内太守上虞魏少英,与上引《党锢传》同,当即《檄》中的魏叔英。少、叔声同义近,可以通假。《檄》谓魏叔英"秀出高峙,著名海内",与魏少英列名八俊,死党锢之狱的事迹亦可配合。

《吴都赋》"虞、魏之昆",李善注曰:"魏,魏周。"此魏周当有脱字,应即《檄》中之魏周荣,疑周荣当为其人之字,而非其人之名。《檄》以魏朗(叔英、少英)与虞歆(文绣、文秀、文肃)为辈,又以魏周(周荣)与虞翻(仲翔)为辈,所以盛赞会稽虞、魏二族"各绍堂构"。这就是说魏氏魏朗之后有魏周(周荣),虞氏虞歆之后有虞翻(仲翔),比起同郡的盛、周门户被戮略尽者要幸运得多。只是得绍魏氏堂构的魏周(周荣),其人事迹尚不得详。我怀疑见于《三国志·吴书》中的魏腾和魏滕,就是魏周(周荣)。

《三国志·吴书·妃嫔·吴夫人传》注引《会稽典录》:"策功曹魏腾,以迕意见谴,将杀之,士大夫忧恐,计无所出。夫人乃倚大井而谓策曰:'汝新造江南,其事未集,方当优礼贤士,舍过录功。魏功曹在公尽规,汝今日杀之,则明日人皆叛汝。吾不忍见祸之及,当先投此井中耳。'策大惊,遽释腾。"按魏腾"在公尽规"而又"以迕意见谴",可知其人不惮权贵,直言迕意,正是同虞翻一样矫时傲物的狂直之徒。他也同虞翻一样仕郡为功曹。正是由于魏、虞家族同为郡著姓,而东汉时俗太守例以郡著姓为掾属之故。吴夫人料定孙策今日杀魏腾,明日会稽人将尽叛孙策,可见魏腾家族和个人在会稽士大夫中深具影响。因此吴夫人不得不力争,而孙策也不得不顺从母意而释魏腾。另外,魏腾也同虞翻一样,并未涉及武力叛乱,其获谴也无确定罪名,都属于名士中的"乱群"之辈,与周、盛门户坚持与孙吴作对者有所不同。

《三国志·吴书·吴范传》曰:范,会稽上虞人,"素与魏滕同邑相善。滕尝有罪,权责怒甚严,敢有谏者死。……范因突入叩头流血,言与涕并,良久,权意释,乃免滕"。魏滕当即魏腾无疑,他在孙策时与孙权时先后两次获谴而又得释。同传注引《会稽典录》曰:"滕性刚直,行不苟合,虽遭困逼,终不回挠。初亦迕策几殆,赖太后救得免,语见《妃嫔传》。历历山(?)、潘阳(鄱阳)、山阴县令,鄱阳太守。"这里所记魏滕性情以及行事,与虞翻相似。

《吴范传》注引《会稽典录》还说:"滕字周林。祖父河内太守朗,字少英,列在八俊。"据此可知前引陈琳《檄》中之魏周荣,或者为魏周林之误,即魏滕,或者为魏滕之兄弟,史失其名。[1] 至于李善注《吴都赋》谓"魏,魏周",周字下有脱字,也可得到旁证。又《会稽典录》谓魏滕之祖父为魏朗,疑祖字为衍文。虞歆、虞翻既

---

①《吴都赋》"虞魏之昆"。按据《虞翻传》翻不载有兄弟行辈,则此"昆"或即指魏氏昆仲。

为父子,魏朗、魏滕为父子的可能性较大。高步瀛《文选李注义疏》亦作如是说。这样,汉末会稽虞、魏二族家世状况,可以说得比较清楚了。

不过,孙氏与虞、魏二族关系,陈琳作《檄》时还知之不详(其时已发生过孙策欲杀魏腾之事),所以不但在斥责孙氏"贼义"时未举虞、魏之例,反而说到虞、魏得绍堂构。其实,就魏腾在孙策和孙权时两次获谴几殆,虞翻在孙权时两遭谪徙至死言之,会稽虞、魏与孙氏实际上是貌合神离。他们出仕不至心腹之官,谴谪不罹杀身之祸,与盛、周家族命运有很大不同。这是江东大族与孙氏关系在盛、周以外的另一种类型。

还有一种类型,与会稽虞、魏有异有同。他们以吴郡顾、陆为代表,与孙氏具体关系如下。

陆氏 《檄》谓"吴郡顾、陆,旧族长者,世有高位,当报汉德",号召他们与会稽虞、魏一起,大举反吴,以响应曹操的进攻。《吴都赋》也以吴郡"顾、陆之裔",与会稽"虞、魏之昆"并举。实则顾、陆以顾雍、陆逊为代表,处境较为顺利,与虞、魏以虞翻、魏腾为代表的坎坷身世又不相同。不过陆氏门中以陆绩与陆逊相比,其家族地位经历了一个变化过程,陆绩接近于虞、魏,而陆逊则终成孙吴股肱,同顾雍一样。

孙坚与同郡大族陆氏,如前所述,无嫌隙亦少瓜葛。孙陆结衅,始于孙策受袁术命,攻陷庐江,郡守陆康宗族受难。陆康之子陆绩及从孙陆逊,逃回吴郡。陆逊略长于陆绩,为陆绩纲纪门户。陆绩作为陆氏嫡宗,在孙策渡江后仇视孙氏,是意料中事。《陆绩传》:孙策与谋士张昭、张纮、秦松等共论"四海未泰,须当用武治而平之"。陆绩以童蒙在末座,遽言"论者不务道德怀取之术,而惟尚武"之失,公然反对孙策以武力平辑的方略,气焰很盛。孙权统事时,陆绩出仕,"以直道见惮,出为郁林太守",卒死徙所。这是一种没有确定罪名的严厉的贬谪,事在孙权贬徙虞翻之前。陆绩死前作遗言,自称"有汉志士吴郡陆绩"。① 陆绩死于汉正朔尚存的建安二十四年,他标榜"有汉志士",不啻指斥孙氏为汉室之逆臣,与前引建安九年吴人沈友指斥孙权有"无君之心"一样。

孙权出于使其政权逐步江东化的需要,非借重吴会大族特别是吴郡顾、陆不可。就陆氏而言,在陆绩身上,转圜的余地是不存在的。所以只有在陆绩之外,另找他人。而陆逊终于被孙权认识到是合适人选。

陆逊历苦难而力图自立,但能收敛锋芒,谨事孙氏。他非陆氏嫡嗣,出仕得不到陆绩那样的正途,②只能为荒地屯田都尉兼领县事。他长期与山寇征战,屡有功劳,却不能从孙权处受兵。他陈便宜乞募"伏匿",才开始有固定的军队,才得以逐步扩充实力。这与淮泗将家子弟之受兵从战者相比,地位是迥然不同的。陆逊仕途的转折点,是在孙吴政权江东化的关键时刻,受命为吴军上游统帅。陆逊是孙吴政权江东化最具象征性、最为关键的人物。

陆逊代吕蒙居上游统帅之任,又在夷陵之战中以其才能和业绩巩固了统帅的地位。过去孙氏迫害陆氏宗族、诛戮吴会英豪所造成的严重隔阂状态,从根本上消除了。跟着上游武职的地域性

---

① 《三国志·吴书·陆绩传》陆绩遗言又曰:"从今已去六十年之外,车同轨,书同文,恨不及见也。"按"六十年之外"之事,当即太康平吴。陆绩生于中平五年(188),死年三十二,则死建安二十四年(219),此至太康平吴,正六十年。所谓陆绩预言六十年后事,自是后人附会,但反吴的寓意与陆绩生前政治态度吻合。
② 《三国志·吴书·陆绩传》,陆绩,孙权辟掾,出为太守,汉制此为仕宦正途。后来陆绩守荒郡郁林,这是贬谪。

更替而来的，就应当是当轴文职的地域性更替了，这一任务落到了吴郡顾氏身上。

顾氏　吴四姓，顾在陆前。《世说新语·赏誉》记四姓门风，陆忠顾厚。黄武四年顾雍拜吴王丞相，江东大族遂居首辅之任。此事比陆逊任上游统帅晚了好几年，我想是由于相位越淮泗人而入江东大族之手，情况比武职替代还要复杂一些，其间经过了孙邵为相的几年过渡之故。顾雍居相位，重大表现不多，我认为值得注意的是，如《三国志·吴书·顾雍传》所说："其所选用文武将吏，各随能所任，心无适莫。"这就是说相权虽入东吴大族之手，但用人则以才能为准则，安排适度，并不特重地域，从而保证孙吴政权江东化的和平进程。不过与顾雍为相同时发生的暨艳案，实际上说明伴随孙吴政权的江东地域化转折，并非没有激烈的冲突。①

孙吴与顾、陆的水乳交融关系，其历史内容就是孙吴政权的江东地域化。陆逊和顾雍相继居于武职和朝官的显位，同是孙吴政权江东化的最重要标志。

从孙策渡江开始，孙吴政权与江东大族关系，按时间顺序言可分三个阶段。第一阶段发生在江东大族武力反对孙策南侵的时候，其代表人物是会稽周氏兄弟和盛宪，其表现为孙策诛戮英豪。第二阶段发生在孙权统事以后的建安年间，孙权欲借助江东大族以撑持艰难局面，补充淮泗集团力量之不足，而江东大族也感到有附托于孙氏的必要与可能，可是还缺乏信任。其代表人物

①另一吴大姓张氏，张温与暨艳同案，暨艳坐自杀，而张温罪止废黜。我想这种差别除了可能有涉案深浅原因以外，更主要的当是张、暨门户地位和社会影响远不相同。张温此一政治经历，颇似陆绩、虞翻之废徙交广。看来这些都是孙权终止杀戮吴会英豪名士以后，有意罗致大族，必要时又惩其不驯服者的相同案例。请参看本书《暨艳案及相关问题》。

是会稽的虞翻和魏滕,其表现是孙吴对他们既使用又严加控制。第三阶段发生在淮泗力量后继无人,孙吴必须与江东大族连为一体,而江东大族也认识到完全可以借操持孙吴政权以发展自己的家族势力。其代表人物,是吴郡的陆逊和顾雍,其表现是他们得以分居文武朝班之首。

从这里可以看到,三个阶段是有交叉的,例如会稽虞、魏在第一阶段即仕于孙氏,而吴郡陆氏的嫡嗣陆绩却在第二阶段与会稽虞、魏同其命运。还可以看到,从三个阶段的终极言之,孙吴政权江东化的得利者首先自然是吴会大族,尤其是吴郡顾、陆;不过也不存在太严格的排它性,甚至淮泗名臣及其后人,也始终在孙吴政权中起着重要作用。只有被孙氏摧毁的会稽周、盛家族,不再见到有可以确认的后人参与孙吴政治。①

五　孙吴建国的道路

我在《论东晋门阀政治》一文中论及皇权政治问题,认为东汉世家大族虽然在地方上拥有经济和文化的、政治和军事的强大实力,仍倾向于把自己的宗族利益寄托于一姓皇朝,因而对朝廷不

①我在《暨艳案及相关问题》一文中,曾从使用淮域官员或使用本土官员这一特定视角,把孙吴政权江东化过程分为三个阶段。在本文中,我又把孙吴政权与江东大族关系分为三个阶段。这两种划分,有联系又不完全相同。前文的第一阶段,即孙吴群吏爪牙兼用江东人(建安末年以前)阶段,从时间上说相当于本文的第一、第二两个阶段,即诛戮英豪(以会稽周、盛为代表)及委蛇大族(以会稽虞、魏为代表)的阶段。这两处的区分法,着眼点有差别,实际内容则是相通的。

敢轻启觊觎之心。这有利于东汉政权的延续。东汉一朝儒学以仁义圣法为教，风气弥笃，也影响着世家大族代表人物士大夫阶层的心态和行为。① 他们以支撑不绝如线的东汉政权为己任，使改朝换代成为一种十分艰难的事。魏、蜀、吴三国的出现，都不是权臣乘时就势，草草自加尊号而已，而是经历了较长的孕育过程。这就是为什么建安之政得以延续至二十余年之久的原因。

中原是东汉根本所在，世家大族实力最大，儒学教化沾被最深。东汉虽然国衅屡启，兴废由人，但董卓擅权之时仍然不得不以重振朝纲的姿态出现，不敢自取神器。关东兴讨董之师，一时形势使"郡郡作帝，县县自王"②成为可能。但真正建号的"仲氏"只不过闹剧小品而已，其他的草窃者更不足道。何者？不敢冒天下之大不韪也。曹操是一个存心"把皇袍当衬衣穿在里面"③的人。他深知孙权向他称说天命是"欲踞吾著炉火上"④的道理，不敢鲁莽从事。他自如地运转皇权达二十余年之久，却不废弃汉献帝。他的存在也使别人不敢率先称帝。曹操所言所行，不是没有力量对比的考虑，但是除此以外，还有"畏名义而自抑"的问题，⑤这具有时代性的内涵，只用奸诈的个人品格特点来解释是不够的。——这就是魏国建国的道路。

曹丕带头做了皇帝，给刘备提供了口实和样板。本来，刘焉父子经略西陲，早具有昔日赵佗在岭南的地位，只是碍于汉末形势和思想风气，不敢"乘黄屋左纛"而已。刘备代刘璋，随着中原

①《后汉书·儒林传·论》有此见解。
②《三国志·魏书·吕布传》注引《英雄记》吕布与琅邪相萧建书。
③《蔚伯赞历史论文选集》第449页，人民出版社，1980年。
④《三国志·魏书·武帝纪》。
⑤《资治通鉴》建安二十四年"臣光曰"。

局势的演变,刻意模仿刘邦,分两步走向自帝的目标。第一步,效法魏王之立,称汉中王,王巴蜀汉中;第二步,效法魏帝,自称汉帝(蜀汉),绍汉而居名分优势。不过刘备等不到君临中土的这一天,只有把灭曹之事留给后人去办。蜀汉受中原风气薰染毕竟较浅,本地又还没有发育出一批足以左右政局的大族,刘备统治层中的矛盾也比较容易解决。因此,蜀汉建国道路基本上只是抄袭历史,剽窃邻国,虽有曲折和等待,但比曹魏简单,没有多少新鲜之处。只有刘备临终引李严副诸葛亮受遗诏辅政并托孤事,显露刘备少有的政治智慧。而且依我看来,这也是受到孙策托孤的启示。

孙吴建国道路又有不同。江东开化程度介于中原和巴蜀之间,闭锁性比巴蜀小;接受中原影响,无论是思想文化方面,还是政治军事方面,都比巴蜀敏感。江东大族,其发育成熟程度虽不能与中原世家相比,却比见于《华阳国志》的巴蜀大族要高得多。江东大族在汉末的时候自然有保据一方的政治要求,但是他们内部没有产生在名望上足以代表、在能力上足以保障江东大族利益的人物。他们本可以同东汉所遣州郡长吏合作,但是刘繇、王朗辈迂阔儒生,擅清议而无关世用,不值得以宗族命运相寄托。孙氏兄弟就是在这样的条件之下到江东来寻求霸业的。

但是,江东大族从孙策的身世和政治背景中,看不到借助于他可以保全自己利益的前景,反而担心江东因此卷入鼎沸之中。陆氏庐江之难,更影响江东大族对孙策的态度。他们对孙策或者愤然抵拒,或者徘徊观望,尝试着与孙氏合作的是少数,愿意竭诚相结的可以是说绝无仅有。

在这种情况下,从眼前的紧迫要求而言,孙策亟须打破大族的武力抵抗;但从永固江东来说,又必须获得大族的全力支持。

眼前的考虑和长远的需要,使孙氏兄弟遵循一条曲折道路前进。他们凭借淮泗武力以诛戮吴会英豪,网罗宾旅之士以壮大淮泗集团力量,在此基础上寻求可以与之合作的江东大族人物。随着时日推移,淮泗人才日趋枯绝,江东士人对孙权的态度也逐渐改变。孙权有必要也有可能更广泛地吸收江东士人,并使他们得以进入高层位置,以至于最后授与他们文武两途的当轴主政地位,完成孙吴政权江东地域化的进程。

孙吴建国,迁延时日最长。曹丕、刘备已经称帝,而孙权在赤壁之战和夷陵之战中都是赢家,在这种情况下,孙权还徘徊犹豫达数年之久,才登上皇帝宝座。孙权迟回不进,除了山越不宁、外敌威胁等一般原因以外,我想不再是像曹操那样"畏名义而自抑",而是等待孙吴政权江东化进程的完成。也就是说,影响孙吴建国的最重要的原因,是内部力量调整,是与江东诸大族关系的演变,是等待江东政权根基的进一步稳固。

如前所论,孙吴与江东大族关系经历过三个阶段,这一方面是孙氏在分化和选择江东大族,另一方面也是江东大族在等待孙权采取有分量的措施。孙氏与江东大族,只有在双方互动过程达到一个适当程度的时候,两者的一体化才能出现,孙吴政权的江东化才能完成。

孙氏以吴人还治吴土,自然会走上江东本土化的道路。这是当然之理。但是孙策为什么要大张旗鼓地诛戮英豪?江东大族为什么迟迟不靠拢孙氏?孙氏江东霸业起始本在曹、刘之前,为什么称王称帝却落在最后?这些问题却在前述当然之理的掩盖之下,长期被忽略了。关于孙吴政权江东化,时贤有过议论,并非新鲜问题。本文之作,主旨不在论证孙吴政权必须江东化,而在探索孙吴政权江东化如此艰难的原因及其曲折复杂过程,为时贤的议论作一些补充而已。

探索孙吴建国道路，归结到江东本土化问题，由此产生了一个题外之题，这就是为什么东晋与孙吴截然不同，不须经过江东本土化而能长期统治下来？我认为原因在于时代条件的不同和渡江人物的差异。

孙策以逆臣袁术部曲，逐汉官而居江东，本来没有堂堂正正的名分。孙吴以偏霸而图抗衡上国，没有江东大族的合作就根本不可能长久维持。晋室永嘉没胡，民族矛盾尖锐，琅邪王晋室统胤，有尊显的名分地位足以招徕。江东大族没有理由也没有力量另起炉灶，就只能接受这一事实，臣服东晋。因此，只要抗胡仍为必需，东晋就无须汲汲于寻求江东本土化。这是第一。

汉末北士流移江东的浪潮，建安之初已经终止，而且南渡之士还陆续北归。不曾北归的宾旅寄寓之士，人数毕竟有限；随着时间的推移，人才素质也有低落的趋势。所以南士进入孙氏统治集团，人数日益增多，地位日益提高，是不可避免的。这与两晋之际北士渡江者的情况也很不相同。永嘉以来以迄淝水之战，北方胡族政权乍兴乍灭，北士南渡出现一个又一个高潮。南渡之士，尤其是其中的早渡者，本多士族精英。他们与司马氏结合而形成的东晋统治集团，其从政能力与社会威望，远较孙吴时以宾旅寄寓之士为其补充的淮泗集团为高。所以东晋吴士可以参与建康政权，却无从取代北士在江东的地位。这是第二。

以上两点，第一点重在吴时与东晋时南北关系的性质不同，第二点重在吴时与东晋时流寓北士的素质和社会影响也有差异。所以孙吴必须完成江东化，才能比较可靠地抗衡曹魏，以求自存；而司马氏的东晋则必须标榜晋统，才能使吴士有所依傍，共同构成一个足以区别于北方胡族政权的华夏政权。而且，司马氏毕竟不同于孙氏，不是江东人。如果出现一种司马氏政权必须江东化才能自存的情况，司马氏自身也无从完成这样一种历史转折。

《南齐书·丘灵鞠传》载有丘灵鞠怨恨"顾荣忽引诸伧渡，妨我辈途辙"的著名言论，常为后人征引。丘灵鞠没有说到顾荣以前的东汉末年，已有诸伧渡江的事实。那时，顾荣祖辈与渡江诸伧从对抗到合流，因而获得广阔仕途，发展了家族势力，江东始得多士，六朝时代也从此肇始。在这种由其先人造成的历史背景之下，顾荣才得以其南士领袖地位，接引渡江诸伧。顾荣居两晋之际，迫于胡汉形势，不得不作此举以保全江东大族地位，结果却与其祖辈得利于诸伧的情况大不相同。顾荣所引诸伧凭借晋统而擅位，南士途辙受到妨碍，只有自叹屈志。到了南朝，基本情况虽然还是如此，但毕竟已有所改观。南士地位也有所提升了。丘灵鞠发此愤懑之词，除涉个人际遇以外，还有这样一个大的时代背景，这是我们重温这段史料时应当留意的。

——原刊《历史研究》1992 年第 1 期

暨艳案及相关问题

——再论孙吴政权的江东化

一 关于暨艳案

吴黄武三年(224)选曹尚书暨艳坐检核三署郎官事，与选曹郎徐彪一起被诬自杀，连及名士吴郡张温废黜终生。这是吴黄武政局的一件大事。《三国志·吴书·张温传》载暨艳案梗概曰：

> 艳字子休，亦吴郡人也，温引致之，以为选曹郎，至尚书。艳性狷厉，好为清议，见时郎署混浊淆杂，多非其人，欲臧否区别，贤愚异贯。弹射百僚，核选三署，率皆贬高就下，降损数等，其守故者十未能一。其居位贪鄙，志节污卑者，皆以为军吏，置营府以处之。而怨愤之声积，浸润之谮行矣。竟言艳及选曹郎徐彪，专用私情，爱憎不由公理。艳、彪皆坐自杀。温宿与艳、彪同意，数交书疏，闻问往还，即罪温。[1]

---

[1]《通典》卷二三《职官》五引此文，字句微异。又此案《通鉴》系于黄武三年，案情涉及是年冬曹丕南侵退军后张温之事，可能迁延至四年始结案。又，《张温传》于案情梗概之下载孙权幽张温所下令文和骆统疏理张温表文，均包含不少与此案有关的材料，文长不录。

关于暨艳案,我在 1959 年所撰一篇讨论曹操的文章①中曾经提及,主要是感慨暨艳以举清厉浊遇祸,谴责孙权不能励精图治,并以此衬托曹优孙劣。现在看来,关注到暨艳问题是读书心得所在,但是议论却未究及暨艳案情的幽微,因而也未能说清此案的实质,是没有深度的皮毛之见。只是从那时起,在我脑中就留下一个暨艳问题。其实,崔琰、毛玠为曹操典选,号称亮直,也终于不见容于曹操,一死一废,与较晚出现于吴国的张温、暨艳见逼于孙权事,不也有相似之处吗?②《资治通鉴》宋元嘉二十二年载孔熙先说范晔之言,论及"昔毛玠竭节于魏武,张温毕议于孙权,彼二人者,皆国之俊乂,岂言行玷缺,然后至于祸辱哉? 皆以廉直劲正,不得久容。"③孔熙先以毛玠、张温并论,就是由于此二人事相似而理相通。其祸辱之至,皆由于廉直劲正而不得久容于朝。

典选拔士,从来都是十分敏感的事,因为这不但是被选者个人的荣途所系,而且往往涉及权势阶层和当途家族的现实利益。在世局转折的时候,这类问题甚至可能干犯帝王,引起政治风浪。历史上有些由于典选而产生的个案,事关大局而情多隐秘,成为千百年难发之覆。崔琰、毛玠一案比较著名,历来议论纷纭;张温、暨艳一案则史家关注者少,事遂湮没。《十七史商榷》卷四二有"张温党暨艳"条,只说到孙权既衔张温称美蜀政,而其废张温令又不及此意。王鸣盛只是从这样一个枝节问题议论,而没有探究暨艳案的根本。

---

①即本书所收《关于曹操的几个问题》。
②何焯《义门读书记》卷二八"暨、徐之狱,类魏崔、毛诛废事"。中华书局,1987 年。
③《宋书》、《南史》范晔传载孔熙先说范晔之言,皆略去毛玠、张温句。

胡守为先生《暨艳案试析》一文，①是我所见专论暨艳案的唯一的一篇论文。胡文认为暨艳案之发生，主要是由于暨艳为选曹尚书清浊太明，违背了孙权"忘过记功"、"以功覆过"的选士宗旨，因而招致"怨愤之声"和"浸润之谮"。胡文用《陆瑁传》、《朱据传》中当时人物责难暨艳的言论来解释暨艳案发生的原因，是言之有据的。创业者用人都应轻其过而重其功，否则不但难于网罗人才，而且还可能为丛驱雀，为渊驱鱼，对自己不利。曹操创业用人，也是赏功而不罚过。曹操别驾毕谌和操所举孝廉魏种均于兴平元年附兖州之叛而离弃曹操，后来又都被曹操擒获，曹操释其罪而复用之，事在官渡之战前夕。官渡战后，曹操得许下及军中人与袁绍书，一皆焚之，概不追究。士大夫请议获谴，曹操也不许追究。《三国志·魏书·陈矫传》注引《魏氏春秋》载曹操令曰："丧乱已来，风教凋薄，谤议之言，难用褒贬。自建安五年已前，一切勿论。其以断前诽议者，以其罪罪之。"这大略可见，建安五年官渡之战的胜利使曹操地位稳固下来，对臣下的功过赏罚得以比较全面地执行，不止是赏功而已。尽管如此，《周官》八议议功之条到曹魏时正式入律，说明以功覆过已具有法律效力。《三国志·魏书·夏侯玄传》注引《魏略》许允谓袁侃曰："卿，功臣之子，法应八议，不忧死也。"曹操赏功而不罚过和魏时八议议功之条入律，有助于理解孙权"忘过记功"、"以功覆过"的用人宗旨。

暨艳案发的江东黄武之世，离孙策过江近三十年。孙吴虽然内外有成，但毕竟帝业未立，所以用人仍当"忘过记功"。暨艳为选曹尚书而悖此旨，以此获谴是不无道理的。即令黄龙称帝以后，孙权犹以天下未一，不敢备郊祀之礼，因而还不能改变"忘过

①见《学术研究》1986 年第 6 期。

记功"宗旨。可以说终孙权之世，"忘过记功"宗旨都有存在的理由。

《三国志·吴书》所记此一用人宗旨，除胡文所用《朱据传》、《陆瑁传》涉及暨艳检核三署的黄武时二事以外，还有数处，年代涵盖孙策过江之初以至孙权嘉禾之时。试举如下。

《三国志·吴书·妃嫔·吴夫人传》注引《会稽典录》：

> 策功曹魏腾，以迕意见谴，将杀之，士大夫忧恐，计无所出。夫人乃倚大井而谓策曰："汝新造江南，其事未集，方当优贤礼士，舍过录功。魏功曹在公尽规，汝今日杀之，则明日人皆叛汝。吾不忍见祸之及，当先投此井中耳。"策大惊，遂释腾。[1]（按：这是建安五年或稍前之事。）

《三国志·吴书·陆逊传》逊在武昌上疏陈时事曰：

> ……然天下未一，当图进取，……且世务日兴，良能为先，自不奸秽入身，难忍之过，乞复显用，展其力效。此乃圣王忘过记功，以成王业。……（按：这是黄龙中事。）

《三国志·吴书·潘璋传》陈寿评曰：

> ……潘璋之不修，权能忘过记功，其保据东南，宜哉！（按此条胡文亦用。潘璋数不奉法，孙权惜其功而辄原不问，

---

[1]《吴书·吴范传》及注引《会稽典录》载孙权时魏滕被孙权谴，吴范救之之事，魏滕与魏腾当是一人。可知魏腾后来在孙权左右。

故陈寿有此评。事载嘉禾三年潘璋死前不久。)

以上所引连同黄武时朱据、陆瑁诸条,可见"忘过记功"宗旨孙吴是数十年一贯遵循的,以之解释释魏腾之死,重陆逊之议,原潘璋之过诸事皆可,以之解释暨艳案亦可。扩而言之,建安五年以前曹操用人,亦同此宗旨。从这个意义说来,胡文所见是通达之论,是符合吴、魏历史实际的。

不过,我觉得这毕竟只是从一般意义立论,理由似宽泛了一些。如果要探究暨艳个案,说明其所以在吴国、在黄初年间出现的原因,弄清其特定意义,只究及此一宗旨是不够的。一般说来,这样的大案,与吴国黄武年间的特定条件不能没有更为紧密的关系。此案幕后人物张温,出吴四姓。其父张允,孙策时为高岱八友之一,而高岱以不见容于孙策而被杀,见《吴书·孙策传》及注。孙权时张允为东曹掾,典选举之任。① 张温本人曾为吴选曹尚书,两代典选,不为无功,依孙权"忘过记功"宗旨,对张温处置也当有所宽贷才是。然而张温一涉此案,身在不宥,废弃终生。而且家门株连惨酷,甚至累及已出。据《张温传》注引《文士传》,温姊妹三人均不得免,已嫁者皆见录夺;《陆绩传》注引《姚信集》,温弟白为陆绩婿,"遭罹家祸,迁死异郡",温弟祗亦废。这样重的处置,是与"忘过记功"宗旨大相径庭的。这岂不是说"忘过记功"并非统一的、准确的尺度,还须要看是对待何人,并且要看是何功何过吗?

所以我认为,为弄清暨艳案问题,有进一步作纵横探索的必要。这里拟先就横向探索,剖析暨艳检核郎署所涉问题;然后再

①魏东曹掾典选举,见《魏书·崔琰传》。吴制当亦如此。

作纵向探索,究明此案在孙吴政权江东化过程中的意义。

二 暨艳案与吴四姓

暨艳检核三署之事,涉及人物上自丞相孙邵,[①]下至百僚,但最集中、最主要的是三署郎官。按五官、左、右三署各以中郎将统领郎官之制,起源于汉,魏、吴承之。[②] 郎有郎中、中郎、侍郎等名目,无员数,来自察举、征拜、任子诸途。郎官日在帝王左右,宿卫扈从,有被甄选升进的便利条件。所以三署实际上是吴国官员养成和储备机构,是贵游子弟麇集之所。《后汉书·杨秉传》秉上桓帝疏:"太微积星,名为郎位,入奉宿卫,出牧百姓。"这即指三署郎官。汉制王国置郎中令,郎中令统领三署中郎将。吴有郎中令及三署中郎将,当始于孙权受封为吴王之时。但是孙权以前,其将军幕府不能没有官员待职机构,只是不具有正式名称而已。

吴国黄武时的郎中令,已知有汝南陈化、[③]东莱刘基,[④]但二人行迹均与三署职事无关。以张温、暨艳奏孙邵事观之,似其时制度草创,三署职务暂由丞相承吴王命直接领之,所以三署有事,

---

[①]《三国志·吴书·吴主权传》黄武四年注引《吴录》:孙邵"黄武初为丞相,……张温、暨艳奏其事,邵辞位请罪,权释,令复职",黄武四年卒。张温、暨艳奏孙邵何事,于史无考。以情理言,当为坐三署混浊,丞相失职事。
[②]三署中之五官署,其郎将一职,在曹操居丞相、魏王时,以世子曹丕为之,副贰丞相,为时特例。
[③]《三国志·吴书·吴主权传》黄武四年注引《吴书》。
[④]《三国志·吴书·刘繇传》。

只责丞相而不责郎中令。① 黄武时吴三署中郎将姓名无考。三署中之五官署,其郎官可考者有吴郡朱据(郎中),②沛国薛综(中郎),③会稽谢承(郎中)。④ 此外,确知为黄武时三署郎官而不明在何署者,尚有云阳殷礼、⑤陈郡郑泉、⑥河南褚逢。⑦ 以黄武时可考郎官的籍贯言之,⑧侨寄的宾旅之士为数尚多,江东人数量也已不少。这种地域分布有一定的参考价值。当然,这只是偶然留下

---

① 汉代郎中令(后改称光禄勋,王国仍称郎中令)领三署,有选拔郎官以供朝廷任用之责。三国以来,禁军制度变化,光禄勋不复居禁中,郎官无宿卫之责,为居位享俸待调之"散郎";三署中郎将至晋罢省。《通典》卷二三《职官》五引《华谭集》"尚书二曹论"(按二曹指贼曹与选曹),记刘道贞(《晋书》作刘道真,即刘沈)语称"吴、晋重吏部",又称"今吏部非为能刊虚名、举沉朴者,故录以成人,位处三署,选曹探乡论而用之耳,无烦乎聪明"。(按"选曹"原文作"听曹",据《全晋文》卷七九改)是吴、晋之三署郎由选曹据中正品第(按即"乡论")擢用选拔,郎中令(光禄勋)不负选拔之责。参阅阎步克《从任官及乡品看魏晋孝秀察举之地位》,见《北京大学学报》1988 年第 2 期。故孙吴选曹尚书暨艳有权直接检核郎署,而郎中令及中郎将不预其事。

② 《三国志·吴书·朱据传》。

③ 《三国志·吴书·薛综传》:"士燮既附,孙权召综为五官中郎。"按士燮遣子入质在建安末,燮死于黄武五年,故可定薛综为五官中郎在黄武中。

④ 《三国志·吴书·妃嫔·徐夫人传》:"权为讨虏将军,在吴,聘以为妃,使母养子登。"同书《谢夫人传》:"权纳姑孙徐氏,欲令谢下之,谢不肯,由是失志,早卒。后十余年,弟承拜五官中郎。"按据《孙登传》,登赤乌四年死,年三十三,则生于建安十四年,徐夫人母养登当即此年或略后事。谢夫人"失志早卒"当在此后不久。从此时再"后十余年"谢承拜五官中郎。据此推算,谢承拜此官只能在黄武时。

⑤ 《三国志·吴书·顾雍传》注引《通语》。

⑥ 《三国志·吴书·孙权传》黄武元年注引《吴书》。

⑦ 《三国志·吴书·孙权传》黄武五年。郡望原书失载,但据知褚氏只此一望。

⑧ 以上所考,参考了洪饴孙《三国职官表》及杨晨《三国会要》(中华书局,1956 年)。

的几个例证而已,只能窥其一斑,不是郎官籍贯的准确统计。

自汉以来,郎署猥杂是常有的事,诏令难于澄清。孙吴"郎署混浊,多非其人",也不只是黄武时如此。《吴主权传》,赤乌二年注引《江表传》载诏曰:"郎吏者,宿卫之臣,古之命士也。间者所用颇非其人。自今选三署皆依四科,不得以虚辞相饰。"这反证黄武选郎吏不依科目,漫无准则,情伪之多是意料中事,[1]所以当暨艳检核三署酿成事端之时,劝阻者及评论者并无人否认郎署混浊淆杂的事实,只是认为积弊深重,难以澄清,强行之易致祸难。陆逊评暨艳之举,"以为必祸";陆瑁劝阻,说暨艳欲使善恶异流,厉俗明教,事虽必要,"恐未易行";朱据则认为只须"举清厉浊,足以沮劝"就够,切忌用贬黜等激烈手段,否则"惧有后咎"。[2] 这些都是深明底细而又谙练官场的言论,以清议为己任的狷介书生暨艳却不明白。暨艳差断三署时"颇扬人暗昧之失,以显其谪",这就不只是暴露三署郎吏本人的贪鄙卑污,还触及举主及有关官员的黑暗腐败,影响这些人的仕进和其家族利益,甚至牵动敏感的政局,引起怨愤之声和浸润之谮。孙权站在郎吏及其家族一边,企图稳定已有秩序,反对暨艳检核,因此暨艳、徐彪、张温的厄运是无可避免的。

如前所考,黄武时三署郎官,江东子弟已占相当比例。吴郡太守朱治选大姓子弟入官事,提供了一个考察暨艳检核郎署问题的重要线索。朱治,丹阳故鄣(今浙江安吉境)人,以州从事随孙坚外出征战,又扶翼孙策还定江东。孙策、孙权先后自领会稽郡

---

[1]其实赤乌以后郎署污浊问题也未解决,读《抱朴子·吴失》记吴末"贡举以厚货者在前,官人以党强者为右"可以推知。党强主要指吴公族及四姓子弟等大族操纵选举,垄断仕途。本文下面就要说到这种情况。
[2]分见《三国志·吴书》陆逊、陆瑁、朱据等传。

时，朱治一直为吴郡太守。孙策、孙权屯吴，吴郡吴县实际上是江东首邑。朱治守吴郡历三十一年，直到黄武三年即暨艳案发之年病死为止。朱治既是从龙勋贵，又是帝城守将，其地位之特殊可知。他在郡先后举孙权、孙翊、孙匡兄弟三人为孝廉。朱治之子朱纪，妻孙策女；朱治养子朱然，吕蒙临死时举以自代。这些都说明朱治与孙氏关系，既久且深。

《三国志·吴书·朱治传》，治在吴郡，"公族子弟及吴四姓多出仕郡，郡吏常以千数，治率数年一遣诣王府，所遣数百人"。这是一条很值得重视的资料。按刺史、太守在任，使管内士人仕进路泰，本是他们自认的职责所在，也是稳固他们自己地位之所必需。[①] 朱治汲汲于贡举公族及四姓子弟，目的是十分明显的。"遣诣王府"泛指遣诣孙权原来所居的将军幕府和后来的吴王府，因为朱治数年一遣，累计至数百人，决非都是黄武元年至三年即孙权称吴王至朱治之死的两三年内所遣。可见朱治为孙氏公族子弟及吴四姓铺设仕宦之路，为日已久。孙权称吴王前，朱治所遣当居停将军幕府；称吴王以后始有三署之设，所遣当以三署为居停之所，从郎吏迁转它官。吴四姓之一的朱桓给事孙权幕府，即是孙权为将军时事；朱桓弟朱据黄武初征拜五官郎中，补侍御史，则是孙权为吴王时事。朱氏兄弟二人入仕，当经太守朱治荐举，其时入仕程序固当如此。我们知道，吴四姓并称，起于东汉末以至三国时期。《世说新语·赏誉》注引《吴录·士林》曰："吴郡有顾、陆、朱、张，三国之间，四姓盛焉。"吴四姓之起与日后江东历史

---

① 《三国志·吴书·陆逊传》逊至荆，以荆士仕进或未得所为虑，上疏请曰："今荆州始定，人物未达，臣愚惓惓，乞普加覆载抽拔之恩，令并获自进，然后四海延颈，思归大化。"陆逊所虑，可为参考。

关系至大，它们勃兴于三国之世，朱治当起了重要的促进作用。

据上引《朱治传》，知朱治遣诣王府之公族子弟及吴四姓，一般不是白衣入选，而是先仕郡为吏，从郡吏中选拔。郡吏并非都是大姓，非大姓的郡吏要获得被拔擢的机会，往往须有大姓的提携。《三国志·吴书·顾邵传》："初，钱唐丁谞出于役伍，阳羡张秉生于庶民，乌程吾粲、云阳殷礼起乎微贱，邵皆拔而友之，为立声誉。……谞至典军中郎，秉云阳太守，礼零陵太守，粲太子太傅。世以邵为知人。"顾邵为顾雍长子，吴郡首望。他虽未曾做过吴郡太守，但是对于上列四名吴郡寒庶出身的士人，却以其家族势力和个人在乡党的影响，对他们"拔而友之，为立声誉"。不过他们正式得官，还是必须经郡办理，一般是不能超越的。四人中之殷礼，"少为郡吏，年十九，守吴县丞。孙权为王，召除郎中"。①这无疑是经郡举得官，而被吴王召入三署。暨艳本人为官，亦当循此。

《三国志·吴书·张温传》载骆统疏曰：暨艳"先见用于朱治，次见举于众人，中见任于明朝……"，出仕轨辙与前面所举诸人相同，其中包括一个"见举于众人"的程序，这就是乡论。暨艳出仕大概也需要本郡大族扶持，始能获乡论而立声誉，如顾邵之于丁谞、张秉、吾粲、殷礼一样。扶持暨艳的吴郡大姓应当不是别人而是张温。乡论程序，于仕途至关重要，特别是在孙权为吴王，立王国制度以后更是如此。《朱治传》注引《吴书》，朱治之子朱才，以父任为校尉领兵，未循一般士人的仕进途径，"本郡（按指丹阳郡）

① 《三国志·吴书·顾邵传》注引殷基《通语》。殷基，殷礼之子，记其父仕履，当极准确。又，《张温传》载孙权令，谓殷礼本为"占候召"，《赵达传》谓达"治九宫一算之术"，"自阚泽、殷礼皆名儒善士，亲屈节就学，达秘而不告"云云。

议者以才少处荣贵,未留意于乡党。才乃叹曰:'我初为将,谓跨马蹈敌,当身履锋,足以扬名,不知乡党复追迹其举措乎!'于是更折节为恭,留意于宾客,轻财尚义,施不望报,又学兵法,名声始闻于远近"。丹阳郡乡党所议论于朱才者,吴郡乡党于吴士亦然。此外,本州举命,于士人前途也深有关系。《陆逊传》注引《吴书》,陆逊身为上将军、列侯,年近四十之时,孙权为嘉其功德,欲殊显之,"令历本州举命,乃使扬州牧吕范就辟别驾从事,举茂才"。州辟掾,举茂才,按照东汉制度,也须要采择舆论。吴时偶见大族子弟以不就辟举而增身价者,陆逊弟陆瑁,"州郡辟举皆不就",必待公车征拜,始出仕朝端。这也是东汉遗风,不过吴时并不多见。

黄武年间,公族及四姓子弟经朱治遣诣王府者已有数百人之多,此数以外,不能排除还有不经郡的以它途入王府仕进的四姓子弟。他们云集郎署,以次补官。这就使吴四姓,尤其是其中的顾、陆诸人在孙吴政权中的地位迅速上升。我们知道,东汉后期,顾、陆诸族已有在朝人物,所以陈琳说:"吴诸顾、陆,四族长者,世有高位"。[1] 不过像黄武年间以及以后几十年中这样多的顾、陆子弟充斥于江东小朝廷的局面,却是以前所没有的。三国之间是顾、陆等四姓家族的跃进时期,也是他们与江东政权结合最为紧密的时期。孙晧时陆凯上书陈事,说到孙权"外仗顾、陆、朱、张,内近胡综、薛综,是以庶绩雍熙,邦内清肃"。[2] 这当然不是指孙权统治的全部时间,而是特指黄武以后。吴四姓以顾、陆为著,陆在顾后,但陆氏更强。《世说新语·规箴》"孙晧问丞相陆凯曰:'卿

---

① 《文选》卷四四陈琳所撰《檄吴将校部曲文》。
② 《三国志·吴书·陆凯传》。

一宗在朝有几人?'陆曰:'二相,五侯,将军十余人。'晧曰:'盛哉!'"注引《吴录》曰:"时后主暴虐,凯正直强谏,以其宗族强盛,不敢加诛也。"陆氏经济力量,也更充实。

　　三国时期,吴四姓在政治地位、社会地位日益提高的过程中,逐渐形成了各自独特的门风。《世说新语·赏誉》:"吴四姓旧目云:张文、朱武、陆忠、顾厚。"按"旧目"之"目"当是人物题目之义,而非版本文字之讹误。① 名士题目人物,起于后汉之末,三国时南北此风相同。《世说新语·品藻》:"庞士元至吴,吴人并友之,见陆绩、顾劭(按当依《三国志·吴书》作邵)、全琮而为之目。……或问:'如所目,陆为胜耶?……'"② 又,《三国志·吴书·潘濬传》注引《襄阳记》,习温为荆州大公平(按犹魏之大中正),潘秘谓习温曰:"先君昔因君侯当为州里议主……",何焯校改"因"为"目",即题目之义,③甚是。《三国志·吴书·孙登传》注引《江表传》,谓胡综作《宾友目》,亦题目品藻之作,以赞孙登诸宾友。《通鉴》太和三年胡三省注此条曰:"目者,因其人之才品为之品题也。"由此可知:"旧目"当为吴国流传的人物题目汇集,旧目所说四姓各有特点,必舆论认为四姓代表人物中有足当此所谓文、武、忠、厚的特点者。据今见吴国人物资料论之,以张温为文,④朱桓为武,陆逊为忠,顾雍为厚,完全合辙。旧目无疑

①景宋本"旧目"作"旧日",如此则全句不似六朝文字,当以作"旧目"为是。
②《三国志·蜀书·庞统传》无"而为之目",但注引《吴录》有"或问统曰:'如所目,陆为胜乎'之语,与《世说新语》同。
③黄惠贤《校补襄阳耆旧记》(中州古籍出版社,1987年)"习温"条有"秘过辞于温,问曰:'先君昔曰君侯当为州里议主,今果如其言。'"按"曰"亦"目"之讹字,似以出校为宜。
④徐震堮《世说新语校笺》(中华书局,1984年)有此说,但谓此条"张文"所指为"张昭之族"。不过张昭非吴四姓之张,所以徐说不能成立。

是以题目此四人者概括此四族,而且其说当形成于黄武之时或者略后。

从朱治大量遣送公族及四姓子弟诣王府一事推知,检核郎署对吴四姓触动不小,因而他们反应最强。《三国志·吴书》中所见非议暨艳的陆逊、陆瑁、朱据,都是吴人,而且都出于吴四姓。当然,《三国志·吴书》中所见郎吏也有其他江东大族,如会稽谢承;[①]也有江东的非大族子弟,如吴郡殷礼。而且,在一个时期内,北方(主要是淮泗)宾旅寄寓之士在郎署占有相当比例是不可避免的。所有这些人入居郎署,也并非没有混浊淆杂问题。不过,随着吴人、其他江东人中人才的成长,随着宾旅寄寓之士来源的断绝,郎署中吴四姓数量将日增,淮泗人数量将日减,这是必然的趋势。所以郎署中的问题,以吴四姓子弟最为突出,也是必然的。在暨艳案中与暨艳同主其事的选曹郎徐彪是广陵人,《三国志·吴书》所见同情暨艳所行的唯一人物文士陈表是庐江人。他们都不是江东人,与非议暨艳的陆逊、陆瑁、朱据等人有显著的地域差别。这与上述三署郎籍贯变化即江东人日多,淮泗人日少的趋势符合,也许不是偶然的。至于张温、暨艳均吴人而不苟同于吴四姓的眼前利益,断然检核三署,其原因将在本文下节解释。

《三国志·吴书·诸葛瑾传》:"吴郡太守朱治,权举将也,权曾有以望之,"诸葛瑾为之解说,事遂得释。"有以望之"的望字,

---

① 会稽大族在孙吴早年被诛戮者多,所以我估计其子弟在郎署者比吴四姓少。《世说新语·政事》谓吴中强族骂吴郡太守会稽贺邵为会稽鸡,贺邵遂至诸屯邸检校诸顾、陆役使官兵及藏逋亡事,罪者甚众。"陆抗时为江陵督,故下,请孙晧,然后得释"。这说明顾、陆门户力量特大,也说明吴、会二郡大族有矛盾。

梁章钜训为怨望，①与瑾传文义切合。赵一清更谓孙权有望于朱治者，"殆谓暨艳"。若依赵说推之，或者是说暨艳本见用于朱治，而朱治荐之于孙权之朝，卒成乱阶，因而孙权怨望朱治。这只是推测，难于确说。

三 张温与暨艳

张温、暨艳都是吴郡人。张温是大族名士，大族名士居职选曹是当然的事。暨艳门户较低，②非张温引致难入选曹，更难以选曹郎代张温居选曹尚书职。他们二人社会层次有所不同，居然"更相表里，共为腹背"，③演出检核郎署这样一台大戏，招致严重

①《吴书》中所见望字作怨望解者，还有一些例证。《吕范传》范为孙权主财计，孙权私有所求，范不敢专许，"当时以此见望"。《胡综传》注引《吴历》："怨望朝廷。"
②六朝时期，暨氏人物事迹在史籍中极为罕见，可知暨氏不是在官的权势家族。但暨艳因张温引致，得居孙吴选曹尚书之职，而其家族还曾"附于恶逆"以抗孙策（事详下文），所以暨氏亦非小户。敦煌所出《新集天下姓望氏族谱一卷并序》（斯二〇五二号），其第八所录江东（南）道二十郡，"苏州吴郡出五姓：朱、张、顾、陆、暨"；"杭州馀杭郡出四姓：暨、隗、戢、监"。（据唐耕耦等编《敦煌社会经济文献真迹释录》〈一〉，书目文献出版社，1986）。又，《古今姓氏书辩证》卷三七，入声九："暨，今余杭及闽中多此姓"，并列举历代暨氏人物，其中有暨陶。据叶梦得《石林燕语》卷八，暨陶，崇安人，预神宗元丰五年殿试。秦汉以来，会稽境内地名多有带暨字者，如馀暨（萧山）、诸暨等，其起源难于确说，或与暨姓人户分布有关。吴郡暨氏当为一方土豪。暨艳一度得居显职，家族地位本可因缘上升，但大狱旋发，遂一蹶不可复振。我早年为文涉及暨艳者，断暨为小户，是错误的。
③《三国志·吴书·张温传》孙权罪张温令。

后果,其中有许多问题值得我们琢磨。

我们知道,江东大族蜂拥入仕,产生严重弊端,因而出现要求检核郎署与反检核的冲突,这是暨艳案的实质。江东大族经由郎署登朝,是江东大族特别是吴四姓利益所在。为什么支持暨艳检核郎署,从而阻滞四姓仕宦之路的,偏偏是出于四姓的名士张温呢? 这个问题,我觉得须从当时士大夫中的清议风气和张温的个人特点来回答。

张温其人,品格、文才、言议、容止无不出众,加上他的家族地位,具备汉末以来名士首领的各种特征。所以《张温传》顾雍谓张温"当今无辈"。《会稽典录》云:会稽虞俊"至吴,与张温、朱据等清谈干云,温等敬服"。① 可见北方名士清议之风也吹扇于江东的吴会地区,而张温是江东清议主要人物之一。清议的中心内容是臧否人物,激浊扬清,江东不会例外。江东题目人物之风盛行,当与清议有密切关系。《张温传》骆统疏理张温时,说张温"亢臧否之谈,效褒贬之议"。张温所引致的暨艳,其人也是"性狷厉,好为清议"。张温与暨艳正是由于同具清议志趣和好尚而结合在一起的。他们臧否所指,自然容易集中到当时社会所注目又为他们所熟知的公族子弟及四姓入仕的各种弊端和郎署混浊淆杂问题,同汉末名士清议所指往往是宦官外戚以及依附宦官外戚的士人一样。

骆统为张温疏理,说他以荷宠恃才,肆情褒贬招嫉,是得实的。《张温传》注引《会稽典录》说,曾在暨艳案发之前与张温清言议论的虞俊,预言张温"才多智少,华而不实,怨之所聚,有覆家

---

① 《太平御览》卷四九一引。又,《朱据传》谓据文武全才,"有姿貌膂力,又能论难"。他们是吴国少有的善清言的人物。

之祸"。① 这透露张温议论已涉及当时深为敏感的政治问题。陆机《辨亡论》论及吴国人才,曰:"奇伟则虞翻、陆绩、张温、张惇,以讽议举正。"②"以讽议举正"者,应当就是狂直之辈,不以人主喜怒为意。暨艳案发之后,曾在张温使蜀时与之交往的诸葛亮,"初闻温败,未知其故,思之数日,曰:'吾已得之矣。其人于清浊太明,善恶太分'"。再后,陈寿著《三国志》,评张温"才藻俊茂,而智防未备,用致艰患";裴松之注《三国志》,也说张温"名浮于德","华伤其实"。张温同辈和后代史家评论张温,都认为他的名士气质和所受清议影响,是他罹祸的主要原因。

汉末以来,涉足清议的士大夫,议论的着眼点和具体人物对象或有不同,但多事关时政,触及权势,具有多方面的社会政治影响。就臧否人物而言,其所激所扬既可能有助于朝廷选士用人,澄清吏治,也可能干犯皇权,扰乱已成的政治秩序。有些名士所论问题,具有更为直接、更为敏感的犯上性质。如"清议峻厉"的沈友,关注的是孙权的"无君之心";③以"直道见惮"的陆绩,临终犹自称"有汉志士",④以示不赞成孙权的僭越。张温所议被虞俊认为有"覆家之祸",正是属于这一类型。至于暨艳,不但是"好为清议",影响舆论,而且以选曹尚书的权位,行检核、黜陟以至于拘束人身之实。他不满足于举浊厉清,而是大加挞伐,以至于百僚

---

① 《吴书·孙策传》注引《吴录》建安五年孙策杀广交游、善议论的名士高岱,而张温之父张允是高岱八友之一。据此推测,张温家族与孙策存在嫌隙,是可能的。这与虞俊所说可以照应。
② 据《文选》卷五三。《晋书》卷五四《陆机传》作"以风义举正",风义即是讽议。只是所列人物只有虞翻、陆绩和张惇,而无张温,当为唐人删削。
③ 《三国志·吴书·吴主权传》建安九年注引《吴录》。
④ 《三国志·吴书·陆绩传》。

震惧,郎吏自危,使澄检淆杂演变为一场尖锐激烈的政治冲突,导致孙权干预,张温、暨艳覆败。

清议造成政治纠纷,甚至导致相当规模的废黜和杀戮,这样的事魏、蜀皆有,不独吴国为然。三国之间,此种风气彼此激荡,彼此影响,而以魏国为著。魏有孔融,浮华交会,讥刺侮慢,影响及于蜀、吴。孔融生前,江东人物与之交往者颇不乏人。① 张温晚出,与孔融年辈相错,没有直接接触,但孔融立身行事诸端,张温当是熟悉而景仰的。② 蜀有来敏,诸葛亮谓"来敏乱群,过于孔文举"。③ 张温其人,就其清议的影响和作用说来,就是吴国的孔融、来敏。张温、孔融、来敏都出自名门,有文学,尚浮华,敢于干犯当轴。他们三人的结局也大略相似:孔融被杀,张温废黜,来敏废而复起,居职而已。这是一代士风分别在三个国家的反映。

暨艳一案,毕竟重在主其事者的暨艳本人,不在张温。前引暨艳"性狷厉,好为清议",以此成为张温的同道是无疑的。不过暨艳之不能免死于孙权之世,除了他以选曹尚书主司检核以外,还有一层比较隐晦却极为重要的原因,即暨氏家族染于"恶逆"问题。这是孙吴早期历史遗留的问题,须要略加探讨,以明究竟。

———————————

①江东人物,包括北人南人,与孔融有过联系的计有:盛宪(《三国志·吴书·孙韶传》注引《会稽典录》)、孙邵(《三国志·吴书·吴主权传》注引《吴录》,《建康实录》卷一)、王朗(《三国志·魏书·王朗传》注)、张纮(《三国志·吴书·张纮传》注引《吴书》,《三国志·吴书·虞翻传》)、虞翻(《三国志·吴书·虞翻传》)、徐宗(《三国志·吴书·潘濬传》注引《吴书》)等。

②《后汉书·孔融传》融"辟司徒杨赐府。时隐核官僚之贪浊者,将加贬黜。融多举中官亲族"云云。此事与江东检核郎署混浊淆杂之事相似。清议名士志趣相同,孔融如此盛名,张温对之应当是感同亲炙的。

③《宋书·王微传》。参《三国志·蜀书·来敏传》及注引《诸葛亮集》。

《张温传》载孙权废黜张温令曰："昔暨艳父兄,附于恶逆,寡人无忌,故进而任之,欲观艳何如。察其中间,形态果见。"骆统疏理张温,亦有言曰："国家之于暨艳,不内之忌族,①犹等之平民。"孙权由于暨艳家庭身世的原因而加重对暨艳一案性质的认定,加重对暨艳的惩处;其事在当时人是知之甚稔的,所以孙权令中只是一提了之,未曾多着笔墨,但是后来读史的人却不易明白这一背景,事遂湮灭。

《三国志·吴书》中屡有"恶逆"、"旧恶"、"宿恶"、"恶民"、"奸叛"等称,迭见于顾雍、陆逊、张温、骆统、朱治、潘璋、诸葛恪等传及注,所指皆扬州山区守险不服的山民,或称"山寇"、"山贼"。有的地方也有山越人包括在内。② 他们的魁帅往往是大姓英豪,坚持与孙氏为敌,孙策对之仇恨甚深。"暨艳父兄附于恶逆",无疑指他们早先参预了山民阻险反抗活动,与孙氏有过较量,孙权不曾忘怀此事。

暨艳父兄"附于恶逆",当非魁帅。据知"恶逆"经扑讨者,如《孙策传》注引《吴录》的邹他、钱铜诸例,是要一概族诛,亦即"内之忌族"的。孙权对暨氏不但不"内之忌族",而且"犹等之平民",才有后来暨艳得以出仕之事,这大概与暨氏只是"附于恶逆"而非为其魁帅有关。还有,暨艳父兄大概是出山投降的。"恶逆"降者称为"去恶从化",史有其例。《三国志·吴书·诸葛恪传》,恪"敕下曰:'山民去恶从化,皆当抚慰,徙出外县,不得嫌疑,有所拘执。'臼阳长胡伉得降民周遗,遗旧恶民,困迫暂出,内图叛逆,

---

①忌族即圮族。《书·尧典》:"方命圮族";孔传:"圮毁族类。"
②《三国志·吴书》薛综、吕岱、钟离牧等传及注也有类似称谓,指荆州、交州山民聚众阻险者,其中蛮、俚等族占相当比例。

优缚送言府。恪以优违教,遂斩以徇",我疑"旧恶"之从化者不得拘执,当是诸葛恪循孙权旧规,与孙策时严厉处置有所不同。暨氏如果真是"旧恶"之从化者,暨艳得"等之平民",并获出仕机会,就更便于理解了。

据骆统上表所言暨艳仕宦经历,所谓"先见用于朱治"者,当谓初为吴郡吏;"次见举于众人"者,当谓获得乡论荐举;"中见任于明朝"者,当谓与吴四姓子弟一样经郎署而贡于吴王府。这本是当时便捷的出仕升迁途径。但是如骆统所说,黄武三年瑕衅一出,暨艳家族"附于恶逆"的旧事被重新揭出,反而成为处置暨艳的最严重的罪名。孙权所谓"欲观艳何如,察其中间,形态果见",指的是对暨艳在观其后效之中,从检核三署一事发现了他的异心,终于证成他与其父兄"附于恶逆"相同的动机和态度,因此使他罹叛逆之罪。这当然是诛心之论。暨艳因新账旧账算在一起而被穷究,以至于无人(包括骆统在内)敢于从整饬郎署、区别清浊的初衷来为暨艳开脱。

值得注意的是,骆统疏理张温表中,针对孙权废张温令所说张温"何图凶丑,专挟异心"之言,为张温细加辩解。骆统说张温"实心无它情,事无逆迹",这当然是要表明张温的过失与暨艳家族"附于恶逆"者根本不同。这是骆统表中最着意之笔。孙权令中谓张温受命以重兵讨豫章"宿恶",会曹丕兵出淮泗,张温"悉内诸将,布于深山,被命不至",因此引起孙权疑惑。骆统为之申述,辩明张温"取宿恶以除劲寇之害,而增健兵之锐",并无它意。豫章太守王靖"以郡民为变,以见谴责",①其事涉及豫章"宿恶"问题,而弹劾王靖的正是张温。骆统欲以此事证明张温在对待"宿

---

① 《三国志·吴书·周鲂传》。参《张温传》。

恶"问题上既无隐私可言,更无任何"逆迹"。骆统谆谆以张温与"宿恶"无染为说,应当是真实的。孙权似不坚持张温"逆迹"之疑,但还是不纳骆统的请求,张温终于被废黜。

前面论及清议酿成巨案,除了名士以矫时慢物为荣的风气使然以外,往往还有更直接更具体的政治原因。孔融被杀,涉及刘姓皇位问题,这是众所周知的。来敏一度被废,关系到蜀政中新旧客主两类臣僚的利益之争,拙文《李严兴废与诸葛用人》有论。张温支持暨艳检核郎署,确似带有针对孙权的用意,所以才有孙权之令"昔令召张温,虚己待之,既至显授,有过旧臣。何图凶丑,专挟异心"等等,虽不是"恶逆"问题,仍似有言外之意,我怀疑还另有文章。

据《张温传》,张温被召廷见,在刘基为大司农、顾雍为太常之时。以刘基、顾雍所居九卿之官可以看出,张温出仕一定是在孙权称吴王的黄武之时,而其时张温年已三十有二。这对于当时大族名士起家拜官的年龄说来,已经是非常晚了。《陆逊传》"逊年二十一,始仕幕府",言其晚仕。张温三十二始仕,晚之又晚。有盛名的张温虽然生长在朱治、孙权眼睑之下的吴郡吴县,年轻时却未为太守朱治所用,更未荐诣孙权的将军幕府,必待岁月蹉跎之后,大局有了变化,①张温始有脱颖而出的机会。张温既仕,两三年内迅速擢升,由议郎、选曹尚书而至太子太傅,以辅义中郎将使蜀,又率宿卫重兵入豫章董督三郡,周旋于"宿恶"之数,部伍出兵事宜。这就是说,张温其人以才以地,早就具有担当大任的潜在优势,一旦有机会出任,立即扶摇而上。这是一个方面。另一方面,他起家拜官如此之晚,又说明在孙权看来,用不用张温涉及

---

① 这里所说大局变化,指孙权加速其政权的江东化过程,说详下节。

某种利害,必须思考再三,犹豫至十年之久,才在就吴王位的黄武时拿定主意,重用张温。① 究竟是什么原因影响孙权对张温的估量,历史上没有留下可供考证的资料,只有依情理稍作推测。孙权在处置暨艳之后,幽张温而罗织其罪,与暨艳家世附逆之事夹杂言之,言外之意,似张温家族与孙吴之间也有过某种嫌隙之事,因而对张温难于信任。从后来对张温处置相当严酷的情节看来,要说孙氏借此以报其家仇宿怨,也不无道理。如前所论,张温之父张允为高岱八友之一,孙策诛高岱,张氏有所牵连,遂留嫌隙,也是可能的。不过高岱事毕竟是侮时傲物性质,不是直接附于恶逆,所以张温终得不死。当然,张温不死,还可以从张氏吴四姓之一的家族地位寻求解释。

我们知道,直到建安中期后期,吴四姓代表人物尚无一人被孙权委以文武重任。顾雍曾为会稽郡丞行太守事,而孙权领会稽太守居吴,所以顾雍长期不在孙权身边,至黄武初始擢居吴王府为卿。至于陆氏,与孙氏本有深酷家仇,②孙策领会稽郡时以郡丞行郡太守事的陆昭,当出吴郡,但不悉与陆康的亲疏状况。陆康子陆绩被孙权贬谪,死于贬所。陆逊谨慎处世,靦颜事吴。陆逊

---

①张温出仕时年三十二,温传所载如此,本文据温传立说。但骆统表中说温"年纪尚少,镇重尚浅",似与年三十二之说不合。《太平御览》卷四○七引《吴录》谓温使蜀,与诸葛亮结金兰之好。此年亮年四十四,温年似亦不能太小。疑骆统为张温开脱,故有此含糊之说。《吴书·张昭传》昭以孙权田猎事进谏,权谢昭曰:"年少虑事不远,以此惭君。"卢弼《集解》曰:"时权已年三十矣,不为少矣。"所以男子三十是否属于年少,端在所论何事,本无绝对界限可言。

②孙策昔为袁术攻破庐江,太守吴郡陆康宗族百余人,遭罹饥厄,死者将半,陆康旋死。见《后汉书·陆康传》。陆绩即陆康子,陆逊即陆绩侄,逊、绩均曾居庐江围城中。

领县,陈便宜召募伏匿(按此当包括阻险山民),得二千兵自领,为孙权讨伐"恶逆"立功,没有通山民以反孙氏的嫌疑。但是陆逊在吕蒙荐举以前,迄未获得孙权的显授。吴四姓中顾、陆为首望,孙权毕竟不得不有所借重,所以与顾、陆联姻。顾、陆拔起于侪辈之中,都比较晚,在建安末、黄武初。此外,吴郡朱桓以讨伐山民闻,黄武以前亦不显。余下的就是本节所论张温一族。张温父允,虽然"名显州郡",曾为孙权东曹掾,却无事迹可述。我疑张温家族牵连于高岱一案,于孙氏有隙,已见前述。张温出仕如此之晚,废败如此之速,而且一人之废,影响一族,与陆氏很不一样,当不是偶然的。

《张温传》张昭谓张温:"老夫托意,君宜明之。"似觉话里有因。但张昭所托何意,为何托于张温,概莫能明。又《太平御览》卷八九九引《吴录》载张温自理表,用百里奚以养牛讽养民干秦穆公故事,其文不全,难明张温申诉主旨。姑志于此,以待后证。

四 孙吴政权的江东化与暨艳案

现在,转到对暨艳案作纵向考察上来。

孙权严惩暨艳,并及张温,表明了孙权维护江东大族特别是吴四姓仕宦特权的决心。我们知道,孙吴立国以江东大族特别是吴四姓为支柱,这是毫无疑义的,但是形成这种局面却是较晚的事。孙氏渡江,以淮泗人物为主体,对于不亲附的特别是对敢于聚众阻险的江东大族曾予严厉处置,掀起了诛戮吴会英豪的大风波,牵动面颇为广泛,历时亦颇长久。所以孙吴与江东大族的结合,亦即孙吴以淮泗人为主体的政权转变为以江东人为主体的政权,经历了一个曲折复杂的过程,可以称之为孙吴政权的江东化。它大体可分为年代交错的三个阶段,即一,群吏爪牙兼用江东人,在建安末年以前;二,顾、陆先后成为当轴主政人物,在建安末年至黄武年间;三,全面的江东化,在黄武年间及以后。暨艳案是第二阶段的产物,第三阶段的前奏。

孙权统事以后,山民继续阻险反抗,大姓名士清议峻厉,意味着孙氏淮泗集团仍被视为移植江东的异物,受到江东本土上下的排斥。但是从另一方面看来,北士南流运动既已停止,淮泗集团无法获得人才的补充,孙吴所需群吏早已参用江东人。武职中也出现了一批江东籍的高层将校。这说明孙权在继续固结淮泗轴心的时候,地域性转化迹象已经出现,只不过在当时还是一股潜流,未被人们充分注意。

《三国志·吴书·陆凯传》陆凯表上孙晧,陈述孙晧时用人取士标准比孙权时有明显变化。他说:"先帝简士,不拘卑贱,任之乡间,效之于事,举者不虚,受者不妄。今则不然,浮华者登,朋党者进,"云云。此表是否为陆凯所作,陈寿存疑,但表中指责孙晧之失,都符合实情,可断孙权与孙晧取士标准确有不同。这种变化实际上就是孙氏淮泗集团江东地域化的表现,只不过此事在建安、黄武之间已经明显,无待孙权之死,孙晧之立。

孙权群吏参用江东人,其中虽有大姓如陆逊、全琮辈,但多数可信出自寒微卑贱的社会较低阶层。前举吴郡顾邵拔丁谞、张秉、吾粲、殷礼于微贱而友之之事,颍川周昭论之曰:"昔丁谞出于孤家,吾粲由于牧竖,豫章(按指顾邵)扬其善,以并陆、全之列,是以人无幽滞而风俗厚焉。"①为顾邵所拔而友之的人,都得到孙权

---

① 《三国志·吴书·步骘传》。

重用，可见陆凯表中所说孙权简士"不拘卑贱，任之乡间，效之于事，举者不虚，受者不妄"属实，而且时间较长。在孙氏杀戮吴会英豪风波稍稍平息，大族尚有所警惕而与孙氏保持距离之时，孙权简士自然难拘族姓，只能从孤寒南人中寻觅，以应淮泗集团的急需。孤寒之士一旦见用并获升迁，其门户地位也将逐渐变化。周昭评顾邵拔孤寒"以并陆、全之列"，必然导致这种结果。

孙权取士由"不拘卑贱，任之乡间，效之于事"，进而重用江东大族，其宗旨与曹操行之有效的"治平尚德行，有事赏功能"并无二致。有事赏功能的宗旨，就曹操、孙权的早年说来，一个谓之赏功而不罚过，一个谓之忘过记功，实质是一样的，只是在实行的年代上，曹操比孙权要早得多。有国者在创业和守业的不同阶段，选士本有不同的要求。孙权之初，江东犹在草创之中，淮泗轴心求群吏爪牙于本地，取士用人重在功能，即所谓"效之于事"。有功能事效者不究过误，也不辞卑贱，所以往往在江东大族以外的寒微中寻求。后来孙权立足已稳，赤壁战后又形成了三分鼎足的外部环境，虽然名义上尚未自王自帝，但是局面已成，按治平的要求来用人选士就逐渐成为必需，因此"尚德行"的标准就自然而然地被重视起来了。"尚德行"必重姓族，所以《陆凯传》中所说的变化，主要就是孙吴政权转而靠近江东大族，想让他们发挥较大的统治作用。这是孙吴政权江东化的一个重要标志。其实，这种变化本来就是孙策临死时所期待于孙权的。《孙策传》策"呼权佩以印绶，谓曰：'举江东之众，决机于两陈（阵）之间，与天下争衡，卿不如我；举贤任能，各尽其心，以保江东，我不如卿。'"这不只是兄弟二人能力长短的比较，而且是对古人创业者马上得之不能马上治之的经验的传授。而要举贤任能，必不能忽视比在江东的淮泗士人多得多的江东本土士人。孙权统事后的若干年内，由于内外条件不具备而未得实现由得天下到治天下的转折,到建安末和黄武初始得逐步实现。

《陆凯传》还说到孙权简士"任之乡闾"。乡闾之论在九品官人法实施以前,原则上需要地著的条件,这个条件,只有江东人才能具有。《鲁肃传》肃说孙权抗拒曹操,曰:"今肃迎操,操当以肃还付乡党,品其名位,犹不失下曹从事,……累官故不失州郡也。将军迎操,欲安所归?"这话是说,鲁肃临淮东城人,乡里在北,归曹操后可以付乡里品其名位;孙权品第必在吴郡,曹操无能为力。事实上,孙权兄弟三人品第察举,皆吴郡太守朱治通过乡闾为之。朱治之子朱才初以父任领兵,后来必经丹阳乡议,始获名誉。建安时江东人士颇有郡察孝廉、州举茂才之例,前者如孙权兄弟和贺齐,后者如虞翻和陆逊,都是江东大族和公室子弟。这是他们按旧制仕进的正途,孙权主政,承袭旧制,所以江东子弟虽在淮泗集团主轴当权之时,犹得有此晋身之阶。后来九品官人法移植江东,乃有襄阳习温、武陵潘濬为荆州大公平(大中正),①桂阳谷朗为郡中正、州大中正,②丹阳葛洪之父为郡中正③等例,南士出仕遂循此以为保障,这使他们获得比淮泗人要大得多的出仕机会。

江东的宾旅寄寓之士与南士不同,他们考详无地,出仕得不到乡论和九品官人法的凭借,只能指靠任子或特殊征拜为官,或者代父兄领兵。这是他们出仕的主要途径。也有很多重要的淮泗人物,子孙或者因细故被废,或者完全无闻于世。而淮泗子孙如果改注江东籍贯,当可依江东子弟之例仕进。沛郡薛综及子薛

---

① 《三国志·吴书·潘濬传》注引《襄阳记》。此条前文已用。
② 《八琼室金石补正》卷九《九真太守谷朗碑》。
③ 《抱朴子·自序》。

莹两代仕吴,薛莹子薛兼生于吴世,《晋书》本传谓为丹阳人,而且与同时的顾荣、贺循、纪瞻等南士齐名,号为南金东箭。彭城张昭曾孙张闿亦生于吴世,《晋书》本传作丹阳人,而且累官至丹阳郡中正。薛兼、张闿二例,足以说明仕进制度和程序促进了江东的淮泗子弟土著化这样一种事实。当然这是一代两代以后的事,是事物演变的结果。

孙吴政权江东化的第一阶段就是如此。

建安末、黄武初,孙吴政权江东化进入第二阶段,其主要标志是当轴人物进行更换,由淮泗人更换为江东人,特别是吴人。这种地域更换,主军者先于主政者。武将和文臣在转型期的代表人物,前者是吕蒙—朱然—陆逊,后者是孙邵—顾雍。替换时机都是旧人病故,所以替换具有和平性质,没有出现冲突,这对于巩固孙吴统治是有利的。

主军者的地域替换,不是指驰骋疆场的"虎臣",而是指任专方面的统帅。孙权早年,孙吴开拓性的军事活动主要在荆州地区,指挥者周瑜、鲁肃均淮泗人,兼具文武气质。建安二十二年鲁肃死,孙权本欲以严畯为代。严畯,彭城人,避难江东,张昭荐用,具有人望基础和淮泗地域条件。但是《严畯传》畯自谓"朴素书生,不闲军事";《步骘传》周昭谓严畯"学不求禄,心无苟得"。可见严畯根本不是一个富有进取心的军事人才,孙权属意于他,除文才以外,显然是看重他的地域、人事背景,淮泗本位的考虑是一目了然的。后来孙权改用吕蒙,其人出自淮泗,长于江东,以武勇事孙策。吕蒙为上游统帅,基本条件合适,而且兼具淮泗、江东的双重地域条件,欠缺的是不学无文。所以他当途掌事后孙权特别嘱他留意术学,他也发愤于此,多所开益,弥补了孙权所望于统帅的兼具文武的要求。无武的严畯和少文的吕蒙先后为孙权属意,与周瑜、鲁肃相比皆逊,这正说明严格地从淮泗人物中求帅,是越来越不容易了。吕蒙任职不久即死,时在襄樊战役之后,荆州形势未全明朗。孙权求帅,淮泗既难有适当人选,于江东人物中求之,就成为势所必需的了。不过属意于谁,一时尚难以确定。

吕蒙破关羽前以疗疾为名还建业,吴郡陆逊建取关羽之言,与吕蒙意合。后来吕蒙答孙权"谁可代卿"之问,[1]遂荐陆逊。孙权拜陆逊为偏将军右部督,以当荆江上流之任,领宜都太守。吕蒙死前,孙权又有"谁可代者"之问,[2]吕蒙曰:"朱然[3]胆守有余,愚以为可任。"吕蒙死后,孙权遂以朱然假节镇江陵。

孙权两次以上流任寄询问吕蒙,吕蒙两次荐代,所答不同,但都是江东人。这是孙吴统治集团地域性转化中的又一件大事。陆逊(183—245)和朱然(182—249)从其个人条件和家庭背景说来,都具有替代吕蒙的资格。朱然是朱治养子,少年时与孙权"同学书,结恩爱",稍长,受兵征战。他兼得淮泗武将门户和江东丹阳籍贯这样的双重背景,但淮泗特点较为强烈一些。陆逊则出吴四姓,门户地位比朱然突出,但与孙权关系本远,为海昌屯田都尉领县事时,陈便宜乞募伏匿,始得有兵。陆逊、朱然先后被荐,说明孙吴荆州统帅由淮泗人转入江东人之手,已是不移的趋势,只是转变是骤是缓,还将视形势需要和孙权意向为定,欲缓则用朱然,欲骤则用陆逊。孙权初意似不在陆逊,故有向吕蒙的第二次询问。看来孙权对此问题有所犹豫,由于荆州军情态势发展迅速,

---

[1]《三国志·吴书·陆逊传》。
[2]《三国志·吴书·朱然传》。
[3]朱然墓于1984年于安徽马鞍山市郊发现,其地吴时属丹阳郡。出土文物甚多,其中有木刺十四枚,木谒三枚,所书姓名、籍贯、封爵、官职与《三国志·吴书·朱然传》合。参看《文物》1986年第3期有关发掘报告和文章。

他才作出最后的决断。

朱然被荐代在陆逊之后，但他得以假节镇守荆州首邑，位置自然在陆逊之上。孙权荆州用兵，例置左右部督，指挥不专一人，取其制衡之意。《三国志·吴书·孙皎传》皎，孙权从弟，为孙权所重，以将军、都护督夏口，"都护诸将于千里之外"，①任寄甚重。建安二十四年吕蒙袭公安，孙权欲令孙皎、吕蒙分别为左、右部大督，吕蒙拒绝受命，说孙权曰："'若至尊以征虏（按孙皎为征虏将军）能，宜用之；以蒙能，宜用蒙。昔周瑜、程普为左、右部督，共攻江陵，虽决事于瑜，普自恃久将，且俱是督，遂共不睦，几败国事，此目前之戒也。'权寤，谢蒙曰：'以卿为大督，命皎为后继。'"如吕蒙所陈，赤壁战后，孙权并用周瑜、程普为左、右部督袭江陵而事决于瑜；襄阳战前吕蒙袭南郡，孙权用孙皎、吕蒙为左、右部督而吕蒙为大。此后吕蒙、孙皎均死，朱然、陆逊二人均有显授而朱然居上。夷陵之战，刘备倾国来攻，按照孙权用兵遣将成规，以陆逊、朱然分督左、右部以应敌，是合乎情理的。② 但是孙权却"命逊为大都督，假节，督朱然、潘璋、宋谦、韩当、徐盛、鲜于丹、孙桓等五万人拒之"。这样，陆逊始得专上游之任，位在朱然等上，朱、陆在荆州战场的指挥地位颠倒过来，孙吴上游统帅之职的地域性调整正式确定，陆逊作为吴四姓代表人物终于破茧而出，执掌了孙吴上游兵权。这是孙吴当轴武职地域变化的重要标志。

孙权改用江东大姓为上游统帅，淮泗老将和贵戚并不心服。

①从其时孙权用将的情况看来，他似有以孙皎为荆州上游统帅之意。孙皎比朱然更为亲近。但是孙皎有以小忿侮大将甘宁的过失，似不协诸将之心，所以吕蒙拒绝与孙皎分任左、右部督。孙皎虽然原已都护诸将，终不得统帅之职。
②其时陆逊有右部督衔，见《陆逊传》，但《朱然传》未说朱然有左部督之授。

《陆逊传》"当御〔刘〕备时,诸将军或是孙策时旧将(按如韩当),或公室贵戚(按如孙桓),各自矜恃,不相听从"。陆逊制之以军令,又以书生受命为谦退之辞。他在答孙权之问中说:"此诸将或任腹心,或堪爪牙,或是功臣,皆国家所当与共克定大事者。臣虽驽懦,窃慕相如、寇恂相下之义,以济国事。"夷陵战中陆逊表现了优异的指挥才能,获得大捷,巩固了统帅地位,也巩固了这一地域性的替代过程。从此以后至吴亡,陆氏子孙专上流之任达五十余年之久。

孙吴政治上当轴人物的地域性替换,比军事统帅的地域性替换要曲折一些,时间延续较久,黄武中始得完成。

孙吴中枢政要人物,最早的莫过张昭。张昭有主迎曹操而怫孙权意之失,但他毕竟是顾命之臣,人望所在,南北知名。赤壁战后阮瑀《为曹公作书与孙权》,[①]犹有责孙权"内取子布,外击刘备"之语。张昭是谋谟之臣,并不直接主事;孙权大权在握,也不特仗张昭。黄武元年吴国初置丞相,其时陆逊已为荆州统帅,照理说孙权径用江东人为丞相以与武职统帅之江东地域性转化同步,是最合理的选择。但是朝议仍在张昭,这显然是出自淮泗人物的固执要求。孙权未用张昭而用孙邵,引出后世史家许多议论猜测。在我看来,除了孙权以方严惮张昭、以往事怃张昭等旧说以外,还应当估计一种情况,即用张昭则相权太重,孙权所不

---

① 见《文选》卷四二。此书未著年月。书谓"往年在谯,新造舟舠",事在建安十四年,知书作于十五年以后;而书谓"外击刘备"者,必备仍在荆州时事,知书作于刘备十六年入益州之前。又《三国志·魏书·王粲传》附《阮瑀传》注,谓瑀死于十七年。

能容,①更不利于完成中枢人物的江东化。孙邵北人,颇有声誉,老成持重,这些与张昭条件相当。他随刘繇过江,②仕于刘繇州府,孙策时无闻,孙权时始复出仕,非淮泗从龙勋贵和顾命重臣之比,无权重难制之虞,可以由孙权自由进退,所以孙权放心用他。孙权用孙邵为第一任丞相,还可以显示自己与刘扬州(繇)甚至与东汉法统的继承关系,有利于改善孙吴政权的形象。孙邵旋死,孙权再一次排除了请以张昭为相的朝议,相位移至顾雍之手,完成了当轴文臣江东地域化的转换过程。

张昭(156—236)、孙邵(163—225)、顾雍(168—243)三人生年相次,有数岁之差,他们交替当权,年龄结构是合适的。孙权择相,本来不是以万机相期待,而重在得心应手。按此要求,孙邵、顾雍都合适而张昭不合适。朝议两度请以张昭为相,反映了淮泗人物在朝的势力和强烈的愿望,与数年前公室及旧将反对陆逊为上游统帅事件性质一样。顾雍与孙权有旧而非孙氏近臣,拜相后"其所选用文武将吏各随能所任,心无适莫"。③ 这意味着他安排适度,并不以江东人排斥淮泗人,而且成为风尚。所以在孙吴当轴文武地域转换过程大局已定之后,孙吴将相人物出自淮泗者还是不少,而他们与江东人之间的畛域之见则越来越淡化了。考虑

---

①周寿昌《三国志注证遗》卷四"张昭不相"条,认为张昭之不得相位,关键在孙策遗言"若仲谋不任事者,君便自取之。正复不克捷,缓步西归,亦无所虑"数语,使张昭成为过于敏感的人物。见《二十五史三编》第四分册,岳麓书社,1994年。以孙氏兄弟与张昭关系贴近程度以及张昭个人心性观之,周寿昌说是有见识的。

②《三国志·吴书·吴主权传》黄武四年注引《吴录》载孙邵事迹,说孙邵"从刘繇于江东";《建康实录》卷一径谓孙邵"汉末随刘繇过江归国"。

③《吴书·顾雍传》。

到前举彭城张昭、沛郡薛综家族数世之后已落籍为丹阳人的事例,可以认为刘禹锡《乌衣巷》诗中"王谢堂前燕"句所反映的历史变迁,在吴晋之际已经一度出现过了。

以陆逊出任统帅、顾雍出任首辅为标志的孙吴政权江东化的第二阶段,就是如此。武文两途,一陆一顾,而且是相继出现,也真凑巧。接着就是第三阶段,即孙吴政权的全面江东化。

发生于黄武三年的暨艳案,是孙吴政权江东化进程中的插曲,是全面江东化的前奏。全面江东化急需用江东士人充实各级政权,这种从政人才正由各种渠道进入官府,其中重要渠道之一即是由各郡贡举,在郎署快速养成。人才的贡举和养成中出现混浊腐败现象是意料中事,可是一些受清议之风影响,执着于激浊扬清的士子,以先后居吏曹之任的张温、暨艳为代表,却坚持澄清检核郎署,兼及百僚,而且使用严厉的处置手段,引起强烈反抗,于是暨艳案就发生了。暨艳案出现在黄武年间而不是更早或更晚,并非偶然。孙权严惩暨艳,并及张温,正是为了维护江东大族特别是吴四姓的仕宦特权,满足孙吴政权对人才的需求,巩固孙吴政权江东化这一历史进程。

孙吴政权完成了江东地方化,彻底改变了淮泗入侵者的形象,政权大大巩固,但是孙吴的偏霸地位也从此确定了。用黄武、黄龙年号表示土德代汉,只是一种徒然的粉饰。吴王之封受之于魏,是不移的事实。孙权即帝位告天时自认"权生于东南",旋又接受与蜀汉交分天下之议,实际上自居东南之帝,所以不敢行郊祀之礼。一直到吴亡,孙吴始终未能改变法统相争中的劣势。

但是就江东大族特别是吴四姓而言,由于孙吴的江东地方化而获利甚多,黄武以后大为发展。张勃断言四姓盛于三国之间,陆凯向孙晧自诩家门人物之盛,左思赞美四姓威武富实,张华谓晋灭吴"利获二俊"陆机、陆云,葛洪则感慨江东仕宦之路全为大族操纵。这些都说明四姓门户势力凭借政权而获得突飞猛进。在吴四姓突飞猛进之中,像张温、暨艳那种敢于遮道作梗的人物,却是再也看不见了。

——原刊《中国文化》第 4 期,1991 年,香港

〔作者跋语〕 中国古代政权当其兴建之际或经历其他变革之时,往往从受益阶层中培植相当数量的人物,使之通过某种渠道进入仕途,充实统治机构,巩固这一变革。以此登进于朝的一代人物,必然是权势为先,鱼龙混杂。与此相应,选举制度弊端百出,社会、政治矛盾难于避免。主事者如果练达圆通,用渐进、温和手段,在较低的层次上作局部调整,治标而不奢求正本,或许可以小有作为,使矛盾不致激化,政权不致动摇。如果主事者不识时务,不容忍这种腐败,而欲坚持沙汰秽浊,惟平是务,就难免引发利害冲突,导致当权者的暴力干预,甚至酿成大狱,出现悲惨结局。孙吴选曹受东汉清议之风影响,执意澄检郎署而爆发暨艳一案,即属此类。

暨艳案发的黄武之时,孙吴统治机构刚从将军幕府升格为吴王朝廷,内外繁剧,不遑创制,政务实施大体比照东汉旧制,依稀近似而已。东汉选举制度,顺帝阳嘉时曾用左雄之议,有所改革,除限定应举者年龄以外,增加了"诸生试家法,文吏课笺奏"的考试内容,并有端门覆试规定。接着还用黄琼之议,增设四科。阳嘉改制如黄琼所说,目的在"澄洗清浊,覆实虚滥"。后来张温、暨艳检核郎署,其初衷本亦如此。阳嘉改制行之以渐,似曾起作用于一时而未引起对抗,但也不能期望有长期而显著的效果。到了东汉末年,选举制度圮败不堪,取人以权势第一,此外只论族姓虚

誉。孙吴黄武造国,选举方面因袭这种颓风败俗,权势及族望者易成声誉,脱颖登朝。于是孙氏公族及吴四姓子弟遂得以鱼贯而进,毫无障碍,以至于郎署淆杂猥滥,不可收拾。这可以说是发生暨艳案的制度上的背景。

张温、暨艳辈相继出掌选曹,效法东汉清议的遗风旧习,却缺乏练达圆通的从政才能。他们无从提出稳妥可行的节制办法以救弊于一时,只求逞心快意,用行政手段强对幸进者降贬拘执,以至招致孙吴最高执政的猛烈报复,而郎署混浊现象依然如故。赤乌二年孙权有依四科察举之诏,实际上是求恢复东汉阳嘉时黄琼所议四科,但是终吴之世迄无成效。

暨艳一案,如果只从政治上的腐败和反腐败的通常意义上立说,不过是历史上曾反复出现过的事端案例的重演,显得平淡无奇。但是把暨艳案放到孙吴政权演化进程中来审视,意义就深刻得多。暨艳澄检郎署,受影响受损害最大的不只是一群幸进的年轻人物,而是一个急于在社会政治中上升到统治地位的阶层。孙吴政权庇护这个阶层,是为了用他们来卫护自己的存在。孙吴急速地扶植了后来在江东历史上长久地起作用的吴四姓,培育了一批撑持孙吴统治的有用人才,成效虽然显著,但是却进一步腐化了自己的机体。孙吴的短祚,不能不与此有重大关系。这一点,可以说是暨艳案发人深省之处。

北府兵始末

一　梗　概

　　史家论东晋北府兵,多着眼于北府名称的起源、谢玄组北府兵而有淝水之战的胜利、刘裕起自北府终以复晋篡晋等数事,而重在谢玄以北府兵战胜苻秦。但是谢玄北府兵事迹史籍只草草几笔,淝水之战过程记载也颇简略。所以北府兵在中国古史中虽甚知名,而人们对其来龙去脉和具体状况却论之甚少,因而对淝水之战的胜利不免有得之偶然、取之甚易之感,对于晋宋间北府兵居然能够改变一个时代的政治格局,也觉茫然。

　　其实,名称始见于孝武帝太元初年的谢氏北府兵,并非谢玄一朝募集,立刻形成强大的战斗能力。谢氏北府兵的出现,有其颇为深远的历史基础和隐约可见的发展过程。约而言之,北府兵的梗概如下:

　　一,谢氏北府兵并非新军,而是由若干流民帅分领的久在江淮间活动的老军,其历史渊源可追溯到永嘉、建兴之际。这些流民军名义上附晋,一般用晋名号,但却是自力图存,对江左政权的关系时松时紧,若即若离,具有相当的独立性质。各支流民军大致按其所从来的籍贯区分,他们之间联系也较松散,彼此并无严格的统属关系。

二,以江淮流民充北府之兵,始于成帝咸和年间的郗鉴。郗鉴是南来的流民帅之一,王敦之乱时立功东晋,为晋诚臣。他曾驻广陵,后移京口,是最早的以京口为基地的北府镇将,也是江淮流民军的组织者和盟主。在郗鉴、郗氏后人以及历任北府镇将的维系掌握之下,一支实实在在的北府兵早已出现,而且历久犹存。

三,北府兵时有聚散。穆帝永和年间褚裒、殷浩等人自北府大规模北伐,后来历任北府镇将也陆续向北用兵,北府兵不断消耗,难于得到及时的补充。有时战争失利,北府兵瓦解溃散在江淮之间,与北府断绝联系,成为无所统属的流民武装。有时北伐再起,溃散的北府兵又进入北府行列,成为东晋官军。

四,以京口为基地的徐州北府兵与以历阳为基地的豫州西府兵,在战场上协同呼应。永和九年(353)殷浩北伐失败,谢尚受命为西府豫州刺史、都督军事,镇守历阳。此后朝廷赖建康附近的下游北府和上游西府支持;北府、西府两藩也结成密切的关系,出军应敌,总是进退协同。这种情况在谢尚、谢奕、谢万兄弟相继为西府镇将的十余年中一直如此;三十年后淝水之战的胜利,也是由北府谢玄、西府桓伊二藩兵力密切配合而取得的。

五,谢玄的北府兵是此前溃散的北府武力的重新集结,也是北府、西府武力的重新组合。谢玄募北府兵,主要是募将,特别是募散落而脱离建制的北府旧将。一般说来,将皆各自有兵;兵员不足,则以江淮流民补充。江淮之间,北府、西府各有其潜在势力,谢玄的北府兵,就是这两府在江淮间潜在势力的结合。谢玄本人居北府镇将之位,而谢氏家族势力却起自西府。谢玄北府兵的实际掌握者是刘牢之,而刘牢之之父刘建本是谢氏西府旧将。如前所述,淝水之战的兵力,亦兼有徐、兖谢氏的北府兵和豫州桓伊的西府兵,而此战的主战场也在西府豫州境内。只是北府地位和传统势力远胜西府,谢玄组军必得利用北府的这一优势,因此北府兵得以驰誉千载,而历史上并未留下西府兵的专称。

六,淝水战后北府兵出现分化。淝水之战的胜利改善了东晋的处境,也提高了谢氏及其北府兵的威名。其时一部分北府兵为朝廷的司马道子所用,停驻江表,戍守建康;大部则随谢玄北征,转战河淮,损耗颇大。谢玄内迁,死会稽内史之任,随征北府诸将失去了长期、稳定的统属关系,名义上转辖于继督北府的原桓氏荆州旧将朱序,实际上则处于无主状态。这部分北府兵重又散在北方,虽瓦解犹得保全。孝武帝末年,后兄王恭出镇京口,引北府将刘牢之为北府司马。大概在此前后,散在北方的北府将陆续率所部南还,驻屯京口附近。孝武帝死后,随着东晋统治者内部权力矛盾的激化,本来是对付外敌,驰骋疆场的北府诸将,纷纷在江左卷入内战,为人驱除,几经反复,终于在桓玄篡晋后被诛锄殆尽,残存的北府士卒,则落入诸桓之手。

七,刘裕再建北府兵和宋、齐间北府兵逐渐消失。劫余的北府旧将刘裕在京口、广陵重新聚集势力,以再建的北府兵逐灭桓玄。正是这支再建的北府兵,以其实力支持了义熙之政,使东晋的北府兵权逐步转化为刘宋皇权。刘裕所行义熙土断,规定徐、兖、青三州居晋陵者不在断例,以图维持北府兵的战斗力和士卒补充渠道。刘裕代晋前后,北府兵除充台军宿卫以外,还随诸将和刘宋诸王出藩而扩散到长江上游。但是刘宋时期政治格局起了变化,北府的地位和作用也随之变化,兵将的来源,日益移到西楚的襄阳。京口虽以桑梓帝宅而继续保有相当的地位,但兵源已经枯竭,宋文帝元嘉之末不得不移民充实京口。北府兵完成了它的历史作用,从史籍中逐渐消失。萧齐代宋,北府军镇被正式取消;萧梁之初,晋陵土断,北府兵赖以存在的社会条件也消失了。

史籍所见北府兵,其始末线索大抵都在这一梗概之中,毋庸一一铺叙。现在只就梗概所述北府兵出现和发展的历程,选择一些问题,试作考证分析。

二　两晋之际的北府

《世说新语·排调》"郗司空拜北府"条注引山谦之《南徐州记》曰:"旧徐州都督以东为称。晋氏南迁,徐州刺史王舒加北中郎将,北府之号,自此起也。"按山谦之所称的南徐州,即东晋侨立于京口的徐州。山氏关于北府称号由来之说,论北府者或加征引。其说大体符合历史实际,但亦有粗率及不准确之处。

山氏所谓"旧徐州都督"云云,明指西晋制度。西晋徐州治下邳,为都城洛阳东藩,故徐督所带中郎将或征、镇、安、平诸将军号,皆以东为称。其时以东为称者,还有兖、青、扬督,皆以与都城相对方位为准。山氏所谓"晋室南迁",因而改东为北云云,其更改的具体时间不是司马睿渡江的永嘉元年(307),而是司马睿称晋王的建武元年(317)。建武以前,洛阳虽然早已陷落,江左犹用长安愍帝建兴(313—316)年号,因而藩镇所带方位名号,一仍西京旧贯,并无改易。司马睿本人也只是由镇东改为"大都督陕东诸军事"。《晋书》卷六《明帝纪》:司马睿子司马绍(即以后的晋明帝)于"建兴初拜东中郎将,镇广陵"。广陵属扬州,虽为建康北门,于洛阳犹为东,司马绍所冠东中郎将的名号,显然还是以洛阳为基准。

建武元年，西晋正朔不存，广陵镇将始得不必以东为称，然犹未径改为北。据《晋书》卷六四《琅邪王裒传》，司马睿是年称晋王，以晋王子裒代晋王太子绍镇广陵，为使持节、都督青徐兖三州诸军事、车骑将军。据晋、宋官制：车骑二品，四征、四镇三品，四中郎将四品；征、镇及中郎将均须带东、西、南、北方位之称。司马裒非嫡长子，而得超越司马绍曾居东中郎将之位，以车骑而不以征、镇及中郎将出镇广陵，得避免称东称北，而且还带"使持节"的位号。这是晋室法统名分正经历由关洛转向江左的变化而又尚未完成的反映。就两晋统绪嬗变而言，这是一个重要的而又微妙的信息。就司马睿个人而言，这是藩王即将得势而又尚未登于至尊的敏感时刻。

司马睿先后以子绍、裒出镇广陵，是西晋宗王出镇制度的沿袭。《朱子语类》卷一三五："晋大封同姓，八王之乱以此，元帝中兴亦以此。"中兴的晋元帝出镇建康，也是西晋宗王出镇制度的产物。然后他又从建康以子嗣为藩卫，出镇要害，只是由于他本人未即帝位，其子嗣出镇者尚无宗王名号。但是时势毕竟不同，西晋宗王强大的局面，江左不复存在，绍、裒出镇均不得不以琅邪王氏的王舒为军府司马，实权与王舒共有。这种情况，又是八王之乱后期以来逐渐形成"王与马共天下"政治格局的一种表现。

司马裒出镇，当年即死，先后为绍、裒军府司马的王舒受命代替司马氏出镇广陵。《晋书》卷七六《王舒传》谓舒"除北中郎将、监青徐二州军事"，这就是山谦之所说的"北府之号自此起"。

山谦之记事粗率之处在于，此时的北府特指广陵，还不是《南徐州记》所指的京口。而且山氏谓王舒以徐州刺史本官加北中郎将，也不确切，因为王舒未尝为徐州刺史。此时居徐刺之任者为蔡豹,其人尚活动于江淮之间,治所未尝至广陵。王敦乱平后,郗鉴始领徐州刺史,以广陵为治。成帝咸和初年,徐州刺史郗鉴自广陵过江,移镇京口,以后,京口始得专北府之称。此时上距王舒以北中郎将监青徐二州军事驻广陵而为北府,已经有十二年之久了。以地理论,京口、广陵唇齿相依,本为一体,无京口后援则广陵不足以羁縻江淮,无广陵屏蔽则京口也难于经营成辇下重镇。不过京口、广陵毕竟有大江之阻,作为建康安危所系的内镇,只能是京口而不能是广陵。

广陵、京口间江面辽阔,达四十里,隔江如同隔海。所以魏晋时期,此处并不是南北交争的便捷津渡。曹魏黄初年间曾有两次广陵之役,但是据考魏文帝意在耀兵以图削平青徐割据势力,而不在渡江以图京口。入唐以后,此处江面变窄,只余十八里。但是下至南宋,陆游《入蜀记》有采石江面狭于瓜洲之说;清初顾祖禹《读史方舆纪要》引据陆游之说曰:"古来江南有事,从采石渡者十之九,从京口渡者十之一,盖以〔采石〕江面狭于〔京口〕瓜洲也。"这一问题,拙作《汉魏之际的青徐豪霸》一文中有所探讨,可以参看。

征之史实,两晋之际,广陵、京口确实不曾有过北方胡骑侵袭的危险,频繁的边警往往来自寿春、合肥、历阳一线。既然如此,司马睿用王子率重兵,又与琅邪王氏配合,不是严守合肥、历阳,而是严守广陵,因而广陵先京口而有北府之称,这究竟是出于何种需要呢?

在我看来,两晋之际广陵屯重兵,从主要方面说来其目的并不在于备胡,而在于第一,接应南下士族;第二,遏制流民帅拥众过江。这两方面都是司马睿为了立足江左而又提防觊觎的迫切需要。

永嘉乱起,流民络绎南行,士族家庭亦奔逐其间。他们既利近便,又图安全,觅津寻渡,所在皆有。但是就关东各州流民而言,只要可能,他们宁愿选择自泗、淮沿中渎水方向南下,经广陵渡京口的路线。这条路线一来可以尽早离开中原战场,摆脱胡骑追逐,比较安全;二来接近江左政权所在的建康,易于获得政治保障。所以自永嘉、建兴年间以迄东晋之初,广陵以北,江淮之间,就成为流民麇集之区。流民中的士族,往往经广陵、京口以达建康。

其实,司马睿南来也是循这条路线。《太平御览》卷一七〇引《建康图〔经〕》:"西晋乱,元帝自广陵渡江。"《宋书》卷三五《州郡志》:"晋乱,琅邪国人随元帝过江千余户(《晋书》卷六《元帝纪》作"近有千户"),太兴三年立怀德县"云云。随司马睿过江的琅邪国人,以路径便捷而言,自然也是经由泗、淮,于广陵过江,止于建业附近。元帝以国兵兴建业,这琅邪国兵,有许多当即随司马睿过江的琅邪国人的家庭成员,他们无疑也是经此道而来。又,《晋书》卷七七《诸葛恢传》,司马睿过江后,身边参赞机务的多琅邪国人士,如王氏兄弟、诸葛氏兄弟、颜含、刘超等等,"时人以帝善任一国之才"。一国,指琅邪国。这些士族人物来到建康,追随司马睿,也当以此道为顺。

过江士族,大体上都成为司马睿"百六掾"的人物,是司马睿奠定江左基业的支柱。他们一般是父母兄弟子侄偕行,没有部曲或部曲无多,历尽艰辛,始能抵达建康。《建康实录》卷五注引《南徐州记》曰:"费县西北八里有迎担湖。昔中宗南迁,衣冠席卷过江,客主相迎,负担于此湖侧,至今名迎担湖,世亦呼为迎担洲"云云。按费县即怀德县改名,在建康宫城西北三里。衣冠士族负担南来,邓攸即其一例,见《世说新语·德行》"邓攸始避难"条注引王隐《晋书》。穷蹙南迁的士族,自然须要依托司马睿以求保障。

但是还有不少南行而不得过江或不愿过江的人,则滞留江淮之间,他们多是统率宗族乡党,千百为群的流民帅。流民帅的门户背景并不相同,但他们多少都有战斗经验,起初都有抗胡复土的要求。他们原不受司马睿节制,未必竭诚效忠于司马睿。司马睿对他们颇多疑忌,唯恐他们率部曲过江后竞逐权力,成为江左政权的肘腋之患,危及东晋。他们自己也虑及一旦脱离部曲,入仕建康,就将失去凭借,摆布由人。所以他们一般宁愿停驻江淮,以观形势。这样,江淮之间,广陵左近,就有不少流民帅各据一隅,大股多虚拥晋室名号为将军、刺史、太守,小股则依附于大股以求自存。有的流民帅还与北方胡族政权保持直接或间接关系,处于南北两属状态。流民帅之间出现利害冲突的时候,有时不免要以兵戎相见。

由于这种情况,司马睿乃于广陵大力设防,制止流民帅拒命强渡,已渡者则尽可能促其北归。祖逖率部曲南来时,司马睿"逆用"之为徐州刺史于淮北泗口,就是为了阻止他继续南行。祖逖本人后来虽然应辟建康,部曲随过江者只能停驻京口,无法安顿,甚至不得不以盗窃攻剽为生。祖逖有抗胡志向,终于又率部回归淮北战场。尊经阁本《世说新语·考异》谈到江左"百六掾"时说:"或曰不得者以为耻,而志士不为。""志士"所指不详,我推测祖逖辞睿府谘议参军而复北,大概就是"志士不为"一例。志节不如祖逖的人,司马睿忌之更甚。苏峻率数千家泛海南来,已达广陵,犹受命北返,驻守淮北。蔡豹用兵淮上,战败南归,司马睿竟命北中郎将王舒于广陵收之。这些也都是有部曲相随的流民帅一般都不见容的例证。司马睿于广陵设守的用意,是显而易见的。

一般说来，过江入仕建康者多为士族，停留江外者多为门户较低的武人。但是有些人的姓族，不易准确辨别。如苏峻，《晋书》卷一〇〇本传说：峻，长广掖县人，"父模，安乐相。峻少为书生，有才学，仕郡主簿"，其家族至少应属下层士族；而《太平御览》卷三五一引其同时人梅陶在盆口与三公（按指陶侃、温峤、庾亮，事在苏峻乱起之时）书却说："长广人释锄犁执干戈，何知战法？"这说的却是寒庶。两说相较，梅陶之说当较可信，但亦不可确断。除了姓族高下以外，还有人物特点问题。同属陈留蔡氏，蔡豹"有气干"，南行终不得过广陵；而蔡谟南下时却得为驻广陵的东中郎将司马绍参军，转司马睿丞相府掾，遂立功于江左。同时，北人率宗族部曲以千百数而得以安居江左者，也并非完全不可能。东莞徐澄之与乡人臧琨率子弟并闾里士庶千余家南渡，定居京口，即是显例。北人得居京口者虽有相当数量，但是得居建康近处者则不多见。

至于零散流民过江至三吴诸郡者，所在多有。他们既受江左大姓奴役，又成为东晋朝廷兵役征发对象。东晋发流民之沦为江左僮客者为兵以配戴渊、刘隗，见《晋书》卷六《元帝纪》；也曾募流民为台兵、郡兵，见《晋书》卷七八《孔坦传》。流民盲目奔窜于江左者，大兴三年遇三吴大饥，又流还江北，数亦不少，见《晋书》卷二六《食货志》。继续浪荡三吴的流民，除为豪族并兼者外，"或客寓流离，名籍不立"。直到太元中，朝廷为了防备苻坚南侵而搜简名实，正其里伍，"其中时有山湖遁逸，往来都邑者"，执政谢安不敢纠检，见《世说新语·政事》"谢公时兵厮逋亡"条注引《续晋阳秋》。这种零散流民渡江以前，闻风奔走，所在觅渡，就不知有多少人是循广陵、京口路线而来了。

两晋之际，南来的流民帅众多，东晋设防的对策，其得失如何呢？东晋对策，自然是以江左司马氏政权的狭隘利益为依归的，但也不可一概而论。处流民帅于长江以北，可以维持其抗胡复土的信念，使之成为一支积极力量，可以说用得其所。如果听任他们率部流徙过江，一时又无妥善安顿的长策，他们在江左可能变成不安定的因素，影响东晋政权的稳定，这在民族矛盾激化的时候是不利的。苏峻等流民帅被召自淮域来到江左，虽然取得了削平王敦之乱的成果，但是苏峻得以驰骋江左，立功受爵，据历阳内史之位，卒以坐大。没有几年，苏峻联络统率祖逖流民之众驻于寿春的豫州刺史祖约，终于掀起了更大的叛乱。这是一个极大的教训。八百年以后的两宋之际，曾出现与两晋之际类似的情况，给人们留下了一些可资比较的材料。那时北方的败将溃兵裹胁流民蜂拥过江，形成一股一股的争财抢位的巨盗，使南方社会不得安宁。庄绰《鸡肋编》卷中："建炎后俚语，有见当时之事者。如'仕途捷径无过贼，上将奇谋只是招。'又云：'欲得官，杀人放火受招安……。'"取后事与前事相比较，司马睿设北府于广陵以处置流民帅的对策，也可以说不尽是出于一姓的私利，在当时形势下毕竟是有其必要性的。

流民散处江淮，有强臣就流民所在统之而用于北伐，如两晋之际祖逖之在徐、豫，两宋之际宗泽之在汴京，这样最有可能发挥流民的作用，但也最易遭南方偏安政权之忌。祖逖受制于王、马，宗泽受制于汪、黄，都怏怏不得志而死。晋、宋南渡后权力结构中的利害冲突，使这种局面难于避免。《朱子语类》卷一三六"唐太宗以晋阳宫人侍高祖"条言及此事，颇为深刻，可以参看。东晋郗鉴是个特例。他有流民帅而兼为士族的特殊身份，有引流民帅安反侧而拯救东晋朝廷的特殊功勋，有安抚流民为兵以为东晋所用的特殊环境，有居辇下而善与中枢相处的特殊关系，所以得为朝廷执政信任而形成以他为首的东晋北府和北府兵。

北府作用的变化,开始于郗鉴率流民军入驻京口的成帝咸和初年。苏峻之乱,兵锋及于京口、晋陵以及三吴腹地,东晋骤然出现土崩之虞。其时郗鉴以都督徐兖青三州军事、徐兖二州刺史镇北府广陵。他遣使间道说江州刺史温峤曰:

> 今贼谋欲挟天子东入会稽。宜先立营垒,屯据要害,既防其越逸,又断贼粮运。然后静镇京口,清壁以待贼。贼攻城不拔,野无所掠,东道既断,粮运自绝,不过百日,必自溃矣。(《晋书》卷六七《郗鉴传》)

温峤和后来成为讨伐祖约、苏峻诸军盟主的陶侃,采纳郗鉴建议,作为江北流民帅之一的郗鉴得以率众过江。但是出于疑虑,他们只是命郗鉴会师于建康附近,控制而使用之,而未按照郗鉴原来的建议,部署其众于京口以节制两浙军事。分别在浙西、浙东的虞潭、王舒军,与苏峻部众连战失利,不能控制局势,因而又有陶侃长史孔坦之议:

> 本不应须召郗公,遂使东门无限。今宜遣还,虽晚,犹胜不也。(《晋书》卷七八《孔坦传》)

陶侃初尚犹豫,经孔坦固争,始令郗鉴与郭默等还据京口,并于京口东南立大业、曲阿、庱亭诸垒以拒苏峻军,东方战场局势才得以稳定下来。从此郗鉴长驻京口达十一年之久,在他的经营下,京口逐渐成为东晋战略重镇,系建康朝廷安危,北府之名也就由江北的广陵移于江南的京口了。

三 郗鉴与北府

郗鉴由广陵移镇京口,上距五马渡江,已经过二十有一年。其时由永嘉之乱驱动的流民沿中渎水南徙高潮,已逐渐转缓,用重兵扼守广陵以保障建康安全的必要性也减低了。前此,朝廷之患在北,建康以合肥、淮阴为其战略外围支撑;王敦之乱和苏峻之乱以后,上游诸方镇持续地以其强大的军事力量威胁建康,朝廷之患移于上游,合肥、淮阴外镇悬远,缓不济急。建康另需其他更为近便而又强大的战略支撑点,京口正好符合需要。北府移驻京口后,与京师建康密迩,又无大江之阻,缓急易于策应。京口与仍然具有军事重要性的广陵隔岸呼应,足以观察江北动静并节制江淮军事行动。所以京口地位的重要性,此时已逐渐为江左执政认识到了。但是京口地区是否有条件维持一支强大的军队以巩固北府强藩的地位,就成为问题的关键所在。

京口迤南的晋陵地区,丘陵榛莽,人口绝少,土地开发水平甚低。孙吴时此地原为毗陵屯田区,入晋始立郡县。《元和郡县图志》卷二五、《太平广记》卷一九三引《搜神记》、《太平御览》卷三五三引《异苑》以及《南史》卷五二《始兴王憺传》附《萧晔传》,这些资料都说明东晋时期此处仍然地广人稀,虎群出没,而且缺少陂渠水利,土地非常贫瘠。两晋之际陈敏率运兵于广陵过江南来,曾于此处开辟练湖,用以调节运河水量以利漕粮运输,也兼供灌溉之用。东晋张闿开新丰湖,也有灌溉之利。但是晋陵的荒凉面貌,改变并不很大。《太平御览》卷一七〇引《舆地志》,谓"丹徒(京口)界内土坚紧如蜡。谚云:'生东吴,死丹徒',言吴多产出,可以摄生自奉养,丹徒地可以葬"云云。京口、晋陵地区自然条件虽然不好,但多空荒无主之地,可以容纳相当数量的流民,从而又可以从流民中简拔士卒以为北府之用。郗鉴率部过江后能够长期在京口立足,而且始终拥有实力,背景就是如此。

郗鉴改变了司马睿以来的流民对策,从消极防范转为积极招抚。他于徙镇京口之次年,即有徙淮南流民以实晋陵之举。《宋书》卷三五《州郡志》南徐州条曰:

> 晋永嘉大乱,幽、冀、青、并、兖州及徐州之淮北流民相率过淮,亦有过江在晋陵郡界者,晋成帝咸和四年(329)司空郗鉴又徙流民之在淮南者于晋陵诸县。

淮南流民被招徙过江,终于植根晋陵,不再流动,这主要是郗鉴给流民分配田宅,使他们生计有托之故。《晋书》卷六七《郗鉴传》载咸康五年(339)郗鉴临终前上疏逊位,有言曰:

> 臣所统错杂,率多北人,或逼迁徙,或是新附,百姓怀土,皆有归本之心。臣宣国恩,示以好恶,处与田宅,渐得少安。闻臣疾笃,众情骇动……。

郗鉴与江北流民帅的关系,史籍无直接记载。郗鉴于过江参与平定苏峻之乱的前夕,曾于广陵设坛场,刑白马,大誓三军,这就是自比齐桓、袁绍,号召同盟共赴国难。在这里,郗鉴在江淮间流民帅中的盟主地位,是很明显的;而诸流民帅原与东晋朝廷的疏远关系,也隐约可见。郗鉴其所以在流民帅中享有威信,与其说由于他是朝廷命官,居北府都督之重,无宁说他本人也是流民帅,因而便于董督流民之故。

郗鉴本人原是来自兖州的流民帅,而他又具士族的身份,由他充任流民帅的盟主,是有资格的。郗鉴效忠东晋朝廷,由他出任北府镇将,招抚流民,联络流民帅,建立一支强大的军队,也是非常适宜。他的军队虽然不曾获得北府兵这一专门称号,实际上却已是具有特殊地位的北府兵。这支军队以兖、青、徐州流民以及晋陵本地人为多,但如前引咸和四年淮南移民籍贯所示,幽、冀、并三州人当也不少。这对于了解日后谢玄所募北府兵将之事,是一个重要的线索。

郗鉴受命以北府之兵"静镇京口"以后,建康战略形势改观。第一,通过京口,加强了对三吴的控制力。在此以前,江左出现变乱,牵动三吴士族,三吴动辄不宁,建康鞭长莫及。在此以后,三吴长期平静,粮道基本畅通。三吴有事,京口重兵足以威慑。晋末东南八郡农民暴动,镇压力量也主要是来自京口。第二,加强了建康的应变能力。咸和年间,石勒所部屡次由青、徐泛海南侵,入长江口,寇掠郡县,威胁粮道安全。排除这一威胁的,正是郗鉴北府之兵。第三,支持建康执政抗御上游,这是此一时期京口北府所发挥的最大的战略作用。苏峻乱后,陶侃、庾亮分据建康上游的荆、豫各州;陶侃死后,庾亮自豫兼并荆、江,独霸上游。他们先后都与建康中枢执政王导有某种程度的对立。咸和五年,陶侃拟自荆、江起兵,下建康以废黜王导;咸康五年,庾亮也有顺流以废王导之谋。这些都是对江左政局关系重大,足以导致内战的非常举动。由于拥强兵坐镇京口的郗鉴采取持重的态度,陶、庾都未敢贸然兴兵,东晋政局转危为安。郗鉴终北府之任,自己从未举兵干预中枢,却以北府力量维持了建康政局的稳定。司马睿渡江、建国以迄明、成之时江左内战频仍的局面,确实是改变了。此后北府在郗氏后人的影响或主持之下，继续起着这种重要的作用，使东晋内部的和平环境得以延续数十年之久。

北府虽不以武力直接干预中枢，但在外警出现和禁卫匮乏之时，却能及时支援，向朝廷输送军队，以解急需。咸康元年石虎游军出现在历阳，朝廷闻警，立即向历阳、芜湖地区进行大规模的军事调遣。其时刺豫州镇芜湖的庾亮本人，趁上游陶侃之死，已离豫州上据江、荆，执政王导急需军队夺取庾亮留下的豫州，以解建康的扼喉之困。所以上述的军事调遣，实际上既是备石虎，又是抗庾亮；而且备石虎只是一时之需，抗庾亮却是长久之计。正在这时，据《晋书》卷七《成帝纪》："司空郗鉴使广陵相陈光帅众卫京师。"陈光为广陵相，自然是北府重要将领，他率众至京师后并未遇到战争，以后也未闻回归北府建制。过了四年，郗鉴死，蔡谟代北府之任。《晋书》卷七七《蔡谟传》曰："时左卫将军陈光上疏请伐胡，诏令攻寿阳。"蔡谟反对此举，上疏曰："今征军五千，皆王都精锐之众。又光为左卫，远近闻之，名为殿中之军"云云。按左卫为东晋宿卫六军之一。左卫将军陈光当即数年前北府郗鉴所遣入援建康的广陵相陈光，此时所部已成为远近闻名的王都精锐之师。北府在军事上为建康所赖，于此可见一斑。

四　北府与西府的协同呼应

郗鉴之死至桓温自领徐、兖刺史，即自咸康五年至太和四年（339—369），历任北府督将除少数以重臣、外戚出镇者外，一般都有下述特点：一，居任以前已有为北府参佐的经历，比较熟悉北府情况及其与中枢的关系；二，郗鉴后人或为镇将，或居参佐，郗氏家族在北府始终保有强大的影响,没有间断。这种特点,是其他任何藩镇所没有的。北府镇将的连贯性保证了北府本身的稳定,虽有人妄图插手,却无成功,没有引起太尖锐的斗争。

郗鉴的继任者蔡谟(成帝咸康五年至八年,即339—342年在职),有甫过江即助司马绍守广陵的经历。郗鉴疾笃时,蔡谟已就郗鉴军司,后来他继北府镇将之任亦出郗鉴之荐。后任何充(成帝咸康八年至康帝建元元年,即342—343年在职)原与北府无旧,以参录之重避诸庾暂时出督北府,但长史则用郗鉴子郗愔。后任桓温(康帝建元元年至穆帝永和元年,即343—345年在职)挟外戚之重,以琅邪内史迁督北府,资浅势微,时间不久,影响未尝深入京口、晋陵。后任褚裒(穆帝永和元年至五年,即345—349年在职)虽居外戚之重,但曾为郗鉴车骑参军驻广陵,出督北府后又以郗愔为长史。后任荀羡(穆帝永和五年至升平二年,即349—358年在职)曾为褚裒征北长史,居职后又以郗愔弟昙为军司。升平二年至五年(358—361),郗昙为北府督将。再后二任是范汪(升平五年在职)、庾希(哀帝隆和元年至废帝太和二年,即362—367年在职),都被大权在握、咄咄逼人的桓温罢废,其中范汪亦曾为郗鉴司空掾。庾希之后是郗愔(太和二年至四年,即367—369年在职),他曾先后充任北府督将何充和褚裒的长史。

还须指明的是,自从郗鉴以来直到安帝隆安二年(398),居北府之任者都是侨姓门阀士族,无一例外,足见京口北府对于建康朝廷的重要性。这也是北府的一个特点。

北府例以本镇参佐升为督将,北府保存郗氏家族的强烈影响,以及北府督将职任门阀士族以外的人物不能染指,这些特点有利于维持北府重镇的稳定性,有利于发挥其举足轻重的政治作用和军事作用。

北府兵力,并无定制,当以居其任者实际地位的不同和形势的变化而有所区别。郗鉴先后以车骑将军、司空、太尉领徐刺为都督,位望隆重,所统当不只徐州的府兵和州兵。他身为流民帅的盟主,居京口节制江淮,当有独到作用。蔡谟继为镇将,地位和威望自然不如郗鉴。《晋书》卷七七《蔡谟传》谓谟"所统七千余人,所戍东至土山(北固山),西至江乘,镇守八所,城垒凡十一处,烽火楼望三十余处"。这是指蔡谟直接控制指挥的徐州兵和沿江防区而言。蔡谟都督范围是徐、兖、青三州以及扬州之晋陵、豫州之沛郡,所守当然不止是北固至江乘,所统亦当不止七千人,但其直接统属,大概不出上述的范围和兵力。至于羁縻江淮,蔡谟大概是无能为力的。北府指挥地点在京口,亦称京城。该城系咸和六年北来海寇猖獗时郗鉴就孙吴京口督所治京城扩大而成,其遗址近年已被发现,情况见《考古》1986 年第 5 期所载有关诸文。

一般说来,江淮无事时,北府无须北顾,任务在于江防警备和拱卫京师。《蔡谟传》所列部署,大体适应这种要求。永和以后,东晋乘后赵石虎之死、北方混乱之机,连年北伐,北府兵的活动也就大异于往时。荀羡居北伐之任,由京口移镇淮阴;郗昙居任,又移下邳。都督军事的范围也有变化,除徐、兖、青以及扬州晋陵外,郗昙、范汪加冀、幽,郗愔加幽,桓温最盛时,则不但并吞北府、西府,还都督中外。

这里所说的西府,指扼建康上游咽喉的豫州。《廿二史考异》卷二二:"考南渡以后,豫州或治历阳,或治寿春,或治姑孰,而都督例以西为号。"豫州侨置于长江岸边近于建康之处,始于庾亮,其时治所在芜湖,与姑孰贴近。祖约、苏峻为乱,即发自豫州。《宋书》卷三五《州郡志》扬州淮南太守条谓"苏峻、祖约为乱于江淮,胡寇又大至,民南渡江者转多"云云。其时祖约为豫刺治于寿春,后赵石聪攻祖约,引起流民南徙,为尔后庾亮出都刺豫镇芜湖时组织西府军队,提供了人力条件。当永和以后北府兵北伐,移镇淮阴、下邳等地时,豫州西府也自长江南北的芜湖、历阳向北方移镇马头、寿春、汝南等地,参与北伐,其都督军事范围除豫州外,督将谢尚加冀、并、幽,谢奕、谢万、袁真加冀、并。

值得注意的是,处在北伐态势下的北府和西府,都曾或加督冀、并、幽,或加督冀、并,或加督冀、幽诸州军事,而且有时其中的一州或二州,又同时受督于北、西二府。这恐怕不止是北伐复土愿望的反映而已。如前节所述,咸和四年郗鉴徙淮南流民过江,过江流民籍贯即分属青、兖、徐以及冀、幽、并诸州;其时或稍后除侨置有徐、兖二州或治江北,或治江南以外,还于江北侨置幽、冀、青、并四州,均见于《宋书》卷三五《州郡志》南徐州条。这可证明江淮间除多徐、兖、青流民外,还有许多流民籍隶幽、冀、并州,其群体之中各自有帅。所以当北府、西府之军进驻淮域之时,朝廷乃扩大其都督军事范围于幽、冀、并州,以便北府、西府督将节制各自驻区内幽、冀、并州的流民帅,用其力量于北伐战争。我们知道,《晋书》卷八四《刘牢之传》谢玄募江淮劲勇为将时,入选诸人籍贯,即彭城、东海、琅邪、乐安、东平、西河、晋陵诸郡国,无一不在上述六州及京口所在地扬州之晋陵郡,这种情况肯定不是偶然的。

豫州成为一个可靠的为朝廷所用的重要军府,始自永和二年(346)朝廷以陈郡谢氏谢尚为西中郎将,督扬州之六郡诸军事、豫州刺史,镇历阳之时。谢尚原领江州刺史时所督豫州四郡,当仍如旧,为尚所督。谢氏兄弟在豫州经营十余年之久,使豫、扬、徐联为一体,豫州西府与徐州北府成为卫护首都建康的有力的双臂。豫州西府之立,一方面减缓了相继占据上游荆、江等州的庾氏和桓氏对朝廷的军事压力，一方面在北伐活动中与徐州北府协同呼应，在军事上同步进退，增加了东晋的应敌力量。而且，西府军事力量的存在，西府与北府之间形成的持久的历史关系，对以后谢玄组建北府兵，也起着极重要的作用。

回顾历史，西府与北府协同北伐，事迹是相当多的。永和五年褚裒北伐，据《晋书》卷九三《褚裒传》："除征讨大都督、青扬徐兖豫五州诸军事"，北府和西府的兵力都在他的指挥之下。褚裒败死后，永和八年殷浩北伐，据《晋书》卷七七《殷浩传》，也是"假节、都督扬豫徐兖青五州军事"，兼督北、西二府。殷浩大军以西府豫州的安西将军谢尚、北府徐州的北中郎将荀羡为督统，谢尚屯寿春，荀羡屯淮阴，东西呼应。殷浩兵败被废后，升平二年（358）三月，据《晋书》卷八《穆帝纪》："诏安西将军谢奕、北中郎将荀羡北伐"，也是北府、西府协同动作。此年谢奕、荀羡相继死。次年十月，《纪》又载："遣西中郎将谢万次下蔡，北中郎将郗昙次高平"，以击前燕慕容俊军。这仍然是两府协同作战的部署。

北府和西府，就兵力言并不平衡，北府强于西府，所以协同作战，始终是以北府为主，西府为辅。西府地境虽然也有不少流民，但就江左一侧而言，缺乏如北府拥有晋陵那样安全而又有空荒可供开发之地足以容纳流民家庭的自然条件。西府谢氏兄弟居任颇久，心向朝廷，但谢氏在西府毕竟没有形成如郗氏在北府那样强大的家族影响和军事实力。所以西府的力量，始终没有发展到足以与北府相匹敌的程度。

永和北伐，北府和西府的兵力损耗都很大。褚裒代陂之败，死伤大半，裒归京口，但闻死者之家哭泣之声。殷浩连年北伐，屡战屡败，粮械都尽。谢氏经营西府十余年，练就了一批军力，谢万率之临阵，军还溃散，谢万狼狈单归，谢氏豫州基业完全丧失。

北府、西府的北征事实上不可能再进行了,坐大于上游的桓温轻而易举地抢走了北伐的旗帜,当专征之任。桓温北伐,也都传檄下游的北府、西府,同时进军。升平五年(361)之役,据《晋书》卷九八《桓温传》"以谯梁水道既通,请徐(按北府徐刺范汪)、豫(按西府豫刺当是袁真)兵乘淮泗入河"云云。太和四年(369)桓温伐燕,又请北府郗愔、西府袁真同时出兵。结果郗愔在其子郗超怂恿之下,度量形势,辞北府之任;袁真则受逼叛变,被桓温剿平。桓温以上游之重,又囊括了下游的北府和西府,才进入了权力的顶峰。但此时北府、西府在长年战耗之余,又经桓温搅乱,将卒死伤者有之,溃散者有之,实力所剩无多。此后若干年中,北府、西府的军事活动,都寂尔无闻。

孝武帝嗣位后,桓、谢家族势力几经调整,东晋恢复了上下游相对平衡的传统格局。其时执政谢安深虑无军事实力以为后盾,而前秦入侵又迫在眉睫。在这种背景下,谢玄凭借北府、西府长期形成的历史关系,才得以在旦夕之间组建了千古闻名的北府兵。

五 谢玄的北府兵

孝武帝太元二年(377),谢安都督扬豫徐兖青五州诸军事,总摄下游。原来继统桓温之众、都督扬江豫三州诸军事、扬豫二州刺史的桓冲,由于种种原因,一退而至徐州京口,再退而至豫州姑孰,又于此年回驻荆州江陵,就荆州刺史、都督江荆梁益等七州诸军事之位。上下游门阀士族势力平衡局面被桓温破坏后,至此又得恢复。桓氏家族以桓冲为代表,退出中枢权力角逐,但仍握重兵居上游；谢氏家族以谢安为代表，虽督五州居执政位，却无军事实力以制衡桓氏并应付前秦威胁。所以谢安于桓氏宿将朱序此年离兖州刺史任后，利用桓冲西归荆州的机会，不失时机地以侄谢玄出就兖州刺史、领广陵相、监江北诸军事。谢玄莅职后，立即筹建北府兵以应家国急需。太元四年谢玄加领徐州刺史，广陵、京口复为一体，这对于北府兵的组建，非常有利。

在组建北府兵的过程中，桓伊是一个值得注意的人物。桓伊与桓冲同属谯国桓氏，但桓伊出于谯国铚县而非谯国龙亢，与桓冲有别。据《晋书》卷六四《武陵王遵传》，桓伊与桓温兄弟本是"疏宗"，《世说人名谱·龙亢桓氏谱》则列桓伊为桓冲的"别族"。总之，他们之间有一定的宗亲关系，却非嫡亲。桓伊曾参大司马桓温军事，迁淮南、历阳太守。其人既为名士又有武干，有拒捍疆场之能。谢玄刺兖州时，曾与桓伊共破前秦别将之军，桓伊以功进都督豫州诸军事、西中郎将、豫州刺史，正式成为西府督将。吴廷燮《东晋方镇年表》据《续晋阳秋》，定桓伊刺豫州在太元三年六月，时当谢玄为兖州刺史募北府兵的后一年，在谢玄以君川之捷加领徐州刺史正式成为北府督将的前一年，大致是可信的。

正当谢氏在下游加强实力的时候，桓伊就任豫州镇将，使我们窥测到某种政治的原因。东晋荆扬对峙，例有某种势力或在江州，或在豫州，居间缓冲，荆扬的平衡始能维持，政局始能稳定。太元初年荆扬对峙，桓强谢弱。其时荆、江一体，居间缓冲的势力不能在江州，只能在豫州。桓伊势力揳入豫州，正起着这种作用。桓伊于桓冲既非血亲，于谢氏也无它关系，在桓强谢弱的总体条件下，这样的人，桓谢双方都可以放心，都可以接受。桓伊出刺豫州，我们可以视为东晋在前秦压力下桓、谢势力为了应敌而作的又一次调整。荆、江与豫的联系，可以使桓冲消除对江淮谢氏势力的某种疑虑;徐、扬与豫的联系,可以使北府指望在战场上继续得到西府的呼应和协同。这对于共抗前秦无疑是有利的。桓冲势力和谢安势力,长江上游和长江下游,其接合部位就在豫州。豫州的桓伊忽然间成为局势中的关键人物,这是一个值得注意的因素。

太元初年以来,南北战争存在荆襄和江淮两个战场。战争初起阶段,主战场在荆襄;决战阶段,主战场在淮淝。两个战场,两个阶段,都可以看到桓谢关系中相互制约又相互支援的作用。就此而论,我们可以说谢玄组建北府兵既是南北关系的产物,又是南方桓谢关系的产物。桓谢彼此之见并未完全消除,所以谢玄只能在北府范围内筹募军队而未曾涉足西府;桓谢此时又以协和为主,所以谢玄北府兵中有西府成分而西府并不掣肘。这也是关于谢玄募北府兵一事不可忽视的背景,这一背景分析,有助于理解史籍所见的北府兵资料。

现在我们回到谢玄募北府兵的本题。

> 太元初,谢玄北镇广陵。时苻坚方盛。玄多募劲勇,牢之与东海何谦、琅邪诸葛侃、乐安高衡、东平刘轨、西河田洛及晋陵孙无终等以骁猛应选。玄以牢之为参军,领精锐为前锋,百战百胜,号为北府兵。(《晋书》卷八四《刘牢之传》)
>
> 玄募骁勇之士,得彭城刘牢之等数人,以牢之为参军,常领精锐为前锋,战无不捷,时号北府兵。(《通鉴·晋纪》太元二年)

史籍所载谢玄组建北府兵的主要资料,据知只有这简单两条。以此分析,可以得到如下一些见解。

北府"募劲勇","募骁勇之士"，与历朝将帅募集军队不同，主要是募将而不是募兵。所以《刘牢之传》只列应募为将者数人的姓名，《通鉴》径谓募得"刘牢之等数人"而已。这当然不是说谢玄组建的北府兵不需士卒，只是说北府管内自有众多的流民，构成丰富的兵源，一般说来，有将就能有兵。如前所述，当郗鉴在京口着手充实北府兵力的时候，曾有过徙流民之在淮南者于晋陵郡界之事；谢玄在江淮间组建北府兵的前一年，即太元元年（376），恰也曾有"移淮北流人于淮南"之诏，见《晋书》卷九《孝武帝纪》。诏徙的淮北流民，当即谢玄补充北府诸将的主要兵源。《晋书》卷七九《谢玄传》："时（按当太元三年）苻坚遣军围襄阳，车骑将军桓冲御之。诏玄发三州人丁，遣彭城内史何谦（按即谢玄所募得的东海何谦）游军淮泗，以为形援。"所谓"三州"，以其时江淮间形势度之，当指侨立的徐、兖、青三州，北府镇将例带此三州都督；而"三州人丁"，当非指有实土实民的郡县正式编户，而是指由淮北徙淮南后系于上述三州的流民，其籍贯即属此三侨州。《宋书》卷三一《五行志》（二）：太元四年"氐贼围南中郎将朱序于襄阳，又围扬威将军戴逯于彭城。桓嗣以江州之众次都援序，北府发三州民配何谦救逯"。这也证实新募的北府将何谦得到三州民丁的补充。

北府补兵还有更残暴的办法。《晋书》卷八一《毛璩传》，璩为镇北将军谯王司马恬军府司马，时"海陵县界地名青蒲，四面湖泽，皆是菰葑，逃亡所聚，威令不能及。璩建议率千人讨之。时大旱，璩因放火，菰葑尽然（燃），亡户窘迫，悉出诣璩自首，近有万户，皆以补兵"云云。据《晋书》卷三七《谯王恬传》及《通鉴》太元十三、十五年条，恬职为都督兖、青、冀、幽、并、扬州之晋陵、徐州之南北郡军事，领镇北将军，兖、青二州刺史，镇京口。据谯王恬所居职及所镇地言,他实际上就是北府镇将。他之所以未带徐州刺史,如下节所详述,是由于其时司马道子以宰相遥领徐州之故。毛璩为司马恬司马,也就是北府将的一员,所以逃亡民户所补者亦即为北府兵。此事虽在谢玄组建北府兵十年之后,亦可借以理解流民并非都乐于补北府为兵,因而才有毛璩这种残暴之举。

谢玄所募诸将籍贯,以西晋时北方政区为准,刘牢之、何谦、诸葛侃为徐州人,高衡为青州人,刘轨为兖州人,田洛为并州人,孙无终为京口所在地扬州之晋陵人。以常例言,这些地方都在北府都督范围以内,也与郗鉴当年所徙江淮流民籍贯一致。所以谢玄在江淮间所募诸将,与江淮间徐、兖、青、冀、幽、并诸州流民,特别是与该将同籍的流民,应当原来就有联系或者易于建立联系,他们也可能就是流民首领,即流民帅。

不但如此。谢玄所募北府诸将,有些人原来就是北府旧将,久战江淮。例如东海何谦,十余年前为北府镇将庾希部属。《晋书》卷八《哀帝纪》隆和元年(362)七月,"庾希部将何谦及慕容暐将刘则战于檀丘,破之"。庾希被桓温罢废后,何谦大概即留在江淮间,无所归属,十余年后遂从谢玄,这只是谢玄所募将领中有案可查的一人而已。从谢玄征伐的北府将戴遂(遁),谯国人,晋隐士戴逵之弟。戴遂原为北府镇将荀羡参军。《晋书》卷七五《荀羡传》,荀羡攻慕容俊,还,留"参军戴遂、萧镇二千人守泰山"。戴遂自受荀羡之命守泰山,至从谢玄征伐,其间二十年以上,事迹不见于史籍。估计荀羡死后戴遂即脱离北府,拥众于江淮间,独立活动。至谢玄召募,始得归还北府建制。《谢玄传》附戴遂,谓遂以武功显,封侯,位至大司农,当为随谢玄立功以后之事。又,荀羡死年,即升平三年(359),西府豫州督将谢万兵溃于涡、颍,谢万狼狈单归。西府溃散之众,自然也是分布淮域,无所统属,与北府何谦、戴逯的情况,应当类似。

　　既然应谢玄之募者多是散在江淮的老将,其中有些又可确认是永和以后东晋北伐时北府的旧部,我们就可以据此推测,他们不只是凭个人骁猛应募,而是各有所统武力。北府将卒因主帅变易或因溃败而散在江淮者,往往还是将卒相随,共求生存。这就是说,他们由东晋官兵变成了流民和流民帅;谢玄召募,他们又由流民和流民帅重新成为东晋北府官兵。他们或者还须作一些兵员补充,才能投入战斗,而补充兵员也是来自流民。从数十年的历史过程看来,这些北府将卒和流民、流民帅,其基本成员本来是一回事,只是名义上时有变化而已。由于有此历史背景,谢玄北府兵才会那样容易组成,组成后不须整编训练,只须授予名号,就成为闻名的北府兵。这种情况西府也是一样,只是由于西府地位不具备北府那样的稳定性,士卒也没有北府那样充足的来源,所以历史上并没有留下西府兵的专称。

　　不过,北府、西府既然地境相邻,经常协同作战,有时还同归一个统帅指挥,而将卒籍贯又大体相同,所以两府部将彼此改属,也是自然的事。刘牢之就是显例。《晋书》卷八四《刘牢之传》:牢之“父建,有武干,为征虏将军,世以壮勇称”。同书卷七九《谢万传》,西府督将谢万北伐,“先遣征虏将军刘建修治马头城池”。两处刘建官位一致,时间也符合,无疑即是一人。所以刘牢之本为西府豫州将家之后。刘建一家在谢万北伐溃败以后不见于史籍二十余年,到了太元之初,刘牢之却在江北应谢玄之募,由西府转隶北府。在这方面,谢玄与刘牢之有相同之处。谢氏家族势力的基础本在豫州西府,谢玄在西府的号召力应当大于北府;谢玄所募诸将中,出身于西府将家的刘牢之也具有特殊地位,在战场上的表现最为突出。尽管如此,谢玄所统之兵,是北府兵,而不是西府兵,因为谢玄居官北府。

从实际说来,谢玄北府兵是北府、西府的联合力量。北府将卒可能来自溃散为流民、流民帅的两府旧部,以北府为多,但指挥力量却多出自西府或与西府有关的家族人物。北府兵组成后,谢玄指挥征战多时。淝水之战,谢石以征讨大都督为统帅,谢玄以徐兖二州刺史为前锋都督,都居于指挥之任,只是层次不同。西府的西中郎将、豫州刺史桓伊任居方面,协同作战,与谢玄、谢琰军并肩强渡淝水。前秦、东晋决战,战场包括寿春、洛涧、淝水,都在西府豫州境界之内,这对于刘牢之突袭作用的发挥,对于谢氏的战场指挥,无疑都有便利之处。

苻坚南侵求战,其预想的战场即在西府豫州的寿春地区,其战场对手自然是谢玄的北府兵以及桓伊的西府兵。《太平御览》卷三〇九引《晋中兴书》:"苻坚率众五十万向寿春,谓〔苻〕融曰:'晋人若知朕来,便一时还南,固守长江,虽百万之众,无所用之。今秘吾来,令彼不知。彼顾江东,在此必当战。若其溃败,求守长江不复可得,则吾事济矣。'"《晋书》卷一一四《苻坚载记》(下)苻坚兼道奔赴寿春时,确有令曰:"敢言吾至寿春者,拔舌。"苻坚求战目的是达到了。但是,如果没有谢玄预先建立的北府兵,如果没有桓伊西府之众在豫州境内与北府兵协同作战,如果没有谢氏在寿春地区以攻为守的战略方针,战事的进展很可能是另外一种情况,战争的结局也可能会有不同。在分析谢玄北府兵的组建和淝水之战的胜利时,我们不能不追溯到谢尚以来三十余年中北府、西府传统的协同呼应关系及其所发挥的作用。

六 淝水战后北府权力分配的变化

淝水战后，东晋权力结构急剧改组。影响东晋权力结构改组的因素，有的来自外部，有的来自内部。来自外部的是：北方军事威胁已经解除，而且出现了北征的机会。来自内部的是：东晋主相对于功高不赏的谢氏疑虑加深，谢氏必须考虑自处之道。桓谢二族的权力在新形势下应当有所调整，以期继续维持平衡。谢安以谦退的气度，处理由这些因素引起的权力冲突，取得了暂时的效果。但是接着出现的，却是孝武帝和司马道子之间，也就是主相之间，兄弟之间，在更高层次上形成更大的权力冲突。

就北府、西府而言，淝水之战结束后的短期内，权力结构出现了两次重大变化，其结果是，谢氏退出北府，桓氏退出西府，而孝武帝和司马道子则不遗余力地明争暗斗以夺取二府权力。孝武帝死后，有关北府权力的争夺继续进行，终于导致东晋末年统治者内部的大动乱。

战后第二年，即太元九年，桓冲死，桓氏子弟中以威望言，本无人足以代替桓冲居分陕之任。谢安明智地排除了用谢玄代桓冲位以逐桓氏势力的朝议，而用三桓居三州之任：桓石民较有才望，以之为荆州刺史；桓石虔勇猛有军功，居险远恐有难制之虞，乃授豫州刺史；原豫州刺史桓伊改授江州刺史。这样桓谢得以相安无怨，上下游的大局稳定了。同年谢安请以徐兖二州刺史谢玄为前锋都督北征，自己也离京师出驻广陵，以避免卷入正在酝酿中的东晋主相的矛盾。谢氏北府兵北征，桓石虔西府兵按惯例应协同作战。桓石虔以母忧去职，当未果行，暂时继任西府的原为桓氏旧将的豫刺朱序出军,受谢玄节制。到此为止,谢安处置得当,延缓了东晋局势的恶化。

谢玄进驻彭城,北府诸将多数随玄北征,刘牢之军是中坚力量。太元十年谢安死,十一年谢玄以故自彭城退屯淮阴,西府朱序遂得于十二年代镇彭城,总统以北府兵为主的北伐诸军。至此,谢氏势力逐步退出北府,桓氏宿将朱序则以西府总北府之任。这是与北府有关的权力结构的第一次调整。

谢玄病,疗于京口,太元十三年初,死于会稽。《宋书》卷六七《谢灵运传》载《山居赋》自注曰:"余祖车骑(谢玄)建大功淮淝,江左得免横流之祸。后及太傅(谢安)既薨,远图已辍,于是便求解驾东归,以避君侧之乱。废兴隐显,当是贤达之心"云云。由此可知,谢玄南还疗疾,兼有避乱之意。"远图已辍",当指北伐停顿,诸军征战无成,犹散驻江淮以外,朱序代督,未必能起节制北府兵将的作用。

此后出现了权力结构的第二次调整,目的是从长江下游排除桓氏势力,由孝武帝和司马道子分取各镇权力。由于情况较为复杂,兹分州加以说明。

豫州 太元十二年桓石虔服阕复豫州职,朱序始离西府出监兖青二州诸军事、二州刺史,代谢玄镇彭城,后驻淮阴,正式成为北府统帅。朱序督北府后,西府桓石虔拒绝了出镇马头参预北征之命,意在维持桓氏实力在西府稳定的存在,避免损耗。看来桓氏势力其时囊括了下游两重镇,这对东晋朝廷是非常不利的。太元十三年桓石虔卒官,给朝廷造成了可乘之机。于是,出于桓氏世仇庾氏家族的庾准(庾亮之孙,庾羲之子)得以脱颖而出,受命为西中郎将、豫州刺史。据《晋书》卷二七《五行志》,太元十五年八月,庾楷代准之职出镇西府。这样,桓氏丧失了从太和四年

（369）以来一直控制在手历时二十年之久的豫州西府阵地；而庾氏从咸康八年（342）庾怿死后失去的豫州，经过近半个世纪，至此复得。考虑到王恭出为北府在庾楷受任西府的同年二月，可以看到，孝武帝企图恢复穆帝永和年间北府、西府协同拱卫建康的意向，是很明显的。不过东晋政权此时坏烂已甚，庾氏家族也衰败不堪，西府实际上难有独立作为。只是在东晋孝武帝与司马道子主相冲突中西府庾氏究竟将站在哪一边，这一抉择还会对时局具有影响。

兖州和青州　谢玄北征时职衔军号是都督徐兖青三州、扬州之晋陵、幽州之燕国诸军事，说明他是以北府督将出征。他以北征军前锋都督之职，得节制西府诸将，但并没有总统北、西二府权力。北征渡河后三魏皆降，谢玄以功加督徐兖青司冀幽并七州军事。他上疏谓司州应统于豫州，也就是说应以西府统司州而不应以己所任北府统之，可见此时谢玄并无排挤西府桓氏势力的意向。值得注意的是，从职衔上可知，谢玄都督七州后失掉了都督扬州晋陵郡军事之权，而晋陵却是北府兵的根本之地。这可能是北府兵督将随战局发展而进退，逐渐失去了与京口、晋陵联系的一种反映；也可能是朝廷有意割断谢氏与北府根本之地联系的一种措置。在我看来，这两种可能性都存在。谢玄归京口疗疾，是他与京口的最后一次联系，但旋即赴会稽之任。

朱序代谢玄居职，也只带监兖青二州军事、二州刺史之号，不带徐州，似乎也说明朱序虽得权宜指挥淮域的北府兵，但也不能与北府根本之地联系。朱序虽然是再度居兖州之职，但与北府无旧，难于服北府之众。其本传谓序"表求运江州米十万斛、布五千匹以资军费，诏听之"。由此可知，朱序兖青军资得不到京口转输供给，不得不仰赖上游桓氏地境，因而他在军事指挥关系上和军队给养上都不具备在淮域持久活动的可能。太元十三年四月朱序西归，桓氏势力终于被从长江下游排除，东晋宗室谯王司马恬取得了兖青之职。

司马恬并不是像前此的谢玄、朱序那样屯驻彭城、淮阴，就地指挥北征诸军，而是镇于京口，远离正在淮域的北府兵。从职能上说来，司马恬是正式的镇京口的北府督将，但我们知道，他却不是徐州刺史。这给我们提供了两个信息：一个信息是北府兵孤悬淮域，不得返镇京口，又无人指挥联系，最可能的前途是重新成为流民帅和流民，下文将要提及的本来兼领徐州刺史的宰辅司马道子，忽然以彭城刘该为徐州刺史出镇鄄城，我认为其目的正是为了抢夺淮域诸军的指挥权。另一个信息是此时的徐州京口地位异常，似乎正酝酿着权力冲突。

徐州 谢玄南归以前已失都督扬州晋陵军事之权，至少说明他不能完备地控制徐州。谢玄南归后，他统领的由徐兖青三州合成的北府，正式分为徐州与兖青二州两镇。此事钱大昕言之甚确，见《廿二史考异》卷二二。其时司马道子权势已盛，除以司徒、录尚书事、假节、都督中外诸军事、领扬州刺史外，还兼领谢玄所遗徐州刺史。道子以宰辅领徐州，自然无法履职，只能在建康设局遥领，这就是《元和郡县图志》卷二五所说"后徐州寄理建业"的一段历史。我们发现，咸和以来徐州刺史都督徐州军事镇京口为北府镇将的传统制度，至此出现了新的变异：

一、司马道子继谢玄兼领徐州刺史，按理说是要取得指挥北府兵之权。但是他不带徐督，不居京口，又不进驻淮域，自然难达目的，只是虚衔遥领而已。

二、继谢玄居彭城指挥北府兵的朱序，不带徐刺徐督，没有京口作为根本之地，不可能胜任指挥。如前所述，朱序此任，只能视为朝廷把桓氏势力排挤出长江下游过程中的权宜过渡之计。

三、继朱序为青兖二州刺史、都督的谯王司马恬，是孝武帝所倚仗的东晋宗室勋望，所督除兖、青、冀、幽、并及扬州之晋陵外，还有"徐州之南北郡"，而且镇于京口。他除了没有徐州刺史的合法名义以外，最符合北府镇将的条件。但是他与徐州刺史司马道子同具一个弱点，就是远离淮域的北府兵，不可能引北府兵作为自己的实力。至于他所督"徐州之南北郡"之语，只见于本传，而不见《本纪》及《通鉴》。我认为督"徐州之南北郡"当是诏令中含糊之词，意在区别于都督徐州军事的全权，目的是为徐州刺史司马道子留有余地。司马道子其时势倾内外，孝武帝虽恶之而犹不得不加优崇。

从北府传统制度的这种变异中，我们看到其实质是主相暗争北府权力。这一暗争，由于太元十五年司马恬死后王皇后之兄王恭出任都督兖青冀幽并徐诸州及扬州（扬州据《廿二史考异》卷二二补）之晋陵诸军事、兖青二州刺史、镇京口而明朗化了。王恭督徐已无"徐州之南北郡"的限制，他作为北府镇将的资格，比司马恬又进了一步，所缺的仍是实力的补充。以后王恭引远在淮域的北府将刘牢之回驻京口以为司马，北府京口的军力也在逐渐充实之中。

有关北府的第二次权力结构调整的结果是，继谢氏之后，以朱序为代表的桓氏势力也退出了北府，北府归于朝廷。但是州治出现了转移：例在江北的兖、青刺史移治于江南的京口，权力入孝武帝之手；本在京口的徐州刺史却为司马道子所得，治所寄于建康。主相权力冲突，在北府问题上形成一个死扣。终孝武帝之世，主相斗争虽持续发展，但尚未达到反目程度，因此这一不正常的州治转换问题始终未得解决。孝武帝死，司马道子尽揽权力，京口北府的王恭成为道子的最大障碍,矛盾就激化了。

据《晋书》卷六四《司马道子传》,晋安帝即位,道子解徐州刺史之任。安帝即位在太元二十一年九月,而《通鉴》是年五月乙卯记有"以散骑常侍彭城刘该为徐州刺史,镇鄄城"。刘该自京师外任为徐刺在前,司马道子解徐刺在后数月,此点殊不可解。我推测很可能是事机紧迫,权宜版授以促刘该速行,而后才有解除道子徐刺的制命。但是无论如何,司马道子在关键时刻以近臣刘该远戍疆场为徐州刺史,是一个值得探究的具有隐情的政治事件。

彭城刘该,事迹不见《晋书》,其北戍鄄城,似未得到达而只是驻止于其故里彭城附近或稍北区域。《魏书》卷二六《长孙肥传》:魏兖州刺史长孙肥"步骑二万南徇许昌,略地至彭城。司马德宗(晋安帝)将刘该遣使诣肥请降,贡其方物"。此事《通鉴》系于隆安五年(401)七月,距刘该奉命北出已逾五年,时刘该称将军而不称徐州刺史。按隆安二年王恭于京口起兵败死,谢琰乃受徐州刺史之命,刘该名义上的徐州刺史之衔,大概在此时被改换了。刘该最后的职称是北青州刺史。北青州治东阳,今山东安丘境。《宋书》卷一《武帝纪》晋元兴三年(404)"北青州刺史刘该反";同书卷五一《刘道怜传》记此事,并谓刘该引北魏为援。道怜时为南彭城内史,于义熙元年(405)率部追斩刘该。

刘该外出之前,在建康居官散骑常侍,此官在晋末宋初可用将门子弟为之。刘隗之孙刘波自北投南,曾居此职;刘牢之子刘敬宣亦尝居此职。据《司马道子传》,隆安元年(397)道子以其卫将军府及"徐州文武"悉配世子元显,可知前一年刘该以徐州刺史北行时并无"徐州文武"随行,或者随行者甚少,当是到达彭城后在当地另选"徐州文武",而在当地可以充选的人,除了刘氏宗族人物之外最方便的莫过于散在淮域的北府将卒和流民。刘该在彭城，反复于晋、魏之间，处于南北两属状态。凡此种种，都说明此时的刘该更似是有武干的将家，刘该本人有出身于北府将而早已投身建康依靠司马道子之可能。还有一点可注意的是，刘该出镇之时，东晋并无重新在淮北用兵北征的可能。刘该衔司马道子之命，以徐州刺史匆匆北出荒裔，必然另有目的。

正是根据这些情况，我推测刘该以徐州刺史北出，是出于司马道子抢夺淮域北府兵指挥权的需要。原来孝武帝通过王恭，取得了京口地利，但司马道子居徐州刺史之职，在名分上比王恭还是略高一筹。孝武帝死，解决北府归属问题已是迫不及待。司马道子及时利用这一名分优势，派刘该赴淮域对北府兵进行联络，意在相机加以实际控制，使之不落入京口王恭之手。刘该利用北府将旧谊，凭借乡里影响，估计起了相当的作用，所以他本人得以在彭城立定脚根。但是隆安以来东晋内乱迭起，各种力量都想要招揽远在淮域的这一较为强大的军队。而北府诸将之间本来联系松散，无严格的隶属关系，谢玄去职后他们处在无主状态已有了很长时间。所以刘该夺取北府诸军的愿望，是不可能实现的。如下文所述，重要的北府将有归于京口王恭的，是北府将中较强的部分，如彭城刘牢之、晋陵孙无终；有归于建康司马道子的，是出于特殊考虑，如乐安高素。至于不愿南归而滞留淮域为流民帅以观形势的，大概也不会没有。这就是各方对北府兵进行争夺的结果。

刘该出彭城丛亭里。依刘该先人仕履及刘该行事看来，丛亭里刘氏既是士族，又是将家。刘该降魏后娶崔玄伯姊妹为妻，孝文帝时的刘芳是刘该之孙，事见《魏书》卷五五《刘芳传》以及《元和姓纂》卷五、《新唐书》卷七一《宰相世系表》。据刘该北行后多在彭城附近活动看来，司马道子似乎特别须要利用他的乡里宗族势力,团聚北府之众以为己用。

司马道子夺取北府兵的计划,成果无多,因此没有兵力以应付京口王恭的挑战。此点与道子父子不得不于两年之后甘冒风险而强征"乐属"为兵一事,我认为很有关系。如果淮域北府兵通过刘该而入司马道子之手,并真正为他们所用,那么冒险强征"乐属"的事就不一定有必要。这是影响以后政局发展的一个重要情节,我们应当予以注意。

徐州北府权力争夺之际,豫州西府也有权力之争。太元十三年(388)以后庾氏兄弟迭居西府之任,解决了逐桓氏势力于西府之外,并防制桓氏自上游觊觎朝廷的问题,但庾氏在朝廷主相之争中偏向何方,尚未完全明朗。最晚到孝武帝死时(396),庾楷已与司马道子及其妃党太原王氏王国宝结为党援。《晋书》卷八四《王恭传》:恭本拟乘入赴山陵之机,起兵诛王国宝,以"庾楷党于国宝,士马甚盛,恭惮之,不敢发"。卷六四《司马道子传》隆安二年(398)道子约庾楷共拒王恭,使人说楷曰:"本情相与,可谓断金。往年帐中之饮,结带之言,宁可忘邪?……"《通鉴》于此前尚有"昔我与卿,恩如骨肉"之语,胡注谓"此必太元二十一年庾楷赴难(按指庾楷兵卫建康以防王恭发难)时事"。庾楷复司马道子曰:"王恭昔赴山陵,相王忧惧无计,我知事急,即勒兵而至。去年之事,亦俟命而奋,我事相王,无相负者。既不能距恭,反杀国宝,自尔已来,谁复敢攘袂于君之事乎?"王恭和王国宝,同出太原王氏,一个是孝武帝皇后之党,一个是会稽王司马道子王妃之党。庾楷先是在司马道子和王国宝一边,但并无坚定立场。隆安二年司马道子以王国宝异母弟王愉为江州刺史督豫州四郡军事,侵犯了庾氏豫州利益,庾楷转与王恭联合。以后他又降桓玄,背桓玄,终为桓玄所杀。庾氏虽出门阀士族,但已衰败不堪,庾楷对待东晋末年社会复杂矛盾，除了以个人眼前利益为归趋以外，看不出固定的政治意向。他的行径和结局不像门阀士族，倒像政治上尚处在盲目状态的北府将刘牢之。庾楷的无所作为，反映了门阀士族的衰败，也反映了西府势力的衰败。

关于淝水战后北府的状况，涉及江东社会的方方面面，表现纷繁复杂，而且都与中枢相涉。开始是桓谢矛盾，以谢氏的谦退和桓氏的大度而有所缓和。但这只是表面现象。问题根源在朝廷中的主相之争，北府本身无能为力。《东晋门阀政治》中有专章讨论主相之争，请参看。

七　北府将彭城刘牢之

安帝隆安以来，东晋原来的门阀政治秩序已被破坏，社会失去重心。逐鹿者此伏彼起，形势瞬息变化。内战各方究其实力的基础，大致有如下四类：

一、挟晋安帝以自重的以司马道子父子为代表的东晋皇室势力。他们所虑，是实力严重不足。《魏书》卷九六《司马德宗传》："自德宗（晋安帝）以来，内外乖贰：石头以外，皆专之于荆、江；自江以西，则受命于豫州；京口暨于江北，皆兖州刺史刘牢之等所制。德宗政令所行，唯三吴而已。"司马道子控制淮域北府兵的计划既无成果，只有贸然征发东土免奴为客者即所谓"乐属"，移置京师为兵，以实宿卫。《魏书》卷九七《桓玄传》玄讨司马元显檄文："……加之以苦发乐属，枉滥者众，驱逐徙拨，死叛殆尽。"经过这样大规模的暴力驱迫，除死叛者外，必然还有许多乐属被逼移置京师。《金楼子》卷三《说蕃》记此事，下连"元显大治兵器，聚徒十万"云云。十万之数容有夸张,但他们人数众多,在当时的条件下不可能来自其他途径,显然就是东土的所谓乐属。乐属屡经苦难,要使之形成可观的战斗力是困难的。道子父子力求控制士族,重振司马氏皇权。他们自然也想得到士族的助力。但此时真正可为他们所用的士族,主要只有道子的妃族太原王氏王忱、王愉等人而已。

二、王恭、殷仲堪、桓玄为代表的居于上下两藩的门阀士族势力。他们最有资格与司马道子抗衡,以图恢复与东晋共天下的门阀政治。他们之间利益并非始终一致,经过反复拼斗,最后只剩下桓玄一支。桓玄顺流东下,消灭了司马道子父子力量,进据建康,俨然成了昔年的王敦。桓玄没有汲取王敦事件的教训,走得太远,竟轻易地取代东晋,独占权力,使自己陷于孤立,以致失败。

三、孙恩、卢循以道教纽带与东土农民暴动结合而成的势力。从基本群众和他们的起事动因来看,这无疑是一场大规模的农民战争。吴姓士族据郡参加,是由于东晋征发"乐属"严重损害了他们利益的缘故。道教徒、农民与吴姓士族,这三种力量是偶然的结合,并不存在共同利益的牢固基础。就孙恩、卢循而言,他们是侨姓士族的沉沦者,起兵目的是冲破侨姓门阀士族与司马氏共天下的局面,以求得本身政治地位的上升,如是而已。

四、以刘牢之为代表的北府将。他们在东晋时期的社会地位略同于孙恩、卢循,属于士族的较低层次。尽管如此刘牢之以及以后的刘裕一方,与孙恩、卢循一方,在战场上却是长期交锋的生死对手。终刘牢之之世,北府兵是门阀政治的工具,始终未完全脱离附庸地位。杨佺期的襄阳兵,与刘牢之的北府兵性质相同,也是来源于流民,依附于门阀士族,只是比刘牢之失败要早,其作用未引起人们的重视。北府兵基础雄厚,最具有收拾动乱局面的可能。但这种可能不是实现于刘牢之，而是实现于刘裕。刘牢之以自己的失败为刘裕铺平道路。

我们简略地探索一下北府将刘牢之由外战力量转化为内战力量的过程。

如前所述，彭城刘牢之，将家出身，父建，西府谢万部将，协同郗昙北府诸将北征。谢氏离西府后，刘氏事迹无闻，但未离江淮地区。谢玄募北府兵，刘牢之以骁勇入募，为谢玄参军、前锋，历淝水之战及北征。谢玄南返，北征停歇以后，刘牢之大概与北府诸将一样，暂时滞留淮域。他引众归于京口，不得晚于太元、隆安之间。《晋书》本传："及王恭将讨王国宝（按在隆安元年），引牢之为府司马，领南彭城内史，加辅国将军"，旋又领晋陵太守。王恭兼有外戚和名士之重，为主相相争中孝武帝的重要支柱。孝武帝死，司马道子独揽中枢。王恭虽居北府重藩而无实力，所以不得不借重北府旧将刘牢之以与司马道子抗衡。据《晋书》卷七四《桓修传》，与刘牢之同于此时回京口的北府将，还有晋陵人孙无终，而彭城人刘裕此时就在孙无终军中为司马。这是长期被搁置于荒裔的北府诸将南归的时机。南归诸将有附王恭者，也有附司马道子以供驱使者。郗鉴死后从未直接参预江南内争的北府兵，此时逐渐成为内争所赖的军事主力。

王恭出镇京口，并无徐州刺史之名，徐州刺史刘该，为司马道子派遣，此时远在彭城。但是王恭得将刘牢之北府兵众后，既居京口，又有实力，自然成为实际的北府督将。而南归后的刘牢之尚无独树一帜以逐鹿江东的要求，只有依附内战一方以求自存。

刘牢之北府兵渐具独立性，是王恭败死以后的事。王恭死后，京口的都督职任与刺史职任分离为二：原由王恭所刺以京口为治的兖青二州复改徐州，谢安之子谢琰为刺史；王恭所遗都督兖、青、冀、幽、并、徐等州及扬州之晋陵郡诸军事职，则由刘牢之继任，亦在京口。刺史不带都督，虽有州兵，不甚强大；而都督拥有重兵，北府督将之名遂专归于都督。《晋书》卷一〇〇《孙恩传》谓谢琰以徐州刺史南讨，加督会稽等五郡军事，遂"率徐州文武戍海浦"；而同书卷八四《刘牢之传》则谓牢之奉朝廷命讨桓玄，"率北府文武屯洌洲"。这里"徐州文武"与"北府文武"分属谢琰与刘牢之，一戍海浦，一屯洌洲，区别是很清楚的。

《世说新语·文学》注引檀道鸾《续晋阳秋》，谓"及平王恭，〔牢之〕转徐州刺史"，误。钱大昕《廿二史考异》卷二二辨徐、兖分合问题甚详，但该书谓"安帝即位，道子解徐州，其刺史当即王恭兼领"，亦误。吴廷燮《东晋方镇年表》记徐刺次序为司马道子、刘该、谢琰，是准确的，而万斯同《东晋方镇年表》则于司马道子、刘该二任徐州刺史并漏。又，近人著作也有以谢琰所率戍于海浦的"徐州文武"即是北府将士，其说亦可酌。

刘牢之率北府兵由王恭府司马上升为北府督将，这是北府兵地位转变的开端。原来刘牢之在王恭军府时，王恭本以行阵武将相遇，礼之甚薄；刘牢之则颇负才能，深怀耻恨。可是王恭为了得其死力以对付司马道子，又不得不屈尊与刘牢之结为兄弟，并在自己生死攸关时刻，向刘牢之许诺："事克，即以卿为北府。"同时，王恭的对手司马元显为了策反，派遣时为庐江太守的另一北府将高素游说牢之，其诺言也是："事成，当即其（按指王恭）位号。"交手双方都对刘牢之以北府督将相许，说明时势如此，刘牢之已处在举足轻重的地位，非刘牢之不能统帅北府，非北府兵不能决定战局。此时此刻时局的重心既不是司马皇室，也不是门阀士族，他们都失去了实力。如果刘牢之善于运用自己的权力，如果他有足够的智谋识见以判断前程，业已开端的北府兵地位的转化将得到继续,历史的进展可能就不会是后来的那种情形。

可是,新近居位、处在历史演变关头的刘牢之,并不理解历史将向何处发展。刘牢之一生戎马,为当权者驰驱,目光是非常短浅的。他既不能综观时局,也就无法自如地运用手中有可能决定时局的北府兵。《刘牢之传》说:"牢之本自小将,一朝据恭位,众情不悦。乃树用腹心徐谦之等以自强。"刘牢之先后屈服于司马氏皇权的名分和士族桓玄的社会影响,惶惶然不知所措。他叛王恭而降司马元显,叛司马元显而降桓玄,叛桓玄而致灭顶。刘牢之之败,当然有个人的原因。《晋书》卷七九《谢安传》说谢安预见刘牢之"不可独任";牢之以乱终,"识者服其知人"。这里以气度、才具解释刘牢之之败,不能说没有一定的理由。但是与他同辈的北府将,例如下节将加以分析的乐安高氏,行事虽不如刘牢之富于戏剧情节,但也是一事无成,俯首就戮,这就不能不考虑时代条件这一因素对于北府诸将的普遍影响了。

历史的演变总是迂回曲折的,人们处在历史转折关头,不免带有不同程度的盲目性,古人更是如此。刘牢之是彻底失败了。他不是败于军事,而是败于思想理念,败于政治。政治上失败,军事力量也就随之瓦解,北府兵遂被分割于诸桓之手。但是从刘牢之失败中获得的认识,却大大地帮助了刘裕。后来刘裕准备兴北府之师以克桓玄,虽已没有现成的兵力可用,不得不另起炉灶,但是行动之前却是冷静观察形势,决不轻举妄动。据《宋书》卷一《武帝纪》,刘裕曾拒绝随刘牢之北奔广陵,并对刘牢之之甥何无忌说:"镇北(牢之)去必不免,卿可随我还京口。桓玄必能守节北面,我当与卿事之;不然,与卿图之。"刘裕果然是按此计议行事,等待有了强硬的口实,就毅然独树旗帜,卒获成功。从刘裕的成功逆而观之,刘牢之活动的失败作为负面经验,在历史上并不是没有价值。

八　北府将乐安高氏

郗鉴至王恭七十年间,北府督将都是门阀士族,无一例外。而他们下属的北府诸将,大致与刘牢之一样,多为行伍世家,也有士族之沉沦者,一般都是供门阀士族驱使,无它抱负。东晋末年,北府诸将面临十分复杂的政治局势,无所适从,甚至难逃"战败则倾宗,战胜亦覆族"(《刘牢之传》何穆说刘牢之语)的命运。与刘牢之同应谢玄之募,后来又同在王恭军府的晋陵孙无终,也是一降司马道子,再降桓玄,终于在元兴二年(403)与大批北府将一起为桓玄所杀。这许多北府将偶有行军作战的点滴事迹附于史籍,其他方面则已无闻。另一与刘牢之同应谢玄之募的北府宿将乐安高衡,其命运同于上述诸人,其行事及其家族后人略有可考。兹据说部及史籍所载,合而观之,以见北府诸将在晋末政局中,其出处兴废颇为一致。

> 晋太元中,乐安高衡为魏郡太守,戍石头。其孙雅之,在厕中,云有神来降,自称白头公,拄杖,光辉照屋。与雅之轻举宵行,暮至京口来还。后雅之父子为桓玄所杀。(《搜神后记》卷五)

按《搜神后记》,旧题陶潜撰,显系伪托。但此书文辞简古,所叙人物事迹多暗合史实,可知亦非晚出杜撰之书。《高僧传·序》提到过陶渊明《搜神记》,当即此书,则此书梁代已经流传,余嘉锡先生《四库提要辨证》小说家类有考。所以我认为此书有些故事，其基本情节是具有史料价值的。又，《太平广记》卷二九四引《幽明录》亦有此则故事，"来还"作"晨已来还"，"所杀"作"所灭"，余同。

此则故事，其神异部分在道术流行的东晋时期并不罕见，可不置论。可注意的是关于乐安高衡及其孙高雅之的片断事迹。

高衡于太元二年应谢玄募，《晋书》载其后来事迹，仅见《谢玄传》、《苻坚载记》所说东莞太守高衡与彭城内史何谦军泗口、援留城一项。何谦为庾希居北府任时的旧将，高衡既与他官守相当，估计也是久在江淮活动的流民帅，有在北府军中较长的经历。《搜神后记》所载高衡的青州乐安籍贯，与《晋书》合，而多出如下一些事实：一，高衡曾为东晋魏郡太守，戍石头。据《宋书》卷三五《州郡志》，咸康四年（330）侨立魏郡，寄治京邑（建康），所以高衡得以魏郡太守而有石头之戍。二，高衡为魏郡太守的时间是太元中，其时绝大部分北府将还在北征，驻军淮域，所以可断高衡未曾参与谢玄北征而是附于建康的司马道子，为道子所倚重。三，高衡为高雅之之祖，所以年事应当已高，此应为高衡未预北征的一个原因。四，高雅之与京口常有往来，这符合北府将的一般情况。以上几点都言之确凿，颇有印证，没有可疑之处，可补史阙。只有"后雅之父子为桓玄所杀"一语，有扞格之处，疑误，须另作稽考。

《搜神后记》未著高衡之子、高雅之之父的名讳仕履，《晋书》也未明文交待。但其人亦为北府将，参与北府兵的战争活动，当无疑问。考之晋末人物事迹，其人应是北府将高素。

高素随谢玄北征，官淮陵太守，见《谢玄传》及《苻坚载记》所附《苻朗传》。最晚到太元末、隆安初，也就是刘牢之已归京口附于王恭之时，高素附于司马元显，为庐江太守。高素之父高衡、子高雅之既然都在司马道子一边,则高素南归后附于建康的司马道子父子而不附于京口王恭,是理所当然之事。不过高素南归前后,史籍已久不见高衡事迹,估计高衡已经老病或者老死。王恭隆安二年起兵,司马元显遣高素说刘牢之使叛王恭,并代表元显许诺事成后以刘牢之袭王恭北府位号,见《刘牢之传》。是役,司马元显又以高素随左将军谢琰讨伐王恭,灭之,见《司马道子传》。稍后,谢琰以卫将军、徐州刺史镇压浙东义军,高素为卫府司马,受遣助北府督将刘牢之,见《刘牢之传》。隆安五年孙恩军至丹徒,高素以冠军将军戍守石头,见《安帝纪》。元兴元年(402)桓玄入建康,随即大杀刘牢之同党的北府旧将,高素也在被杀者之中,见《桓玄传》。高素被杀时官吴兴太守,当是高素镇压义军有功,得以继谢邈(谢安弟谢铁子)、庾恒(或作庾桓,庾亮孙,庾和子)出守吴兴。东晋三吴太守、内史例以门阀士族居之。高素得为吴兴太守,与桓玄为夺刘牢之兵权而以牢之居会稽内史之任一样,说明刘、高两家在北府将中地位显赫,得以突破门阀士族禁区为官。这一点,与刘牢之继替门阀士族而居北府督将之任一样,在晋末门阀士族之衰,次等士族包括北府势力之起的时局变化中,颇具象征意义。不过从门阀士族的传统观念看来,这毕竟是一种不寻常、不得已的安排,只要有可能,门阀士族总要加以排斥。

取上列史实与《搜神后记》对勘,以高素为北府宿将高衡之子,高雅之之父,除最后一点留待讨论外,都可以入扣而无所滞碍。据《王恭传》,刘牢之倒戈反王恭,王恭败还京口城,高雅之闭城门不纳,则其时高雅之尚在京口而不在建康。这是因为与许多北府将一样,高氏也是寄家小于京口故里,所以才有高雅之自建康"轻举宵行,暮至京口来还",即频繁往来于官舍和家宅之间的事。高雅之又是刘牢之之婿,所以当王恭反时高雅之适在京口家居,得以拒王恭于京口,更是完全符合情理。高素其所以受遣说刘牢之倒戈,除由于北府旧谊的考虑以外,更重要的还是由于刘氏与高氏本是姻亲之故。我们知道桓玄后来进至姑孰,劝刘牢之降时,所遣行人是刘牢之族舅何穆之,也是利用亲戚关系,以便秘商。

刘、高二家在江左多变的局势中曾一度分属司马道子与王恭两个对立阵容,是当时的历史条件造成的。刘牢之随谢玄北征时,局势中的一些矛盾还未完全明朗,朝廷在形式上还有统一的政令。所以北府将或出征淮域,或留守建康,并不包含明显的政治分野的意义。加以高衡为刘牢之的父执,年事已高,所以留守建康为司马道子所用,而其子高素则随谢玄北征。北征停息、北府将陆续南归时,建康与京口对立形势已成,而高素则以高衡居官建康之故而归于司马道子,刘牢之与司马道子没有牵连,可以径还京口而附于王恭。这种政治上所属不一的情况,对于将门刘、高说来并不是重要问题。及至王恭败死,刘牢之降司马道子后,刘牢之、高素二人进退就基本一致了。刘牢之后来决定背叛桓玄时,企图先奔广陵,以就广陵相高雅之,而当刘牢之途穷自缢后,偕刘牢之子刘敬宣北奔的也是高雅之。又经数月,高素被桓玄杀害,结局亦与刘牢之相似。刘敬宣、高雅之等据山阳欲起兵反桓玄,不克而走,投奔南燕,他们二人更是命运与共。

《搜神后记》叙及高雅之,未著官守,其时在太元中,高雅之似尚在未仕之年。《晋书》录高雅之事迹,最早的是《王恭传》高雅之闭城不纳王恭一条,亦未著其官守,只是说刘牢之遣子刘敬宣与婿高雅之共击王恭云云。但是《通鉴》此处已谓高雅之官东莞太守,胡注谓此东莞为侨置于晋陵郡的南东莞郡。我们知道,高衡曾居此职,此职是北府将的传统官守之一。隆安二年高素以卫府司马随谢琰东出,高雅之或亦在军。四年,高雅之与桓不才、孙无终等北府将共击孙恩,战于余姚,败绩;又战于郁洲,被孙恩俘获,分见于《安帝纪》、《孙恩传》及《天文志》(中)及(下)。其时高雅之为宁朔将军。高雅之何以得从孙恩军中归来,不知其详。元兴元年(402)刘牢之叛桓玄失败,欲奔高雅之时,雅之为广陵相,见《刘牢之传》。广陵相在北府中按惯例仅居督将之下,可见高雅之此时地位已相当重要了。高雅之北投慕容德,见《刘敬宣传》及《慕容德载记》。元兴三年刘裕驱逐桓玄,高雅之南归,南燕人追及杀之,见《通鉴》。《晋书》及南朝诸史均不见乐安高氏后人事迹,大概高氏在高雅之死后不是绝后,就是沉沦了。

高雅之事,史籍所见如是,与《搜神后记》冲突之处,只有"雅之父子为桓玄所杀"一点。桓玄杀高素,据《通鉴》在元兴元年十一月,其时高雅之在北,不可能罹于高素之难。高雅之之死,当以南燕追兵杀之一说为是。所以"雅之父子为桓玄所杀"一句,必有某种文字错误。我疑有几种可能。一是"子"字为衍文,如果去掉这一个字,此则故事就可以诠释通畅。另一可能是"父子"为"父祖"之误,或者高雅之之祖高衡老而未死,与高素同时遭难。除此以外,还有一种可能,即《搜神后记》原文并无误字,"雅之父子"不包括雅之本人,而是指高雅之之父高素和高雅之之稚子。不过未得确证,这些都只是推测罢了。

由上所考,我认为高衡、高素、高雅之为北府将门乐安高氏三代之说是可以成立的。三代之中除高素外,高衡或以年老,高雅之或以年幼,都未曾随谢玄北征。高氏祖孙两人都曾为东莞太守;祖父两人都曾为谢氏(谢玄、谢琰)部将,都曾为司马道子戍守石头。乐安高氏是北府将门中仅次于彭城刘牢之的一个家庭。他们与许多北府将一样世居京口,与刘牢之一家交谊甚深。高衡与刘牢之之父刘建辈分相同;高素与刘牢之为姻戚;高雅之与刘敬宣为郎舅关系,他们北奔共度患难,结果一死一存。

在晋末的纷纭政局中,乐安高氏三代经历的浮沉反复虽比刘牢之要少一些,但也屡履险境,而且在桓玄之乱中,高、刘同归失败。卷入上层政治斗争漩涡的将门人物不知如何自处,盲目被动,高氏和刘牢之没有实质差别。他们都是其时较低社会阶层夺取最高统治地位以代替门阀政治这一历史运动的先驱者和牺牲者。刘裕从前辈众多北府将的失败中汲取了教训,逐渐看清了道路。此中除刘牢之外,乐安高氏也以自己的失败提供了负面经验。

北府将乐安高氏家世事功考述既竟,还留下一个虽有关系但难断言的问题,附录在这里以待后证。乐安高氏之侨寓江左者,据知尚有高柔其人。《世说新语·言语》"孙绰赋《遂初》"条及同书《轻诋》"高柔在东"条及注,颇载高柔事迹。高柔字世远,乐安人,南渡后居会稽,营宅于会稽东山之畎川,娶泰山胡母氏女,与名士孙统、孙绰兄弟邻居友善,并为谢尚所重。孙统作《高柔集·叙》,谓高柔"家道隆崇",曾为司空参军、安固令。此司空指郗鉴,郗鉴为司空在成帝咸和三年至咸康四年(328—338)。安固县,属扬州临海郡。《高柔集·叙》又谓"尚书令何充取为冠军参军"。何充咸康四年、五年为吏部尚书,进号冠军将军,六年迁尚书令。高柔为冠军参军,年代与为司空参军、安固令衔接。乐安高氏非一流高门,但是从高柔婚宦及交游状况看来,当在次等士族之列,非寒庶可比。北府将乐安高衡出现稍晚,他与此乐安高柔有宗族关系,可以肯定。但高衡一支是否由营居会稽东山畎川的高氏分离出来,尚无直接证据。我根据《世说新语·轻诋》《晋书·谢尚传》以及本文前节所考,可以确知如下一些情节:一,谢尚居东山时甚重高柔;二,谢尚出仕后即有一段戎旅生涯,后来更长期居豫州西府督将之任;三,西府与北府历来关系密切,谢玄所募北府将有些即是豫州西府旧人。根据这些已知情节,我推测乐安高衡或其父兄有可能与高柔同居会稽,后来随谢尚出充戎旅之任,遂留西府豫州为将;谢万的西府兵溃败,高衡遂率兵流荡淮域,太元初始归北府建制。这只是一种推测,如果属实,则乐安高衡—高素与彭城刘建—刘牢之经历相同之处更多,同属于北府兵中的西府势力,同为谢氏多年旧部。这就是说,北府与西府的亲缘关系,我们所见更多了。

九　北府的罢省和北府兵的逐渐消失

当刘裕在京口策划反抗桓玄之时,原来的北府旧将已被诛戮无余。剩下的北府兵也转入卫将军桓谦、徐兖二州刺史桓修、青州刺史桓弘之手,分处于建康和京口、广陵。豫州则入"京口之蠹"的士族刁逵之手。刘裕"地非桓、文,众无一旅",唯一可指望的,只有利用旧谊,纠集同道,共谋起事。他所纠集的人,虽然都是世居京口,其家庭多与北府有不同程度的历史关系,本人也有一些成为北府诸桓的僚佐,但他们的威望与能力都与昔日驰骋疆场、屡立战功的北府旧将无法比拟。真正称得上北府将的,只有曾为孙无终参军、刘牢之司马的刘裕一人而已。

北府诸桓,在当地本无基础,刘裕消灭他们,比较顺利。但是刘裕于仓猝之间所聚之众并不强大,当他本人被推为盟主向建康进军时,所率徐兖二州之众不过千余人而已。嗣后桓谦以卫将军率北府旧众堵截刘裕,北府旧众反战溃散,当有人投向刘裕,但数量不知多少。而桓玄退回荆州后，凭借其家族经营荆州半世纪以上的影响，犹得拥众数万；桓氏子弟更是遍布雍、梁等州，严阵以待下游的进攻。所以当何无忌、刘道规、刘毅等军攻向荆州时，按兵力说始终都是以寡敌众，以弱敌强。上下游的战局屡有反复，刘裕所领北府新军的损耗，是可想而知的。尽管如此，刘裕还是只能指靠这支北府新军力战，别无其他兵力可用。

新的北府诸将，还将经历一场不可避免的分裂斗争。刘裕在京口，是以反对桓玄篡晋为口实而起兵的，当时并没有显示其他目的。与刘裕一同起事的刘毅、何无忌、魏咏之、檀凭之、孟昶、诸葛长民等将领，据《宋书》卷一〇〇《自序》载沈约《上宋书表》说，他们全是"志在兴复，情非造宋"。也就是说，这些将领并没有考虑驱桓复晋以后进一步的问题。刘毅是他们中的突出代表。他赞赏昔日的正始风流，在周围团聚了不少士族名士。他对于刘裕以驱桓复晋的盟主逐渐演变为咄咄逼人的权臣，深表不满。刘裕陆续消灭了他认为足以成为自己权力竞争者的一批北府将领。刘裕亲历旧事，殷鉴前人，知道除了逐桓玄，灭卢循，兴复晋室以外，还必须西征北讨，建立对外敌的疆场功勋，才能取信于朝野，并于其中物色可以随同他"造宋"的人。刘裕必于灭南燕、灭谯纵、灭后秦，而自己已入五十八岁的迟暮之年，始敢篡晋称帝，原因就在这里。

刘裕义熙之政，实际上是军中之政，也可以说是北府之政。他深知自己成功与否，完全系于北府兵。自元兴三年（404）起兵京口以后，十三年间，刘裕都是自领徐州刺史、都督，直到义熙十二年（416）始以宋公世子刘义符为徐、兖刺史。《宋书》卷二《武帝纪》载刘裕下书曰："吾倡大义，首自本州，克复皇祚，遂建勋烈，外夷勍敌，内清奸宄，皆邦人州党竭诚尽力之效也。"北府的勋业如此,使京口、晋陵在全国处于特殊地位。义熙九年土断民户,规定"唯徐兖青三州居晋陵者不在断例",意在继续维持京口、晋陵的特殊地位,使其中的侨籍民户但充北府兵,不必负担编户齐民的其他赋役。《宋书》卷七八《刘延孙传》还载有刘裕遗诏,曰:"京口要地,去都邑(建康)密迩,自非宗室近戚,不得居之。"自此至宋末元徽四年(476),基本上都是如此。此后萧道成得势,亦居中遥领北府,以成篡事,可见北府的传统影响。

尽管北府仍居优重地位,特别受到重视,但北府兵经晋末的徙拨和元兴、义熙以及刘宋永初、元嘉年间的大量征发外调,将卒战亡坠没者非常多,晋陵人丁户口日益枯竭,不能满足补充北府兵的需要。《宋书》卷五《文帝纪》元嘉二十六年(449)文帝幸京口,诏曰:"……顷年岳牧迁回,军民徙散,廛里庐宇,不逮往日。……可募诸州乐移者数千家,给以田宅,并蠲复"云云。诸州募徙者,以东晋咸和、太元之例言之,当为江淮流民;给田宅而又无限期蠲复,一同白籍侨民,不预土断,只充北府兵。但是毕竟时过境迁,刘宋政治格局非东晋之旧,东晋北府强藩所具独特的战略地位,刘宋时已在起着变化。

北府地位的变化,始自文帝元嘉年间荆雍兵之起。武帝刘裕鉴于东晋荆扬之争,以荆州居上流之重,土地广远,资实甲兵居朝廷之半,遗诏令诸子次第居之。文帝刘义隆自义熙末年以来,均在都督荆雍诸州军事、荆州刺史之任,终于自江陵入承大统。元嘉一代,既用南徐京口的北府兵,又用荆雍襄阳的西楚兵。资深功大的北府宿将檀道济于元嘉十三年(436)死后,襄阳兵在刘宋政治中的作用更为显著。元嘉二十六年文帝欲广襄阳资力,乃罢江州军府,文武悉配雍州;湘州入台租税,亦悉数资给襄阳。此事与募徙诸州数千家以实京口晋陵之事,恰在同年,可见北府兵力日衰,荆雍兵力日盛,是同一个历史过程的两个方面。翌年刘宋北伐,东西齐举,东路败退,而西路柳元景的荆雍兵则胜利入关,亦可见刘宋兵力变化的状况。孝武帝自江、荆入统,据《宋书》卷六《孝武帝纪》:孝建元年(454)"始课南徐州侨民租",北府的特殊地位动摇了。

文帝以后,内乱迭起,历朝用兵,无分东西。荆雍府将,屡有入充宿卫,而桑梓帝宅、内镇优重的北府,其军事力量则已失去对建康举足轻重的作用。萧道成入据中枢,并不恃北府之重;他在遥领北府以后始成篡事,只是由于北府犹为辇下近藩之故。其后萧衍、陈霸先立国,在他们即帝位之前,都遥领南徐,或督或刺,也是出于同样的原因。

入齐以后,北府的传统影响已大不如前。据《南齐书》卷三五《桂阳王铄传》,齐建国第八年,即武帝永明二年(484),萧铄出为南徐州刺史镇京口,是年京口"始省军府"。这意味着北府自东晋咸和以来形成的独特军事地位,正式宣告结束,驰名南北屡具战功的北府兵,也不再被称道了。《梁书》卷二《武帝纪》,萧衍以襄阳兵入建康,于天监元年(502)即帝位后立即下令"土断南徐州诸侨郡县"。这意味着正式取消义熙九年刘裕所行徐州晋陵不在土断之例的规定,取消徐州晋陵民但充北府士卒、不负担其他徭赋的特权,从此京口再无军事优势可言。所以隋开皇九年(589)贺若弼率军自广陵渡江,在这素以北府精兵著称之地,竟未遇到有力的抵抗,一举而下京口。

以江淮流民为主体的京口北府兵,从建立军府起到罢省军府止,一共存在了一百五十余年。它抗拒过胡族南侵,支撑过东晋门阀政治,也参预过江左政治权力的角逐,最后转化为江左皇权。北府兵在南朝初年的一段时间里还发挥过一定的作用,然后逐渐从历史上消失。从此以后，它所经历的漫长曲折的过程，也鲜为人所道及了。

十 后 语

陈寅恪先生在《述东晋王导之功业》一文中，涉及东晋时长江下游以京口为基地的和长江上游以襄阳为基地的两个"南来北人武力集团"问题。他指出京口武力集团形成于永嘉之乱以后，襄阳武力集团形成于"胡亡氐乱"以后；后者晚于前者，其战斗力之衰退亦较前者稍迟；梁武帝的兴起，实赖后者的兵力。陈先生对五朝历史动态的这一观察，深具启发意义。只是陈先生并没有就此作进一步的研究。《北府兵始末》一文探索北府京口武力集团出现的时代背景和兴替过程，论证它的历史作用，补充陈寅恪先生的见解并以此纪念陈寅恪先生。

——原刊《纪念陈寅恪先生诞辰百年学术论文集》，北京大学出版社，1989 年。又见《地域社会在六朝政治文化上所起的作用》，谷川道雄主编，日本玄文社印，1989 年。

南北对立时期的彭城丛亭里刘氏

一 刘该其人其事

彭城丛亭里刘氏是处于南北界上河淮地区的著名士族,它不曾倾族南迁,永嘉以后仍在彭城本乡保持着强大的宗族势力。凭借其可南可北的地理条件,族人有时南移江左,有时回归本土,有时又投奔北方,以求保护和发展宗族势力。这是一种与江左王、谢高门不同类型的士族。我们拟以东晋太元、隆安之际刘该北出一事为切入点,探索此一家族在南北朝对立时期的动向及其际遇。

《东晋门阀政治》一书①提到刘该之事。该书谓太元二十一年(396)东晋孝武帝死,安帝即位,会稽王司马道子解徐州刺史之任,《通鉴》云"以散骑常侍彭城刘该为徐州刺史,镇鄄城"。② 该

①参看田余庆《东晋门阀政治》,北京大学出版社,2005年第4版第241页。
②《资治通鉴》卷一〇八太元二十一年五月。孝武帝死于九月,《晋书》卷六四《司马道子传》谓安帝践阼,道子解徐州。两书记时不同,授刘该徐刺在前,是由于事机紧迫,权宜版授,以促其行,而后才有解道子徐刺诏令。

书认为这是司马道子为招揽散在河淮地区北府诸将的一项措施。刘该被司马道子派遣之事不见于今本《晋书》,《通鉴》当另有根据。《宋书》卷一《武帝纪》东晋元兴元年(402)"北青州刺史刘该反"。同书卷五一《宗室长沙王道怜传》义熙元年(405)北青州刺史刘该引索虏为援,寇徐州,围彭城,刘道怜率众追斩叛将刘该于光水沟。① 据此,知刘该已由徐州刺史转北青州刺史,并投降北魏,协同魏将围攻彭城等地。刘道怜于刘该降魏数年之后,犹以其东晋官守称之,可知刘该一直依违于南北之间,且不远离彭城据点,而杀刘该的刘道怜,亦为彭城人物。刘该具有何许背景?因何故投降北魏?降北魏后际遇又如何?《东晋门阀政治》对于这些问题未予深究。书出版后,在讨论中,发现北魏孝文帝时刘芳的祖父刘该,就是司马道子派往鄄城作徐州刺史的刘该,而刘该背后有一个强大的士族门户的存在。这样,彭城丛亭里刘氏人物时南时北的活动轨迹,始见端倪,引起我们探索的兴趣。

《魏书》卷五五《刘芳传》:刘芳"彭城人也,……祖该,刘义隆征虏将军,青徐二州刺史";《北史·刘芳传》:刘芳"彭城丛亭里人,……祖该,宋青徐二州刺史"。若以宋文帝元嘉时间计,此刘该晚于受司马道子之命北镇鄄城的刘该约30年。这是以前未曾将两刘该联系起来思考的原因。但细究起来,两刘该实即一人。《魏书》、《北史》将刘该东晋安帝元兴时事,误记为宋文帝元嘉时事,而将北青州刺史误脱北字。这类错误,在《魏书》中常见,不胜枚举。《魏书》及《北史》刘芳传均云:"芳祖母,〔崔〕浩之姑也。"此言刘该妻就是崔浩姑母,崔玄伯姊妹。崔玄伯作为汉族士人受

①《晋书》卷七五《荀羡传》:"羡自光水引汶通渠。"此言光水为汶水支流。《水经注》卷二四《汶水》、卷二五《泗水》《洙水》各条,光水皆作洸水。

到道武帝拓跋珪的宠任，正好是在刘该降北魏期间。天兴元年（398）北魏朝廷制官爵、撰朝仪、定律令、申科禁，"吏部尚书崔玄伯总而裁之"。[①] 后来崔玄伯又"通署三十六曹，如令仆统事，深为太祖所任，势倾朝野"。[②] 北魏朝廷为羁縻自南奔北重要官员的政治需要，多以宗室或大臣子女与之联姻，所以刘该才有机缘与崔玄伯之姊妹婚配。

《宋书·武帝纪》谓东晋元兴元年（402）"北青州刺史刘该反"，元兴元年应是刘该配合魏将进攻彭城的时间。《魏书·长孙肥传》："除肥镇远将军，兖州刺史，给步骑二万，南徇许昌，略地至彭城。司马德宗（晋安帝）将刘该遣使诣肥请降。"通观事件的发展过程，长孙肥出征前为卫尉卿，当从平城出发，根据《魏书·太祖纪》，其时在北魏天兴四年（401）七月。长孙肥先绕道征许昌，然后再略地至彭城，估计至少需时数月。所以，我们推测刘该投降长孙肥的时间当在北魏天兴五年（402），即东晋元兴元年，其时东晋形势已发生巨变。东晋元兴元年三月桓玄占领建康，自为丞相、录尚书事，流放太傅司马道子，杀道子子元显等。刘该南归之路既绝，而青齐地区的广固又有慕容德的南燕政权。当长孙肥重兵压境之时，刘该除了投降一途以外，没有别的出路。《通鉴》系刘该降魏于隆安五年（401）七月，与长孙肥从平城出发同时，此当为叙事方便，没有顾及事件发展的时间顺序。当然，这还只是根据当时形势发展对于刘该降魏动机的合理推测。严格说来，在北魏天兴四年七月至五年六月长孙肥撤离彭城[③]之前，都有接受刘

①《魏书》卷二《太祖纪》。
②《魏书》卷二四《崔玄伯传》。
③《魏书》卷二《太祖纪》天兴五年（402）六月诏长孙肥等征平阳。

该投降的可能性。

刘该是北魏入主中原后第一批降魏的南方重要将领。刘该降魏后仅二年多时间即战死,他的儿子刘逊之、刘邕,①可能由于孤立无援,也可能由于南方朝廷的招引,又倒向东晋,并出仕东晋、南朝边州军府。

二　丛亭里刘氏世系

《新唐书·宰相世系表》丛亭里刘氏:汉"高祖七世孙宣帝,生楚孝王嚣。嚣生思王衍。衍生纡。纡生居巢侯般,字伯兴。般生恺,字伯豫,太尉、司空。生茂,字叔盛,司空、太中大夫,徙居丛亭里。恺六世孙讷,晋司隶校尉。孙宪生羡。羡生二子:敏、该。"②此言刘该高祖为刘讷,彭城丛亭里人。刘讷在西晋是著名的士族名士。《世说新语·品藻》"刘令言始入洛"条刘孝标注引《刘氏谱》曰:"纳③字令言,彭城丛亭人。祖瑾,乐安长。父魁,魏洛阳令。纳历司隶校尉。"同书《言语》"庾穉恭为荆州"条注引《文字志》曰:"〔刘〕劭字彦祖,彭城丛亭人。祖讷,司隶校尉。父松,成皋令。"又《隋书》卷七一《刘弘传》云:"刘弘字仲远,彭城丛亭里人,魏太常卿芳之孙也。"以上数条皆确证刘该为彭城丛亭里人,且亲从关系较详。

---

①《元和姓纂》卷五"彭城刘"条作雍之,据此推断刘邕亦可作刘邕之,南北朝人名中"之"字常见省略。
②《新唐书》卷七一上《宰相世系表》。
③余嘉锡《世说新语笺疏》(上海古籍出版社,1993 年)引程炎震《笺证》曰:"宋本纳作讷,《晋书·刘隗传》亦作讷。"程说是。

参照《新唐书·宰相世系表》、《后汉书·刘般传》、《晋书·刘隗传》、《魏书·刘芳传》及各附传，能够大致弄清由两晋南北朝下至隋唐丛亭里刘氏的世系，并编制成如下的简略世系表。

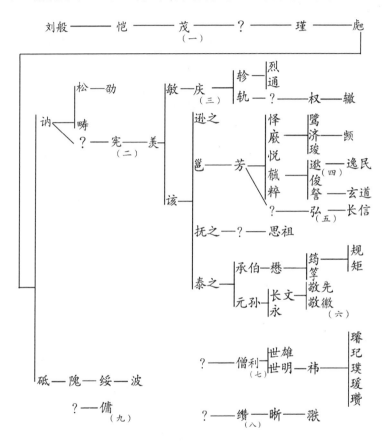

说明：

（一）刘茂以上数世据《新唐书·宰相世系表》及《后汉书·刘般传》。

（二）此据《新唐书·宰相世系表》，参考《元和姓纂》卷五"彭城刘"条："恺六世孙讷，晋司隶校尉。孙宪生羡，羡二子：敏、该。"刘宪为刘讷之孙，但不明为何人之子，其父可能是刘松，也可能是刘畴，也可能是刘讷另一子，故用疑问号表示。

（三）刘庆以下世系，据《新唐书·宰相世系表》及《魏书·刘芳传》。《世系表》载丛亭里刘氏共 91 人，多为刘敏后裔。《魏书·刘芳传》错讹较多，只作参考。如谓刘芳为刘庆之孙，与各书均不同，似误。但《魏书·刘芳传》记刘芳后裔颇详，特别是刘芳后裔在唐代的情况，并记刘敏后人刘轨之子孙分居丰县，均为它书所不载。

（四）刘逖及刘逸民，据《北齐书·刘逖传》。

（五）刘弘见《隋书》卷七一《刘弘传》，谓弘为刘芳之孙，但不知其父名讳。

（六）敬徽，《魏书·刘芳传》作徽，同书《崔光传》谓崔光之女婿为彭城刘敬徽，盖即其人。《刘芳传》脱敬字。

（七）刘僧利，《刘芳传》谓为芳族兄，《新唐书·宰相世系表》谓为刘敏从子，两者所叙相差一辈，此依《刘芳传》。

（八）刘缵等三人皆见《刘芳传》，谓缵为芳族兄。刘缵等人亦散见《南史·齐武帝纪》及《梁书》。

（九）刘隗，刘隗从子，见《晋书》卷三二《简文宣郑太后传》。

史书中尚能发现一些其他丛亭里刘氏人物，如《宋书·刘延孙传》所说的"豫州刺史刘怀武"；《隋书·刘子翊传》谓子翊"彭城丛亭里人，父徧，齐徐州司马"。因不明亲从关系，此表中无法注明。

在两晋及南北朝成书的各种史籍中，均谓丛亭里刘氏为汉高祖刘邦弟楚元王交后裔。《宋书·刘延孙传》云："延孙与帝室虽同是彭城人，别属吕县。刘氏居彭城县者，又分为三里，帝室居绥舆里，左将军刘怀肃居安上里，豫州刺史刘怀武居丛亭里，加上吕县别属，凡四刘。虽同出楚元王，由来不序昭穆。"此言彭城刘氏四支皆为楚元王之后。又如《魏书·刘芳传》："刘芳字伯文，彭城人也。汉楚元王之后。"再如唐初成书的《晋书·刘隗传》，亦如是说。此说的主要根据当是《世说新语·品藻》所引之《刘氏谱》，此谱《隋书·经籍志》及新、旧《唐书》皆无著录，疑隋唐后已散失。唐中宗时刘知几撰《刘氏家史》及《谱考》，有新说：推"彭城丛亭里诸刘，出自宣帝子楚孝王嚣曾孙司徒居巢侯刘恺之后，不承楚元王交,皆按据明白,正前代所误。"①林宝《元和姓纂》两说俱存,其所述之丛亭里刘氏谱系,明言据刘知几所考,基本与《新唐书·宰相世系表》同,故知刘知几的考证就是《新唐书·宰相世系表》的根据。据《后汉书·刘般传》,刘般封侯在建武九年(33),离楚孝王嚣只有60余年,亲从仅三世,记载明确;《汉书·楚孝王嚣传》与《后汉书·刘般传》所述世系皆能衔接,一般说不会有误。刘般子刘恺,恺少子茂,其事迹见《后汉书·刘般传》,也是信史。

三 永嘉乱后丛亭里刘氏在彭城地区的宗族势力

据知永嘉时过江的彭城丛亭里刘氏人物,有刘隗与刘劭。《世说新语·言语》"庾穉恭为荆州"条注引《文字志》:"〔刘〕劭博识好学,多艺能,善草隶,初仕领军参军,太傅出东,劭谓京洛必危,乃单马奔扬州。"刘劭为刘讷之孙,南渡时间在永嘉四年(310)十一月东海王越出许昌之后不久,当时洛阳尚未陷落,但形势已明朗,故"谓京洛必危"。而刘讷侄刘隗过江时间,难于确考。司马睿监徐州镇下邳时,刘隗为彭城内史,彭城属徐州军府,刘隗当在司马睿统督之下,他随司马睿于永嘉元年(307)同时过江,是可能的。

随刘隗及刘劭过江的刘氏宗族,或从彭城,或从洛阳,必有人在。永昌元年(322)王敦第一次举兵时,刘隗被迫北奔石勒,带走妻子亲信200余人,其中当有丛亭里刘氏南渡的宗亲。王敦以诛

①《旧唐书》卷一〇二《刘子玄传》。

刘隗为名举兵叛乱,似未触及刘劭一支。刘劭在成帝咸康时仍任侍中、豫章太守等职,但并不显赫。

在刘隗、刘劭等避乱南下后,当有丛亭里刘氏的部分宗族仍留在彭城。《新唐书·宰相世系表》及《元和姓纂》中,刘宪及其子刘羡,羡子刘敏,有名讳而无职任,这与《宰相世系表》所载人物体例不合,绝非疏忽脱漏。疑刘宪、刘羡、刘敏子孙三人皆在彭城平居或作坞主,未受朝廷之命。《魏书·刘芳传》各附传中,刘芳从兄弟刘元孙"养志丘园,不求闻达",刘僧利"从容乡里,不乐台官"等,都是显例。

丛亭里刘氏在江左,有为北府将者。《宋书·刘延孙传》所述之刘怀武属丛亭里,他在刘宋时任豫州刺史,应出身东晋的北府将,推测他应居京口。另外,《太平广记》卷四一《刘波》(原注:出《异苑》)云:"刘波,字道则,晋孝武帝太元年中,移居京口。"《异苑》是刘宋时人刘敬叔的志怪小说,除去神怪荒诞部分,往往有一定的史料价值。据《晋书》卷六九《刘波传》,刘波为刘隗之孙,曾随刘隗在石赵作官,石虎死后,刘波南奔,长期投靠桓氏为将,沦为门阀士族的爪牙。太元四年(379)苻丕攻克襄阳,刘波率军救援,因畏懦免官。他移居京口,当是此时之事。淝水战前刘波为冠军将军、散骑常侍,史籍只记军号而不记具体职掌,疑亦有因。战后刘波被授为"督淮北诸军、冀州刺史,以疾未行"。刘波此时上疏中说:"苻坚灭亡,于今五年,"①知此授当在太元十三年(388),其时谯王司马恬已为"都督兖、青、冀、幽、并、扬州之晋陵、

---

① 《晋书》卷六九《刘隗传附刘波传》。按刘波所任之冀州,应是江北侨立之冀州。《晋书·地理志》徐州条,元帝过江,"是时,幽、冀……流人相帅过江淮,帝侨立郡县以司牧之"。成帝时,"江北又侨立幽、冀、青、并四州"。

徐州之南北郡军事,领镇北将军、兖青二州刺史、假节",镇京口。①
谯王恬是北府主将,刘波为冀州,正在谯王都督之下,当已转为北
府将。

此外,如前所述,孝武帝死前后,司马道子为抢据河淮之间北
府诸将屯驻之地,招揽北府诸将,命彭城刘该出任徐州刺史,亦当
有利用刘该乡里宗族力量的考虑,而刘该亦当具有北府将资历
无疑。

彭城丛亭里刘氏之居官北方者,也不乏与乡里宗族联系的迹
象。《魏书·刘芳传》附刘鹭传谓永熙三年(534)刘鹭父刘廞(刘
芳之子)被高欢诛杀,其时刘鹭为徐州开府从事中郎,鹭即率乡部
赴兖州,与刺史樊子鹄共同抵御高欢。与此同时,刘芳第五子刘
粹为徐州别驾,亦因"兄廞死,粹招合部曲,就兖州刺史樊子鹄,谋
应关西"。② 刘粹、刘鹭二人,皆为徐州开府上佐,在丛亭里刘氏宗
族势力集中之地,故能随时集聚乡部。

丛亭里刘氏拥有强大的宗族势力,除刘鹭、刘粹之例以外,还
有不少。太和二十二年(498)南齐豫州刺史裴叔业进攻徐州,"疆
埸之民颇怀去就,高祖忧之,以〔刘〕芳为散骑常侍、国子祭酒、徐
州大中正,行徐州事"。③ 北魏把徐州事务交给刘芳处理,目的当
是利用丛亭里刘氏的影响,来稳定此地动乱形势。翌年八月,孝
文帝死,宣武帝初即位,南徐州刺史④沈陵南叛,徐州又发生大水,

---

①《晋书》卷三一《宗室司马恬传》,卷九《孝武帝纪》。
②《魏书》卷五五《刘芳传附子粹传》,卷八〇《樊子鹄传》。
③《魏书》卷五五《刘芳传》,卷七《高祖纪》。
④北魏南徐州或东徐州及州治问题,《魏书》卷一〇六《地形志》中,中华书局
　点校本校勘记四七辨证颇详。

为防止彭城地区发生骚动，①朝廷"遣〔刘〕芳抚慰赈恤之"。② 刘芳两次出使徐州之后，皆有升迁，第一次"徙兼侍中，"③第二次"正侍中"。《通典·职官》三谓"北魏尤重门下，多以侍中辅政。"刘芳由散骑常侍徙兼侍中，再正侍中，说明刘芳在徐州稳定局势有功。

值得注意的是，刘该投降北魏，并与北魏势家崔玄伯联姻，他的子孙理应居官北魏。但史实却相反，他的儿孙皆在南方，刘芳入平城时竟是孑然一身。这原因何在？依我们看来，丛亭里刘氏的门户地位离不开彭城地区的宗族势力，当时彭城在南方政权控制之下，丛亭里刘氏只有回到南方才能倚靠宗族势力。刘宋泰始年间失淮北徐、兖、青、冀四州，彭城由北魏稳定地占领，丛亭里刘氏宗族大都归于北魏，以刘芳为代表的丛亭里刘氏家族地位始在北魏迅速升起。刘芳有《徐州人地录》行世，可见他对乡里事物的关注。

总的说来，丛亭里刘氏既为士族，又是将家，其宗族主体仍以彭城及左近为基点，不曾倾族迁徙。丛亭里刘氏人物无论在南在北居官，大多与乡里宗族保持联系，以利观望；而南北朝廷也往往利用刘氏人物的此一特点，任命他们为彭城地区的将军刺守或其上佐，以图稳定局势，发展势力。丛亭里刘氏在南北纷争中宗族

---

①《魏书》卷六〇《韩麒麟传》谓"高祖时，拜给事黄门侍郎，乘传招慰徐、兖，叛民归顺者四千余家"。知南北交界地区，时有骚动。

②《魏书》卷五五《刘芳传》，卷八《世宗纪》。

③"兼侍中"即"长兼侍中"。"长兼"一词，钱大昕《廿二史考异》云："长兼者，未正授之称。"欧阳修《集古录》卷四谓长兼为"当时兼官之称，如唐检校官之类。"钱氏与欧阳氏说法不一。《魏书·崔光传附崔鸿传》将长兼与试守并列，疑应以钱氏《考异》为正。

不衰,盖由于此;而他们无论在南在北都难于稳稳上升而至显赫地位,亦由于此。

四　丛亭里刘氏门第在江左的变迁

《山公启事》记载山涛领选时的选例,其中有云:"近启修武令刘讷补南阳王友,诏曰:'友诚宜得有益者,然以长吏治民不易,屡易为疑,令散人无所依仰。'又启'今者职散中诚自有人,然刘讷才志外内非称,臣以为宜蒙此者,是以启及,不审固可用不?'诏'可尔所启。'"[1]此条中"刘讷才志外内非称",从前后文内容连贯看,"非称"应为"所称"之误。此言刘讷在入洛阳作官之前曾作修武令,因才智出众,领选的尚书仆射山涛向晋武帝推荐刘讷调南阳王友,这就是《世说新语·品藻》所说的刘讷初入洛的情形。武帝子司马柬于咸宁三年(277)八月徙封南阳王。柬与惠帝同为杨皇后所生,特为武帝所宠爱,所以得以徙封大国,其开府僚佐应为高门清显。这不仅是因刘讷所秉赋的才智,当亦有门第因素。

丛亭里刘氏之先人刘般,光武帝时初封菑丘侯,徙封杼秋侯,再改封居巢侯。其子刘恺三登三事,恺子刘茂亦位至司空。史言刘般"修经学","讲诵不怠"。刘恺让居巢侯爵与弟刘宪,并敢于抵制外戚邓骘,这些都是当时名士所景仰的行为。在士人与外戚、宦官的斗争中,刘茂与太尉陈蕃等联名上书救护李膺,影响深远,也当是丛亭里刘氏进入世家大族的重要阶梯。刘茂之后三世无显宦,其孙刘瑾为乐安长,曾孙刘魁为曹魏洛阳令,但仍维持世

————————
[1]《太平御览》卷二四八"王友"条。

家大族地位。东晋王敦檄文攻击刘隗为邪佞,亦未曾诋其门第。

刘讷之子刘畴,史称"善谈名理",看来正处于由儒入玄的转变之中,这有利于丛亭里刘氏门户地位的进一步提升。刘畴曾代傅宣为吏部郎,①也正是高门美选。永嘉中,他曾为司徒左长史。据《晋书·怀帝纪》,其时相继为司徒者有王衍、东海王司马越、傅祗三人。傅祗永嘉五年(311)五月始为司徒,六月刘曜入洛,傅祗退屯盟津,暴疾而亡,大概未曾开府置佐。我们推断,刘畴应是王衍或东海王越为司徒时之左长史,也就是说,刘畴与东海王越应有较深关系。江左司马睿朝廷公卿多是东海王越府的僚佐,②这应是王导及蔡谟推崇刘畴的原因之一。《晋书·刘畴传》:"司空蔡谟每叹曰:'若使刘王乔得南渡,司徒公之美选也。'又王导初拜司徒(按当以《裴劭传》拜司空为正,王导拜司空在大兴四年七月),谓人曰:'刘王乔若过江,我不独拜公也。'其为名流之所推服如此。"③蔡谟和王导论及刘畴,是对刘畴人才的赞许,也是对丛亭里刘氏门第的推崇。探王导之本意,还有感叹时事艰难之意。因为其时王敦之叛如箭在弦,刘畴若过江,也许能以其所具影响调解矛盾。

刘畴未能过江,而被阎鼎杀害,这是丛亭里刘氏门户利益的一大损失。刘隗尽力事元帝,被门阀士族目为佞臣,又"骄蹇失众心"。④ 他被迫北投石勒,出仕僭伪,丛亭里刘氏门户地位和在江左的影响大大降低。刘劭虽仍能作侍中、尚书,但已绝非刘畴那

①《文选》卷四六任昉《王文宪集序》李善注引傅畅《晋诸公赞》。
②参看《东晋门阀政治》第 4 版,第 10 页。
③亦见《晋书》卷三五《裴楷传附裴劭传》,《世说新语·赏誉》"王丞相拜司徒"条。
④《资治通鉴》卷九二永昌元年(322)正月。

样的重名,所以后嗣不显。

婚姻关系是士族门第的一个重要标志。丛亭里刘氏在南的婚配,我们可以举出刘傿为例。据《晋书·简文宣郑太后传》:郑后,河南荥阳人,世为冠族,先适渤海田氏而寡居,纳为元帝夫人。郑氏尚有二妹,郑氏忧曰:"恐姊为人姜,无复求者。"于是元帝从容谓刘隗曰:"郑氏二妹,卿可为求佳对,使不失旧。"荥阳郑氏在江南无显官,失去了高门地位;郑夫人又非正妃,形同姜媵。刘隗自然知道,王、庾等高门绝不会求偶于郑氏,只能退求其次,于是"举其从子傿娶第三者,以小者适汉中李氏,皆得旧门。"此知丛亭里刘氏与汉中李氏够得上"旧门",但并不显赫,与王、谢有相当差别。汉中李氏本是东汉反对外戚梁冀而死的名士李固的后裔,[1]李固与其父李郃均位三公,[2]但《华阳国志》及《晋书》中未见汉中李氏有显宦,其门第与丛亭里刘氏大概相若。不过刘氏子弟纳郑氏女是刘隗在南之事,刘隗出奔后刘氏门第就当别论了。

刘劭之后,东晋后期丛亭里刘氏见于记载的,就是刘隗之孙刘波及刘宪之孙刘该。刘波淝水战前为散骑常侍,战后出为督淮北诸军、冀州刺史;刘该亦为散骑常侍,后出为徐州刺史。散骑常侍在西晋初本为显职,后来逐渐沦为闲散,刘宋以后此职用人颇轻,[3]宋齐多沿袭晋制。东晋后期散骑常侍已开始用将家,如刘敬宣曾加散骑常侍。[4] 敬宣,刘牢之子,将家无疑。刘波、刘该已降为将家,沦为次等士族,他们虽善于经营武力,但不能接近中枢。可注意的是,刘波督淮北诸军,其作用与刘该出刺徐州相同,即怀

①《新唐书》卷七二上《宰相世系表》。
②《后汉书》卷六三《李固传》,卷八二《李郃传》。
③《通典》卷二一《职官》三,《初学记》卷一二《职官》下。
④《宋书》卷四七《刘敬宣传》。

辑北府诸将;其所具有的特殊条件亦当相同,即有彭城乡部宗族可以依托。不过刘波以疾未行,刘该虽行而未获成效,是相异处。

五　丛亭里刘氏在北魏的际遇

南北朝时,丛亭里刘氏在南方似已消声匿迹,但却在北魏兴起。刘芳以平齐民身份入平城,幸运地受到文明太后的赏识。其中原因,一是刘芳的个人儒学修养,一是丛亭里刘氏的门望。

《北史·儒林传·叙》谓"刘芳、李彪诸人以经书进"。刘芳经学精洽,尤长音训,号称刘石经,被目为儒宗。这与丛亭里刘氏的家学似有关系。丛亭里刘氏所传何经,史无明文。从刘芳一生言行及所留著作残文看,儒学素养绝非一般。刘氏子孙好学强立,文翰及经史兼综者不少。

丛亭里刘氏在北魏的婚姻关系,限于士族的狭隘范围。除刘该与崔玄伯联姻外,我们尚知刘芳与清河崔光为中表亲,刘芳族孙刘敬徽又为崔光之婿,[1]刘芳从妹与北魏显贵李洪之结婚,[2]刘芳之舅为青齐著名强族房元庆。[3] 后来孝文帝选刘芳族子刘长文之女为太子恂孺子,不为无因。孝文帝特重汉人门第,他规定六皇弟必须选择陇西李氏、荥阳郑氏、范阳卢氏诸高门女子为婚。[4]史称"世之言高华者,以五姓为首",[5]五姓:崔、卢、李、郑、王。荥

---

① 《魏书》卷六七《崔光传》。
② 《魏书》卷八九《李洪之传》。
③ 《魏书》卷五五《刘芳传》。
④ 《魏书》卷二一《咸阳王禧传》。
⑤ 《资治通鉴》卷一四〇。

阳郑氏是五姓之一，而丛亭里刘氏之女"与荥阳郑懿女对为〔太子〕左右孺子"，①丛亭里刘氏与荥阳郑氏门第应当相近。由此可见，丛亭里刘氏虽然消声于南而犹显贵于北，这是丛亭里刘氏入唐后还能持久不衰的重要原因。

〔**后记**〕　本文之作，滕君昭宗与我共同发明指意，起草之任属滕君，清定之责在我。滕君毕业于北京大学历史系，供职于连云港市博物馆。他在阅读拙著《东晋门阀政治》一书时，提出该书所论东晋徐州刺史刘该可能就是北魏刘芳之祖刘该。我们经过往返研讨，觉得此说不误，并有深入研究的价值。时值汤用彤先生百年寿辰，我建议共以此意撰文纪念。刘该属彭城丛亭里刘氏，故里在河淮之间可南可北之地，未曾倾族迁徙。刘氏人物之居官者，其动向是忽南忽北，在相当程度上视彭城故里属南属北为准，也就是说以保全家族利益为依归。刘氏既为士族，又是将家，像这样的家族自成一种类型，在南北对立时期还能找到一些。我们认为对彭城丛亭里刘氏进行研究，可以说明一些历史现象，开发一些类似的研究课题，是有益的。不过本文只能算是初步尝试，深入的工作有待同好共同钻研。

田余庆　1992 年 11 月

——原刊《汤用彤先生诞辰百周年纪念论文集》，1993 年。

---

①《魏书》卷五五《刘芳传》。

彭城刘氏与佛学成实论的传播

　　《南北对立时期的彭城丛亭里刘氏》一文写于十年以前。其后思考所及,觉得居于南北中间地带的彭城,其地位除影响南北政局之外,还对南北经济文化交流起过重要作用。南北朝时期流行的佛学成实论,就是公元五世纪时在寿春、彭城研习养成,通过僧人传布南北,成为中国佛学发展中的一件大事。其时刘氏撑持彭城一方,染习其中,自多襄赞。彭城刘氏人物播迁,随形势变化,或南或北,与同时间内僧人流布南北,并传播成实论,动向大体一致。彭城刘氏人物与成实论的传播,颇有因缘。

　　按成实论,鸠摩罗什居后秦时于长安译出,当东晋安帝义熙年间。其时北方扰攘,两淮之地长期属南。刘裕灭后秦,以子义真留守长安。义熙十四年(418)义真被赫连勃勃攻逼,赖长安僧人释僧导之助,得以逃归南方。翌年刘裕受晋封为宋王,以寿春为王都,遂立东山寺于寿春,僧导得以来东山寺讲说经论。罗什译成实论时,僧导曾"参议详定",深谙其说,成实论乃得因僧导而南传。后来北魏太武帝毁佛(446),北方僧众纷纷避难南行,或归寿春,或投彭城,寿春、彭城成为两淮地区的成实论重镇,寿春为时略早,彭城则影响大于寿春。两处僧人又多移驻建康,建康成实之学遂盛于南朝。溯江而上,江陵、长沙诸寺亦讲习成实。

彭城成实论研习开讲,始于僧嵩,当在太武毁佛前后。僧嵩后来转驻建康,但僧嵩在彭城的传人,自僧渊以下,入北者颇多,时间当在刘宋泰始五年(北魏皇兴三年,469)北魏夺得青齐之地、彭城入魏之后。所以北朝成实论之盛,在北魏冯太后、孝文帝时,较南方晚。

《魏书》一一四《释老志》,太和十九年(495)孝文帝"幸徐州(彭城)白塔寺,顾谓诸王及侍官曰:'此寺近有名僧嵩法师(僧嵩),受成实论于罗什,在此流通。后授渊法师(僧渊),渊法师授登(道登)、纪(慧纪,亦作慧记、惠纪)二法师。朕每玩成实论,可以释人染情,故至此寺焉。'"孝文帝提及的道登,其时在孝文帝侍讲之列。孝文爱好成实论,并重视成实诸僧,于此可见。冯太后亦爱成实,置成实师于左右。另有释昙度者,本江陵人,游建业,造徐州,从僧渊受成实论。《高僧传》论谓"昙度、僧渊,独擅江西(江北)之宝",即指研习传授此学。昙度亦自彭城至平城,开讲成实,徒众远近至者千余人。这些就是孝文帝幸彭城白塔寺所言的背景。不过北方义学不如南方,一时兴起的成实之学,并不像南方那样名僧辈出,历时较久。

彭城成实之学研习养成及其与彭城刘氏因缘,颇有痕迹可寻。当僧嵩、僧渊开讲成实之时,彭城首望刘氏人物不能不受到濡染,涉猎成实,蔚为风气。彭城儒生与僧侣酬对往还,当为常事;刘氏尽地主之谊,必然多所赞助。"隐士刘因之舍所在山,给〔僧渊〕为精舍",即是一例,事见《高僧传·僧渊传》。

彭城刘氏在北魏的代表人物刘芳,其经历颇多与成实论传播相关之处。据《魏书》五五及《北史》四二《刘芳传》,刘芳当是生长彭城,北魏平青齐以后,辗转入北。其时他年十六,家穷窘,常为诸僧抄写经论,"昼则佣书以自资给,夜则诵经不寝"。他"与德学大僧多有还往",历十余年之久。这些"德学大僧",以平城当时佛学状况言之,多习成实论无疑,而且有一些来自彭城。刘芳少年时在乡里所习染的成实论,此时竟成为他在平城谋食的手段,稍后又成为他进身入仕的阶梯。刘芳以平齐民的身份而能得到冯太后和孝文帝的眷顾,我想就是由于与诸"德学大僧"多有还往之故。

《刘芳传》载:"南方沙门"惠度为冯太后师,以事被责,暴亡,"芳因缘关知",受冯太后鞭责。此事《南齐书》一八《祥瑞志》记其原委,谓魏人获玺,文曰"坤维圣帝永昌",欲因惠度献于冯太后,以求攀附。惠度以正朔在南,遂私托僧人送至建康,事发,惠度被责,刘芳株连。惠度其人,在南经历亦可略考。据《高僧传·释慧球传》,慧球在湘州麓山寺,"与同学慧度(惠度)俱适京师,⋯⋯后又之彭城,从僧渊受成实论。"由此可知,惠度有南居彭城和研习成实论且师从僧渊的经历,在平城为冯太后身边的德学大僧之一,自然权势在握。刘芳与他亲近往来,坐"因缘关知"受罚,当由于刘芳本人乡里、家世、学养诸多关系之故。不过刘芳受罚止于一时一事,于前途未产生影响。他终于以"笃学有志行",受到冯太后、孝文帝的赏识拔擢,在朝地位不断上升。

刘芳后来以儒学显,号称"刘石经",应对称旨。他除了儒学素养为孝文帝器重之外,其余经历包括自幼染习彭城成实论义学,得以与平城诸僧亲近,以此为媒介而为冯太后、孝文帝所顾等等情节,都是据相关资料推断而来,《刘芳传》未置一词。彭城刘氏处在南北对立的特殊时代,居南北之间的特殊地理位置,经历时南时北的政治变迁,又受到在彭城兴起的成实论的耳濡目染,因而襄赞成实诸僧研习传播,促成南北文化交流,是很自然之事。刘芳事迹,是彭城刘氏对南北文化交流所起促进作用的一个实例。

汤用彤先生在其名著《汉魏两晋南北朝佛教史》中，论述成实论在南朝、北朝的流行，曾单独标举"彭城之佛学"一段文字，只是未述及与彭城刘氏人物的关系。十年前撰文纪念汤先生诞辰百年，未能与汤先生毕生研究的中国佛学相联系，颇以为憾。兹添补彭城刘氏与成实论一段因缘，为该文续笔，以期切合纪念大师之初衷。

2002 年 11 月

古运河开发中所见的一个问题*

中国唐史学会、杭州大学、江苏省社会科学院、安徽省社会科学院、河南省史学会等单位联合组织的唐宋运河考察队,于1984年7月14日至8月25日,沿浙东运河、江南运河、江淮运河(邗沟)和唐宋汴河故道,作了一次实地考察。考察队成员来自全国各地的三十余所高等院校和科研单位,考察行程三千余里。野外考察在酷暑中进行,当然影响考察效果,但是冒暑活动,更能反映大家求知的迫切心情。

现在出版的这本《运河访古》,是考察队员们分别撰写的论文的汇集。论文质量不一定整齐,但毕竟都是作者们在考察中得到的启发或积累的心得,可能各有一些特点。

我忝为队长,伴随研究古运河的专家和有志于此的同行们进行考察,长了不少见识。由于有别的事情要办,我在扬州离队回京,未能参与邗沟和汴河故道的考察活动,颇感遗憾。这个前言,只是略书我个人在考察过程中的所见所思而已,与考察队的各项活动和本书的内容,不一定有多少联系。

我的所见所思有下列几点:一,浙东、江南、淮南运河,凑巧都

---

*原题《古运河遐想——〈运河访古〉前言》。

是分裂时期的历史产物;二,分裂时期修凿这些运河,主要是为了发展与外界的交往,而不是为了造成一个闭锁的地方系统以巩固分裂割据;三,把分裂时期凿成的这些运河改造为发挥全国效益的大运河的一部分,没有国家的统一是不可能的。现在,我对这几点意见依次加以说明。

中国大运河是隋炀帝为了统一帝国的需要而凿通连接起来的,这是习知的史实。但是,大运河的长江以南、甚至淮河以南各段,却都不是统一时期的产物,其始凿是在分裂时期,连通也是在分裂时期。

先从最南端的浙东运河说起。浙东运河可能首凿在春秋末年。《越绝书》中所谓"山阴故水道",历史地理学家认为就是今绍兴至上虞一段运河。浙东运河全线西起钱塘江的西兴堰,东至上虞的通明堰,当连通于两晋之际的贺循,事据《嘉泰会稽志》。至于从通明堰更向东引,连接余姚江、甬江以通于海,使整个浙东运河发挥最大效益,则是南宋时事。南宋偏安一隅,首都临安所倚的钱塘江难于通航。临安物资供应仰赖浙东,海外贸易赖浙东明州港以为吞吐,所以倚重浙东运河。南宋帝陵在浙东绍兴,梓宫启运和谒陵活动,都需运河。所以浙东运河与余姚江的全线畅通,对维持南宋朝廷极为重要,从经济上和从政治上说,都是如此。

江南运河也主要是分裂时期的产物。其南段和中段水源充足,土层深厚,地势平坦,开河较易,当通于春秋末年。江南运河的关键部分是北段,即今丹阳至镇江一段,这一段运河,我推测是吴王夫差时初开,或者是吴王就山间自然河道,部分地修治利用。吴王过江争霸中原,很注意利用水路。他既然能开通邗沟于江淮之间,又能从海上攻齐,也当有可能于自己的后方尽量利用水道以通长江，从而构成这段运河的雏形。《越绝书》所谓"吴古故水道……入大江，奏（凑）广陵"，当是反映这一事实。这段运河秦始皇曾加利用和改造。三国孙吴末年，岑昏曾主持过这段运河的重大改造工程。据《太平御览》卷一七〇引《吴志》，岑昏"凿丹徒至云阳"，"皆斩绝陵袭，功力艰辛"。这是指岑昏在重叠的丘陵山岭间开辟运河新道，从而形成后世蜿蜒曲折河道的基础。为运河调剂水量的练湖是陈敏所开，时间在两晋之际。

至于江淮之间的邗沟初开于吴王夫差之时，更是没有问题。邗沟由原来连接博芝、射阳诸湖的弯曲水道改变为由津湖径渡，初创于汉魏之际的陈登，两晋之际的陈敏可能也起过作用。

吴越古运河规模不算太大，其地河湖水网密集，地势平坦，开河工程一般并不甚难，所以分裂时期的吴越小国，也能兴建。小国为了求存，更关注本地的迫切需要。

中国古代历史上有这样一种现象：中央集权国家，辉煌的文治武功，灿然可观的典章制度，规模巨大的建设工程，尽管多出现于统一时期，但是地区的经济、文化发展，包括小工程的兴建，却往往在分裂时期更为显著。一般说来，统一王朝的政治、文化以至经济中心多在首都及少数重镇，只有这些地方才有优先发展机会；远离交通干线的地区，例如南方腹地广大地区，发展速度则要缓慢一些。各地区发展的不平衡现象，往往在交替出现的分裂时期逐渐得到一些弥补。分裂时期的小国，为了自立自存，不得不勉力开发一些道路河渠等工程，以促进地区经济发展。而分裂时期地区经济的发展，又给以后出现的统一局面提供便利条件和更高的经济、文化基础。这是中国古代历史的一个周期性的发展过程。吴越时期，六朝时期，十国时期，南宋时期，江南地区从开发到提高，逐步发展到接近北方、赶上北方、超过北方的水平，对秦汉、隋唐、元明清大帝国的出现和维持,起了重要作用。凿成于分裂时期的淮南、江南、浙东古运河,促进了地区的发展,到统一时期成为贯通南北的大运河的重要部分,又使统一多了一重保障。这一运河开凿过程,与古代国家的周期性的发展是一致的。近年来,我国地方史的研究成果,为这一现象提供了不少的证据。这是我的第一点认识。

首凿于秦统一前的南方各运河,在促进地区经济、文化发展的同时,客观上也起过巩固分裂局面的作用,这在分裂时期是不可免的。占据江东一隅的人,首先的要求就是保全由运河所沟通的基本区域作为自己的立足之点。但是从长远看来,这并不是运河所发挥的政治作用的主要方面。南方统治者开凿运河,利用运河,并不重在使南方自成一个闭锁系统以与外界隔绝,而重在更方便地与外界开展各种交往,包括经济、文化、政治交往,也包括进行战争。我们可以说,江南地区正是通过运河增进了与外界的关系,提高了自己的发展速度,增加了自己的活力。浙东运河的开凿,与持续甚久的吴越战争有密切关系,这是没有疑问的;江南运河北段和邗沟的开凿,服务于吴王夫差北上争霸的政治要求,也很清楚。以后,秦末项羽北进,西汉吴王刘濞反汉,都沿江南运河和邗沟方向通向北方。他们都想凭借江南力量,取代北方政权,但是都未成功。早期孙吴历史也反映了同样的趋势。孙吴植根于江南运河流域,而又不安于局促一隅的局面,一定要将政治中心从太湖所屏蔽的吴,沿运河北迁至濒临长江的京口,以适应孙吴政权开展对外界交往的需要。后来孙吴立都建业,离开了运河。但不久以后凿成的破冈渎,又使建业经秦淮水直接与运河联通。孙吴仍然赖运河以立国,运河则支持着建业向外界发展。

在中国历史上,江淮运河、江南运河、浙东运河,都从来不是分裂割据的象征。绍兴现有禹庙、禹陵、禹穴，是绍兴重要的名胜古迹。禹东巡会稽而死，司马迁作如是说。今绍兴会稽山麓禹庙兴建的历史，据方志说可上溯至南朝的萧梁。据我所知，会稽有禹庙，至少在东汉时。《三国志·魏书·王朗传》注引《王朗家传》载：王朗于东汉末年为会稽太守，时会稽祀秦始皇，与夏禹同庙，王朗莅郡，除秦始皇之祀。以秦皇与夏禹并祀，是当地民情的反映。民情重夏禹，当然由于他是华夏圣君，且又为治水而至会稽。民情重秦始皇，应当是重他一统南北而且有会稽之行。夏禹与秦始皇并祀于会稽，是华夏文化南被和南北一统的象征。我们知道秦皇会稽之行是循运河一线而来的，《越绝书》有始皇修水道到钱塘的记载。运河的存在也成为一统的象征和一统的因素。

所以我认为南方运河在政治上所起的主要作用，不是使江南自成闭锁系统而与外界隔绝，而是使江南与外界更快、更紧地联为一体。这是我的第二点认识。

如上所述，浙东、江南、淮南运河主要都是开凿于分裂时期，在政治上却都主要起着促进统一而非巩固分裂的作用。但是把这些运河作进一步修整，并连通北方水系而构成大运河，使之发挥全国性效益，还得靠统一国家的作用，分裂时期是无能为力的。在这方面，隋炀帝的确是值得纪念的人物。扬州市郊雷塘的隋炀帝荒冢，虽然真假难分，但也有加以保护的必要。晚年仕于吴越钱镠的余杭人罗隐作《炀帝陵》诗曰："入郭登桥出郭船，红楼日日柳年年。君王忍把平陈业，只换（一本作博）雷塘数亩田。"这是慨叹炀帝陵平凡荒圮，不称其平陈伟业，现在读来，令人深思。我想如果考虑到炀帝开河之功，把"平陈业"三字改为"开河业"，不是也可以发出同样的感慨吗！顺便提及，王国维《人间词话》引此诗，谓之为"政治家之言"，"词家所忌"。他从诗词境界立论，自有道理。但是有些感事怀古的诗词也自有意境,给史家带来启示,是史家所爱读的,《炀帝陵》诗属此。当然,这是题外的话,无关本文主旨。

除隋炀帝外,我还想提及秦始皇在开通运河方面值得纪念的事迹,而这一点是从不为人注意的。秦始皇东巡,沿长江而下,经金陵,至丹徒,南折而下钱塘,以至会稽,其南折一段路程与运河恰合。根据各家古地理书的记载,这条运河线上有许多地名,是秦始皇东巡时改定的,原因都是说望气者以其地有天子气,所以秦始皇用刑徒掘地以败其势,并且变更地名。例如:以赭衣徒凿谷阳地而有丹徒之名,即今镇江;凿云阳直道使之阿曲而有曲阿之名,即今丹阳;令囚徒掘污樵李地而有囚卷、由拳之名,即今嘉兴,等等。秣陵也是秦始皇时由于同样的原因而改易的名称。甚至由秣陵溯秦淮水至其上游之方山,然后向东凿通破冈渎以连江南运河的工程,据说也始凿于秦始皇时。《通鉴》梁中大同元年六月甲子条胡注曰:"破岭在今镇江府丹阳县,秦始皇所凿,即破冈也。"就连破冈渎西端起点的方山埭亦建于此时。《元和郡县图志》卷二五润州上元县方山:"秦凿金陵以断其势;方石山埭,是所断之处也。"《资治通鉴》齐武帝永明元年(483)胡注引宋白之言曰:"《丹阳记》云,秦始皇凿金陵方山,断处为渎。则今淮水经城中入大江,是曰秦淮。"秦始皇北归,由江乘渡江,后人遂推测丹徒至江乘大道,就是"南极吴楚"的一段驰道。

这里最值得注意的,是曲阿名称的含义。江南运河丹阳至镇江段,穿行丘陵山岭之间,地势时高时低,水位落差问题极难处理。秦始皇凿云阳直道使之阿曲,实际上是顺应地形地势以开通一条弯曲河道。弯曲河道比直道能增加河道长度,降低河床坡度,调整水位落差,便利船只航行。这同今天在山间选择盘山路线以利车行,道理是一样的。秦始皇显然做了许多与这一段运河的修治有关的事,但史籍却从未提及秦始皇有此功劳,所以后世关于此段河道工程修建问题异说纷纭。据我所知,有的方志倾向于认为这段运河即是秦始皇所开,如《至顺镇江志》;有的著作认为岑昏以前没有这段运河,如《十七史商榷》"小其"条。我则如前所述,推测是吴王夫差初开,秦始皇作过改造,岑昏又作过重大改造。由于地形地势的原因,这段运河设计施工都很艰难,在古代的技术条件下一次成功而又维持久远,是不可能的,必须经过多次改造,反复维修。秦时凿直道使阿曲,与四百多年以后孙吴时"斩绝陵袭"相比,其工程内容与改造重点,应当是类似的。

大运河开通以前,陈敏是认识淮南、江南运河水系对于支持北方政权有巨大作用的少有人物之一。西晋末年,陈敏为仓部令史,请求离开洛阳,着手建立一个转运系统,通过江南运河、淮南运河以及北方可用的河流段落,漕运江东粮谷以济中原。他先后任合肥、广陵度支,掌握一支运兵,渡江后又兴建练湖以调剂江南运河水量,便利漕运。陈敏后来乘晋乱割据吴越,《晋书》遂归之于叛逆之例。今天我们从其初衷和行事看来,也许可以认为陈敏已有了南北大运河的某种构想,同隋炀帝所修大运河的蓝图相近。当然,真正形成沟通南北的大运河,只有在稳定的统一时期才有可能,陈敏之时并不具备这个条件。

大运河修成后,唐和北宋政府在很大程度上仰赖大运河,大运河效益发挥的程度影响唐宋政权的兴衰。而且,大运河的作用,也不限于唐宋帝国内部。大运河的一端通过明州港以通海外诸国,另一端则从洛阳西出以衔接横贯亚洲内陆的"丝绸之路"。可以说,大运河起着沟通陆上"丝绸之路"与海上"丝绸之路"的巨大作用。当然这种作用发挥的程度如何,与其时中国国内的具体状况,也与域外各地段的具体状况有直接关系,不能一概而论。关于这层意思,请参看本书《唐宋运河在中外交流史上的地位和作用》一文。从这个角度看来,我认为大运河作为东方世界主要国际交通路线的稳定的一环而起作用,也只有在中国统一时代才能较好地实现。这是我的第三点认识。

在中国古运河考察中所获得的这三点认识,也可以说是我自己从一个侧面所见中国古运河开发史的某些特点。中国这样一个历史延绵不断的统一的文明古国,是中国先民留给我们的宝贵遗产。就统一这一点说来,我认为最可宝贵的还不是统一时间的长久。事实上中国历史上的分裂曾反复出现过,分裂时间也不很短。中国历史中并不是只具备统一的条件,而丝毫没有分裂的条件。民族的、地域的、内战的诸多原因,都有可能导致一个时期的分裂。封建经济的闭锁性的一面,是长期存在的影响统一的因素。不过我更认为,按照历史的昭示,最值得宝贵的地方还在于,即令在分裂再现之时,中国人并不自安于分裂,分争各方总是力求寻得恢复统一的路径,人们生活的各个方面,包括思想、感情、文化交流、经济联系、政治交往,也自然而然地孕育再统一的条件,使统一成为全社会不可抗拒的潮流。而且在此以后形成的统一国家,其立国的基础,统一的地域规模和巩固程度,往往比过去的统一国家更要宽广,更要牢固。中国古运河开发的历史,具体而微地体现了中国历史的这一特点。我从古运河考察中所见所思而产生这种认识,也许是凭借以小见大的历史眼光,也许只是主观臆断,所以我不敢信其必是,提出来供这方面的专家学者研究参考。

——1985年作。原刊《运河访古》,唐宋运河考察队编,1986年上海人民出版社出版

魏晋南北朝史研究的回顾与展望

——在中国魏晋南北朝史学会成立大会闭幕式上的发言

　　中国古代史的研究状况，各段很不平衡。长期以来，周、汉、唐、明诸朝历史最受重视，主要的原因是国家"一统"，有盛世，有英主，有武功，典章制度灿然可观，经济文化比较发达。至于分裂时期的历史，历来总是被忽视，因为它往往延续于动乱之中，没有多少可以被称道的文治武功，典章制度也比较混杂。魏晋南北朝的历史，总是处于被忽视、受冷落的地位。

　　魏晋南北朝时期，当代史料编纂很盛，但都属于别史、杂史、载记之类，多出私家之手。后来正史编纂告成，大量史料也就陆续散失。魏晋南北朝历时不过四百年，所含正史却有一志八书二史，加上隋书，总数达十二种，种类占二十四史之半。这一事实，正好说明魏晋南北朝史料纷繁杂乱，亟须作进一步的综合整理工作。但是在中国的王朝时期作过这种系统综合整理工作并取得重大成果的，我认为只有北宋刘恕一人。经刘恕整理的这四百年的历史资料，构成《资治通鉴》的一部分约一百二十卷。它揉合十几部正史的主要资料，还增添了一些正史以外的资料，叙事精密，首尾相呼，南北对应，极具水平。《宋史·刘恕传》说：刘恕"于魏晋以后事考证差谬，最为精详"。这个评价是恰当的。刘恕以后数百年间,魏晋南北朝史料散佚更甚。唐宋以下颇富史料价值的笔记小说中,也没有多少魏晋南北朝史料可供钩稽,史料整理更无从说起。乾嘉考据风起,出现了钱大昕、王鸣盛、赵翼等家考史著作。魏晋南北朝史以其所含正史种类特多,在诸家考史著作中占有较大比重。此外在正史的补表、补志中,涉及此段历史的也较多。乾嘉的务实学风是非常可贵的,在这种学风影响下形成的考史、补史著作,有很高的学术价值。但是乾嘉学者的史学流于饾饤,缺乏新意,没有导致魏晋南北朝史研究的重大突破。

历代关于魏晋南北朝史的研究成果不过如此,比之于汉、唐盛世历史,这块学术园地显得非常荒芜。究其原因,我认为主要是古人囿于其时代水平,不具备理解魏晋南北朝历史的眼光,因而不能从深处思考这段动乱历史的意义和作用,不懂得魏晋南北朝历史为什么会孕育、生成,它为什么又会孕育、生成另一段历史。

二十世纪以来,中国史学界发生了重大变化。西方资本主义世界历史的研究方法和研究成果,启发了中国史家的思想。一部分中国史家继承乾嘉务实学风,超越乾嘉狭隘视野,参考西方史学方法,重新探究魏晋南北朝历史的内涵,出现了一批前所未有的研究成果,其中贡献最大的,是深受国内外史家景仰的陈寅恪先生。

陈寅恪先生具有爱国思想,具有正直的士大夫情操和博学深思的中国文化习养。他在学术研究方面虽然保持着传统史学的风貌,但是他的史学思想和史学方法却具有全新的内涵。他着眼于较长的历史过程,在较高的层次上探讨魏晋南北朝历史的脉络所在,提出并解答了许多前人的认识所不能及的问题。他重视以不同的种族、家族、地域、文化为背景的社会集团的活动,从中发现历史的联系和推移,并以之解释各种纷繁的历史现象。他师承乾嘉而又不拘泥于乾嘉,在魏晋南北朝史的研究中奠定新基础,开辟新途径,起了划时代的作用。陈寅恪的研究影响了几代史学工作者,近几十年来国内研究魏晋南北朝史最有成就的学者,几乎都是陈寅恪的弟子或私淑弟子,而他们的研究工作,基本上都是在陈寅恪的启发下或者是在陈寅恪的基础上进行的。诚然,陈寅恪的功力和成就更多地是在唐史研究方面。但是他的唐史体系在内容和方法上都是上承魏晋南北朝史。正是从魏晋南北朝史研究中发现了重大的线索,才使他的唐史结构得以形成。他分析唐史中的文化影响、制度渊源、地域关系、家族传统、政治背景等方面的问题,跟他分析魏晋南北朝史是一脉相承的。我们现在在这里召开魏晋南北朝史学术讨论会时,不能忘记这位硕果累累的先行者。

陈寅恪按照他自己的家世背景、学术素养从事研究,在本世纪四十年代就达到了一个真正的高峰。陈寅恪晚年继续按照他自己的独特途径从事研究,发表了许多精辟的论著。由于他筚路蓝缕的开拓之功,才吸引了那样多的史学工作者从事魏晋南北朝史的研究。今天魏晋南北朝史的研究欣欣向荣,再也不像过去那样处于冷落状态了。

但是千余年来魏晋南北朝史的研究成果,就其积累总量说来毕竟有限。近年来由于各种干扰,特别是由于"文化大革命"的破坏,魏晋南北朝史家浪费了不少精力,丧失了不少时间。今天看来,研究工作刚刚恢复,譬如垦荒,房前屋后,道畔水边,凡是方便易垦之处虽然都已有人尽力耕耘,获得成果,但在深远处有待开发的空白还是不少。特别是要靠高瞻远瞩才能看得到的问题,要花大气力才能有成的工作,今天做得还很不够。在政治史、经济史、文化史、民族史等方面，提出来的新课题并不很多。研究工作往往是围绕着一些老问题进行，而一时似乎又难于取得重大突破。这里让我举例加以说明。

四十多年以前，陈寅恪于《魏书司马睿传江东民族条释证及推论》文中，曾引用《陈书》所载梁末"郡邑岩穴之长，村屯坞壁之豪"乘时而起的资料，认为这是江东"世局之一大变"。陈寅恪识见敏锐而又慎重，他把这一见解列入推论，当含有待证的意思。但是迄今为止，似乎还没有人对这一问题作出深刻而又确凿的验证。"郡邑岩穴之长，村屯坞壁之豪"大量出现在梁末历史上，不可能是一朝一夕突然的事。它必然反映江左腹地经济文化发展和社会交往，业已达到相当可观的水平。只有这样，在政治上、军事上足以割据一方的豪霸才能出现。他们乘侯景乱后局面而坐大，浮现到了社会的表层，成为尔后陈朝重要的统治力量。但是江南腹地社会经济在六朝时的发展进程究竟如何，达到了怎样的水平，腹地豪霸作为一个社会阶层的政治代表如何逐步兴起，凡此等等都是南朝历史的大事，我们却还没有千方百计地去发掘资料，加以说明。所以就这一点而言，陈寅恪四十多年前提出的问题，现在基本还停留在原来的水平上，没有大的进展。所谓江东"世局之一大变"的问题，仍然说不清楚。

中国古代历史上有这样一种现象：辉煌的文治武功尽管多出现于国家统一时期，但是地方经济的发展在分裂时期有时也颇为显著。一般说来，统一王朝政治、经济、文化的重心均在首都，只有首都以及首都所仰赖的经济供应线（例如漕运线，商品流通线）附近，首都与重镇之间交通线附近，才有较大的发展机会，此外的广大地区，发展速度要缓慢得多。《史记》所列举的重要都会，多半是分裂的战国时期各国的首都和重镇，而到了秦汉统一时期，大发展的只是长安、洛阳等数处而已，其他大多不再发展，有的甚至趋于衰落。按照这个道理，我们可以理解长江以南经济、文化开始取得突破性的进展，不是在统一的秦汉时期，而是在分裂的六朝。梁陈之际南方腹地豪霸纷纷出现，正是南方在分裂时期发展较快的一种反映。从这里看来，我觉得分裂时期的历史并非没有积极意义可寻。何况在中国这个多民族国家，民族融合现象也多在分裂的年代特别显著。分裂时期的社会变迁和民族变迁，往往为即将重建的国家统一准备更广阔的地域，奠定更厚实的基础。

在这次学术会议上，我听到有些南方省区的同志所作该省区在魏晋南北朝时期经济发展状况的研究报告，颇有启发。这些报告能够在习见的史料以外发掘本省区的地貌、物产、土壤、气候以及地志、口碑等多种资料，进行探索。如果南方各省都作类似的探索，若干年后探索有成，也许我们对六朝时期南方腹地开发进程能得到较多的了解。这不但可以大大开阔我们对南朝历史研究的视野，而且还可以把陈寅恪所作江东"世局之一大变"的推论加以证实。

当然，仅就这一个方面说来，待研究的也不只是南方各个地区，全国其他地区也有分别研究的必要。

从这里我还想到，今后若干年内，魏晋南北朝史的研究，应当在务实的基础上多提出一些新问题加以探索，而不要把研究工作局限在几个老大难的问题上争论不休。外国汉学家的研究成果，也要多多吸收。探索新问题，借鉴外国，可以丰富我们的思想，有助于寻找解决老大难问题的途径。发展魏晋南北朝史研究工作，一需要功力，一需要思想，思和学相辅相成。陈寅恪取得丰硕的成果，原因也在这两个方面。为了矫正长期以来史学研究中空泛的弊病,目前应当把扎扎实实放在第一位,把热热闹闹放到第二位去。也许经过"十年生聚,十年教训"之后,魏晋南北朝史的研究能出现较大的突破。也许再有若干年,魏晋南北朝史研究的队伍中能出现几个新时代的陈寅恪,他们既有微观的功力,又有宏观的眼光;既熟悉中国传统的史学,又有精深的理论修养,还能够把全世界学者的相关研究成果尽收眼底。这样,魏晋南北朝史就会成为高水平的学科。不过在这种成就出现以前,我们还是要多研究具体问题,力求多取得具体创获。具体创获哪怕细小,其总和将是可观的。重大问题的解决,有时要依赖长期积累的一点一滴的研究成果。

人文科学、社会科学的发展似乎有这样一种规律:在取得重大突破之前,往往需要一个资料积累和整理的比较冷寂的过程。欧洲中世纪的经院对学术知识材料的搜集整理,为资本主义时代学术大发展作了准备。中国乾嘉之学用考据方法整理资料,研究学术,为一个世纪以后人们用新思想来探索社会历史提供了重要的素材。现在,我们的研究工作也同各项物质文明和精神文明的建设一样,处在拨乱反正之后行将起飞的时刻。为了迎接史学研究的高潮,我们应当多做一些具体的扎实的准备工作,并且多培养一些适应这种需要的有功力又有眼光的青年人材。史学研究真正的高潮,说不定更要靠我们的下一辈。

——1983 年作。原刊《魏晋南北朝史研究》,
1986 年四川社会科学院出版社出版

消除"代沟"，共同前进

——《文史哲》笔谈

　　近几年来，一部分青年史学工作者对当前中国历史研究状况感到不满，认为研究课题不够丰富，思路局限，视野狭窄，方法陈旧。有的年轻人还提出中国史学处在危机之中。他们要求借鉴西方史学，借鉴史学以外的学科包括某些自然科学的思想和方法，对中国史学作若干改造。他们的呼吁和努力，引起了史学界广泛的注意，同好者有之，附和者有之，观望者有之，疑虑者亦有之。这是史学界的止水涟漪，反映了全国改革声中史学界有志青年的新的追求，新的探索，是史学发展的一种推动力量。

　　史学界同行聚首，常有人议论起上述史学危机问题。凡是几十年风风雨雨的过来人，绝大多数都不同意所谓危机之说。他们认为中国的史学危机确实存在过，持续时间还很长，但是上帝保佑，危机毕竟是过去了，眼下正是埋头苦干的大好时机，不要分散精力。他们估计，以往史学所受摧残曾影响到几代人的身心，后果严重，今天要想立竿见影地出大成果，也许不切实际，但是新成果毕竟是会源源不断地出现的。十年生聚，十年教训，再过一些时日，年青一代史学工作者成熟了，其中完全可能出现一批高手，出现一批富有创造性的划时代的成果。那时候，历史学定会出现真正的新气象。而在目前，我们最需要的，是脚踏实地，稳扎稳打。所以今天谈史学危机，近于故作危言，并无好处。

青年们则申辩说，现在形势很好，对此并没有不同的看法。他们只是担心在史学研究有可能腾飞的时候，由于史学工作者几十年生活在学术的闭锁状态而缺乏必要的世界性眼光，缺乏新方法论和技术手段，缺乏时代气息，因而有可能飞不起来。他们认为所谓危机之说由此而发，希望在耸听之余，能起到激励作用。有的青年还抱怨一些年长学者只是感到危机一词的刺耳而听不进年青人理智的呼声，不理解他们在现代化潮流中对史学现状的忧虑，不重视他们为了寻求改革而作的努力。他们认为自己的时代责任感和科学良心被误解了，并因此深感委屈。

也许，这就是当今社会所谓的"代沟"在史学领域的表现。

当然，"代沟"之说也只能是就其倾向性而笼统言之。青年们的思想未必完全一致，年长者对此的看法恐怕也颇有参差。不过，问题既然已摆在我们面前，就希望有更多的史学工作者把自己的看法说出来，彼此讨论，互相沟通。

变革的时代，青年总是最富于创新精神，史学界当然不会例外。创新是一种探索，探索必然有准确有不准确，有成熟有不成熟，有成功有不成功。这些都只能留待实践即史学研究成果来加以检验，而不能预先作出确实而又具体的判断。青年们要求探索的愿望是合理的，我们只能尊重他们这种愿望，切盼他们少走弯路，早获成果。学术的发展，在正常情况下总是后浪推前浪，后人胜前人。如果青年人没有开拓精神，不善于思考，也许只能在前辈后面亦步亦趋。如果这样，他们最多只能出于其师而等于其师，创新、突破、前进就谈不上。国画大师齐白石诫弟子，有"泥我死"的名言。绘画不能拘泥于师法，否则就会丧失艺术的生命力,史学难道不也是这样吗?

近代学术的发展,各学科彼此渗透是必然的事,而且不限于方法论和技术手段。人文科学、社会科学中任何一个学科出现的、在当时看来是重大的成果,毫无例外地都会反映到史学中来。甚至自然科学的重大进展,也会直接或间接地在史学中得到反映。西学东渐以来中国史学的第一次大改造,与生物科学中进化论思想进入史学领域有重要关系,这是大家所熟知的。社会科学中的马克思主义被引入历史研究中,对史学的影响尤为深刻,这就更不待言了。计量方法、比较研究方法、比较语言学方法、社会学方法等等也都或早或迟地被引进历史研究之中,史学界也认为是自然而然的事。电脑用于史学研究,当前更是迫不及待。只要我们对被引进的思想和方法有比较、有取舍、有较充分的理解,较恰当地估计它的价值,不曲解不夸大,而又能用得其所,用得其法,一句话,只要我们能消化而吸收之,这种引进对历史研究是大有好处的。眼下青年们谈论最多的自然科学中的所谓"老三论"、"新三论",恐怕也应这样看待,只不过要先弄清楚它们的主要内容是什么,弄清楚它们究竟在什么地方、以什么方式、在何种程度上可以与历史科学交叉,为历史科学所用。

较年长的史学工作者出于持重的考虑,总觉得还应当把自己亲身得到的教训,提出来供青年们参考。教训之一就是,理论浮夸风曾使史学研究吃过大亏,千万要注意防止。任何新思想、新方法,即令都很正确,我们对它的内容有较充分的理解,对它的作用也有恰如其分的估计,即令如此,也不能代替每个人扎扎实实的、坚持不懈的具体研究。只有在具体研究中,新思想、新方法的应用确实帮助解决了一些问题,取得了一些实际成果,这些新思想、新方法才算被证明对史学研究是有用的,才会获得较广泛的认同。有志探索的人应当发扬苦学深思的精神，一步一个脚印地前进，不要企求忽然间得到一种仙方，短期之内不太费力就能解决千百年历史中重大的疑难问题。否则，总有一天会感到大失所望。

借鉴和引进是为了振兴中国史学，这要求我们理解中国史学当前的弱点和优势所在，以便借用新思想、新方法，发扬优势，克服弱点。中国史学的弱点，如前所述，青年们有自己的看法，谈论很多；但中国史学的优势，是否同样受到注意了呢？

在我看来，中华民族是世界上最重视历史、最富有历史感的民族之一，所以几千年来才能出现那么多卓越的史学家，留下那么丰富的典籍和研究成果。历代史家潜心著述，磨练出严谨地对待史料的成套方法，讲究扎实的基本功和深厚的史学根柢，并且凝聚为实事求是的传统学风。这应当是中国史家的一大优势。与外国研究中国历史的学者相比，中国学者研究的是本国历史，具有对文化背景和文字理解方面的天然优势。只有尊重自己的好传统，发扬自己的优势，练好基本功的人，才最具有强大的消化吸收能力，就像根深柢固的树木最具有强大的摄取养分的能力一样。反之，自己功夫浅，底子薄，想借鉴也是无能为力。我们的先辈史家中富有创新精神而又有丰硕成果的，都是根柢深厚的人，这一点，无论是马克思主义史家还是非马克思主义史家，都是一样。

还有个善于借鉴、善于吸收问题。借鉴不是简单的移植，而是要消而化之。借鉴新的思想，新的方法，不免要引进一些新的术语，新的概念。新术语、新概念如果不能在相当的深度上有机地应用于中国历史的分析，还不能说完成了借鉴的目的。善于借鉴的人，并不以术语、概念取胜，而是将借鉴来的新思想、新方法化为自己的思想和方法,用在具体的研究之中。例如治魏晋南北朝隋唐史最有成就的陈寅恪先生,他发挥中国史学的传统优势,汲取西方近代史学的思想和方法,融会贯通而又不露痕迹。有时他仅仅根据并不罕见的史料,以之论证历史问题,却能见人之所未见,发人之所未发。他并不多用外来术语,不自诩某学某论。他撰文著书,体裁风貌陈旧,当然不足为法,但无碍于其内容之新颖。他的思想和方法使人感到是中国产品而非舶来品,舶来品已中国化了。前辈的马克思主义史学家,他们的成功之作也不是靠术语、概念,而是寓论于史,值得我们学习。

话还得回到"代沟"上来。史学界年长者和年轻人,一般说来各有长短。史学的大发展,归根结底要靠年轻一代。年长者应当尊重年轻人的探索精神,年轻人应当理解年长者的持重态度。年长者与年轻人,在一个时间内研究兴趣可能各有偏重,对学术评价的标准可能并不全同,应当彼此包容,等待实践的检验。只要实事求是地对待史学研究,实事求是地对待自己和对待别人,大家都会心安理得,各得其所,相互补充,相互促进。史学研究中不同意见的存在,对史学的发展是好事而不是坏事。为了繁荣历史科学,年长者多发挥指引作用,年轻人多发扬进取精神;年轻人从年长者潜心学习,博采众长以加速自己的成长,年长者扶持年轻人,鼓励年轻人尽快地超越自己。才人代出,各领风骚,这才是史学界两代之间的正常关系。

所以我确信,作为史学界一时话题的"代沟"应当消除,而且可以消除。只有消除"代沟",才能共同前进。

——1986 年作。原刊《文史哲》1987 年第 1 期

重订本跋

《秦汉魏晋史探微》出版至今,已是第十个年头了。此书上市不久就告脱销,常有友朋同行因购买不到而向我索取,我无以为报。过去与中华书局谈及再版问题,书局意见是可以重印,但不要改动。我觉得既然有该改的地方而不能改了再印,心里不踏实,所以打算等到十年合同期满,另出重订本。现在刊出的,就是那时设想的本子。

重订本有如下几类改动:

一,调换文章 《论东晋门阀政治》这篇文章原在杂志刊出,后来《东晋门阀政治》一书已以之作为"后论",本无须收入本书,所以这次撤掉了。原来还收了纪念翦伯赞教授的文章,"是想借此表达对先辈史家正气的追思,也表示恪遵先生提倡的历史主义"。翦先生一生的最后几年,在席卷全国的极左思潮中顶风而行,大声疾呼,提倡历史主义,影响史学界,也使当时北大历史系的学术方向没有偏到最极端、最荒唐的地步,而先生却以此陷入厄运,终于在文革中殉身。这是他学术生涯中最值得纪念的一页。但是该文迄今已为多种书刊转载,为免重复,这次也撤了。新补入《南北对立时期的彭城丛亭里刘氏》一文,新近又写成《彭城刘氏与佛学成实论的传播》,作为前文的补充,一并刊出。

二,增删和修改 这类变动比较多,有资料性的,有论证性的,也有文字表述方面的。变动之处,字数不论长短,都不另注明。有些资料增补和考证未入正文,作为附注径置页下,与原有之注并列,未加区别。

三,更换文题或增设副题 这类改动都是为了与内容更贴合一些,一般是技术性的,无关文章主旨。

附带说明一下,最后两篇短文,即《魏晋南北朝史研究的回顾与展望》和《消除"代沟",共同前进》,与本书格调并不吻合,本想一并撤掉,但终于还是留下来了。上世纪 80 年代,是一个好时代,学术思想很像是宋儒说的"活泼泼地"。我自己一生中的研究工作也差不多集中在那个年代之中。但是那个年代史学界的思想解放毕竟刚刚起步,而学术思想解放是一个渐进过程,气氛是逐步明朗起来的。我们置身其中,有时不免有所犹豫,观望形势,不敢解放;有时又有点急躁,生怕耽误时机,因此引发一些议论。这两篇短文原是有感于此而作的发言。前一篇,是在 1983 年魏晋南北朝史学会成立大会闭幕式上的发言,主旨是论证陈寅恪先生对这段历史研究的划时代贡献。这种意见本是史界的共识,并不新鲜,但在当时却是与会者由于学术气氛还不很明朗的缘故,而未曾说出或未曾畅快说出来的。其实我也不是没有犹豫和顾虑,在发言中也说了一些多余的话,这次稍作了删削。后一篇,则是根据 1986 年该学会年会上的发言宗旨写的,目的是想化解一些青年史学工作者所发"史学危机"警号之后出现的史学界所谓"代沟"隔阂,说说我自己对当时史学研究的一点看法,与青年学者商量。现在,这两篇短文所涉问题都不存在了,而当年的青年史学工作者已成为当前史学领域的主力军。这两篇文章好在字数不多,把它们留在这里,是为了保存转折期思想的一点陈迹,纪念那个"活泼泼"的 80 年代。套用古人的一句话,算是"述往事,思来者"。

田余庆